消费者权益及其保护新论

钟瑞华　著

中国社会科学出版社

图书在版编目（CIP）数据

消费者权益及其保护新论/钟瑞华著 . —北京：中国社会科学出版社，
2018.4

ISBN 978 - 7 - 5203 - 2332 - 1

Ⅰ.①消… Ⅱ.①钟… Ⅲ.①消费者权益保护法—研究—中国
Ⅳ.①D923.84

中国版本图书馆 CIP 数据核字（2018）第 073298 号

出 版 人	赵剑英	
责任编辑	许　琳	
责任校对	韩天炜	
责任印制	李寡寡	

出　　版	中国社会科学出版社	
社　　址	北京鼓楼西大街甲 158 号	
邮　　编	100720	
网　　址	http://www.csspw.cn	
发 行 部	010 - 84083685	
门 市 部	010 - 84029450	
经　　销	新华书店及其他书店	

印刷装订	环球东方（北京）印务有限公司	
版　　次	2018 年 4 月第 1 版	
印　　次	2018 年 4 月第 1 次印刷	

开　　本	710 × 1000　1/16	
印　　张	26	
字　　数	420 千字	
定　　价	118.00 元	

目　　录

第一编　消费者权益的概念分析

第二编　消费者权益的私法保护

第三编　消费者权益的公法保护

第四编　消费者权益保护的中国实践

前　　言

一

消费者保护法可分为形式意义上的消费者保护法和实质意义上的消费者保护法。形式意义上的消费者保护法，是指以"消费者保护法"或"消费者法"为名的法律文件；而实质意义上的消费者保护法，则是指所有以保护消费者为目的或具有消费者保护功能的法律规范的总和。本书所讨论的是实质意义上的消费者保护法。这一意义上的消费者保护法具有极大的综合性和交叉性，几乎涉及民法、诉讼法、刑法、行政法、经济法、社会法、宪法乃至国际法等各个法律部门，与经济社会政策也具有密切的关联性。消费者保护法的综合性和交叉性，是消费者保护法体系化研究所面临的首要挑战。

消费者保护法及直接催生了这一新兴法律部门的消费者保护运动，是对人类社会科学技术革新和经济发展模式变化的回应。科学技术不断革新，社会经济发展模式不断变化，消费者保护运动也一次又一次地被推向高潮，这就使消费者保护法呈现出极大的开放性和动态性。自产业革命后消费者保护运动的第一波高潮以来，经济全球化、环保运动、互联网、信息革命……均促使消费者保护法不断向前发展。消费者保护法的开放性和动态性，是消费者保护法体系化研究所面临的第二个挑战。

现代消费者保护法产生于 20 世纪六七十年代的美国。其后，消费者保护运动在世界范围内展开，消费者保护法也随之在无论是发达国家还是发展中国家，无论是英美法系国家还是大陆法系国家，甚至在区域或国际层面上都迅速发展起来，并成为整个 20 世纪里最活跃、最繁荣、最引人关注的法律领域之一。但是，作为一个刚产生不过五六十年的新兴法律部门，现代消费者保护法的基础理论研究还相对薄弱，与消费者保护实践相比有一定的滞后性，学术上对其大致的体系或框架都尚未达成共识。这是消费者保护法体系化研究所面临的第三个挑战。

有鉴于此，中外消费者保护法专著，大多围绕自身的核心关注而有所取舍，自成体系；不求面面俱到，但以阐述一得之见，成其一家之言为己任。本书也不例外。

二

本书尝试以消费者权益的概念分析为基点，对消费者权益保护的法律路径进行体系化研究。

第一编集中探讨了消费者法的保护对象即消费者权利和消费者利益的各种问题，重点梳理了消费者权利概念的产生和发展，分析了消费者权利的性质、特征和类型，并厘清了消费者利益的范围和特征。本编指出，消费者权利是已被法律赋予权利资格的消费者利益，其在性质上具有复合性，既是一种特殊的民事权利，更是一种处于不断发展之中的社会权利；在消费者权利之外，消费者还享有一些尚未上升为权利的合法利益，这类利益尽管可以享有立法和行政上的保护，却不能享受司法保护；消费者利益具有全面性、公益性、分散性和低强度性等特征……保护对象的性质和特征决定了私法模式和公法模式在消费者权益保护体系中的并存，消费者保护法是一个以消费者权益保护为指向的综合性法律体系。

第二编探讨的是消费者权益的私法保护。本书所谓的私法保护，是指国家通过法律赋予消费者以各种权利，在其遭受侵害时由消费者

私人主动启动诉讼等程序性保护措施予以解决的模式。私法模式尝试
在消费者与经营者双方关系的框架内保护消费者，原则上不涉及第三
方。私法模式只能保护已被明确承认为权利的消费者利益，而不能直
接适用于消费者权利之外的消费者利益。私法模式在消费者权益保护
方面存在功能性局限和程序性局限。功能性局限使其无法兼及消费
者/经营者关系之外的社会正义，具有因以损害赔偿为主要救济方式
而生的种种弊端，不利于普遍性规制规则的形成。程序性局限意指分
散的、微小的消费者利益不足以激励消费者私人主动采取措施，无法
将法律所承认的消费者权利真正落到实处。私法模式的程序性局限可
通过各类消费者接近正义制度得到缓解，而其功能性局限则要求公法
模式的补充。旨在克服私法模式的程序性局限的消费者接近正义制度
有很多种，其中的消费者集体诉讼和消费者团体诉讼展现出良好的发
展前景。

　　第三编探讨的是消费者权益的公法保护。本书所谓的公法保护，
是指国家以公权力直接作用于经营者及其经营行为，最终达到保护消
费者权益的目的。在公法模式中，国家在保护消费者权益方面承担起
主动的角色，通过干预市场，预防、排除并惩罚侵害消费者权益或对
消费者权益有侵害之虞的行为来保护消费者。此种模式超越了消费者
与经营者关系的框架，而是在更广阔的社会关系中来关注消费者权益
及其实现。国家保护消费者权益的公法规范有多种，其中最基本、最
主要的一类乃是以消费者保护为目的的行政规制。实践中的消费者保
护规制，从具体消费者问题的识别，经成本收益分析或其他的价值判
断，到特定保护性规制措施的选定，再到规制效果的评估，是一个受
诸多因素影响和牵制的复杂过程。本编在初步梳理了消费者权益公法
保护的基本框架，介绍了消费者保护规制的基本概念和类型后，较为
集中地探讨了消费者保护规制的理论依据及与之有关的种种争议，以
及消费者保护规制工具和规制机构的选择问题。在消费者保护的各类
规制中，信息规制作为一种新型规制工具，表现出强大的发展潜力，
因此辟专章予以讨论。

　　第四编的主题是我国的消费者权益保护实践。本编共分四章，分别以我国特有的"三包"制度、消费者知情权、消费者保护规制中的成本收益分析、消费者保护视角中的食品安全规制为主要内容。本编内容是以前三编所述理论框架为参照，来审视我国消费者权益保护实践中的具体制度或具体案例的产物，是对前三编所述理论的印证或运用。关于我国消费者权益保护的未来发展，本书认为以下几点至关重要：其一，在消费者权益保护的路径选择上，应克服单纯依赖私法或单纯依赖行政法的狭隘观念，在理论上承认私法模式和公法模式"双轨"并行的必要性和正当性；其二，在我国语境下，尤其要注意避免将消费者保护行政规制一概斥为行政权的滥用和不当扩张，而无视其在消费者权益保护方面可发挥无可替代的功能这一事实；其三，关于消费者保护的行政规制，要注意克服原先粗疏化、运动型的传统管理方式，注意吸收现代规制改革中的先进经验，促进消费者保护规制向科学化、精细化、回应性和合作性等方向发展，尤其要重视成本收益分析、弹性灵活规制手段的选择、软法的应用等等。

三

　　本书部分内容曾以论文形式发表于一些书刊：第三章"消费者权利的性质"以《论消费者权利的性质》为题发表于《法大评论》第四卷（中国政法大学出版社 2005 年版）；第五章"从绝对权利到风险管理"以《从绝对权利到风险管理——美国的德莱尼条款之争及其启示》为题发表于《中外法学》2009 年第 4 期；第八章"消费者集体诉讼"以《美国消费者集体诉讼初探》为题发表于《环球法律评论》2005 年第 3 期（为人大《复印报刊资料》2005 年第 10 期全文转载）；第十一章"消费者保护规制的理据"中的部分内容，以《论消费者保护规制的理据——在经济和伦理之间》为题发表于《行政法学研究》2016 年第 5 期；第十四章"'三包'制度总检讨"以《中国"三包"制度总检讨》为题发表于《清华法学》2004 年第 6 辑，

（为《中国社会科学文摘》2005 年第 4 期摘发）；第十五章"消费者知情权的实现与保护"发表于《公益诉讼》第 2 辑（中国检察出版社 2006 年版）；第十六章"成本收益视角中的消费者保护规制"发表于《中国法治发展报告蓝皮书》2006 年卷（社会科学文献出版社 2007 年版）；第十七章"消费者保护视角中的食品安全规制"发表于《中国法治发展报告蓝皮书》2005 年卷（社会科学文献出版社 2006 年版）。在收入本书时，对上述内容进行了一定的增订，但核心观点和基本论证保持原貌。在此对相关书刊的编辑表示诚挚的感谢。

在本书最后修改的过程中，十三届全国人大一次会议通过了国务院机构改革方案，决定组建国家市场监督管理总局，负责统一的市场监管，国家工商行政管理总局不再保留。笔者在硕士研究生毕业后曾在原国家工商行政管理总局消费者权益保护司（局）工作过两年，由此与消费者保护法结缘，本书的很多观点即源自对那段工作经历的思考。在本书即将付梓之际，曾经为笔者提供了思考平台的工商行政管理总局碰巧也变成了历史名词，仅以此作为对那段经历的一个纪念吧。

第 一 编

消费者权益的概念分析

第一章

消费者权利概念的产生和发展

消费者权利的概念滥觞于美国，是美国消费者运动影响最为深远的成果之一。1962 年 3 月 15 日，时任美国总统约翰·肯尼迪（John Kennedy）在向国会提交的消费者保护咨文中，正式提出消费者的四项基本权利（安全权、知情权、选择权和意见被听取权），这是现代消费者权利正式产生的标志性事件。但究其实，消费者权利的概念在肯尼迪总统咨文之前已经孕育了很长时间。消费者权利概念的一些主要内容或基本观念，如维护市场竞争，保护消费者生命和健康免受危险商品的伤害，向消费者提供充分的信息，在制定政策过程中听取消费者的意见等，在之前的美国消费者运动的两次高潮中业已大致形成。到 20 世纪 60 年代美国消费者运动的第三次高潮①即将到来之时，正方兴未艾的"权利革命"适时地提供了权利话语的修辞，最终促成了消费者权利概念的正式提出。其后，随消费者运动在世界范围内的展开，消费者权利的概念也迅速传播开来，许多国家和有关国际组

---

①关于美国消费者运动，中文文献已有很多，此处不拟详加复述。文中对美国消费者运动三次高潮及有关情况的介绍，仅以与消费者权利概念的形成有关者为限。关于消费者运动三次高潮的划分，参见 Robert N. Mayer, *The Consumer Movement*：*Guardians of the Marketplace*, Twayne Publishers, 1989, Chapter 2。将 20 世纪美国消费者运动划分为三次高潮或三个阶段，主要是为了更加直观简明地把握消费者运动的整个发展历史。关于消费者运动的起源及其阶段划分，可以有不同的看法。例如，另一种比较具有说明意义的划分是：19 世纪之前的漫长时期是消费者之"无知时期"，1900 至 1960 年间是消费者的"觉醒时期"，20 世纪 60 年代之后则是消费者的"成就时期"。参见林益山《消费者保护法》，台湾五南图出版公司 1994 年版，第 6—8 页。

织纷纷通过法律、法规、决议和准则等对消费者权利加以确认和保护，消费者权利成为消费者法律体系中的一个核心概念。

一 20世纪美国消费者运动

（一）消费者运动的第一次高潮

美国消费者运动的第一次高潮发生于19世纪最后三十年以及20世纪最初的十几年。当时产业革命中的科学技术进步对社会的影响主要体现在生产和运输领域，消费者运动的这一次高潮正是对产业革命在上述领域所带来的后果的回应，其主要关注点是市场竞争和食品安全问题。美国关于竞争和食品规制的最主要的立法及规制机构也是在此期间通过或设立的。

1. 对竞争的规制

从经济发展和社会安定的角度看，无论是在卡特尔垄断状态还是在混乱无序的竞争状态，公司和企业都难以生存，这就使在市场中保持"适度的"竞争成为产业革命之后美国政府的要务。19世纪末和20世纪初，当时美国许多最具智慧的头脑，如最高法院法官路易斯·布兰代斯（Louis Brandeis）、威斯康星州参议员和州长罗伯特·拉·福利特（Robert La Follette）和总统西奥多·罗斯福（Theodore Roosevelt）等，均致力于在市场中实现最佳水平的竞争。虽然他们之中很少有人明确认识到规制竞争与消费者利益之间的关系，也很少意识到自己是在代表消费者利益，但从实际效果来看，为繁荣经济、稳定社会而规制市场竞争的政府行为，间接促进了对消费者的保护，构成美国消费者运动第一次高潮的重要内容。

对消费者运动的发展具有特别重要意义的，是这一时期的"托拉斯运动"和"反托拉斯运动"。"托拉斯运动"缘起于经济学家亨利·亚当斯（Henry Adams）等人关于生产力过剩的认识。他们认为，生产能力过剩是工业化的核心难题，而从公司的立场看来，成立托拉斯——特定市场中的大型公司联合起来控制生产、价格和利润等——

是解决工业能力过剩的最显著和最直接的方法。于是，当时的美国发生了"托拉斯运动"，形成了许多托拉斯组织。在极端情形下，几个公司联合起来甚至控制了整个行业。但是，托拉斯的形成对市场竞争具有消极后果，政府为维持市场竞争不得不加以干预，从而形成了政府的"反托拉斯运动"。1877年州际商业委员会（Interstate Commerce Commission）成立，开创了美国设立联邦独立规制机构的先例。1890年，国会通过了《谢尔曼反托拉斯法》，明确托拉斯和其他形式的垄断为非法。1914年，建立了专门规制不公平竞争行为的联邦贸易委员会。"反托拉斯运动"的目的在于维护市场中的有序竞争，维持资本主义经济的顺利发展；但消费者显然能够从中受益。

竞争法和消费者保护法在很大程度上是重合的，消费者是政府规制竞争的最终受益人，消费者的选择权也只有通过竞争法才能得到最根本和最起码的实现。[①] 美国在此期间建立的以规制竞争为使命的联邦贸易委员会，事实上后来也承担了越来越多的消费者保护职责，成为美国政府中最重要的消费者保护机构之一。

2. 食品安全规制

对垄断行为和限制竞争行为的政府规制构成了美国消费者运动第一次高潮的重要内容，但美国消费者运动更直接地是沿承自19世纪末和20世纪初美国政府控制在食品中掺杂使假及大量使用化学物质的努力。在此过程中，关于消费者安全的观念初步形成。

现代食品安全问题的产生既有客观方面的因素，也有主观方面的因素。客观而言，食品安全问题是工业化的产物，食品安全规制是对工业化所导致的制度失衡的回应。在西方工业化之前，并不存在复杂的食品加工和销售渠道，因此也不存在普遍的食品安全问题。19世纪后半期，工业化及随之而来的城市化进程的发展导致了食品加工、运输、储存及销售方式的重大变化。铁路运营的使用使长途运输、长

---

① 关于竞争法与消费者法的关系，可参见刘继峰《竞争法中的消费者标准》，《政法论坛》2009年第5期。

期保存和全国性市场成为可能。为了保证食品在经过远距离运输后仍然"看起来"或"闻起来"正常，生产者就开始大量使用对人体有害的各种化学物质，由此导致了食品安全问题的产生。主观而言，与农业社会中食品主要是由食用者本人或其家庭，或者是与其有信任关系的邻里完成不同，现代食品的加工、生产、运输、储存和销售渠道拉大了食用者和供应者之间的时空距离，在二者间增添了非止一个的中间环节，由此就破坏了原先存在于食用者和供应者之间的私人信任关系，造成了食用者对于食品安全问题的疑虑和担忧。

在此情况下，由消费者信任的第三方，比如政府，对食品的生产、加工和销售等进行规制，其本身就构成对食品安全的一种保证和承诺，能维持或恢复食用者对食品安全的信心。而且，维护食品安全是一项正义事业，无论是作为个人的政治家和政客，还是作为一个整体的国家机构，都有足够的激励和动机积极参与其中。于是，对食品安全的规制就成了一个引人注目的政治议题。1906 年，在经过长期的游说和拖拉后，美国国会通过了《纯净食品和药品法》(*The Pure Food and Drug Act*)[①] 和《肉类检查法》(*The Meat Inspection Act*)。这两部法律是多种作用力的共同产物。食品安全问题的客观存在和食用者对食品安全的主观疑虑，是规制性法律产生的前提条件。政府采取措施以争取民意的激励、有使命感的专业人士的倡议和推动、媒体的舆论宣传和引导、生产商的回应和博弈等等，所有这些联合起来，最终促使这些法律在特定时间点上获得通过。

在这一时期的食品安全规制立法进程中，哈维·W. 威利（Harvey W. Wiley, 1844—1930）扮演了至关重要的角色。他是一位有强烈使命感的福音派新教徒，1902 年起任美国农业部化学物质司司长。他提倡食用纯净的食物，反对在食物中掺杂及使用化学物质的行为，认为这不仅有害于人类的身体健康，更是对上帝的公开侮辱。他在华

---

①在食品之外，美国这一时期药品领域的掺杂、污染和稀释现象也很严重，因此 1906 年通过的法律把"药品"和"食品"并列为规范对象，称为"纯净食品和药品法"。

盛顿成立实验室，组织试毒队，招募人通过食用的方式来测试食物添加剂对人体的危害。威利的活动得到了媒体的大量关注和报道，在美国民众中引发了强烈反响，争取到了公众的广泛支持，最终对《纯净食品和药品法》的通过发挥了关键性作用。威利本人也因此被称为"纯净食品药品法之父"。①

对于《纯净食品和药品法》以及《肉类检查法》的通过，还应提及纪实小说《屠场》（*The Jungle*）的重要贡献。实际上，由于食品生产者的强烈反对，再加上以前没有利用联邦法律规制食品供应的先例，如果不是因为厄普顿·辛克莱（Upton Sinclair）在 1906 年出版了《屠场》，② 这两部法律的通过大概还会拖后很长时间。正是这本书，揭开了美国食品安全的冰山一角，让当时的美国社会笼罩在一片恐慌和愤怒之中。美国的肉食品生产者和消费者，乃至包括总统在内的美国政府都大受震动，开始支持联邦政府通过规制性立法。但饶有趣味的是，《屠场》成为消费者运动的经典作品却是出于偶然，因为作者辛克莱是一位社会主义者，他写作本书的初衷并非是为消费者鸣不平，而是要反映当时工人肮脏的工作条件和悲惨的生存状态，促使工人阶级起来反对资产阶级。虽然辛克莱也认为对消费者的剥削和对工人的剥削出于同一个原因，但在他看来，与小说主人公（在芝加哥屠宰场工作的移民家庭）每日在屠宰场工作的恶劣环境和条件相比，中产阶级的消费者（他们有钱买肉）所受到的伤害实在是微不足道。与其说辛克莱关心的是肉类行业肮脏的生产条件对消费者的潜在危害，倒不若说其关心的是雇工不人道的生活和工作条件。《屠场》的公开发表点燃了公众的怒火，不过令作者失望的是，这种愤怒并非指向工人的悲惨生活，而是最终导致了消费者运动的高涨，促进了《纯净食品和药品法》及《肉类检查法》的通过。作者后来曾不无遗憾

①富有启发的有趣记述，见［美］哈维·列文斯坦《让我们害怕的食物——美国食品恐慌小史》，徐漪译，上海三联书店 2016 年版。

②该书中译本，见［美］厄普顿·辛克莱《屠场》，薄景山译，四川文艺出版社 2010年版。

地说："我瞄准了这个国家的心脏，但却打中了它的胃。"①

促成这一时期食品安全规制法律通过的另一个关键因素，是食品生产商立场的转变。实际上早在 19 世纪 70 年代，就有人在美国国会提出了制定食品药品规制法的动议。1880 年美国农业部首席化学家彼得·科利尔（Peter Collier）在对掺假食品进行调查后，建议通过一部全国性的食品和药品法。虽然该议案在当时被驳回，但在之后的二十五年中，国会提出的关于食品和药品的议案达 100 多个。由于受到以生产商为代表的反对力量的阻挠，迟迟无法获得通过。1883 年哈维·W.威利成为工业部首席化学家后，加大了化学局对掺假食品的研究力度，再次发起了联邦立法运动。随着规制立法倡议者的积极活动，媒体大量的宣传报道，民众的呼声越来越高，食品生产商逐渐认识到，由政府对食品加以规制能够向消费者保证其食品的安全性，甚至还可能把一些因条件不符而无法获得政府背书的竞争者逐出市场，于是就转变立场，不再反对而是支持食品安全规制法的通过。

1906 年通过的《纯净食品和药品法》和《肉类检查法》，不仅使美国消费者运动第一个阶段中的反掺杂使假运动达到了高潮，而且其本身还成为美国消费者运动史上具有里程碑意义的立法。美国后来几部关于食品安全的法律在很大程度都是对这两部法律的修正和补充。②

第一次世界大战的爆发及美国的参战转移了民众的注意力，暂时打断了美国消费者运动的进程。

---

①转引自 Robert N. Mayer, *The Consumer Movement：Guardians of the Marketplace*, Twayne Publishers, 1989, p. 18.

②实际上，食品和药品安全问题是一切国家在任何时期都必须关注的问题，构成消费者保护法特别是消费者生命和身体健康权的基本内容。20 世纪末爆发的"疯牛病"食品危机、激素药品的大量使用以及伴随转基因食品上市产生的食品安全问题都一再地表明，食品和药品安全问题也具有"与时俱进"的特征，其不仅是美国消费者运动初期的命题，而且还应该成为消费者保护法的永恒关注。

（二）消费者运动的第二次高潮

美国消费者运动的第二次高潮发生于 20 世纪二三十年代。如果说消费者运动的第一次高潮是产业革命早期所造成的巨大变革的产物，那么消费者运动的第二次高潮则是对产业革命越过工厂和运输系统而深入影响家庭生活所作出的回应。在此阶段，消费者信息和消费者代表的观念初步形成。

1. 消费者信息

20 世纪初期，产业革命的影响已经超越铁路、钢铁、石油等生产领域，开始深入到日常的消费生活之中。一方面，普通人的收入大量增加，有财力购买更多的消费品；另一方面，各种产品特别是冰箱、电熨斗、吸尘器等家用电器开始普及，消费者的选择范围大大扩展。销售形式也越来越具有侵略性，特别是广告，无所不用其极，想方设法挑动消费者的消费欲望，不断向消费者灌输何为"正确的"风格、品味、颜色和装饰等消费观念。收入的增加、生产技术的改进和革新以及日益扩大的选择范围使消费者对信息的需求越发成为必要，但广告中所提供的客观信息却越来越少。

正是在这种时代背景下，斯图尔特·蔡斯（Stuart Chase）和弗雷德里克·J. 施林克（Frederick J. Schlink）在 1927 年出版了《金钱的价值》（*Your Money's Worth*）一书。他们在书中猛烈抨击了那些浪费消费者购买力，以及攫取大生产给美国社会带来的利益的行为，如欺诈、高压销售策略、一无用处的时尚等等。他们提出了很多建议，帮助消费者避免上当受骗，减少花销。他们还呼吁政府设立产品标准并建立公正的产品检测实验室。《金钱的价值》在消费者中间引起了很大的反响，消费者纷纷给作者写信，咨询关于产品的各种信息。施林克顺时而动，创办了"消费者研究股份有限公司"（Consumers' Research, Inc.）和《消费者研究公报》杂志（*Consumers' Research Bulletin*），致力于产品检测和产品信息的传播。《消费者研究公报》的订购数一路飙升，从 1927 年的 565 份发展到 1932 年的 42000 份。1935

年，由于职员之间就公司的发展方向和目标产生分歧，"消费者研究股份有限公司"发生分裂，分出去的人员以阿瑟·卡莱特（Arthur Kallet）为首成立了美国"消费者联会"（Consumers Union），并在1936年创办《消费者联会报告》（*Consumer Union Reports*），报告的订购数很快就超过了《消费者研究公报》。这两份杂志在产品检测和消费者信息发布，特别是对于唤醒消费者对客观消费信息的自觉意识方面作出了重大的贡献。

消费者信息之所以在这一时期成为需要特别关注的问题，主要是因为两方面的原因。一方面，产业革命对人们的消费方式以及生产商的销售和广告方式产生了巨大影响，使商品的生产、销售和广告方式都越来越复杂，普通消费者有必要了解更多的消息，但也越来越难以不经努力就获得所需的客观消息。另一方面，紧接着20世纪初的短暂繁荣爆发了三十年代的经济大萧条，不仅消费者希望花最少的钱买最多最好的物品，政府也鼓励消费者要节俭，要"穿破、用光、凑合着过"。[1] 为了实现这些目的，关于商品的各种客观信息显然也必不可少。

在此背景下，美国联邦政府加强了对消费者信息的规制：一是修改食品和药品立法，二是强化联邦贸易委员会的权力。1906年《纯净食品和药品法》的效用随着销售领域的技术变革而逐渐削弱，其对于商品标示以及经营者的虚假声明调控尤其不力。1938年国会通过了《食品、药品和化妆品法》（*The Food, Drug and Cosmetic Act*），对《纯净食品和药品法》在如下几个方面进行了修正：第一，将食品和药品监管局（FDA）的管辖权扩展至化妆品和医疗器械；第二，禁止经营者关于药品的虚假声明不以证明欺诈故意的存在为条件；第三，也是最重要的，在将药品投放到市场上之前，药品生产者应提供科学证据证明新产品的安全性（尽管药品并不必定是有效的）。同年，国

---

[1] Robert O. Herman, "The Consumer Movement in Historical Perspective", in David A. Aaker and George S. Day （ed.）, *Consumerism: Search for the Consumer Interest*, 4th ed., The Free Press, 1982, p. 26.

会还对1914年《联邦贸易委员会法》进行了修正，通过了《联邦贸易委员会法惠勒—利修正案》（ *The Wheeler-Lea Amendment to the Federal Trade Commission Act* ）。在不公平交易行为之外，该修正案还进一步授权联邦贸易委员会规制欺诈性交易行为，这使联邦贸易委员会对包括欺骗性广告在内的一系列有害商业行为具有了明确的管辖权。

2. 消费者代表

20世纪30年代大萧条时期，为恢复国家经济，时任总统罗斯福采取了许多新政措施。新政方案使政府对经济进行了史无前例的计划和控制，其中许多措施都涉及通过提高价格和限制生产来提高利润的做法。为了防止企业主导新政改革计划而侵害消费者利益，实现改革中的利益平衡，政府需要在决策过程中更多地听取消费者代表的意见。因此，新政方案就确立了消费者代表原则（the principle of consumer representation），在国家恢复局（National Recovery Administration）设立消费者咨询委员会（Consumer Advisory Board），并在农业部设立消费者顾问（Consumers' Counsel）。由此，关于消费者代表的观念初步形成，消费者代表机构在政府部门也初步定型化。此为美国消费者运动在这一阶段取得的另一重大成果。

但是，一方面由于消费者运动仍然处于探索阶段，难以形成消费者代表的确切定义，选出的消费者代表往往也提不出代表消费者利益的具体方案；另一方面由于消费者对于价廉物美的要求与大萧条时期其他旨在恢复经济的建议并不合拍；再加上新政时期的一些政府官员并不认为存在一个独立的或需要代表的消费者利益，因此所设立的咨询组织并没能在政府中就代表消费者利益发挥太多的作用。

不过，虽然新政时期消费者代表观念基本而言未能获得可观的成就，但却帮助澄清了一些重要的问题。其一，消费者利益在不断变化的经济中受到种种限制，在这样的情形中无法继续依赖市场力量实现对消费者的保护。其二，在需要政府规制的经济领域中，有必要通过消费者倡议平衡消费者利益与其他特殊利益集团的利害关系。其三，消费者代表自身无力单独支持消费者利益，消费者的内在软弱性意味着不可避免地需要政府支持以达致与其他利益集团的平衡。①

正如美国消费者运动的第一次高潮为第一次世界大战所中断一样，美国消费者运动的第二次高潮亦为第二次世界大战所打断。

（三）消费者运动的第三次高潮

美国消费者运动的第三次高潮发生在 20 世纪六七十年代，也就是所谓的"权利革命"时期。② 这一阶段是美国消费者运动的成熟阶段，消费者权利的概念就是在此期间正式出现的。与此同时还出现了消费者保护的立法高潮。

1. 关于"消费者权利"的总统咨文

从政府的角度看，1962 年 3 月 15 日肯尼迪向国会提交消费者保护咨文被认为是这一阶段的先声。③ 肯尼迪关于"消费者权利"的总统咨文，是关于消费者保护的第一个总统咨文，在世界消费者运动史上具有划时代意义的。该咨文声称"就概念来说，人人皆为消费者"，并且列举了一个消费者权利法案，其中包括四项权利：（1）安全权——被保护免于遭受市场中危险商品的伤害的权利；（2）知情权——被保护免受欺诈性的、误导性的或严重引人误解的信息、广告、标示或其他行为的伤害，以及获得有关事实作出明智决定的权

---

①Robert N. Mayer, *The Consumer Movement: Guardians of the Marketplace*, Twayne Publishers, 1989, p. 23.

②参见［美］凯斯·R. 桑斯坦《权利革命之后：重塑规制国》，钟瑞华译，李洪雷校，中国人民大学出版社 2008 年版。

③一如既往，一些文学作品的发表对于刺激美国消费者运动第三次高潮的爆发也发挥了关键性推动作用。这一时期的主要有关作品有：Vance Packard, *The Hidden Persuaders* (1957)，该书指责了广告行业利用心理技术控制消费者的恶劣行径；John Kenneth Galbraith, *The Affluent Society* (1958)，该书更为关注广告在社会上造成的不良影响，认为广告是使美国成为一个追求私人物品胜于追求学校、博物馆和医院等公共物品的"不平衡的社会"的罪魁祸首；Rachel Carson, *Silent Spring* (1962)，该书集中关注滥用杀虫剂造成的严重损失；David Caplovitz, *The Poor Pay More* (1963)，该书描述了低收入消费者的困境。其中，*The Affluent Society* 的中译本见［美］约翰·肯尼思·加尔布雷思《富裕社会》，赵勇译，江苏人民出版社 2009 年版。*Silent Spring* 中译本见［美］蕾切尔·卡森《寂静的春天》，吕瑞兰、李长生译，上海译文出版社 2008 年版。

利。（3）选择权——在可能的情况下，被保证可以以有竞争的价格在多种商品或服务之中进行选择；在政府规制代替竞争的行业中，政府应该保证以公平的价格提供令人满意的商品和服务。（4）意见被听取权——在政府形成政策的过程中，确保消费者利益获得充分而富有同情心的关注和考虑，而且消费者问题还应在政府工作部门中得到公平快速的处理。①

其实，从肯尼迪咨文四项权利的内容以及上文对美国消费者运动前两次高潮的回顾可以发现，关于消费者选择、消费者安全以及消费者知情权和消费者意见被听取权的观念，在肯尼迪咨文之前基本上已经形成，在立法和政府机构的设置中也获得了一定程度的体现。因此，肯尼迪四项权利是对美国消费者运动前两次高潮所获得的主要成就的总结。无怪乎有批评意见说，总统咨文中并没有多少新颖的观点，而且消费者保护也并不是肯尼迪政府的工作重点。② 但必须承认的是，肯尼迪毕竟第一次在政府文件中明确提出了"消费者权利"的概念，这在消费者运动史上的意义不容忽视：

第一，肯尼迪不仅总结了消费者运动前两次高潮在消费者安全、消费者信息、消费者代表以及市场竞争规制方面所取得的主要成就，而且还首次在政府文件中用"权利"来指称消费者利益，并以此为主要内容向国会提交了总统咨文，从而使消费者利益不再是政府的"恩赐"或国家赋予消费者的"特权"，而成为消费者可能依法主张的要求，这极大地抬高了消费者利益的地位。

第二，消费者四项权利在 1962 年被提出后，对这些权利的实现和保护问题就凸显出来，这在一定程度上催化了美国 20 世纪 60 年代后期至 70 年代初的消费者保护立法高潮。此次立法高潮是美国消费

---

①关于肯尼迪《为保护消费者利益致国会的特别咨文》（*Special Message to the Congress on Protecting the Consumer Interest*），见 *United States Congressional Quarterly*，1962，pp. 890 - 3，and "*Consumer Advisory Council：First Report*"，Executive Office of the President，October 1963。

②Robert N. Mayer，*The Consumer Movement：Guardians of the Marketplace*，Twayne Publishers，1989，p. 27.

者运动史上最密集的立法活动,有关立法就消费者产品安全、儿童消费者的保护、商品的标示和包装等问题进行了严密的规定。

第三,从消费者运动的发展看,肯尼迪提出消费者权利的概念,打破了以往消费者运动缺少集中的目标或纲领、被动回应市场中存在的消费者问题的自发状态。一经提出,消费者权利的概念就因其强大的吸引力和号召力,而成为美国乃至世界上其他国家消费者运动共同的奋斗目标。其后,《联合国保护消费者准则》规定了消费者的六项权利,国际消费者组织联盟提出了消费者的八大权利,许多国家的消费者保护立法也规定了多项消费者权利。虽然上述权利名单在内容方面不尽相同,但其中不难见到肯尼迪咨文的影子。

第四,从消费者法的发展看,肯尼迪提出的消费者权利概念其后成了消费者法中最基本和最重要的概念之一,尤其是在成文法国家的消费者保护法律中占据了基础性地位。例如,我国《消费者权益保护法》① 就开辟专章规定了消费者的各项权利。

当然,与任何新生事物的命运一样,肯尼迪提出的消费者四项权利,很快就受到来自两个方面的挑战和批评。一方面,从保护消费者的角度看,"四项权利"中并没有涉及权利的具体实现问题,这与普通法注重权利实现的传统不符。直到 1969 年美国前总统尼克松提出消费者的救济权,才在一定程度上弥补了"四项权利"的不足。② 另一方面,也有人批评认为,将消费者利益指称为权利是"误导人的权利修辞",增加了国家在权利实现方面的负担,而且也很可能根本不利于对消费者的保护。③

2. 消费者保护立法的高潮

美国消费者运动第三次高潮的一个显著标志是发生在 20 世纪 60

---

① 1993 年通过,1994 年施行,2009、2013 年两次修正,其中尤以 2013 年的修正幅度为大。

② 1975 年,美国前总统福特提出了消费者的另一项新权利——接受消费教育的权利。

③ 关于对"消费者权利概念"的批评,详见本书第二章"消费者权利的扩张及其所面临的挑战"。

年代后期和 70 年代的消费者保护立法高潮。这些立法涉及药品、玩具的安全、商品包装和标示等问题，与肯尼迪提出的四项权利具有很大的一致性。

　　早在 1962 年，国会就通过《基福弗—哈理斯修正案》（The Kefauver-Harris Amendment）对 1938 年《食品、药品和化妆品法》进行了修正，要求新药品在投入市场之前既要检验药品的安全性，又要检验药品的有效性。但这一修正案只是序曲，真正的立法高潮发生在 20 世纪 60 年代和 70 年代之交。例如，1966 年，国会通过《全国交通和机动车辆安全法》（The National Traffic and Motor Vehicle Safety Act），同一年还通过了禁止州际贸易中存在的危险玩具的《儿童保护法》（The Child Protection Act），以及规定消费者产品包装和标签统一标准的《公平包装和标示法》（The Fair Packaging and Labeling Act）。1967 年，国会通过《健康肉食法》（The Wholesome Meat Act），以及《易燃纤维法》（The Flammable Fabrics Act）的修正案。1968 年，国会通过《消费者信贷保护法》（The Consumer Credit Protection Act）等若干部法律。70 年代早期，立法高潮达到了顶峰。1972 年，国会通过《消费者产品安全法》（The Consumer Products Safety Act），并设立消费者产品安全委员会（The Consumer Product Safety Commission），由其负责协调并强化联邦政府各部分为保护消费者免受不合理产品危险的伤害所做的种种努力。1974 年，通过《信贷合理收费法》（The Fair Credit Billing Act），以及《信贷机会平等法》（The Equal Credit Opportunity Act）。1975 年，通过《马克尤逊—莫斯保证法》（The Magnuson-Moss Warranty-Federal Trade Commission Improvement Act）。1979 年，通过《统一产品责任法》（Uniform Products Liability Law）。由上述不完全的列举可以发现，美国这一时期的消费者保护立法一方面仍然以食品药品监管、儿童玩具、易燃物品、车辆安全等关乎消费者生命和健康的问题为重点，另一方面也开始关注消费者在信贷中的利益等新问题——这是消费者法不可避免的滞后性、开放性及与时俱进的特征在消费者运动早期的体现。

美国消费者运动第三次高潮的强劲势头一直保持到七十年代后期，自卡特政府时期开始减缓。到 1980 年里根当选为总统时，美国消费者运动的第三次高潮也就走到了自己的终点。导致消费者运动似乎偃旗息鼓的主要原因有：第一，公众对政府的信任和幻想普遍消失（水门事件更是火上浇油）；第二，崇尚放松规制的共和党的复兴；第三，商业界更加强劲的游说工作。① 从消费者运动发展史上看，美国消费者运动的第三次高潮到此结束，许多西方国家如加拿大、英国的消费者运动也基本上减缓了势头。②

二　美国 20 世纪六七十年代的"权利革命"

如前所述，消费者权利概念直接产生于美国消费者运动，是其迄今为止仍然影响最为深远的成果之一，但必须看到的是，消费者权利

---

① Robert N. Mayer, *The Consumer Movement*: *Guardians of the Marketplace*, Twayne Publishers, 1989, p. 30.

② 历史地分析，导致消费者问题和消费者运动产生的原因非止一种，其中最主要的是经济发展模式的变化和科学技术的革新，如最初导致现代消费者运动兴起的原因包括垄断市场的形成，工业化和城市化的发展，远途铁路运输和现代食品加工等现代科技的运用。经济发展模式的根本变革和科学技术的重大革新必然会导致既有利益格局和相应的制度安排的失衡，产生既有制度下无法解决的消费者问题。消费者保护运动以及在此过程中产生的消费者权利概念和消费者权益保护法，是因应新形势需要的制度创新，是对既有权利和利益格局的制度调整。经济发展模式的每一次根本性转变，科学技术的每一次重大创新，都会造成新的消费者问题，导致消费者运动的新高潮。因此，消费者运动呈现出时而平缓时而高潮，高潮一波接一波的发展规律。当条件具备的时候，消费者保护的高潮就会再度出现。例如，二战后不断增强的全球化趋势，促进了世界共同市场的形成和商品与服务的全球化流通，导致在消费者的日常生活中对"舶来品"的消费日渐增多，从而诱发了大量跨国的消费纠纷。继经济全球化之后，电子商务——当然，这二者在某种意义上是紧密相关的——又因其自身的特点对国际消费者保护法提出了巨大的挑战。在此背景下，消费者运动越出国界，出现了国际消费者保护统一化保护运动，到 20 世纪晚期引发了消费者保护运动的新高潮。在各国消费者保护日益趋同的基础上，以区域性消费者保护法的统一为先导，全球性消费者保护法统一化运动已经取得了一些重要的阶段性成果。关于消费者运动的制度分析，可参见戎素云《消费者权益保护运动的制度分析》，中国社会科学出版社 2008 年版。关于国际消费者权益的保护，详请参见刘益灯《跨国消费者保护的法律冲突及其解决对策》，法律出版社 2008 年版。关于电子商务中的消费者权益保护，可参见赵秋雁《电子商务中消费者权益的法律保护：国际比较研究》，人民出版社 2010 年版。

概念之所以产生于 20 世纪 60 年代的美国，除了直接得益于美国消费者运动在此之前所取得的种种成果之外，还与当时适宜的时代大背景有关。为消费者权利概念的产生提供了合适土壤的大背景就是，美国在 20 世纪六七十年代发生了对美国此后的宪政制度、国家结构、社会发展等方面均影响甚巨的"权利革命"。在"权利革命"期间，消费者权利、受教育权和环境权等各种新型权利纷纷通过制定法产生，出现了后来所谓的"权利爆炸"现象。事实上，肯尼迪提出的消费者"四项权利"只不过是在"权利革命"中所产生的一系列新型权利的组成部分，是"权利革命"在消费者保护领域中的具体体现而已。

20 世纪之前，美国法律中最基本的私人权利是私人所有权、契约自由和竞争自由。根据最初的权利概念，自由被视为是对于政府限制的豁免，而政府的规制则是对私人自由和私人财产的潜在威胁。也就是说，权利就其本质而言是"消极的"——是免于政府侵犯的权利，而不是要求政府积极帮助的权利。但是，这种权利观念在大萧条时期受到了挑战，人们开始认识到：普通法中主要包括私有财产权和合同自由权的传统权利目录既保护得过多，又保护得过少。说这一权利目录保护得过多，是因为它将现行的财产占有排除在民主控制之外。说它保护得过少，是因为它对市场经济所带来的各种危险（包括失业、缺少教育、无家可归、消费者产品危险等等）无能为力。① 于是自新政以来，国家采取并扩展各类措施，积极干预经济。在此过程中，政府和总统经常利用"权利"修辞来论证国家干预的正当性，大量的新型权利通过制定法产生出来。

20 世纪的美国人也开始更加积极地看待政府的作用，认为政府有责任保证每个人都有合适的人类生存条件——如果不能满足人们的所有需要，就应尽可能至少满足一个正常人的最低限度的需要。这种观念的必然后果就是权利的不断扩张。20 世纪下半叶，越来越多的

---

① [美] 凯斯·R. 孙斯坦：《自由市场与社会正义》，金朝武等译，中国政法大学出版社 2002 年版，第 431 页。

新利益要求以法律权利的形式得到确认。①

在此过程中具有里程碑意义的是美国前总统富兰克林·德拉诺·罗斯福（Franklin Delano Roosevelt）在 1944 年提出的"第二权利法案"：

> 美利坚合众国的创建及其获得目前的成就，均有赖于对特定的不可分割的政治权利的保护——这些权利包括言论自由权、自由出版权、宗教自由权、得到陪审团审判的权利、免于不合理的搜查和扣押权。这是我们所享有的生命和自由权。

> 但是，随着国家规模的扩大，以及工业经济的不断扩张，这些政治权利被证明为不足以确保人们平等地追求幸福的生活……容许我说，我们已经接受了第二个权利法案，其为一切人——不论地位，种族，或信念——提供了安全和繁荣的新基础。

> 人们有在国内工厂、商店、农场或矿山获得有益且有报酬的工作的权利；

> 人们有权挣得足够的收入，以便提供充分的衣食以及娱乐；

> 每一个农民都有权种植和出售农作物，其收益足以使他和他的家庭过着体面的生活；

> 每一个商人，不论大小，都有权在不受国内外不公平的竞争和垄断者控制的气氛中进行贸易；

> 每一个家庭都有拥有体面住宅的权利；

> 人们有获得充分医疗保障和有机会获得并享有健康身体的权利；

> 人们有获得充分保护，以免于因衰老、疾病、事故和失业而引起的经济忧虑的权利；

> 人们有接受良好教育的权利……

---

① ［美］伯纳德·施瓦茨：《美国法律史》，王军等译，中国政法大学出版社 1990 年版，第 273 页；［美］玛丽·安·格伦顿：《权利话语——穷途末路的政治言辞》，周威译，北京大学出版社 2006 年版，第 9 页。

　　以罗斯福提出的第二权利法案为基础，并与民权运动的各项事业紧密联系，国家开始通过立法保护关于环境质量、职业安全、反歧视、消费者产品安全的利益，法律也越来越多地确认这些利益是受法律保护的新型权利。由于国家干预经济、赋予权利的各种重要立法均产生于 20 世纪六七十年代，研究美国法律史的学者称这一时期为"权利革命"时期。根据桑斯坦的定义，"权利革命"是指"国会和总统创设了一套与美国制宪时期获得承认的权利大相径庭的法定权利。这一权利清单很长，其中最引人注目的例子有：对清洁空气和清洁水的权利，安全的消费者产品和工作环境，包括充足的食物、医疗照料和住房在内的社会保障网络，以及免于因种族、性别、残障和年龄而遭受公共或私人歧视。权利革命的先声是新政和罗斯福总统于 1944 年明确提出的第二权利法案，至少从目前来看，它的鼎盛时期是制定法权利得到爆炸性发展的 20 世纪 60 年代和 70 年代。"①

　　"权利革命"期间获得承认的新型权利主要有两大类：特定集团主张的权利和适用于整个社会中任何人的权利。第一类权利中最重要的是妇女的权利和依赖公共救济为生的人们的权利，第二类权利主要是指隐私权和人类的居住环境权。② 例如，美国前总统尼克松曾形象地说，"洁净的空气、洁净的水、宽敞的空间——所有这些也都应该被认为是每一个美国人与生俱来的权利。"③ 学者们将这些权利称为"福利权"、"社会权"或"第二代人权"。④ 这些新型权利与传统自由权的根本不同在于，其提倡各种形式的再分配，并要求国家的积极保护。这样，国家一方面开始提供社会安全保障和各种公共服务，另

---

　　①〔美〕凯斯·R. 桑斯坦：《权利革命之后：重塑规制国》，钟瑞华译，李洪雷校，中国人民大学出版社 2008 年版，序，第 1 页。

　　②〔美〕伯纳德·施瓦茨：《美国法律史》，王军等译，中国政法大学出版社 1990 年版，第 273—278 页。

　　③〔美〕凯斯·R. 桑斯坦：《权利革命之后：重塑规制国》，钟瑞华译，李洪雷校，中国人民大学出版社 2008 年版，第 31、32 页。

　　④由于这些权利的实施需要强大的资源为支持，所以一经提出，其"可诉性"问题就成为理论和实践中的难题；而美国传统的权利理论又认为"不能通过司法救济的权利，不是权利"，因此，美国主流观点并不承认"福利权"的人权地位。

一方面通过消费者法、劳工法和承租人法等立法保护合同关系中处于弱势地位的一方当事人；同时还建立了许多公共机构提供这些公共服务并确保新法的贯彻实施。于是，现代福利—规制国迅速崛起。

无论是肯尼迪关于消费者"四项权利"的总统咨文，还是发生在20世纪60年代末70年代初的消费者保护立法高潮，都发生在"权利革命"的大背景下；在"权利革命"中产生的各种权利和规制性法律，其中很大一部分是针对消费者保护的；对消费者利益的保护性规制也构成现代福利—规制国的重要内容。因此可以说，消费者权利作为一个法律概念的产生，是美国消费者运动、20世纪后半期权利观念的根本性转变以及当时美国总统权力大幅扩张等因素共同作用的结果。

三　消费者权利概念在美国之外的传播和发展

消费者权利概念在美国一经提出，就迅速发展成为一个"国际性"概念，不仅韩国、日本、加拿大、澳大利亚、欧洲各国等发达国家，而且印度、泰国、菲律宾、马来西亚和中国等发展中国家也纷纷通过消费者立法乃至在宪法中承认并规定消费者权利。① 采用消费者权利概念的既有典型的英美法系国家，也不乏大陆法系国家，消费者权利成了一个甚少"法系"色彩的法律概念。在国际层面上，欧共体（欧盟）、国际消费者组织联盟和联合国也在相关法律文件中对消费者权利进行了规定。

1975年，在《关于共同体消费者保护和信息政策初步方案的理

---

①1993年我国颁布《消费者权益保护法》，其中规定了消费者的九项权利：安全权（第7条）、知情权（第8条）、选择权（第9条）、公平交易权（第10条）、索赔权（第11条）、结社权（第12条）、受教育权（第13条）、人格尊严和民族风俗习惯受尊重权（第14条）和监督权（第15条）。不仅权利类型丰富，在权利义务关系的设计上也很有特色。在2013年的修正中，除第14条增加了"个人信息受保护权"外，关于其他各项权利的规定没有变化。关于韩国和日本的有关规定，可参见陶建国等《消费者公益诉讼研究》，人民出版社2013年版，第23页。

事会决议》中，欧洲共同体尝试性地确立了消费者政策的基本框架，并陈述了欧洲消费者所拥有的五大基本权利——健康和安全获得保护的权利；经济利益受保护的权利；获得救济的权利；获得意见与指导的权利；表达意见的权利。[①] 其中的经济利益受保护的权利，意在"保护消费者免受卖方在起草合同、发布广告信息和制定信贷条件时的滥用权力行为的伤害。也保护消费者免受因缺陷产品或不满意的服务所造成的损失，并确保消费者获得售后服务。"[②] 可见，此处所指的消费者利益是狭义的，不涉及商品价格等问题。

1983 年，国际消费者组织联盟[③]总结各国消费者运动和消费者立法的成果，以肯尼迪提出的四项权利为基础，再加上消费者受教育权、求偿权、基本需求权及良好环境权等四项内容，提出了消费者的八大权利及消费者的认知、行动、关心社会、保护环境和团结等五大义务。国际消费者组织联盟提出的八项消费者权利是：（1）基本物质需求权（the right to satisfaction of basic needs）：获得基本、必需的商品和服务以及充分的食物、衣服、住房、健康治疗、教育和卫生条件的权利。（2）安全权（the right to safety）：消费者的生命和健康免受危险产品、生产过程以及服务等伤害的权利。（3）知情权（the right to be informed）：获得作出正确的消费决定所需信息，以及免受不实的或引人误解的广告或标识的诱导或欺骗的权利。（4）选择权（the right to choose）：以具有竞争力的价格和满意的质量获得多种产品和服务的权利；在垄断的情况下，国家应保证质量满意、价格合理。（5）意见被听取权（the right to be heard）：通过代表反映消费者利益，保证国家政策的形成和执行，以及产品和服务的开发符合消费者利益的权利。（6）获得救济权（the right to redress）：消费者的正当请求获得合理、迅速、便捷解决，以及获得损害赔偿的权利。

①*Bulletin of the EEC*, No. 4, 1975, p. 16.
②*Bulletin of the EEC*, No. 4, 1975, p. 17.
③国际消费者组织联盟：1960 年成立，全称 International Organization of Consumer Unions，简称 IOCU，1995 年更名为 Consumers International。

（7）受教育权（the right to consumer education）：为了能够作出正确的消费决定，明了其基本权利和责任而获得充分的知识和技巧的权利。

（8）良好环境权（the right to a healthy environment）：在适宜的环境中生活和工作的权利，并且要求所处的环境不会危及当代人及子孙后代的福利。[①] 鉴于其在世界消费者运动中的指导和协调地位，国际消费者组织联盟提出的权利名单具有较大的号召力和一定的权威性，尤其对发展中国家的消费者保护立法起到了指导作用。国际消费者组织联盟的消费者权利名单，不仅范围广泛，而且还前瞻性地列举出了消费者的五项义务，因而独具特色。

1985 年，联合国第 39/248 号决议通过了号称"第一部全球性国际消费者保护基本法"的《联合国保护消费者准则》。该《准则》阐述了所要达到的"目标"及所应遵循的"一般原则"，并针对消费者的人身安全、经济利益、商品与服务的质量与销售、消费者信息和教育以及消费纠纷的救济与赔偿机制进行了广泛而全面的规定，构建了以政府规制体制为核心的综合政策框架纲要。在国际消费者保护立法方面，该《准则》是迄今为止最为重要的一部综合性国际法律文件。

但是，《联合国保护消费者准则》并没有法律拘束力，而仅属于依靠道德说服力发挥作用的国际消费者保护"软法"。除非各国将《准则》转换为本国法律，否则其中关于消费者权利的各种规定很大程度上只具有象征意义。尽管如此，《联合国保护消费者准则》在世界消费者运动史上依然发挥了意义深远的关键性作用。在制定《准则》的时候，西方主要资本主义国家基本上都已经拥有了比较完备的消费者保护法体系，消费者保护已经达到一定的水准。《准则》试图以关于产品安全和质量、商品销售和消费者救济的最低国际标准取代时常存在于国际贸易中的双重标准，意在将发达国家的消费者运动向

---

①参见姜志俊、黄立、范建得编著《消费者权益保护》，"国立"空中大学 2000 年印行，第 4—6 页。

发展中国家推进，建立一个单一的、世界范围的消费者保护规则。①
因此，联合国大会第 39/248 号决议强调，制定《保护消费者准则》
是要"拟订一套保护消费者的一般准则，要特别照顾到发展中国家的
需要"，而且《保护消费者准则》第 1 条也明确声明，要"考虑到所
有国家的消费者，特别是发展中国家消费者的利益和需要"。② 作为
帮助各国政府提高消费者保护水准的"综合性政策框架"，《联合国
保护消费者准则》的目的就是要帮助发展中国家和新独立的国家强化
其消费者保护政策和立法，并且为消费者保护建立一套国际公认的基
本目标。③ 现在，《联合国保护消费者准则》已经存在了三十多
年，从这三十多年的历史来看，它不仅促进了日益涌现的国际消费
者运动，将其从发达国家推向第三世界国家并从而发展成为世界性
的消费者保护运动，而且还在鼓励各国进行消费者保护立法方面发
挥了重要作用，很多国家都在《保护消费者准则》的影响下颁布
并实施了消费者保护法，该《准则》一直是评价这些立法和措施的
标准。④

　　在环境和发展日益成为时代主题的大背景中，联合国于 1999 年
修订并扩展了《保护消费者准则》，将"促进可持续消费"也囊括在
了该《准则》的目标之内。⑤ 这次修订使世界性消费者保护运动具有

---

①有学者认为，《联合国保护消费者准则》表达了对"美国式"消费者保护的支持，尝
试把美国消费者长期以来所享有的保护在世界范围内推广。见 Esther Peterson，"International
Consumer Guidelines"，in Karen Schnittgrund（ed.），*The Proceedings of the 31st Annual Confer-
ence*，1985，p. 307.

②"联合国第 39/248 号决议"及其附则《保护消费者准则》（1999 年扩大版）第 1 条。

③Overby，Brooke，"Contract, in the Age of Sustainable Consumption"，27 *Iowa J. Corp.*
Summer，2002.

④Overby，Brooke，"Contract, in the Age of Sustainable Consumption"，27 *Iowa J.
Corp.* Summer，2002.

⑤修订后的《联合国保护消费者准则》第 3 条规定："这套准则的目的是确保下列合理
需要获得满足：（a）保护消费者的健康和安全不受危害；（b）促进和保护消费者的经济利
益；（c）使消费者有机会取得足够资料，让他们能够按照个人愿望和需要作出知情的选择；
（d）消费者教育，包括关于消费者所作选择的环境、社会和经济影响的教育；（e）提供有
效的消费者赔偿办法；（f）享有建立消费者团体和其他有关团体或组织的自由，而这种组
织对于影响到它们的决策过程有表达意见的机会；（g）促进可持续消费形式。"

了更加丰富的内涵，尤其是给《准则》带来了微妙但却非常重要的变化。如前所述，《准则》最初所指向的实际是发展中国家，目的是帮助发展中国家建立和完善消费者保护法律制度，缩小这些国家在消费者保护立法方面与西方发达国家之间的距离，也就是说西方主要发达国家当时基本上并不在该《准则》的关注对象之内。但是，1999年的修订改变了这一点。此次修订将可持续消费和可持续发展的问题纳入了《准则》之内，强调并突出环境保护和消费者保护政策之间的关系，敦促各国实现可持续消费和可持续生产，尤其强调："特别是在工业化国家内生产和消费的不可持续形式是全球环境恶化的主因。……发达国家应率先实现可持续消费形式。"① 这样一来，《联合国保护消费者准则》就不再仅以发展中国家为实际上的受众，而是强调西方发达国家在维护并实现代际和国际公平方面的义务和责任，从而使《准则》具有了更加广泛的基础，成为一部真正具有"全球"意义的消费者保护基本法。

---

① 《联合国保护消费者准则》第 4 条。

第二章

消费者权利的扩张及其
所面临的挑战

自 1962 年肯尼迪在总统咨文中正式提出消费者四项权利以来，消费者权利的概念迅速在世界范围内传播开来。在此过程中，消费者权利的概念呈现出极强的扩张性，[①] 不仅权利类型不断增多，权利内涵日益丰富，而且还逐渐把消费者义务或责任的观念囊括进来，有些国家甚至以宪法条款宣布对消费者权利的保护。但与此同时，消费者权利的概念也遭到了一些批判，如难以真正保护消费者利益、无视权利实现的成本等等。

一 权利类型的增多和权利内涵的扩展

（一）消费者权利类型的增多

从实践来看，在对消费者权利概念的借鉴和移植过程中，各国大多根据本国的经济水平和文化背景等具体情况，从不同的角度对消费者权利进行了创新和补充。"消费者权利之内涵从一般的保障安全、公平交易领域逐步扩大到消费者教育、消费者组织的建立、消费环境的改善及参与政府决策等各个方面。其中安全权、知情权、选择权、

---

①关于消费者权利的扩张趋势，可参见钱玉文《消费者权利变迁的实证研究》，法律出版社 2011 年版。

公平交易权、获取赔偿权、结社权、知识获取权和受教育权获得了普遍认可。"① 如果说消费者运动在初期阶段主要关注的是消费者的生命和身体健康以及经济利益，那么随着消费者运动的全面展开，消费者保护涉及的领域也不再局限于生产和流通领域，而是进一步扩大到医疗、教育、卫生、社会福利等多个方面，消费者权利也进一步扩展到消费者教育、消费者组织和消费者的生存和发展等问题上。

随着现代绿色革命和环境保护运动的日益高涨，化学农药对食品的污染、医药保健品的副作用、食品辐射、危险品由发达国家向发展中国家的转移、可持续发展等原本不属于消费者保护法关注的各种问题，也都被纳入了消费者权利和消费者保护法的考虑范围之内。随着科学技术的发展和经济结构的转变，转基因食品的安全问题、电子商务中的消费者保护问题、新型销售方式中的消费者保护问题，经济全球化过程中消费者的接近正义问题，又再一次将消费者运动引向了新的高潮。随着金融、娱乐、美容、旅游、教育等服务消费的激增，导致了服务领域消费者问题的大量出现，使服务领域的消费者保护成为消费者运动的另一个重点。金融消费领域中消费者信用权的产生，也构成消费者权利的一项重要扩展。② 上述多种因素叠加在一起，造成了消费者保护关切的问题不断增多，消费者保护领域的不断扩大，消费者权利类型的不断扩展。

（二）具体消费者权利内涵的扩展

消费者权利的扩展不仅体现在权利类型的增多上，还体现为消费者安全权、消费者知情权等具体消费者权利内涵的不断丰富。例如，最初提出的消费者安全权主要强调保护消费者的身体健康和生命安全免受危险商品的伤害，并促成了大批消费者保护法律的产生；关于食品、纺织品、药品、化妆品的法律均规定，这些产品不得危及消费者

---

① 参见陶建国等《消费者公益诉讼研究》，人民出版社2013年版，第25页。
② 参见钱玉文《消费者权利变迁的实证研究》，法律出版社2011年版，第95页以下。

的生命和健康，如果存在误用的潜在危险，经营者必须提供清楚明确的警示。随着消费者运动的发展，安全权的含义也扩展了，其不仅保护消费者的生命和健康免受危险商品的伤害，也开始保护消费者不受自身不当消费行为的伤害。人们越来越意识到，消费者的理性是有限的，或者说人是"有限的理性存在"，即使消费者是在获得了充分的信息并且经过了深思熟虑后作出的决定，这些决定仍然极有可能不符合消费者的利益，或者甚至损害消费者的长远利益。因此，就有必要防止消费者作出不符合其最佳长远利益的决定。例如，禁止消费者选择没有安全带或不具备其他强制性安全要求的汽车，即是出于此种考虑。实际上，几乎所有西方国家早就要求驾驶汽车的时候必须系安全带。其他类似的规定还有禁止在电视上做广告，禁止关于酒类和烟草的广告等等。甚至有的国家还以安全为由彻底禁止了某些商品，如"战争玩具"。也就是说，政府以安全为理由剥夺了消费者购买"战争玩具"的自由以及经营者出卖这些玩具的自由。当然，这引发了很多争议。反对者认为，政府此举是用自己的偏好取代人民的偏好，限制了人的自由。①

　　其他一些消费者权利也不同程度地存在着内涵扩展的现象。例如，消费者的意见被听取权最初是指政府在制定有关政策时应该充分听取消费者的意见，政府部门在执行政策时也应该快速有效地处理消费者问题。后来人们又认识到，虽然消费者组织可以尽其所能地发表意见，但是却无法保证决策者听取这些意见。于是，消费者的意见被听取权（the right to be heard）后来就不断地被扩展成了代表权及参与权（the right to representation and the right to participation）——政府在制定与消费者有关的政策之前应征求消费者的意见并且/或者保证消费者代表参加决策机构。②

---

　　①Weston J. Fred. , "*Economic Aspects of Consumer Product Safety*", Presentation to the National Commission on Product Safety Hearings, Washington, D. C. , March 4, 1970.

　　②Davis Morris, "The Economics of the Consumer Interest", in Davis Morris（ed. ）, *Economics of Consumer Protection*, Heinemann Educational Books, 1980, p. 4.

二　消费者义务或责任观念的兴起

与消费者权利不断扩展密切相关的是，消费者义务或消费者责任的观念也开始体现在消费者权利之中，或者对消费者权利形成了限制。在消费者运动早期，虽然人们对于消费者的核心性权利（利益）基本上达成了一致意见，但是除了国际消费者组织联盟提出的消费者权利名单外，其他的各类消费者权利名单都没有关注消费者义务与消费者权利的平衡问题，更不要说达成共识了。例如关于安全权，或许有人认为，为了与安全权相平衡，应该强调消费者按照制造商的指示使用产品的责任，但或许也有很多人会认为，制造商应该确保其生产的产品是"傻瓜产品"，保证消费者不用"劳心费神"就能使用，后一种观点实际上是扩展了安全权的含义而减少了消费者的责任。

消费者义务或责任观念的兴起在环境保护领域表现得最为明显。根据传统的消费者政策，消费者应该或者说有权获得最大限度的消费，但是随着可持续发展观念在世界范围内的传播，消费者政策开始与环境政策产生冲突，因为可持续发展要求减少消费，关注生态环境。那么，如何协调这二者的关系？对此，人们提出了很多建议，大致是要求以可持续发展为基础重塑消费者政策。尤其是，有人提出了要确立消费者的良好环境权（a consumer right to a sound Environment）或者消费者对包含环境因素的安全产品的权利（a right to safe products including environmental effects）。[1] 这些"权利"不仅是权利，还包含有责任，即消费者有权消费严格按照生态标准生产的商品或提供的服务，并且有义务不消费对环境有害的商品或服务，于是消费者义务就被吸收到了消费者权利的概念之中。

在此语境中，有学者提出有必要正视消费者权利的限制问题。[2]

---

[1] 转引自 Klaus Tonner," Consumer Protection and Environmental Protection: Contradictions and Suggested Steps towards Integration", 23 *Journal of Consumer Policy*（2000），p. 71.

[2] 钱玉文：《消费者权利变迁的实证研究》，法律出版社 2011 年版，第 140 页以下。

该学者认为，在生态消费模式成为世界各国的必然选择的背景下，有必要依据权利不得滥用原则与权利冲突理论，从实体法与程序法两个方面对消费者权利进行限制。在实体法方面，消费者权利应该接受如下几个方面的限制：否认单位的消费者主体资格，只承认自然人为消费者权利主体；消费者在生态消费模式下应承担资源节约和适度消费的义务，以及要求经营者开具真实发票、购物凭证，对违法行为举报并积极配合执法的义务；消费行为要接受消费税的调控，以实现环境保护节约资源的目的，并合理引导消费和间接调节收入分配。在程序法方面，主要是限制消费公益诉讼的原告资格，防止消费者滥用诉权。

还有学者针对富裕社会和消费社会中物质极大丰富，消费控制社会生活各个方面，消费欲望驱动下的非理性消费破坏环境，消耗资源，毒害社会风气的现象，批判了靠刺激消费拉动内需的经济发展模式。该学者在原先绿色消费和可持续消费概念的基础上，倡导生态消费模式，提出以生态消费法规范人们按照生态规律进行消费，达到保护环境，节约资源的目的，最终实现人与自然、人与社会、人与自身的和谐发展。生态消费模式，是一种既符合社会生产力的发展水平，又符合人与自然的和谐、协调，既能满足人的消费需求，又不对生态环境造成危害的消费行为。在消费生态模式下，消费者在消费过程中应承担节约资源、优先选购环境标志产品、拒绝使用或减少使用一次性制品、减少垃圾生产量、分类处理垃圾等社会义务。[1] 生态消费模式和生态消费法的提出，是消费者运动和环境保护运动进一步合流的产物，是现代环保运动对消费者运动的冲击和挑战，必然在消费者保护法领域引发一系列回应，最突出的表现是消费者生态利益以及尊重生态伦理的社会义务的提出。

---

[1] 参见秦鹏《生态消费法研究》，法律出版社 2007 年版，第 3 页以下，第 142 页以下，第 240 页以下。

三　从宪法条款宣布保护消费者权利

尤其值得留意的是，一些国家在宪法中宣布保护消费者权利，并同时规定了国家的有关责任和义务。将消费者保护规定在宪法当中，这反映出一些国家认为，保护消费者不仅仅是为了经济效率，也是寻求社会正义、保护人权的必然要求。以宪法条款宣布保护消费者权利的代表性国家，有西班牙、葡萄牙、巴西和瑞士等。①

1978 年《西班牙宪法》第 51 条规定："第一款　政府当局应该就消费者和使用者的教育与信息提供便利条件，并应该通过有效的措施保护消费者的安全、健康和合法利益。第二款　政府当局应该促进消费者和使用者的教育与信息，以鼓励消费者和使用者组织，并在与其有利害关系的法律事项上听取其意见。第三款　在前述范围内，法律应该规制国内商业行为并确立主管商业生产的部门。"第 51 条是宪法第三章"经济和社会政策指导原则"的一部分，第 51 条之前的各条具体规定了社会和经济进步权、社会安全权、健康权、受教育权、文化权、住房权和弱势群体的特殊权利。这样的体系安排暗示出，消费者权利与其他经济、社会和文化权利同等地受到宪法的特别关注和保护。依据 1978 年宪法，西班牙在 1984 年制定了《保护消费者和使用者一般法》（*General Law for the Defence of Consumers and Users*），其中具体规定了消费者的六项权利。

1982 年《葡萄牙宪法》第 110 条规定："1. 消费者有权成立组织、获得情报并要求保护其健康、安全和经济利益，有权要求损害赔偿；2. 广告活动由法律规定；任何隐秘的、不诚实的或欺诈性的广告活动应予取缔；3. 消费者组织与消费者合作社有权依法获得国家支持并有权就消费者保护问题发表意见。"第 110 条属于宪法第二编

---

①菲律宾和日本也有类似的规定。日本的《消费者保护基本法》给出了一般的消费者保护政策，但并不包含具体的权利和义务规定。

"经济组织"的第五章"商业与保护消费者利益"的内容，这说明消费者保护内在于该国的基本经济秩序之中。此外，宪法第81条还宣布，"国家在经济与社会方面的主要责任是：……（10）保护消费者利益；……"以上述宪法条款为依据，葡萄牙在1981年制定了《葡萄牙消费者保护法》（*Consumer Protection Law of Portugal*）。

1988年《巴西联邦宪法》第5条第32款以及第170条第5款宣布保护消费者权利。宪法第5条规定在第二编"基本权利及其保障"之下的第一章"个人和集体的权利及义务"中，该条第32款宣布"国家应该采取法律所可能提供的手段促进消费者保护"。宪法第170条规定在第七编"经济和金融秩序"之下的第一章"经济活动的一般原则"中，该条第5款宣布"经济秩序的目的是……保证每一个人能根据社会正义的要求有尊严地生存。必须遵守如下原则：……5.保护消费者"。值得注意的是，在《巴西联邦宪法》中，消费者权利不仅被规定于"经济活动的一般原则"之中，还被规定于宪法"基本权利及其保障"中，俨然成为了"个人和集体"的一项基本权利。依据1988年《联邦宪法》第5条第32款以及第170条第5款，巴西在1990年制定了《消费者法典》。该《法典》在结构和内容上遵循《联合国保护消费者准则》的原则和规则，宣布了消费者的各项基本权利。

1981年，瑞士经宪法修改所需的公民复决后，在其《联邦宪法》中增加了第31条第六款："1. 在保护瑞士经济的普遍利益以及商业和贸易自由的同时，联邦采取各种措施保护消费者。2. 在针对不公平竞争的联邦立法范围内，消费者组织享有与行业协会和工业联合会相同的权利。3. 为解决消费者和供货商之间关于合同的争议，且争议的数额达到了联邦议会决定的价值，各州应该作出规定，以提供仲裁，或提供迅速、简捷的解决程序。"消费者保护及消费争议的解决，获得了《联邦宪法》的高度关注。但需要注意的是，一项权利规定于瑞士宪法之中并不表明该权利具有基本价值。例如，瑞士《联邦宪法》中与第31条第六款临近的各条款分别规定了狩猎及捕鱼、铁路、电影制造、补助、海关、价格控制、与经济机构的合作以及预防经济危机的储备要求等内容，^①这些显然并不是关于人权的规定。但是，瑞士在宪法第 31 条第六款对消费者权利进行规定的目的，是要在消费者权利和早已为宪法所保障的其他经济权利之间获致平衡，这也反映出瑞士对消费者权利的重视。

关于消费者保护的宪法条款具有不同的价值和重要性，将消费者保护规定在宪法之中并不意味着承认消费者权利是基本权利，但无论如何，消费者权利在有些国家的宪法中获得一席之地，是消费者权利向人权迈进的重要一步，是这些国家乐于承认消费者权利是人权的重要证据。^②

四　对消费者权利概念的批判及有关的回应

尽管消费者权利概念自被肯尼迪提出以来就迅速风靡全球，成为许多国家乃至世界消费者运动的奋斗目标，并在一些国家的法律和宪法乃至国际法律文件中得到体现，但不可否认的是，消费者权利概念自产生以来也遭受了严重的批评和挑战。

（一）对消费者权利概念的批判

一种批评意见认为，对消费者权利的列举常常过于宽泛或模糊不清，至多不过可以作为深入讨论消费者保护问题的起点，但却无法提供实现这些目标或权利的合适措施。^③例如，满足消费者知情权的方式多种多样，可以通过全国性的咨询机构网络为消费者提供服务，也可以通过媒体发布关于产品安全的信息，或者出版发行书

①瑞士《联邦宪法》第 25 至 32 条。

②［以］西奈·多伊奇：《消费者权利是人权吗?》，钟瑞华译，《公法研究》第三卷，商务印书馆 2006 年版。

③David Morris, "The Economics of the Consumer Interest", in Davis Morris (ed.), *Economics of Consumer Protection*, Heinemann Educational Books , 1980, p. 5.

面资料告知消费者其所享有的法定权利，甚至在电视上专门为消费者组织开辟出一定的时间。单纯讨论消费者权利的种类无助于在众多的可行性方案中做出最佳选择，必须通过其他的办法才能够正确地判断出哪种措施或方法是最有效的，因此也是最可欲的。而从法律的角度看，消费者的权利如果无法接近最普遍意义上的正义，则其对大多数人来说都是毫无意义的，因为这些人"在法律上是贫穷的"。① 对消费者权利的广泛承认，使消费者接近正义成为一个更加需要认真对待的问题。② 另一种重要的批评，是认为消费者权利概念将消费者利益提升到了绝对的地位，而根本没有考虑到其实施过程中的效率和成本。③ 但所有这些都只不过是开始，随着人们对福利—规制国的猛烈批评，消费者权利概念的"厄运"才真正到来。

20 世纪 80 年代以来，西方的福利—规制国遭受了越来越激烈的以成本收益分析为基础的抨击，作为福利—规制国重要组成部分的消费者保护立法，以及作为福利权之一种的消费者权利自然也难免"城门失火，殃及池鱼"。在诸多批评者的声音中，美国当代著名法学家凯斯·R. 桑斯坦（Cass R. Sunstein）对包括消费者权利在内的福利权所作的批判，深刻而全面，具有很强的代表性。

桑斯坦教授的批评主要以成本收益分析为依据。他认为，所有权利的实现都需要国家的积极行为，因此都是有成本的；但是实现权利的资源又是稀缺的，所以权利必然不是绝对的，国家在赋予权利和实现权利的时候不得不作出平衡。④ 桑斯坦教授特别对产生于美国六七十年代"权利革命"中的福利权提出了反思和批判。他认为，对这些权利的承认造成了广泛的联邦规制计划，并极大地影响了现代政府

---

① Mauro Cappelletti and Bryant Garth, "Access to Justice: The Newest Wave in the Worldwide Movement to Make Rights Effective", 27 *Buffalo Law Review* (1978), p. 183.

② 关于"消费者接近正义"，见本书第二编"消费者权益的私法保护"。

③ J. D. Forbes, *The Consumer Interest: Dimension and Policy Implication*, Croom Helm Ltd., 1987, p. 37.

④ ［美］史蒂芬·霍尔姆斯、凯斯·R. 桑斯坦：《权利的成本》，毕竞悦译，北京大学出版社 2004 年版。

的实质和结构。在当代工业化民主国家中，诸如制定法方案的现代结构等事物必不可少，但是在有些重要的方面，"权利革命"并没有达成其预期的目的——在此过程中，它危及了重要的宪法价值，为追求自利的私人集团权力所左右，没有认识到市场可能会使善意的规制方案形同虚设，造成了不必要的无效率，并低估了将社会风险管理当作传统"权利"对待的困难。①

桑斯坦犀利而毫不留情地批评了将社会风险当作权利对待的愚昧性。他认为，消费者产品对消费者的安全威胁也好，环境污染问题也好，都只不过是现代生产方式所造成的社会风险，国家应该把这些问题当作社会风险加以管理和应对，而不应该赋予所涉人群以权利。将清洁空气权、良好环境权、消费者产品安全权等利益吸收到权利中去，必然会引发很多难题。由此产生的难题包括：这些权利不仅否定公共官僚作风，还要求国家的积极保护；有关损害并非由个人所承担，而是影响到所有的或很多公民；这些权利本质上是集体性的，而不是个人性的；而且，造成伤害的可能性只能降低，不能被完全排除。桑斯坦认为，将社会风险当作权利实现而引发的上述问题，影响到了规制效果的发挥。② 他说，"一个特别有害的观念是，对于洁净的空气和水的利益以及对于安全的工作场所的利益应该被看作是一种'权利'——在不能与其他社会利益进行权衡的意义上。我们已经看到，20 世纪 70 年代普遍存在的规制利益概念是，它们是应该得到实现的权利而不是应该由社会加以管理的风险。……更重要的一点是，当一项规制方案试图减少众人所面对的一项风险时，认为该方案正在创设永远不能让步的个人权利，是愚不可及的。"③

桑斯坦还进一步从成本效益的角度对赋予权利进行了批判。他

①参见［美］凯斯·R. 桑斯坦《权利革命之后：重塑规制国》，钟瑞华译，李洪雷校，中国人民大学出版社 2008 年版，序，第 1 页。

②［美］凯斯·R. 桑斯坦：《权利革命之后：重塑规制国》，钟瑞华译，李洪雷校，中国人民大学出版社 2008 年版，第 32 页。

③［美］凯斯·R. 桑斯坦：《权利革命之后：重塑规制国》，钟瑞华译，李洪雷校，中国人民大学出版社 2008 年版，第 102 页。

说，20 世纪六七十年代的规制性立法以生命和健康是"不能剥夺的权利"，因此不应该给生命和健康贴上价格的标签为理由，常常对成本问题视而不见。保护清洁的空气和水的制定法都是"以健康为依据的"，对于这些法律来说，成本因素完全不具相关性。但是桑斯坦认为，任何合理的规制性方案都不可能对成本不闻不问。规制性支出如果过高，将危及经济发展，加剧失业率和贫困，并最终危及生命和健康。① 桑斯坦认为，20 世纪六七十年代"权利革命"中形成的包括消费者权利在内的福利权是"引人误解的权利修辞"。② 他还从福利权难以通过司法程序加以保护论证福利权的荒谬性。他认为，要求最高法院完全承担起保护福利权的任务，将引发极为严重的民主正当性和管理能力问题。③

　　一些社会学家也提出了激进的批判意见。④ 如法国当代著名思想家鲍德里亚（Jean Baudrillard）在 1970 年出版的《消费社会》中，就尖锐地提出："城市工业界的影响使得新的稀有之物出现：空间和时间、纯净空气、绿色、水、宁静……在生产资料和服务大量提供的时候，一些过去无须花钱唾手可得的财富却变成了唯有特权者才能享有的奢侈品。""人们大谈健康权、空间权、健美权、假期权、知识权和文化权。……这些，作为口号和民主符号的新的社会权利的出现，是富有象征意义的。因为它从有关成分向着区别性的符合阶级（等级）特权过渡。'新鲜空气权'意味着作为自然财富的新鲜空气的损失，意味着其向商品地位的过渡，意味着不平等的社会再分

---

①[美] 凯斯·R. 桑斯坦：《权利革命之后：重塑规制国》，钟瑞华译，李洪雷校，中国人民大学出版社 2008 年版，第 102—103 页。

②[美] 凯斯·R. 桑斯坦：《权利革命之后：重塑规制国》，钟瑞华译，李洪雷校，中国人民大学出版社 2008 年版，第 102 页。

③[美] 凯斯·R. 桑斯坦：《权利革命之后：重塑规制国》，钟瑞华译，李洪雷校，中国人民大学出版社 2008 年版，第 190 页。

④参见刘益灯《跨国消费者保护的法律冲突及其解决对策》，法律出版社 2008 年版，第 52 页。

配。"① 在鲍德里亚看来，在资本主义的消费社会中，消费控制了社会的各个方面，其中消费者的消费欲望被激发、被塑造、被控制，看似自愿的消费实则是被迫的，消费看似民主的实则是区分阶级的，看似丰裕的实则是匮乏的。以鲍德里亚之见，此种消费社会中的消费者保护法及作为其主要手段的消费者权利，只不过是把原来免费的种种自然资源转化成了经济利益和社会特权，是资本主义实现社会控制的帮凶而已，最终使消费者在更为舒适的情况下不自觉地被控制和盘剥。

（二）对批判的回应

桑斯坦对福利权的批评系统而集中，具有一定的说服力。但他的批评跟消费者权利并没有太大的相关性。

1. 消费者权利是边缘性福利权

消费者权利属于福利权或社会权，消费者保护规制性立法也是福利—规制国的重要内容。因此，对福利—规制国的批判似乎当然也应该适用于消费者权利和用于消费者保护的规制性立法。但是，消费者权利在福利权中的边缘性地位使桑斯坦对福利权进行的成本收益批判在很大程度上对其不能适用。

20世纪六七十年代美国产生了很多种福利权，这些权利对国家干预的强度即成本和资源的要求，也是不同的。与妇女的权利、需要救济的人的权利等各种核心性福利权相比，消费者权利对国家的要求相对较低。虽然国际消费者组织联盟提出的消费者权利名单中包括消费者的基本物质需求权，但从世界各国的规定看，消费者权利基本上并不要求国家的直接给付，而只不过是要求国家尽到保护之责，这大大减轻了对国库的压力。

事实上，从对消费者保护的投资看，虽然国家用于消费者保护的

---

① [法] 让·鲍德里亚：《消费社会》，刘成富、全志钢译，南京大学出版社2014年版，第37、38页。

资源看上去很高，但相对而言，特别是与生产商用于广告的资源相比较，用于消费者保护的资源简直是九牛一毛。例如，有人曾统计了英国 1977 至 1978 年间（这两年，消费者保护运动在世界范围内达到了高峰）对消费者保护的投资，结果是，政府对消费者保护的总投资是 4.7 亿英镑，但是仅在 1977 年，英国广告业的支出就是 149 亿英镑。也就是说，相比较消费者保护而言，人们将更多的钱用于劝说消费者进行消费。①

2. 消费者的消费以支付价款为前提

消费者权利与其他福利权的另一个不同在于，消费者主张权利的一个基本前提是消费者为自己购买的商品或接受的服务支付了价款，这意味着消费者并非是白白地要求国家的给付或保护。按照公平正义的观念，消费者在支付了价款，甚至还支付了消费税的情况下，当然有权利要求产品安全、物有所值、不受欺诈……消费者必须为其消费支付金钱，这就从根本上将消费者权利与其他要求政府给付的福利权区别开来。

在此或许还需要强调的另一个常识是：消费者的消费是现代社会经济发展的动力，没有消费，就没有现代市场经济。无可否认，"刺激消费，拉动生产"的消费者保护指导思想，因其功利色彩过强，忽视或抹煞了人的尊严，而难以得到认同。但是，如果非要像桑斯坦那样，对消费者权利也按照成本收益分析进行功利计算的话，则也可以争辩说保护消费者是最划算的，因为生产才能创造财富，有了财富之后才能谈得上各种社会目的之间的资源分配。

3. 关于消费者权利的可诉性

消费者权利的可诉性问题涉及两个方面，一是作为私权的消费者权利的可诉性，一是作为人权的消费者权利的可诉性。对于前者基本上并不存在疑议，遭受挑战的主要是后者，事实上这与整个福利权或

---

①Davis Morris, "The Economics of the Consumer Interest", in Davis Morris (ed.), *Economics of Consumer Protection*, Heinemann Educational Books , 1980, in "Introduction".

者说经社文权利的可诉性问题有关。自"权利革命"以来，美国理论和实务界对此的讨论一直就很激烈。

对于作为人权的消费者权利的可诉性问题，我国法理学学者黄金荣对经济和社会权利可诉性问题的专门研究可供参考。他在就此问题做了层层剖析之后提出："无论哪种类型的经济和社会权利规范都可以在一定程度上实现可诉性，但具体到某项经济和社会权利可以达到的可诉性程度，这却是一个只能具体情况具体分析的问题。"[①] 这一结论，用于消费者权利是完全合适的。也就是说，在可诉性问题上，要在具体的语境当中针对具体的消费者权利作具体分析，不可一概而论。

黄金荣提出的"动态的权利观"，对于理解消费者权利的可诉性问题尤其具有启发意义。他认为，对于权利与义务以及权利与要求之间的关系，实际上都存在一种理想与现实的紧张关系。一方面，理想的权利要求权利与义务以及要求之间存在一种相关的关系，否则，权利概念本身存在的意义就会令人生疑；另一方面，现实存在的各种权利形态又要求对权利概念的界定不能过于绝对化，否则就会使这些不完善的权利失去存在的合理性。他认为，要解决这一紧张关系，就必须树立一种动态的权利观，这种权利观的动态性就表现在，一方面，从权利的有效性出发，承认权利存在一种理想的类型，它是逻辑上最完善的权利形态；另外一方面，从权利的现实存在形态出发，也承认各种逻辑上不完善的权利具有其独立的存在价值。权利的理想类型是界定权利的基础，也是各种不完善权利逐渐完善的方向，而各种不完善的权利则是权利的现实形态，它具有往权利的理想类型发展的可能性。这种动态的权利观实际上就是一种权利的发展观，它要求将权利概念的界定与权利的发展结合起来，因此体现了对权利理想和现实的

---

①黄金荣：《经济和社会权利的可诉性问题研究》，中国社会科学院研究生院 2004 年博士学位论文，第 129 页。

一种妥协。① 消费者权利是依然处在不断发展之中的新型权利，各项具体的消费者权利亦大多处于非常不完善的状态，因此尤有必要以动态的权利观待之。

　　总之，虽然对于消费者权利概念的种种批评不无道理，但必须承认：消费者权利作为一个法律概念，已经深深地根植于几乎任何具有消费者法的法律体系之中，成为各国消费者保护法制建设的一部分；安全权、知情权等各项具体的消费者权利概念也已经成为消费者意识的核心概念，是世界各国消费者主张权利的有力武器。无论进行何等的成本收益分析，都无法从根本上抹煞这两个事实。可行的办法或许是，客观理性地对待消费者权利，努力地平衡并协调理想状态的消费者权利与现实中的消费者权利，使消费者权利向更为完善的状态发展。

---

　　①黄金荣：《经济和社会权利的可诉性问题研究》，中国社会科学院研究生院 2004 年博士学位论文，第 26 页。

第三章

消费者权利的性质

消费者权利刚产生不过五六十年，目前理论界对其性质尚未能达成广泛的共识。从目前的研究成果看，关于消费者权利的性质主要存在两种观点：一为"特别民事权利论"，即认为消费者是"特别"或"现代"民事权利；一为"人权论"，即认为消费者权利是依据"经济的公平与正义"，以"生存权"为起点和目的的基本人权。[①] 本章分别介绍特别民事权利论的主要内容及其在我国消费者保护法制建设中的影响，以及人权论的主要内容及学术界对其所持的不同态度。

一　特别民事权利论

特别民事权利论是我国民法理论界对消费者权利性质的主流观点，并且充分体现在我国《消费者权益保护法》对于九项消费者权利的定义之中。总结如下：

---

①"特别民事权利论"基本上是我国民法学者的主流观点，主要代表学者及其著述为：李昌麒、许明月 1997 年《消费者保护法》；张严方 2003 年《消费者保护法研究》；另外，也经常在民法学者间听到"消费者权利为特别民事权利"的笼统说法。此外，我国现行《消费者权益保护法》第二章"消费者的权利"对消费者诸权利的定义非常鲜明地体现出"消费者权利是民事权利"的色彩。"人权论"则主要为我国一些经济法学者所主张；台湾地区和国外也有学者主张消费者权利是人权或应该承认消费者权利的人权身份。

（一）特别民事权利论的主要内容①

1. 消费者权利是民事权利

特别民事权利论认为，消费者权利是消费者在购买、使用商品或接受服务时依法享有的受法律保护的权利。② "事实上，消费者权利为民事权利即私权之一种：消费者权利的主体是消费者，其义务主体是经营者，两者皆为私法（民法）上的主体，即此种权利是发生在私法上主体间的权利，故其当然具有私法性质。"③ 可见，特别民事权利论研究消费者权利性质的出发点是：消费者权利是消费者和经营者之间的权利关系，存在于消费者和经营者之间因购买商品或接受服务的消费行为而产生的民事法律关系中。从法律上讲，消费者和经营者地位平等，适用的法律也是民事法律。因此，消费者权利是民事权利。但是消费者权利又不是纯粹的民事权利，而是具有自己的特殊性。

2. 消费者权利是"特别"民事权利或"现代"民事权利

在将消费者权利定性为民事权利的前提下，特别民事权利论进一步承认消费者权利具有特殊性，认为"对于消费者权利，我们不能只简单地理解为是一种民法上的民事权利"；④ 并且从理论总结了消费者权利区别与传统民事权利的特征：⑤（1）消费者的权利是消费者所享有的权利，即消费者身份是享有消费者权利的前提；（2）消费者的权利通常是法定权利，即由法律的直接规定而产生；（3）消费者

---

①梁慧星是我国最早关注消费者权利性质的学者之一，早在 1991 年就著有《消费者运动与消费者权利》一文，对消费者权利的性质有精辟论述；1997 年，李昌麒和许明月的《消费者保护法》一书，进一步深入论证了消费者权利的性质及特点；2003 年，张严方的博士论文《消费者保护法研究》出版成书，主张消费者权利为现代民事权利。由于《消费者保护法》和《消费者保护法研究》的观点区别不大，本书此处一并加以分析；梁慧星的观点则另有详细介绍。

②李昌麒、许明月编著：《消费者保护法》，法律出版社 1997 年版，第 76 页。

③张严方：《消费者保护法研究》，法律出版社 2003 年版，第 564 页。

④李昌麒、许明月编著：《消费者保护法》，法律出版社 1997 年版，第 76 页。

⑤参见李昌麒、许明月编著《消费者保护法》，法律出版社 1997 年版，第 76、77 页。

的权利是法律基于消费者的弱者地位而特别赋予的权利，体现了法律对消费者特殊保护的立场。

（二）我国《消费者权益保护法》的有关规定与特别民事权利论①

通过上述介绍可知，特别民事权利论的本质特征就是在坚持消费者权利是民事权利的前提下，用消费者相对于经营者的弱势地位论证消费者权利的正当性，并肯定其不同于普通民事权利的特殊之处。分析我国现行《消费者权益保护法》关于消费者权利的有关规定，可以发现，特别民事权利论在《消费者权益保护法》关于消费者权利的规定中得到了非常充分的体现。主要表现为：

1. 作为"权利束"的消费者权利的概念

我国《消费者权益保护法》第 2 条规定："消费者为生活消费需要购买、使用商品或者接受服务，其权益受本法保护；……"。虽然本条并没有采取"消费者权利是……"，或者"……是消费者权利"的表述方式，但联系本条在《消费者权益保护法》中所处的重要位置（第 2 条），并结合我国学者在理论上对消费者权利所作的定义，可以看出，第 2 条包含了《消费者权益保护法》对消费者权利的"原则性"定义。例如，根据上文所引特别民事权利论的定义，消费者权利是"消费者在购买、使用商品或接受服务时依法享有的受法律保护的权利"；还有的定义是："所谓消费者的权利，就是国家法律规定或确认的公民为生活消费而购买、使用商品或者接受服务时享有的不可剥夺的权利"②；等等。总之，不论表达方式有何不同，这些定义都强调了《消费者权益保护法》第 2 条规定的"消费者"、"生

①由于我国研究消费者权利性质的著作，包括明确主张特别民事权利论的作品，大部分发表于《消费者权益保护法》实施生效之后，而且它们对于各项消费者权利的具体论述也基本以《消费者权益保护法》为依据。因此，本书认为，特别民事权利论在相当程度上是对现行《消费者权益保护法》进行推导和总结的产物。

②王保树主编：《经济法原理》，社会科学文献出版社 1999 年版，第 263 页。

活消费"、"购买、使用商品或者接受服务"和"权益"等几个要素。因此可以认为，我国研究消费者权利的学者正是从本条规定总结出了消费者权利的普遍性概念。那么，第 2 条规定的特征是什么呢？从其所使用的关键语词看，该条规定为消费者权利的存在划定了时空范围：消费者权利是消费者在消费过程之时（时间要素），在与经营者进行购买商品或接受服务的交往之中（空间要素）所享有的权利。从其在《消费者权益保护法》中所处的位置及与其他条文的关系看，紧随其后，《消费者权益保护法》第 3 条又规定："经营者为消费者提供其生产、销售的商品或者提供服务，应当遵守本法；……"。这样，《消费者权益保护法》第 3 条和第 2 条共同发挥作用，将消费者权利"锁定"在消费者和经营者之间的双方法律关系中，这完全与特别民事权利论所强调的前提相契合。

2. 各项"具体"的消费者权利的概念

如果说，由于《消费者权益保护法》第 5 条和第 6 条又分别规定了"国家"和"全社会"在保护消费者权利方面的责任，从而对前述第 2 条和第 3 条形成制约和平衡，缓和了将消费者权利局限于消费者和经营者之间的色彩，那么，《消费者权益保护法》对于各项具体消费者权利所下的定义则更加确凿地凸显了特别民事权利论在其中的主导地位。

《消费者权益保护法》第二章"消费者的权利"共九条，分别规定了安全权、知情权等九项具体的消费者权利。本书认为，这九条对消费者诸权利的规定纯粹是"民事权利式"的。首先，从其所采用的表达方式看，这九条规定所采用的主语主要是"消费者"，频繁使用的措词方式是"消费者在（因）购买、使用商品和接受服务（时）"（第 7、10、11、14 条）、"消费者有权要求（……）经营者……"（第 7、8 条）、"消费者享有……的权利"（第 9、10、12、13、14、15 条）。且不说各条规定的具体内容，单是这些词语就奠定了消费者权利是特别民事权利的基调。其次，从内容看，这几条中对单项消费者权利所下的定义完全是民事权利的"翻版"。例如：《消费者权益保护法》第 9

条对消费者选择权的规定是:"消费者享有自主选择商品或者服务的权利。消费者有权自主选择提供商品或者服务的经营者,自主选择商品品种或者服务方式,自主决定购买或者不购买任何一种商品、接受或者不接受任何一项服务。消费者在自主选择商品或者服务时,有权进行比较、鉴别和挑选。"这根本就是民法意思自治和合同自由的当然要求。此外,《消费者权益保护法》对于安全权(第7条)、知情权(第8条)、公平交易权(第10条)、索赔权(第11条)等的规定也与此类似,[①] 此不一一引述。

总而言之,对于消费者权利,我国民法学界的主流观点是在承认私法主体平等的基础上强调消费者的弱者地位,进而将消费者权利定性为特别民事权利;《消费者权益保护法》的有关规定更是完全符合特别民事权利论的基本精神。

(三) 特别民事权利论的贡献和局限性

特别民事权利论强调经营者在尊重和维护消费者权利方面的义务和责任,注重通过民事救济方式为消费者权利提供保护,抓住了消费者权利的一个方面,从而在一定程度上解释了消费者权利的性质。尤其是,特别民事权利论从消费者的弱者地位出发深刻地洞察到了消费者权利与传统民事权利的不同之处,从而正确地强调了需要对消费者权利提供的特殊保护。但是本书认为,强调消费者权利相对于传统民事权利的"特别性"或"现代性"并不足以充分而全面地说明消费者权利的性质,特别民事权利论在理论解释和实践指导上均具有很大的局限性。具体分析如下:

1. 完全无法解释某些消费者权利

消费者权利是一个集合概念,其中已经定型化的具体权利就多达八九项。消费者权利既包括安全权(生命健康权)、索赔权等比较容

---

①《消费者权益保护法》第12条关于结社权及第15条关于监督权的规定比较特殊。关于这两项权利,下文还会有所涉及。

易理解和接受的传统概念，又包括随经济发展而最近形成的或正在形成之中的新型概念如良好环境权和受教育权；此外，还有一些具体的消费者权利虽然保留或采用了传统称呼，却被赋予了崭新的含义。这些新型的消费者权利或"扩张"了的权利含义根本无法通过传统私权理论获得解释。

这一点在新近才形成的一些消费者权利上表现得非常明显。可以消费者受教育权为例加以证明。消费者教育虽然是最近才发展而成的一个概念，但却被认为是消费者主义成功的一个前提条件。[1] 从长远的角度看，消费者受教育权属于消费者权利体系中比较基础而又意义重大的一项权利。大致而言，消费者教育是指，有意识地培养个人日常生活需要的技巧、概念和理解力等各种能力，以保证消费者能够获得为其所在的价值和文化框架允许的最大满足以及资源的最大效用。

至于消费者教育的目标，可总结为：（1）帮助消费者更好地管理其金钱、时间和能源等资源，从而由有限的资源获得最大满足；（2）帮助消费者更加聪明地购买商品或接受服务，在市场上获得最有价值的东西；（3）帮助消费者更加聪明地使用商品并享用服务，从所拥有的东西中获得最大效用；（4）帮助消费者成为一个更好的消费者公民，使其行为不仅有利于提高个人的经济地位，也构成对消费者群体福利的民主手段。此外，消费者教育还应该考虑环境保护问题，并意识到不同的消费模式所造成的环境污染和生态失衡等问题。[2]

消费者教育的方式包括正式和非正式两种，正式的消费者教育构成学校课程的组成部分；[3] 非正式的消费者教育主要针对那些非在校生进行。

通过上述对消费者教育的概念、目标及实现方式的介绍可以看出，

---

[1]Dr. Francis Cherunilam，"Consumer Protection-Rationale and Methods"，in Dr. D. Himachalam（ed.），*Consumer Protection And The Law*，Aph Publishing Corporation，1998，p. 11.

[2]Anitha H. S. and M. Com，"Consumer Education"，in Dr. D. Himachalam（ed），*Consumer Protection And The Law*，Aph Publishing Corporation，1998，p. 131.

[3]例如，《联合国保护消费者准则》第36条规定："消费者教育应在适当情况下成为教育系统基本课程的组成部分，最好成为现有科目的一部分。"

消费者教育显然不是仅仅通过消费者或经营者的努力就可以实现的。例如，在现代消费者教育比较成功的日本，"消费者教育事业，起始于60年代初期，由消费者组织先行倡导，引起国家重视并在立法中给予肯定。消费者教育成为消费者行政机构的任务之一，学校也建立了消费者教育制度。随之消费者问题引起了企业界的关注，于是也将消费者教育引入企业活动，作为其加强与消费者联系的纽带之一。"[①] 可见，消费者受教育权的实现需要消费者组织、政府、企业、消费者个人的通力合作，尤其是需要政府的大力支持。消费者教育需要的不仅仅是政府的消极不干涉，更要求政府积极作为，促其实现。因此，消费者受教育权的性质决非简单的一句"特别民事权利"所可以应付的。

消费者良好环境权是这方面的另一个典型例子。大致而言，消费者的环境权是指消费者有权要求健康、安全的生活和工作环境的权利，并且要不危及当代人和子孙后代的福利。显而易见，消费者个人对环境的影响是微乎其微的，将环境权的实现寄希望于个人乃是天方夜谭；将环境权仅仅理解成是消费者在购物或接受服务时有权要求经营者提供良好购物环境的权利更是荒谬。必须在个人和国家的关系中理解消费者的良好环境权，而这在特别民事权利论中是不可能的。

2. 不能充分解释某些消费者权利

有些具体的消费者权利产生的时间相对较早，也比较适于用特别民事权利论进行解释。但是，由于消费者问题的复杂性，这些权利还有超越于私权之外的维度，例如知情权和公平交易权。如果依据特别民事权利论加以定义，则知情权是消费者依法享有了解与其购买、使用的商品和接受的服务有关的真实情况的权利。相应的，经营者应该客观、真实地向消费者提供关于商品的价格、产地、生产者、用途、性能、规格、费用等有关情况。这确实是消费者知情权的应有之义，甚至构成知情权基本的和核心的内容。但是，知情权的作用范围到此并没有停止，它还要求"国家及消费者保护组织应对此进行监督，通

---

①许思奇：《中日消费者保护制度比较研究》，辽宁大学出版社1992年版，第635页。

过检查、受理投诉等方式督促经营者披露有关信息，保证消费者的知悉权不受侵犯。"① 例如，《日本消费者保护基本法》第 12 条规定："国家为使消费者能自主的营其健全的消费生活，应就商品及服务有关知识之普及、情报之提供、生活设计有关知识之普及，以及对于消费者之启发活动加以推进，并就合理消费行为教育之实施采取不必要之措施。"《联合国保护消费者准则》也有类似规定。

　　能够证明国家在实现消费者知情权方面的责任的最佳例子是 20 世纪 90 年代在整个欧洲市场引起恐慌的"疯牛病（BSE）"丑闻：英国 1984 年爆发了严重污染牛肉的"BSE"病毒，该病毒并由英国扩展到其他国家。必要的应对措施不仅在国家层面甚至在欧盟层面都一再被拖延。欧盟 1994 年才禁止用"动物饲料"（造成污染的主要原因）喂牛；迟至 1996 年才宣布全面禁止进口英国牛肉制品；——但为期仅为半年。其间，英国愈 80 多人死于"克雅氏病"（"Creutzfeld-Jacob"，简称 CJD）的一种变体，而这种疾病正是"BSE"病原体所致。德国和其他一些欧盟国家也发生了此类病例。"BSE"给欧盟各国造成的损失极为惨重。②

　　轰动一时的"BSE"丑闻在许多方面对消费者保护都有启发意义，但本书此处关注的问题则是："BSE"丑闻中，基于种种原因，欧盟各国都或多或少存在隐瞒事实真相，侵害消费者知情权的做法。例如在英国，危机最初爆发的时候，政府说牛肉是安全的；1990 年，当时的农业部长（John Gummer）和其爱女在食用牛肉汉堡时声明："味道美极了！我根本不怕吃牛肉汉堡。没有什么可担心的"；直至 1995 年有关部门的部长们还在异口同声地强辩说，"目前尚没有科学证据表明 BSE 可以被传染给人类，也没有证据证明吃牛肉能导致 CJD。"（John Major 在 1995 年 12 月的讲话，见 1996 年 3 月 21 日《卫报》（*The Guardian*）。）随着形势的恶化，英国政府 1996 年才不得不承认，人类

---

①李昌麒、许明月编著：《消费者保护法》，法律出版社 1997 年版，第 83 页。

②Eike von Hippel，"Präventiver Verbraucherschutz：Vorbeugen ist besser als Heilen"，*Politik und Zeitgeschichte*，B24/2001，ss. 16 – 18.

受传染的轻度危险是存在的。但没过几天，农业部长（Douglas Hogg）又安慰消费者说，"现在吃英国牛肉，危险极小———一般而言，英国牛肉是安全的。"（见 1996 年 3 月 21 日《卫报》（*The Guardian*）。）① 直到 2000 年 10 月 26 日英国政府才公布了长达 10 卷的疯牛病调查报告，记录了疯牛病被发现及扩散的情况，其中许多内容令人触目惊心。不仅英国如此，甚至在消费者保护特别是食品卫生和安全方面一向注重预防原则的德国政府最初也曾多次声明，德国没有"BSE"病毒，德国的牛肉是安全的；后来鉴于消费者罢工以及牛肉市场的崩溃，德国政府才不得不在荒乱之中采取措施，亡羊补牢。而在 2000 年 11 月欧盟决定普遍禁止使用动物饲料之前，德国对疑似病历一直都秘而不宣。

作为公认的知情权的义务主体，牛肉食品的经营者固然有义务告知消费者与"疯牛病"有关的事实真相，但是，考虑到"BSE"对消费者身体健康和公共安全造成的严重威胁，考虑到政府全面、充分掌握信息资源的绝对优势地位，当"BSE"肆虐欧洲，消费者茫然不知所措时，政府就没有责任告知消费者危险的存在及如何尽量避免这些危险吗？当然，对于政府的这一责任也可以从公共安全等其他角度理解，但是，从消费者保护的角度看，直接而简便的思路就是承认国家也是知情权的义务主体，肯认其在直接实现消费者知情权方面的法律责任，甚至承认消费者知情权对国家的直接请求效力，使消费者可以要求国家提供信息或损害赔偿。总之，虽然国家因此而承担的义务的可诉性等仍然是有必要深入研究的问题，但无论如何，"BSE"之类的事件确实能引发我们的思考：或许消费者的知情权并不如特别民事权利论所理解的如此简单，在有些情况下，它还要求国家必须提供有关信息，如公布疫情等等。

消费者公平交易权是特别民事权利论不能充分解释的另一个典型例子。公平交易是是私法自治和身份平等的当然要求，是民事活动应

---

① Terry Marsden, Andrew Flynn and Michelle Harrison, *Consuming Interests*, UCL Press, 1999, p. 188.

当遵循的的基本原则之一，当然也适用于消费者和经营者之间的商品购买或提供服务的活动。而《消费者权益保护法》专门规定公平交易权，除强调经营者在出售商品或提供服务时要讲究公平之外，最重要、最基本的含义应该是要求国家通过各种措施创造、保证公平的交易环境，为公平交易的实现提供充分的前提条件，例如通过反不正当竞争法保证充分自由的竞争环境，通过价格法对价格进行调控监管，保证合理定价，等等。很难设想，没有国家对市场环境的有效监管，没有自由充分的竞争，个体消费者能够在消费交易中希求公平。毕竟，"竞争是消费者最好的朋友"。

3. 逻辑上难以自圆其说

用特别民事权利论解释消费者权利并指导消费者保护立法，也有难以自圆其说的地方。这一点可以我国《消费者权益保护法》为例加以说明。正如上文所指出的，从《消费者权益保护法》第 7 条及其以下各条可以看出，《消费者权益保护法》中规定的消费者权利确实是特别民事权利（不过，第 12 条和第 15 条是例外）。但是，如果把《消费者权益保护法》中的上述规定解释为特别民事权利，就容易令人产生一个疑问：《消费者权益保护法》规定的安全权、公平交易权、知情权、受尊重权等本来就是"民法中的人"理所当然享有的权利，何用《消费者权益保护法》重复规定？难道没有《消费者权益保护法》规定的公平交易权，经营者就可以进行不公平交易？没有《消费者权益保护法》规定的求偿权，消费者在身体或经济利益遭受损害时，就无权索赔？显然，《消费者权益保护法》的目的并非要简单重复规定民法中本就存在的权利，而是应该另有精意所在。

就此而言，体现最充分的是消费者索赔权制度。其实，即使没有消费者保护法的专门规定，消费者也有权要求经营者对其因购买商品或服务所遭受的财产和人身损害提供赔偿，此为民法侵权行为法的应有之义。鉴于消费争议发生频繁、消费争议标的额小、消费者在信息和经济上的弱势地位等因素，消费者法中的索赔权意在强调索赔权的可兑现性，也就是说，国家有义务采取立法、行政乃至司法程序等各种措施为消费者的索赔权提供便捷、廉价、公平的实施机制。这可以从有关的国际法文件中得到证明。例如,《联合国保护消费者准则》第 32 条规定: "各国政府应制定或维持法律和(或)行政措施,使消费者或在适当情况下使有关组织能通过迅速、公平、耗资少和便于利用的正式或非正式程序取得赔偿。此类程序应特别照顾低收入消费者的需求。"第 33 条规定: "各国政府应鼓励所有企业以公平、迅速和非正式的方式解决消费者的争端,并设立可以向消费者提供协助的自动机制,包括咨询服务和非正式投诉程序。"第 34 条规定: "应向消费者提供关于可获取的赔偿和其他解决争端程序的资料。"由上述规定可以看出,消费者索赔权不在于宣布消费者"有"权索赔,而是首先强调各国"政府"的责任,要求政府积极主动提供切实可行的措施和方案,贯彻落实消费者的索赔权。理解了这一点,就很容易理解为什么虽然我国《消费者权益保护法》第 39 条规定了"和解、调解、投诉、仲裁和诉讼"等五种解决消费争议的途径,而消费者却抱怨"投诉无门"了。其理论上的重要原因是,我国《消费者权益保护法》对于消费者权利采取的是特别民事权利论,对消费者权利的保护也以私法保护为主,消费者权利据以实现的种种制度基本是普通私权保护制度的翻版,没有照顾到消费争议的特殊性,没有达到"迅速、公平、耗资少和便于利用"的要求,因此在现实可行性上就大打折扣。偏离消费者法专门强调消费者各项权利的真实意图而宣示"九大权利"或列举"五种解决途径"最终都只能使法律规定沦为一纸空文。就此而言,由于我国在立法上没有提供符合上述条件的有效救济程序,因而并没有尽到保护消费者的国家义务。

上述分析表明,用特别民事权利论定义消费者权利不能体现消费者权利自身的意义,忽视了消费者权利概念独立存在的价值,在理论上欠缺说服力。其实,境外学者、有关国际法文件及外国立法对消费者权利的界定几乎均是从国家义务或责任的角度出发,采取消费者"有权要求"或"有权要求当局"、"政府应"等表述方式,而并非在消费者和经营者之间的关系中定义消费者权利。[1]

4. 限制了对消费者权利的保护

实际上，人权和私权的主要区别是义务主体和实施机制的不同。人权强调国家的义务，要求国家在立法、行政和司法等各个环节都必须尊重、保护并促进其实现；私权的义务主体是社会上的其他私人，且主要通过私法制度获得保障。因此，将消费者权利局限和束缚在私法中的特别民事权利论固然巩固了公民的私权，似乎符合公民利益，但因疏于强调国家的义务，所以并不利于对消费者权利的保护。

民法对民事权利的保护模式基本上是救济式的，遵循"民事权利（民事义务）——侵害权利（违反义务）——民事责任"的模式。只有当民事权利遭到实际侵害或面临非常真实的危险，且当事人诉请国家保护时，民事保护程序才启动。民法救济这种被动性和事后性的特征，与消费者权利要求预防性保护的思想相背离，显然不适于保护消费者权利。一方面，由于消费者在信息、经济乃至心理等各方面均处于弱者地位，很难预期个体消费者具有构成私权救济方式前提的权利意识和自卫能力；另一方面，消费争议的标的额一般都不大，成本和效益的分析也往往使消费者对启动民事救济程序望而却步。所以，私法不足以保护消费者权利。这一点也是许多学者在深入研究了消费者保护法之后得出的一致结论。例如德国学者埃克·冯·希佩尔（Eike von Hippel）认为，"个体消费者在具体案件中常常难以实现其享有的权利，而当供方拟制了通常对其单方有利的习惯性一般交易条件时，情形更是如此。这再次证明了消费者的劣势地位。因此毫不奇怪的是，对许多消费者的实证调查表明，事后措施无法令人满意。"[2] 英国消费者保护法研究者格瑞特·G. 豪厄尔（Geraint G. Howells）和

---

①参见王泽鉴《消费者的基本权利与消费者的保护》，收于王泽鉴《民法学说与判例研究》第3卷，中国政法大学出版社1998年版，见第17页；林金吾：《消费诉讼制度之研究》，台湾《司法研究年报》第十七辑第十篇，1997年；《联合国保护消费者准则》各条；日本《消费者保护基本法》第7—16条；等等。

②Eike von Hippel, "Präventiver Verbraucherschutz：Vorbeugen ist besser als Heilen", *Politik und Zeitgeschichte*, B24/2001, s. 16.

斯蒂芬·韦瑟里尔（Stephen Weatherill）也曾说，"然而，消费者法律工作者日益承认私法的局限性。我们怀疑私法在保护消费者方面的有效性。这并不是说，消费者无法受益于已经增多的私法权利，而是说其他的方法可能更有效，而且私法权利的扩张具有不平衡的趋势。"①我国台湾地区专门研究消费者保护法的朱柏松教授也认为，"虽说消费生活行为与市民生活行为相同，系属人与人之间具有相对性、私法性的行为，不过，一旦消费者在消费过程中受有损害，势将难予依现存私法体系，特别是民事法律规范获得有效之救济。"②……从上述诸引论可以看出，私法无法充分保护消费者权利在理论上已经是不争的事实。固守消费者权利为民事权利的观点则必然将消费者权利的保护局限于私法领域，并最终限制对消费者权利的保护。

综上所述，特别民事权利论虽然强调了消费者权利的"特别性"或"现代性"，但在理论上仍然存在解释力不足和说服力不强的弊端，在实践中也限制了对消费者权利的保护。

二 人权论

与特别民事权利论不同，人权论为我们提供了观察消费者权利的另一个视角。

（一）人权论的主要内容

综合言之，人权论主要从如下两个方面理解消费者权利的性质：③

---

①Geraint G. Howells, Stephen Weatherill, *Consumer Protection Law*, Dartmouth Publishing Co Ltd, 1995, p.112.

②朱柏松：《消费者保护法之成立、构成及若干问题之提起》，收于朱柏松《消费者保护论》，翰芦图书出版有限公司1999年版。

③参见梁慧星《消费者运动与消费者权利》，收于梁慧星《民法学说判例与立法研究》，中国政法大学出版社1993年版，见第265、266页；史际春主编：《经济法教学参考书》，中国人民大学出版社2002年版，第204、205页；李鸿禧：《保护消费者权利之理论体系——经济的人权宪章之新谱系》，收于李鸿禧《宪法与人权》，"国立"台湾大学法学丛书编辑委员会编辑，元照出版公司1999年版。

1. 消费者权利的依据在于"经济的公平与正义"

随着资本主义的高速发展，自由放任市场经济的弊端越发凸显，其表现之一是经济上的自由平等被打破，劳工、消费者等在社会、经济上处于绝对的弱势地位，基本生存甚至受到威胁。基于此，强调社会安全福利和经济公平正义的理念逐步形成，特别是二战以后，在社会主义思想和资本主义思想的相互激荡，共产主义价值与民主主义价值的相互抗争之下，经济的公平和正义更受重视并开始对各国的法律制度建设形成影响。到 20 世纪 60 年代，上述理念由"纲领性规范"的理想层面进步到"实在法化"的层面，消费者权利概念的产生和发展正是其表现之一。因此说，消费者权利是强调"经济公平与正义"的产物。

2. 消费者的各项权利都以"生存权的基本人权"为起点和目的①

作为经济、社会上的弱者的权利，消费者权利的核心目的是确保消费者的生命健康和安全，维护消费者的基本生存人权。各项具体的消费者权利都是围绕这一目的设计的。例如，知情权保障消费者获得有关商品的各种信息和情报，最终目的是确保消费者自身的安全和自卫；良好环境权关注消费者的生存和工作环境，直接关系到消费者的生存安全；另外，消费者的基本物质需求权、健康权等无不如此。甚至消费者的选择自由，也显著地向生存权倾斜；关于竞争政策的问题、公权力的介入问题，其结果也无非是在现实经济社会中确保消费者的生存权。

就认可并强调消费者相对于企业的弱势地位而言，人权论和特别民事权利论并没有区别。人权论与特别民事权利论的根本不同在于，

①此外，有的学者还对此进行了补充，认为当人的生存需要得到满足后，高层次的需求也产生了，它体现为人的求知、审美的满足。消费者权利的实现即是对每个人的发展的肯定。因此，消费者权利也是人的发展权。并且，就所发挥的功能而言，消费者权利还是社会安定剂。见史际春主编《经济法教学参考书》，中国人民大学出版社 2002 年版，第 205页。本书认为，虽然从发展权的层面上和从社会功能的角度认识消费者权利有助于加深对其的理解和认识，但是，把握人权论的基本内涵仍应该仅仅扣牢如下一点：消费者权利存在的依据在于生存权。

人权论认为在市场经济高度发达、"大量生产，大量销售，大量消费"的特定社会背景中，消费者在信息、经济、组织等各方面均处于绝对的弱势，有予以特别保护之必要。而且，在消费者和经营者之间为满足个人消费目的的经济交往中，消费者的交易行为是消费行为，目的在于获得食物、衣服、住房、医疗等维持自身生存所必须的基本物质条件；经营者进行交易的目的则在于最大限度地获取经济利益，属于营利行为。相对于企业对经济利益的追求而言，消费者的生命安全和生存需要更应该得到保护。总之，对消费者进行特别保护的根本原因乃是：在科学技术、市场经济和人类文明高度发达的时代背景下，在人类消费行为这一特定活动领域中，个人难以控制的各种危险性因素逐渐产生并迅速增加，甚至威胁到人类自身的生存。为此，有必要特别关注人类的生存安全。消费者保护法和消费者权利的产生则恰好反映了人类在这一特定场景下维护自身生存的努力。

（二）国内学术界对人权论的不同态度

我国学术界对人权论的态度并不一致，可分为否定和肯定两种观点。

1. 人权论基本上遭到了民法学者的否定

大部分民法学者认为消费者权利产生并存在于消费者和经营者的民事交易之中，因此主张消费者权利是特别民事权利。实际上，人权论基本上并没有引起民法学者的重视，少数接触到这个问题的学者也对其持否定态度。例如，我国最早关注消费者权利性质问题并对日本的人权论进行介绍的梁慧星老师并不支持人权论的核心观点。他虽然认为"消费者权利与传统民法上的权利在性质上是不同的"，但同时也表示，"对于所谓消费者权利以生存权为根据之点，应有特别斟酌之必要"。① 总之，梁慧星老师一方面洞察到了消费者权利具有不同

---

①梁慧星：《消费者运动与消费者权利》，收于梁慧星《民法学说判例与立法研究》，中国政法大学出版社 1993 年版，第 268 页。

于传统民事权利之处；另一方面也对人权论表示了异议，认为对其"应有特别斟酌之必要"。从目前民法理论界在消费者权利性质方面的研究成果看，基本上尚没有突破梁慧星老师的这两点认识。

但是，虽然特别民事权利论是民法理论界的主流观点，国家在消费者保护领域中却确实发挥着非同一般的积极作用，人权论对消费者权利的强大解释力也不容忽视。因此，基本上遭到民法学界否定的人权论在经济法理论上却获得了通说的地位。

2. 人权论是我国经济法学界的主流观点

在我国，研究消费者保护法的学术力量除了民法学者外，还有经济法学者。从目前国内民法学和经济法学的教材编写体例上看，民法理论界对消费者保护法的研究多为因人而异，就事论事，是支离破碎的，作为"部门法"的、"整体"的消费者保护法在民法学中尚无立足之地；经济法学的教材却几乎是无一例外地将其与反垄断法、反不正当竞争法等并列作为市场规制法进行编写。而且，鉴于消费者权利在我国现行《消费者权益保护法》中占据的核心地位，各种经济法教材都用了相对多的篇幅对其进行论述，其中大多数还专门论及了消费者权利的性质。从总体上看，经济法学界对消费者权利的性质采取了人权论的观点。其中比较有代表性的说法是：

"消费者的权利是《消费者权益保护法》的核心，是保护消费者法律关系的主要内容，是人类在生活消费过程中应享有的基本权利，是生存权的重要组成部分。"[1]

"消费者权益保护法的理论基础，可以从多种不同的角度来加以说明。从哲学的角度说，是有关人权的各种理论。"[2] 而且，"消费者权利作为一种基本人权，是生存权的重要组成部分。由于消费者权利是人类在生活消费过程中应享有的权利，因此，法律必须予以保障，

---

[1]潘静成、刘文华主编：《中国经济法教程》，中国人民大学出版社1999年版，第646页。

[2]杨紫烜主编：《经济法》，北京大学出版社、高等教育出版社1999年版，第195页。

以使消费者的基本人权从应然的权利转化为法定的权利。"①

"消费者权利的基本性质是生存权、发展权和其他基本人权，是包含财产权、人身权等多种民事经济权利在内的综合权利。"②

其中也不乏较为深入的论述。例如，有学者不仅宣称消费者权利是"消费者为进行生活消费应该安全和公平地获得基本的食物、衣服、住宅、医疗和教育的权利等，实质即以生存权为主的基本人权"，而且认为"保护消费者权益专门立法是人权法律保障的重要方面，体现出国家对以生存权为主的基本人权的确认和伸张。……而本世纪以来，消费者权益保护法律制度在各国的陆续建立，进一步表明法是确认与保障人权实现的有力工具"，甚至还将消费者保护法高举到了与美国1776年《独立宣言》、1791年《人权法案》、法国1789年《人权与公民权利宣言》等同的崇高历史地位，并且宣称，"在现代市场经济条件下，全社会人人都是消费者，国家如不通过专门立法对交易中处于弱者地位的消费者给予特别保护，人权保障就是徒具虚名"。③

此外，我国台湾地区及国外一些公法学者、经济法学者或民法学者也曾论及消费者权利的人权性。④ 例如，赖源河先生认为，"现代之消费者可谓不论愿意与否均已被卷入交易社会，且在该社会里其生命及健康，或作为生活基础之财产等，总括言之，即作为人类而生存之权利，已陷于危机。……若果如斯，则宪法上所保障之生存权，在身为消费者的这一方面而言，可谓已正受侵犯。因此，在此背景之下，'消费者之权利'乃屡被主张，而此权利之主张，无非是生存权

---

①见杨紫烜主编：《经济法》，北京大学出版社、高等教育出版社1999年版，第195页；杨紫烜、徐杰主编：《经济法学》，北京大学出版社2001年版，第176页；侯怀霞主编：《经济法学》，北京大学出版社2003年版，第265页。

②吴宏伟主编：《经济法》，中国人民大学出版社2003年版，第209页。

③漆多俊主编：《经济法学》，武汉大学出版社1998年版，第222、223页。

④例如，以色列西奈·多伊奇及日本金泽良雄教授等人。（参见梁慧星《消费者运动与消费者权利》，收于梁慧星《民法学说判例与立法研究》，中国政法大学出版社1993年版，第266页）此外，王泽鉴先生也曾间接提到"当局对于上述五项基本人权必须加以尊重，应该采取各种措施，促其实现。"（见王泽鉴《消费者的基本权利与消费者的保护》，收于王泽鉴《民法学说与判例研究》第3卷，中国政法大学出版社1998年版，第17页）

之必然的结果"，而"所谓生存权，乃人民为维持其生存，得向国家要求予以扶助之权利"。①

（三）人权论的贡献与欠缺

经济法学者直接承认消费者权利的人权性质，认可国家在消费者权利保护方面的职责和作用，坚持强调消费者权利具有超越于私权之上的维度。这是经济法学在消费者保护法基本理论方面不容忽视的贡献。从对消费者保护实践的指导意义上看，人权论将消费者权利提升到人权的高度，强调国家在消费者权利保护中的义务和作用，有助于增强对消费者保护的力度。

从目前理论研究所获得的成果看，虽然经济法学理论洞察到了消费者权利的人权性质，但仍存在很多有待深入探讨之处；而且人权论对我国消费者保护立法和实践也基本上没有发挥任何实质性影响。虽然经济法学总论方面的知识有助于我们相对全面地理解消费者保护法，但实际上，对于作为经济法分论的消费者保护法，我国经济法学界的研究基本上还停留在对现行《消费者权益保护法》进行释义的层次上，失之于肤浅。这一点从各种经济法学教材的相关内容以及消费者保护法专著的稀少可见一斑。具体到对于消费者权利性质的分析，经济法学理论界研究的上述局限性体现得非常明显。虽然上文所引各种经济法学教材均声称消费者权利是"生存权的组成部分"或"基本人权"，但却并没有继续探讨如下基本问题：消费者权利为什么是人权？如果消费者权利确实是人权，则它是一种什么样的人权？主张消费者权利是人权有何意义？一言以蔽之，"消费者权利是人权"对消费者保护法理论研究及对消费者保护法制建设有何启示？事实上，没有详细论证甚至根本没有关注到这些问题正是人权论在我国法学界遭到忽视乃至否定的重要原因之一。

此外，由于"人权"本身就是一个备受争议的概念，泛泛地宣称

---

①赖源河：《公平交易法与消费者保护之研究》，《中兴法学》1986 年总第 14 期。

消费者权利是人权而不深入具体论述有关问题，在理论和实践中的意义也确实不大。

三 作为人权的消费者权利

为对人权论进行必要的补充，下文着重论述消费者权利之为人权的原因、消费者权利在人权序列中的地位以及承认消费者权利人权性的理论和实践意义。

（一）消费者权利符合人权的实质性要求

国内消费者权利性质人权论的主张者虽然宣称消费者权利本质上是人权，但均没有深入论证消费者权利之为人权的原因，说服力较差。对于人权论的支持者而言，论证消费者权利是人权仍然是必须要补的功课。

论证消费者权利是人权必须面对的一个前提问题是：何为人权？虽然这是一个聚讼纷纭的问题，也并不存在关于人权的统一概念，但学者们还是总结出了人权的一些本质特征，并以此为基础形成了据以考察人权的一些指导性方针。大致言之，这些指导性方针包括：（1）人权应该与整个人类社会或者所有的人相关，可以称其为人权的普遍性；（2）人权是人作为人的权利，人权的首要关怀是个人，强调个人的尊严、荣誉和发展，是为人权的至关重要性；而且（3）人权是个人据以对抗强大政府的权利。①

本书认为消费者权利完全符合人权的这些实质性特征。

第一，消费者权利完全符合人权的普遍性要求。虽然有人可能会反驳说，消费者权利只是"消费者"的权利，因此不是"人人"可以享有的权利，无法满足人权的普遍性要求。但是，正如有学者论述

---

① 参见［以］西奈·多伊奇《消费者权利是人权吗？》，钟瑞华译，《公法研究》第三卷，商务印书馆 2006 年版。

的，"如果说人权是"人作为人就享有的权利"这句话可以成立的话，那么它也绝对不仅仅是指'人在任何时候任何情况下都享有的权利'它还包含了'人在一些特定时候或者特定情况下所享有的权利'，一些情况下还包含了'一些特定的人在特定情况下享有的权利'。这主要包括两种情形：第一种情形是人在特定情况下所享有的权利。例如，人在受刑事指控或者被拘禁的情况下的权利，……对这些特定的情形下的人和特定的人进行特殊保护完全是由其所具有的至关重要性决定的，这也是人权公约为什么选择一些情形而不规定其他情形、选择某些特定的人而不是其他特定的人的原因所在。对于人在特定情形下的权利，至少在'人人'在特定情形下可以享有这个意义上仍然是具有普遍性的；……"① 本书认为，与人在受刑事指控或被拘禁的情况下享有人权一样，消费者权利正属于"第一种情形"，是"人在一些特定情况下所享有的权利"。虽然人们习惯上将消费者权利称为"弱势群体"的权利，但在现实经济生活中，"人人皆可为消费者"，即工人、农民、知识分子、商人、公务员、腰缠万贯的富豪、食不果腹的乞丐、精通法律的法学家等均可以消费者的面目出现。因此，消费者并非独立的社会群体和阶层；消费者权利是个人而不是群体的权利。消费者权利是人在作为消费者从事消费活动时所享有的权利，是特定场景中的人权。

第二，消费者权利也完全符合人权的至关重要性标准。消费者权利不仅仅涉及消费者的经济利益，其核心的关注点乃是消费者的身体健康和生命安全。从这一点上可以说，消费者权利完全符合人权的至关重要性标准。尤其是在现代社会中，人的衣食住行均通过消费行为获得，而由于消费者本人根本无法控制其中的许多危险，个人的生命安全完全依赖于外在于本人的许多因素，从而使个人遭遇危险的概率、不可预期性和无法控制性均大大增加。其实，这也正是为什么现

---

①黄金荣：《经济和社会权利的可诉性问题研究》，中国社会科学院研究生院 2004 年博士学位论文，第17、18 页。

代市场经济国家强调对消费者的特殊保护，消费者保护法迅速发展成为重要的法律分支的根本原因。21世纪初，我国导致数百名婴幼儿患了严重营养不良症，十数名婴幼儿死亡，时间跨度长达一年多，影响几乎遍及全国的"阜阳劣质奶粉案"①就充分地表明：消费者权利不仅仅关乎缺斤少两，价高质低等"鸡毛蒜皮"的小事，而是关乎"人命"的大事；消费者生命权和健康权案件也并非都是"啤酒瓶爆炸""瓦斯炉爆炸"或"电视机着火"等偶尔发生的、伤害人员较少的疑难案件，而有可能是导致多人死亡的、跨时长、影响范围广的重大事故。"阜阳劣质奶粉事件"证明，消费者权利与每一个人的基本生存和身体健康息息相关，是以生存权为依据的基本人权。与其说"阜阳劣质奶粉事件"是"消费者保护案件"，不如说它是一次重大的"人权事故"，与其将生命权、健康权、知情权等权利笼统地称之为"消费者权利"，不如说"消费基本权"或"人的消费权"更能反映消费者权利的本质和重要性。更何况，有充分的理由相信，像"阜阳劣质奶粉"之类的事件在我国远远不止一起，例如令人谈虎变色而又无可奈何的"地沟油事件"，其危害程度就丝毫不比"阜阳劣质奶粉事件"差。

第三，虽然消费者权利并非直接针对来自国家和政府的侵害，但必须承认的是，现代社会中的大型商业组织不像在同等条件下进行讨价还价的个人，而更像控制个人消费者的政府，消费者和公司之间的关系类似于个人和政府的关系。有消费者保护工作者总结认为，现代公司巨型化发展造成了严重的恶果。首先，公司掌握着巨大的权力，而这些权力又是毫无制约的。消费者保护激进主义者甚至主张，大型公司就是政府：公司收入富可敌国，公司能够收税（通过其控制价格的能力），公司能够决定人的生死（通过忽视产品安全问题），公司对生活质量和环境也发挥着极大的影响。虽然公司的权力不啻于政府的

①关于"阜阳劣质奶粉事件"，《南方周末》、《新京报》及《中国青年报》在2004年4月下旬及5月份及其后均有较为详细的报道。

权力，但公司却不受公共控制并且不承担问责性。因此，公司变得越发肆无忌惮，遮遮掩掩，一意孤行并腐败透顶。其次，公司制度使相关个人不必亲自为自己的行为承担责任。就公司的法律性质而言，公司可以保护其工作人员不必承担个人责任。公司的巨大规模和地理跨度及官僚机构在作出决定的公司成员和直接承担批评压力的人之间形成了巨大的防护屏。在不负责任的面纱后面，所有的个人责任感都蒸发得无影无踪，人性中最坏的部分则如脱缰的野马，公司领导和管理人员违法乱纪，欺骗消费者，随意高抬价格，并糟蹋环境——尽管他们在私人生活中可能是本社区的柱石。甚至有人创制了"公司政治（corpocracy）"一词，以形象地揭示现代公司高度发展所造成的后果。"公司政治"一方面意味着公司的统治，从而暗示出公司权力的无限膨胀性及其与政府权力的相似性；另一方面，"公司政治"还凸显出现代公司的运作与官僚政治一样，是冷淡而迟钝的。[1] 鉴于公司等大型商业组织在现代社会中对个人生活及整个社会所发挥的作用和影响，在一个消费者导向的社会中，个体消费者的保护是维护人的尊严——特别是对抗巨型商业组织、垄断、卡特尔和跨国公司——的一部分。[2]

虽然国际人权公约并没有将消费者权利列举为人权的一种，但从人权的实质性要件上看，消费者权利则完全符合人权之为人权的各种标准。因此，可以认为消费者权利是一种新型人权。事实上，也确实有学者专门撰文主张，要求承认消费者权利的人权身份。[3] 此外，现代人权理论认为人权的价值基础在于人之为人的尊严，这也为承认消费者权利是人权提供了坚实的理论根据。正如上文所分析的，在现代消费社会中，关注消费者的个人权利，保护消费者的身体健康和生命安全，保护个人消费者免受势力强大的企业的肆意侵害是维护人的尊

---

①Robert N. Mayer, *The Consumer Movement: Guardians of the Marketplace*, Twayne Publishers, 1989, pp. 70 – 73.

②［以］西奈·多伊奇：《消费者权利是人权吗?》，钟瑞华译，《公法研究》第三卷，商务印书馆 2006 年版。

③同上。

严的必然要求；不赋予个人公平交易权、公正合同权和司法救济权乃是忽视人的尊严。因此，可以认为消费者权利是建基于人的尊严之上的人权。

（二）消费者权利主要体现为人权中的经济、社会、文化权利

从消费者权利产生的原因和契机、消费者权利的特征以及有关国际公约的内容看，可以将消费者权利归于人权中的经济、社会和文化权利及社会权的一种。

1. 消费者权利作为对市场经济弊病的应对之一

消费者权利是资本主义市场经济发展到特定阶段的产物，其与劳动者权利、环境权、社会保障权等一样，也是作为应对资本主义市场经济高度发展所造成的社会弊病的措施而产生的。

在自由资本主义阶段，虽然资本主义国家已经开始对消费者提供特殊保护，但由于资本主义发展所造成的社会弊病仍然只不过是初露端倪，传统的法律框架依旧足以容纳并解决这些问题，国家不干预私人生活的自由权观念并没有受到根本性的冲击和挑战。"消费者权利"据以产生的社会条件还不充分，还没有必要从民事权利中专门剥离出"消费者权利"概念以应对消费者问题。19 世纪末 20 世纪初，资本主义由自由竞争阶段发展到垄断阶段。这一时期，自由竞争阶段所推崇的极端个人主义和经济放任自由极大地解放了生产力，西方社会在经济发展和科技进步方面均获得了长足进展，但资本主义高度发展的外部性也日益显露出来并导致了一系列社会弊病，而 20 世纪正是资本主义矛盾在各个社会领域集中凸显的时期。这时候，如果仍然信奉传统的自由主义观念，严守国家不干预政策，那些因各种原因在竞争中处于下风的个体，很可能出现生存危机。因此，为维持资本主义社会体制的存在，维持个人自由赖以存在的制度框架，国家不得不积极干预经济活动，对那些由于自由竞争而被无情地抛到社会底层的弱势群体进行特殊保护。于是，要求国家积极干预社会生活，关注弱势群体生存利益的社会权观念由此而生。

在这样的时代背景中，为解决贫富分化、劳资对立和严重失业等问题产生了社会保障权和劳动者的权利，为解决资源过度开发和环境污染问题产生了环境权，为解决消费者问题产生了消费者权利。而从人权发展史的角度看，社会保障权、劳动者权利、环境权和消费者权利等其实都是人权在特定场景中的具体体现；[①] 消费者权利乃是社会权这种"新型权利观念"在消费生活领域的体现，可以称之为"人的消费权"。

2. 消费者权利与社会权的目的和特征相一致

社会权和自由权乃人权中的两大类型，其中社会权又称为经济、社会和文化权利。社会权的"特质在于为了实现社会经济生活中的实质自由、平等，可要求国家积极介入保障的权利。"[②] 其一方面赋予公民要求维持基本生存及生活的权利；另一方面要求国家必须架构各种保障制度，预防新的弱势群体的产生。本书认为，消费者权利强调国家对作为弱者的消费者提供积极的扶助和帮助，属于人权中的社会权。

作为两类不同的人权，自由权和社会权存在一些区别。自由权是资本主义成立阶段的产物；社会权则是资本主义垄断阶段的产物。自由权是一种与夜警国家和自由国家的国家观相对应的基本人权；社会权则是与福利国家或积极性国家的国家观相对应的基本人权。自由权是在国民自由的范围中要求国家的不作为的权利；社会权则主要是在社会上对经济的弱者进行保护与帮助时要求国家进行作为的权利。[③]

---

①关于资本主义经济的发展、消费者权利、以生存权为基础的社会权之新型人权谱系这三者之间的关系，可参阅李鸿禧《保护消费者权利之理论体系——经济的人权宪章之新谱系》，收于李鸿禧《宪法与人权》，"国立"台湾大学法学丛书编辑委员会编辑，元照出版公司1999年版，第496—501页。例如，其中曾论到："于是法学界就有不少学者，从生存权的基本人权理念中，引申、演绎、阐述消费者权利乃是确保并实施消费者消费商品以求生活之生存权，而赋予基本人权之性格，将之列入战后新形成之人权谱系中。"见该书第503页。

②许庆雄：《宪法入门（I）人权保障篇》，元照出版公司1998年版，第139页。

③[日] 大须贺明：《生存权论》，林浩译，吴新平审校，法律出版社2001年版，第12页。

总而言之，社会权强调自由经济体制"应与社会权互相调和，并予以适当限制，尤其是藉资本再生过程而形成资本型财产时，若构成侵害他人生存权（如劳动者、消费者……），或对环境构成破坏、污染等，即须受较严格的合理限制，达到社会整体生活的安全、和谐与幸福"，[①] 并认为国民有权要求国家权力整体考量社会经济生活中的各种利害冲突关系且介入调整，以架构出一个"使任何个人能在社会独立存在"的最起码法秩序，达到谋求社会和谐并继续发展的目标。可见，社会权的目的在于消除伴随资本主义的高度化发展而产生的贫困和失业等社会弊病，为此要求国家积极地干预社会经济生活，保护和帮助弱者。

而消费者权利的内容是消费者在"生活消费"这一与人的生存息息相关的活动中所体现出的经济、身体乃至精神利益，消费者权利与其他私权的不同之处是要求国家的积极介入，强调国家在保护和帮助消费者方面的职责和义务；国家介入的方式和强度决定了消费者权利不再是民事权利，而成了完全符合社会权特征和要求的新型人权；消费者权利正是社会权在消费活动领域中的体现。

（三）认识并承认消费者权利人权性的现实意义

认识并承认消费者权利的人权性不仅能够从理论上加深对消费者权利本质的理解，并整合消费者保护法的体系建构，而且在实践中还有助于指导消费者保护法制建设，并在立法、行政和司法等方面加强对消费者的基本权利的保护。认识并承认消费者权利人权性的现实意义是：[②]

---

①许志雄：《宪法入门（Ⅰ）人权保障篇》，元照出版公司1998年版，第138页。

②有人曾提及承认消费者权利为人权具有如下"优点"：（1）在消费者立法不完备的地方制定专门的消费者保护法；（2）改善已有法律和规章的贯彻实施；（3）平衡消费者权利与合同自由或职业自由等其他人权之间的冲突；（4）促进政府和司法机关在既定法律规则和规范的框架内进行干预；并且（5）解释当前的法律规则以避免与其他人权相冲突。参见〔以〕西奈·多伊奇《消费者权利是人权吗？》，钟瑞华译，《公法研究》第三卷，商务印书馆2006年版。

1. 平衡消费者权利与其他基本权利或经济政策的冲突

如果不承认基本的消费者权利是人权，当其与其他宪法权利发生冲突的时候，由于法院倾向于优先保护宪法性权利，消费者权利将因此受到践踏。然而，如果接受消费者权利是人权，则它们就可以和作为宪法权利的财产权、择业自由权、自由经营权等并驾齐驱，并从而能够在平等的基础上和其他人权价值进行竞争。

承认消费者权利的人权性，使消费者权利自身最终成为一项独立的价值，有助于增强消费者保护工作的独立地位，使其不再仅仅是经济政策的附属或推动经济发展的工具。这一点对我国的消费者保护实践工作尤为重要。其实，我国的消费者保护政策从来没有获得过独立地位，对经济政策和产业政策自始至终具有很强的依附性。例如，现行《消费者权益保护法》就明确规定不仅要"保护消费者的合法权益"，而且要"维护社会经济秩序，促进社会主义市场经济健康发展"。这意味着消费者利益从来就没有被作为独立存在的利益加以对待过，消费者福利只不过是其他政策的反射利益而已。很长时间以来，我们都是为了"刺激消费，拉动内需"而保护消费者利益的；既然可以为了"刺激消费，拉动内需"而保护消费者，当然也可以为了同样的目的或任何其他别的目的而牺牲消费者利益，消费者保护政策的从属性及其地位的不稳固性由此可见一斑。虽然人们可以在理论上强调，任何经济政策和产业政策的制定都必须考虑而不得忽视或侵害消费者利益，但实践中，在大力发展经济的时代背景下，如果消费者利益与改善投资环境、扶持产业发展等"更大更高"的经济目标发生冲突，就非常容易在"保护消费者利益，也要保护经营者利益"、维护经营自由权等冠冕堂皇的旗帜下牺牲掉消费者利益，更何况还存在地方保护主义？更何况具体执行《消费者权益保护法》的各行政职能部门与企业的联系远比与消费者的联系更加复杂而密切呢？从观念上提高对消费者权利的认识，从消费基本权的高度看待消费者权利和消费者保护问题并赋予消费者政策独立地位，有助于从理论上指导我国目前消费者保护工作停滞不前的消极被动状态。

2. 通过国家责任保护消费者利益

人权与私权的主要区别之一是义务主体的不同，作为人权的消费者权利要求国家在立法、行政等各个方面承担尊重、保护和实现的义务。如果国家没有履行或没有有效履行保护消费者的义务和职责时，就必须承担责任，这是对消费者权利的更好保障。但问题是，既然消费者权利属于经济、社会和文化权利的一种，则关于经济、社会和文化权利可诉性的争议①当然也适用于消费者权利，也就是说，如果国家没有履行或有效履行保护消费者权利的义务，消费者能否通过诉讼请求国家直接承担责任，即作为人权的消费者权利是否构成一种司法权利？

欧洲法院在一些案件判决要求没有履行义务的成员国对因此遭受损害的消费者直接承担损害赔偿责任，从而在这个方面作出了卓越的贡献。比较著名的案例是 20 世纪 90 年代初德国的"MP-Travel"案。② 该案基本案情为：1993 年 8 月，由于"MP-Travel und Marlo-Reisen"旅游公司的破产，数千名德国度假者被困在佛罗里达、土耳其和葡萄牙的度假胜地。宾馆和航空公司拒绝继续向游客提供预订的服务，因为他们知道作为旅游举办人的"MP-Travel und Marlo-Reisen"旅游公司已经没有支付能力。许多游客为了能够重返家园，不得不再次支付飞机票。据"明星（Stern）"杂志报道，当时的受害人高达两万。后来人们发现：联邦政府没有按照要求在 1993 年 1 月 1 日前适时地转化适用 1990 年欧洲共同体理事会《一

①许多人认为，经济、社会和文化权利的内容抽象、欠缺法的明确性、司法救济程度很低，因此应主要通过立法裁量和行政措施得到实现和保护，并在立法怠惰或行政怠惰之时，根据三权分立原则，以选举或罢免手段实行控制（参见郑贤君《论宪法社会基本权的分类与构成》，收于《中国法学会宪法学研究会 2003 年年会论文集》（上册），见第 260 页）。也有许多人主张经济、社会和文化权利的可诉性，部分国家也存在这样的实践（参见黄金荣《经济和社会权利的可诉性问题研究》，中国社会科学院研究生院 2004 年博士学位论文）。

②Nobert Reich, "A European Concept of Consumer Rights: Some Reflections on Rethinking Community Consumer Law", in Jacob S. Ziegel (ed.), *New Developments in International Commercial and Consumer Law*, Hart Publishing, 1998, p. 449.

揽子旅游指令》①是造成游客被困的原因。因为虽然《一揽子旅游指令》规定所有旅游举办人必须就破产危险进行投保，以确保在无力支付的情况下由保险公司办理合同约定的旅游服务，但由于德国根本没有转化适用该指令，也就是说这种保险在德国还没有成为法律义务，所以"MP-Travel und Marlo-Reisen"旅游公司也就没有进行这样的保险。这对消费者造成的后果是，他们必须再次支付费用才能重返家园。于是，受害的游客在1994年将德国联邦政府告上了波恩地方法院，要求损害赔偿。德国法院将该案提交到卢森堡的欧洲法院，欧洲法院1996年作出判决：由于拖延实施《一揽子旅游指令》，德国政府必须承担责任，赔偿消费者因旅游公司破产所遭受的全部损失。人们并不确切地知道，德国政府到底为此支付了多少金钱，但据司法部说是1400万马克；消费者协会估计，付给受骗游客的各种赔偿可能高达2000万马克之多。

此外，欧盟还在其他一些案件中追究了成员国的责任。当然，关于国家在何种情况下应向消费者承担何种责任的问题，欧洲法院目前仍然处于摸索阶段。是否国家违反任何欧盟一级立法或二级立法规定的消费者保护义务，都必须直接向消费者承担责任，目前尚不明确。但有一点可以肯定的是，国家责任不仅在过去而且在将来都是落实消费者权利的重要武器。例如，自"MP-Travel"案后，德国开始通过法律科以德国境内的旅游举办人强制保险义务。如果不是害怕承担国家责任，德国政府就不可能作出这种规定。

我国尚未发生消费者要求国家承担责任的案件，消费者权利针对国家的可诉性在理论上也还没有引起人们的注意。其原因主要在于，首先，理论界关于消费者权利法律属性的见解并不一致，研究也不深入，尚没有从人权法义务的高度认识国家保护消费者权利的义务；其次，消费者权利在我国是通过一般法律而不是宪法得到承认，尚未取

---

①Council Directive90/314/EEC，中文全称为"欧洲共同体理事会1990年6月13日关于一揽子旅游的指令"。

得宪法性权利的地位。这两个因素就决定了，在我国，无论是理论上还是实践中，国家保护消费者权利的义务的可诉性问题均处于极度的边缘化状态。本书认为，就目前的情况而言，关于消费者权利在我国是否构成司法权利的问题，可以分立法怠惰和行政怠惰两个层次加以分析。立法怠惰是指国家立法机关没有有效地履行通过立法保护消费者权利的义务。对于这种情况，如果法律尚没有制定，就不存在判断法律的可行性和有效性的问题，但可以（也只能）通过民主程序建议立法机关制定特定法律规范；如果法律已经制定并实施，却因质量低劣无法实现保护消费者的目的，由于我国司法机关不具有违宪审查权，因此也不能获得司法救济。例如，虽然我国《消费者权益保护法》规定的"五种"解决消费争议的途径无法保证消费者索赔权的实现，构成立法怠惰，但消费者并不能获得司法救济。行政怠惰是指行政机关没有履行法律所科以的保护消费者权利的义务。对于这种情形，如果行政机关的不作为侵犯了消费者的合法权益，并符合提起行政诉讼的法定要件，消费者可以通过行政诉讼程序获得救济。但总地来看，由于我国立法中对于有关机关保护消费者权益的职责规定得不很明确，并且由于司法不独立造成的我国行政诉讼制度整体困境，实践中消费者权利获得行政诉讼保护的可能性也不大。

四　作为私权的消费者权利

在国际消费者组织联盟所列举的消费者基本物质需求权、安全权、选择权、知情权、意见被听取权、结社权、索赔权、受教育权、良好环境权等基本权利中，安全权、选择权、知情权、意见被听取权和索赔权等既是人权又是私权，本书所指的"作为私权的消费者权利"主要就是指这些权利的私权维度。当然，需要注意的是，由于消费者权利自身发展的动态性特征，目前无论是对"作为人权的消费者权利"，还是对"作为私权的消费者权利"的范围和具体类型的描述都只能是初步而简略的。

从目前已经获得的成果看，对作为私权的消费者权利的理论研究已经比较成熟，而且多以产品责任、格式合同或特定交易方式等具体制度为对象。下文仅从与此处核心论题有关的角度对作为私权的消费者权利加以简要的说明。

（一）消费者权利私权性的形成和变迁

虽然只有部分基本的消费者权利具有私权性，但私权性对全面理解消费者权利的法律属性并建构相应的权利保护体系却具有独特而显著的地位。

首先，从消费者保护法各部分的产生看，最早的一批消费者保护法基本上是民事规范，以民法特别规范的形式存在。例如，世界上最早的一批分期付款买卖法，同时也是世界上相对比较早的一批消费者保护法规范，分别于1894年、1896年和1900年在德国、奥地利和法国制定，其目的在于限制厂商片面强加于消费者的苛刻契约条件。有学者曾总结这一时期消费者保护法的特征为："资本主义国家通过各种民事特别法，对旧的私法自治原则加以变通。这是直接调整消费者与生产经营者之间权利义务的法律，因而与消费者的关系最为密切，也是消费者保护法中最先得到发展的部分。"[①] 其实，这些对民事"私法自治原则"进行变通的民事特别法不仅当时，即便是现在仍然是消费者保护法中基本而重要的组成部分。

其次，从各项具体消费者权利的产生和发展历史看，消费者权利最初脱胎于民事权利，体现出显著的私权性；消费者权利的人权性是消费者权利发展到一定阶段才逐渐显明出来的。最早提出的消费者权利，如知情权、选择权和索赔权等，关注点在于消费者和经营者的关系，强调的是经营者的义务，基本上是私权；随着消费者运动的深入，消费者权利的类型和性质也发生了根本性变化。一方面，许多公权色彩浓重的新型权利，如消费者的结社权、基本物质需求权、良好

---

①谢次昌主编《消费者保护法通论》，中国法制出版社1994年版，第52页。

环境权等开始被提出并得到重视；另一方面，对于那些较早产生的索赔权等权利，国家也日益强调其实际的贯彻落实。例如，为保障消费者索赔权的实现，促进消费者的"接近正义（access to justice）"，以美国为代表的西方国家进行了积极的探索，力求通过立法或者行政程序等为消费者提供更加便利、快捷的纠纷解决机制。这种作法强调国家在立法等方面的"制度框架提供义务"，从而使索赔权逐渐突破了原先的民事色彩并因而获得了公权性。不过，索赔权等权利同时仍然保持了其原来的私权性。

因此，无论就消费者权利的产生历史看，还是就消费者权利当前的性质特征看，私权性都是消费者权利性质的一个方面，是分析消费者权利性质的起点和基础。而且，由于消费者保护民事特别规范仍然是当前世界各国消费者保护法的重要组成部分，厘清消费者权利的私权性及其与消费者权利人权性的关系对于研究这部分消费者保护法规范具有特别的理论指导意义。

（二）作为私权的消费者权利与消费者保护民事特别法

正如作为人权的消费者权利贯穿于整个消费者保护法中一样，作为私权的消费者权利或者说消费者权利的私权维度当然存在于民法之中并统率所有的消费者保护民事特别规范。作为私权的消费者权利不仅是消费者保护民事特别法与其他部门法中消费者保护法规范的联结点，它也有助于我们梳理消费者保护民事特别法与其他民事规范的关系。

在诸种类型的民事权利中，作为私权的消费者权利属于债权，具体体现为消费者要求经营者提供的商品或服务具有必要的安全性，要求经营者提供关于商品或服务的必要信息，要求消费者能够自主选择提供商品的经营者和商品或服务，以及要求经营者就其因购买商品或接受服务所遭受的人身或财产损害进行赔偿的权利，等等。这些权利都是私法中的请求权。相应地，民法中确认并保障这些权利的制度基本上是债法上的制度，例如，意在解决产品不合理危险的产品责任制度在民法中以特别侵权行为法的形式得到表达，其与产品检验、产品标准等管制法一起构成关注消费者安全权的规范群。只不过前者采取的是事后救济的民法手段，后者采取的是预防性救济手段。为专门强调消费者和经营者之间消费交易的特殊之处，学者们用"消费者合同"特指这类协议，并专门设计了许多不同于普通合同的权利义务关系，如定式合同中的信息提供义务及对其的解释规则、消费者购物后的"考虑期"制度等，以平衡交易双方的利益关系。另外，消费者的索赔权乃是利用民法中的民事责任特别是财产补偿制度对消费者和经营者之间遭到破坏的利益进行回复。

总而言之，作为私权的消费者权利属于民事权利中的债权，并通过消费者合同制度、产品责任制度（特别侵权行为之一）和民事责任制度而得到表达和实现。这样，虽然各种消费者保护民事特别规范看似各不相关，但作为私权的消费者权利却成为贯穿、支配并整合这些制度的"脉络"。

五 小结

特别民事权利论和人权论都在一定程度上触及了消费者权利的本质，但这两种观点对消费者权利性质的把握或者不够全面，或者不够深入，都不足以构成对消费者权利性质的完备说明。主要存在于我国民法学界的"特别民事权利论"未能全面把握消费者权利的性质，其根本不足在于仅在消费者和经营者的关系之中理解消费者权利的本质，而忽视了国家所承担的积极义务与职责，从而造成了理论上欠缺解释力、实践中限制了对消费者权利的保护等消极后果；基本上在经济法理论界占主流地位的"人权论"虽然认识到消费者权利涉及国家、经营者和消费者之间的三方关系，从而正确地体认到消费者权利具有超越于私权之外的效力维度，并强调国家的义务，但却由于没有深入论证，也没有对有关问题进行必要的探讨而欠缺说服力。

特别民事权利论和人权论对消费者权利性质的认识都是不全面

的，其主要原因在于民法学和经济法学在基本理念和研究方法等方面存在根本性差异。从法学理念上讲，民法强调政治国家和市民社会的二元划分，壁垒森严，对国家权力存有极端的怵惕之心，讳言国家干预；尊崇私法自治，固守权利本位，因此难以接受为"国家干预"张目的人权论也是理所当然。不仅如此，由于民法权利理论汗牛充栋，俯拾皆是，民法学人的私权观念既深且巨，且引以为傲；从直观上看，消费者权利最初又确实发端并体现于消费者和经营者之间的民事法律关系之中，许多具体消费者权利的私权维度也非常重要而显著。因此，民法学者在研究消费者保护法时，一般会更多地关注作为民事主体"具体人格"的消费者因其弱势地位所享有的各种特殊权利，并将其定性为特别民事权利。但是，"从私法观察角度出发所看到的经济关系，不过是两个私人之间以互相平等为前提的关系"，[①]因此必然会忽视国家在其中的角色，往往是"见木不见林"。

与此相反，经济法本来就是"国家干预之法"，经济法学者必然会更多地关注国家在保护消费者方面所采取的政策及所发挥的作用，因此他们在把握消费者权利的性质时，多会强调国家的责任。实际上，国内绝大多数经济法教材在"消费者保护法"一章中均会专辟章节讨论"国家对消费者权利的保护"或"国家的义务"问题。但由于缺少坚实的"权利本位"观念作指导，经济法学者对消费者权利的论述基本上仅限于对《消费者权益保护法》的释义，而没有在理论上进行细致深入的探讨，更少关注各项具体的消费者权利，正可谓"见林不见木"。

（一）消费者权利性质的复合性和层次性

正确把握消费者权利的性质必须以两点为前提：一是综合民法学和经济法学通过不同观察视角所得出的不同结论，在国家、经营者和

---

① ［德］拉德布鲁赫：《法学导论》，米健、朱林译，中国大百科全书出版社1997年版，第77页。

消费者的三方关系中把握消费者权利的性质，力求获得对消费者权利性质的比较全面的认识；二是抛弃"消费者权利"的笼统指称，深入分析各项具体的消费者权利，分别对其加以定性，从而将对消费者权利性质及其他相关问题的研究推向深入。因此，消费者权利的性质具有复合性和层次性。

1. 消费者权利性质的复合性

消费者权利并非单项权利而是一个包含若干具体权利的权利束，不仅各项具体权利的性质不一致，而且同一项消费者权利还可能具有两种性质。是为消费者权利性质的复合性。

首先，一些基本的消费者权利具有两种"身份"，不仅是人权，而且是私权，其中包括选择权、知情权、获得救济权（索赔权）和安全权。作为人权的消费者权利存在于消费者和国家之间，要求国家积极主动承担保护和扶助的义务，发挥的是积极作用。作为私权的消费者权利存在于消费者和经营者之间，要求经营者对消费者承担私法上的不侵害义务或损害赔偿责任，发挥的是消极和防御作用。其次，一些基本的消费者权利只具有人权性而并非私权，其中包括基本物质需求权、意见被听取权、受教育权、良好环境权和结社权等。这类消费者权利只具有一种"身份"，存在于消费者和国家之间，要求国家积极提供帮助和保护的义务，发挥的是积极作用。

总而言之，根据其性质，可将基本的消费者权利划分为"既是人权又是私权的消费者权利"和"纯粹人权的消费者权利"两类。"消费者权利性质的复合性"不仅表示消费者权利或为人权或为私权，而且还表示同一种消费者权利也可能既是人权又是私权。

2. 消费者权利性质的层次性

作为人权的消费者权利贯穿于整个消费者保护法领域，作为私权的消费者权利则只不过是存在于消费者保护民事特别法之中。

消费者权利的私权性和消费者权利的人权性并非各不相关，消费者权利的私权性派生于作为人权的消费者权利要求国家采取立法、行政和司法等多种措施进行保护的需要，是对作为人权的消费者权利的制度性保障，具有工具性意义。作为人权的消费者权利必然要求国家通过制定法律（宪法或一般性法律）、设立机构（行政机构）、设计救济程序（行政或司法）等多种方式提供保护。在国家为保护消费者权利而制定和提供的法律框架中，民事权利义务制度也构成对消费者权利的制度性保障之一。进一步说就是，制定消费者保护法是国家在履行保护消费者权利的义务，而当国家为履行其义务而立法时，如果对民事主体之间的权利义务关系进行干预，消费者权利就有可能在消费者和经营者之间发生；如果国家并没有就某项消费者权利设计民事权利义务关系，则该项具体权利就只是人权而不是私权。因此，从功能上说，作为私权的消费者权利其实是作为人权的消费者权利的实现手段，并不具有终极意义。

理解了消费者权利性质的复合性和层次性不仅能够调和特别民事权利论和人权论的冲突和对立，而且还能够为探讨消费者保护法的性质，梳理、整合消费者保护法的体系提供一个可能的思路。

（二）从消费者权利性质的特点看消费者保护法的性质和体系

其实，正如理论研究中所表现出来的一样，消费者权利性质问题和消费者保护法的性质问题确实是不可分的。在二者的关系中，消费者保护法以承认和保护消费者的权利和利益为目标，而消费者权利的性质则决定着其需要何种法律规范的保护。因此，消费者权利的性质决定了消费者保护法的构成和性质，消费者保护法的性质则反映着消费者权利的性质。消费者权利性质的复合性和层次性在消费者保护法中必然有所体现。

1. 消费者保护法组成部分的复杂性及其规范性质的多样性

消费者权利性质的复合性决定了其必然需要各种法律手段的保护，并具体体现为消费者保护法组成部分的复杂性和消费者保护法律规范性质的多样性。

正如上文所述，一方面，消费者权利并非单一的权利，而是一个包含多项具体权利的权利束。其中既有消费者的生命安全权、公平交易权等人身和财产方面的实质性权利，又有注重程序保障的索赔权等技术性权利；既有可以从传统民法理论得到部分解释的安全权、知情权等私权性较强的权利，又有民法理论根本无法说明的环境权、受教育权、结社权等"社会性"权利；等等。另一方面，消费者权利的性质还体现出复合性，有的消费者权利既是人权又是私权，有的消费者权利只是人权而不是私权。消费者权利类型的多样性及性质的复合性决定了消费者保护法在组成部分和性质方面的复杂性。

消费者保护法内容丰富，成分复杂，性质各异，非可一概而论。其中既有定式合同、产品责任等典型的民法制度，更有食品监管、药品监管等行政法上的制度，甚至还包括追究严重侵害消费者权益的违法犯罪行为的刑法规范；既有对于消费者权利和经营者义务的实体性规定，又有为实现消费者实体权利而设置的小额诉讼、调解制度、消费者申诉等程序性规定；既有针对国家、经营者和消费者的行为规范，又有关于消费者组织、消费者保护行政机构的设置等法律主体的规定；等等。从消费者保护法的组成部分和内容上看，消费者保护法是包括刑法、民法和行政法，实体法和程序法的综合法律部门，消费者保护法的性质因而体现出很大的"多样性"。其实，传统上公私法划分的二元模式以及现有的部门法分类根本无法不露痕迹地完全"消化掉"消费者保护法，关于消费者保护法到底是民事特别法还是经济行政法或任何其他类似的争论也都是没有意义的；对其的研究必须超越于传统的公私法划分以及现有的部门法体系。而这正是消费者权利性质复合性的必然要求和具体体现。

2. 消费者权利对消费者保护法的体系整合功能

消费者权利性质的复合性部分地解释了消费者保护法组成部分的复杂性，而消费者权利性质的层次性则有助于我们在种类繁多、性质各异的消费者保护法规范中爬梳出一条比较清晰的思路，尤其有助于我们厘清其中不同性质的规范群之间的关系，明确其在消费者保护法中各自的不同"身份"。

首先，作为人权的消费者权利在所有消费者保护法规范群中处于统帅地位，无论是国家关于消费者问题的政策性规定，还是民法、行政法或刑法规范，还是为保护消费者权利而设置或成立的行政机构、司法机构或者民间组织等等，均服务于作为人权的消费者权利。国家对上述种种制度的设计和执行只不过是履行其保护人权的义务和职责而已。

其次，消费者权利的私权性只是消费者权利在较低层次上的性质，主要体现在私法领域。国家为保护消费者权利而设计所有民事规范是作为人权的消费者权利的制度性保障。作为消费者权利保护手段之一的民法规范与与商品检验、行政许可等行政管制以及追究经营者刑事责任的刑法规范处于平等的地位，只不过是消费者保护法的组成部分而已。

第四章

消费者权利与消费者利益

消费者权利是被法律赋予权利地位的消费者利益，是消费者法的基本保护对象。但是，法律对消费者权利的列举，能够囊括消费者的所有合法利益吗？消费者权利与尚未获得权利地位的消费者利益，有何区别与联系？尚未获得法定权利地位的消费者利益，是否受消费者法的保护？已经获得法律承认的消费者权利，有何特征？可以划分为何种类型？有哪些方法可以帮助识别消费者的权利和利益？作为一个整体的消费者利益，又体现出何种特征？本章即尝试回答这些问题。

一 消费者权利与消费者利益的关系

（一）消费者权利是获得法律特别承认的消费者利益

根据主流的权利理论学说，权利是具有法律上之力的利益，利益是权利的内核，法律上之力是权利的外壳。消费者权利乃是以消费者利益为内容的法律上之力，是上升为权利的消费者利益。借用霍尔姆斯和桑斯坦所言，"权利就是当时在政治和司法上价值很高的利益，但权利又不仅仅是利益，在美国的法律文化里，权利是一种特殊的利益。"[1] 其实不仅在美国的法律文化中，在一切的法律文化中，权利

---

①［美］史蒂芬·霍尔姆斯、凯斯·R. 桑斯坦：《权利的成本》，毕竞悦译，北京大学出版社 2004 年版，第 75 页。

都是地位比较特殊的利益。消费者权利就是比较特殊的消费者利益。

消费者权利是消费者利益的一部分。在消费者的各种利益之中，有些被赋予了权利地位，有些并没有获得权利地位，仍然只停留在利益的层面上，而不是权利。这样，消费者利益就被分为两部分，一部分是已经上升为消费者权利的消费者利益，一部分是尚未获得权利外壳的"裸露的"消费者利益。

消费者权利相比较于其他消费者利益而言有其特殊性。首先是表现或存在形式不同。消费者权利一般规定在宪法、法律等法律文件之中，而消费者利益则既可以规定在法律之中，也可以仅仅体现在交易习惯中而并不为法律所规定，如许多大型商场、网上商店现在都允许消费者在购物后一段时间内无条件退货。

其次是保护方式不同。这是消费者权利和未获权利地位的消费者利益之间最根本的差异。某项利益一旦被承认为是消费者的权利，则消费者就"有权"提出请求，要求法院加以实施。也就是说，如果消费者认为自己的权利受到了侵犯，其可以提起诉讼，要求司法机关的裁决。恰如霍尔姆斯和桑斯坦曾形象地描述的："鉴于利益总是量的问题，因而包含着权衡与妥协，而权利则是一个原则问题，需要一种咬紧牙关、立场坚定的不妥协态度。至少这就是许多法律学者和人权提倡者倾向的思路。同样的观点也由罗纳德·德沃金——美国最重要的权利问题学者——有影响地表达过，他以一种有感召力的形式把权利描绘成'一套王牌'，可以在法庭上演对抗公职人员的大戏。"①

但是，没有上升为权利地位的消费者利益却不能诉求司法机关的保护。如果消费者或消费者团体认为其应该拥有某种消费者利益，而该种利益尚未成为一种权利，则其只能通过立法动议、游说活动、媒体宣传等提醒立法者关注这些利益。假如立法者虽然认为这些利益是正当合理的，应该获得保护，但却不应该作为权利得到保护，则其就

---

① [美] 史蒂芬·霍尔姆斯、凯斯·R. 桑斯坦：《权利的成本》，毕竞悦译，北京大学出版社 2004 年版，第 71 页。

可能通过制定竞争法、标准化法等规制性法律，或通过打击假冒伪劣、处罚违法经营者等执法措施来实现消费者的这些利益。这样，这些消费者利益只能享有立法保护和行政保护，却不能享受司法保护。

（二）消费者利益的权利地位由国家通过法律予以确认

一项消费者利益是否能够被承认为消费者权利，是由国家通过法律来决定的。消费者权利是具有法律上之力的消费者利益，而法律上之力代表了国家的权威。因此，是否赋予某种利益以权利的法律地位，应由国家通过法律来决定。在此过程中，立法者需要在各种消费者利益之间进行比较衡量，确保对消费者最为重要和最为消费者所必需的那些利益能够入选为消费者权利。此外，立法者还要考虑，在本国的经济、社会和文化发展水平条件下，为法律所承认的消费者权利是否具有实现的可能性等等。

消费者权利和未获权利地位的消费者利益之间的区分并非绝对。消费者的一种利益在一个国家可能被承认为消费者权利，在其他国家则可能只不过是尚没有上升为权利的消费者利益。例如，安全权在几乎任何国家都是消费者的一项权利，但民族风俗习惯受尊重权在单一民族国家中就没有必要成为消费者权利。在同一个国家，消费者的一种利益可能暂时还没有获得权利地位，但这并不排除其今后成为消费者权利之一种的可能。消费者的一种利益可能通过取得权利地位的形式得到保护，也可能既是消费者权利，但同时也通过其他形式获得保护。

（三）未获权利地位的消费者合法利益也受法律的保护

对消费者权利的列举无法穷尽所有应受保护的消费者利益。目前看来，各种消费者权利主要以权利名单的形式出现在法律文件当中。这种列举是无法穷尽的，也是不全面的。而且，列举的方式也常常具有误导性，容易给人一种只有明确列举的消费者权利才受法律保护的错误印象。例如，我国就有学者认为，"消费者权利，则是消费者利益在法律上的表现。法律上赋予消费者多少权利，意味着消费者在多大程度上得到国家的保护。"① "从立法上看,《消费者权益保护法》所称的'权益'是指权利和利益,用法律保护消费者的利益,就必须在法律上赋予消费者一定的权利,因为法律对利益的保护是通过一定的权利表现出来的。如果法律不赋予消费者一定的权利,那么当消费者的利益受损害时,也就会失去保护的依据。"② 实际上,我国消费者保护基本法号称《消费者权益保护法》而不是《消费者权利保护法》,并在第 1 条明确规定,"为保护消费者的合法权益,……制定本法。"可见,消费者权利和未获权利地位的消费者合法利益,均是其保护对象。对消费者权利的规定主要体现为该法第二章"消费者的权利"中,对消费者利益的规定主要是第四章"国家对消费者合法权益的保护"。

二　消费者权利的特征和类型

作为得到法律特殊关注的消费者利益,消费者权利现今已经发展成为一个类型众多、内涵丰富的新型权利束。不仅肯尼迪最初提出的四项权利的内容得到了扩展,而且还产生了消费者基本需求权、消费者接近正义权、消费者受教育权、消费者良好环境权、消费者反悔权和消费者信用权等许多新型的权利。一些国家甚至还通过宪法条款对消费者权利进行了规定。对消费者权利的特征和类型予以分析、归纳和整理,是消费者法理论研究的一项基本任务。

(一) 消费者权利的特征

从不同的角度观察,消费者权利呈现出不同的特征。③ 强调下述

---

①谢次昌主编:《消费者保护法通论》,中国法制出版社 1994 年版,第 218 页。

②陶建国等:《消费者公益诉讼研究》,人民出版社 2013 年版,第 25 页;另请参见徐澜波《消费者和消费者保护法律研究》,上海远东出版社 1995 年版,第 45 页;谢次昌主编:《消费者保护法通论》,中国法制出版社 1994 年版,第 118、119 页。

③例如有学者认为,消费者权利的特征包括:(1) 消费者权利是消费者所享有的权利,也就是说,消费者的权利是与消费者的身份联系在一起的;(2) 消费者权利通常是法定权利;(3) 消费者权利是法律基于消费者的弱者地位而特别赋予的权利。参见李昌麒、许明月编著《消费者保护法》,法律出版社 1997 年版,第 76、77 页。

特征有助于加深对消费者权利的理解。

1. 消费者权利在性质上体现出复合性和层次性

消费者权利在性质上呈现出复合性和层次性。消费者权利性质的复合性是指消费者权利是人权（公权利），同时又是私权。[①] 消费者权利的人权维度存在于消费者和国家之间，强调国家在消费者保护方面的义务和责任，主要通过国家规制，即通过国家颁布规制性消费者保护立法并设立专门的消费者保护机构得到实现。消费者权利的私权维度存在于消费者和经营者之间，强调经营者满足和实现消费者权利的义务和责任，主要通过消费者的个人救济，即消费者接近正义的方式得到实现。消费者权利性质的复合性，要求对消费者权利采取多元性的保护手段，消费者保护法必然是综合性的法律体系。消费者性质的层次性，是指消费者权利的人权性和私权性并非处于同一个层次。人权性是消费者权利的基本性质，私权性则是消费者权利在较低层次上的表现，主要体现在消费者保护特别民法之中。认识并承认消费者权利性质的复合性和层次性，有助于在理论方面整合公法色彩强烈的规制性消费者保护立法和消费者保护特别私法，而且能够为国家保护消费者的责任提供强有力的理论支持。

2. 消费者权利在功能上具有系统性和互补性

各项具体消费者权利并非互不相关，而是相互补充，彼此协作，形成一个有机的整体，从不同的角度维护消费者利益。这一点在消费者救济权与消费者其他各项权利之间体现得最为明显。消费者救济权由尼克松在 1969 年提出，目的就是要保证其他权利的实现，补充肯尼迪四项权利的不足。消费者救济权为消费者通过个人行动实现消费者权利提供了一种可能，是实现各项消费者权利的重要途径。再比如，在消费者知情权和消费者受教育权之间也存在互补的关系。消费信息的提供、获取和分析等，在消费者知情权和消费者受教育权中均处于重要地位。消费者教育必须从信息服务上得到支持，各

---

① 详见本书第三章"消费者权利的性质"。

种信息只有通过教育才能获得准确充分的应用，二者缺一不可。同样，其他各项具体消费者权利之间也存在紧密的联系，缺少任何一项都难以完成对消费者利益的保护。比如，消费信息发挥作用的前提条件是消费者能够在众多的商品和服务之间进行选择，这不仅要求市场上的商品和服务供应者是多元的，而且还要求消费者在经济上有能力作出选择。在垄断的情况下，消费者谈何选择？对贫困或几乎处于赤贫的消费者来讲，即使明知"贱钱无好货"，又能怎么样？对于前者，需要良好的市场竞争政策和价格政策，保证充分竞争以及市场上的供应充分和合理价格，保证消费者的选择权。对于后者，则需要将消费者保护和扶贫致富联系在一起，首先满足消费者的基本物质需求权。消费者权利的系统性和互补性揭示了各项具体消费者权利之间的关系，这要求在权利设置的时候要考虑各项具体消费者权利之间的平衡，以防顾此失彼。

3. 消费者权利具有扩张性

消费者保护法和消费者权利产生并发展的根本驱动力，在于社会经济模式的变革和科学技术的进步。社会经济模式是不断变化的，科学技术也是不断进步的，因此消费者权利也处在不断的发展之中，体现出极大的扩张性。[①] 消费者权利的扩张性不仅意味着消费者权利类型的增加，也不仅意味着具体消费者权利内涵的丰富，更重要的还在于具体消费者权利的内容以及与之相对应的义务都处于不断完善的过程之中。而且，消费者权利正在由最初的"宣言"色彩浓重的、不完善的客观性权利逐渐向可以提起诉讼请求的主观性权利发展，越来越成为严格意义上的权利。消费者权利的扩张性决定了，在消费者权利的理想状态和现实状况之间可能永远都会存在一定的差距，消费者法只能最大限度地接近理想状态的消费者权利。

---

①参见钱玉文《消费者权利变迁的实证研究》，法律出版社 2011 年版。该书以我国三四十年来的司法实务为基础，研究了消费者权利生成、扩张与限制的动态发展过程，探索与总结了消费者权利的发展规律，展望了消费者权利的发展趋势。

（二）消费者权利的类型

消费者权利产生的时间既晚，又处于不断的发展之中，权利形态很不完善，因此无论依据任何标准所作的类型划分都只能是初步的和尝试性的，其目的无非是加深对消费者权利这种新型权利的理解，而并非意在提供绝对的分类标准。有理由相信，随着消费者权利的发展及消费者法研究的深入，对消费者权利的类型划分也必然会更为成熟。

1. 实质性消费者权利和工具性消费者权利

根据某项具体的权利之中是否包含了消费者的实质性利益，可以将消费者权利划分为实质性权利和工具性权利。

实质性权利和工具性权利最初是日本学者针对私权提出的一对分析概念。① 实质性权利是指物权和债权等在权利实质上与一定的利益相关联的权利；工具性权利是指合同解除权和撤销权等只起到技术或手段作用的权利，其目的在于使一定的实质性的法律效果发生。类似地，也可以将消费者权利划分为实质性权利和工具性权利两类。实质性消费者权利，是指以消费者的实质性利益为内容的那些权利，如消费者基本物质需求权、消费者安全权、消费者经济利益权和消费者环境权等等。工具性消费者权利，又可以称为消费者权利的实施机制（mechanisms of implementation），是那些并不包含消费者的实质性利益而只是为了保障其他消费者权利或利益得到实现的权利，如消费者选择权、消费者知情权、消费者意见被听取权、消费者受教育权、消费者结社权、消费者救济权、消费者反悔权等均为工具性权利。这些权利的目的或者是为保护消费者的生命、安全和健康，或者是为维护消费者的经济利益，或者是为消费者受到损害的其他利益提供救济，属于"护卫性"权利，工具色彩明显，因此是工具性权利。

---

① ［日］北川善太郎：《日本民法体系》，李毅多、仇京春译，科学出版社 1995 年版，第 51、52 页。

　　实质性消费者权利和工具性消费者权利的一个重要区别在于可替代性上的不同。实质性消费者权利关乎消费者的实质利益，因此具有不可替代性。工具性消费者权利并不与消费者的实质利益相联系，只不过作为一种法律技术而存在，因此具有可代替性。在可实现立法目的的前提下，法律既可以通过赋予消费者工具性权利，也可以通过其他方式保护消费者利益。例如，关于消费者的选择权，由于选择并非消费者的实质性利益，所以也可以允许某些垄断性行业的存在，只是国家应该保障该行业的供应价格合理、质量过关。再比如，消费者知情权和消费者撤回权在功能上具有一致性，可以相互替代。消费者撤回权与冷静期制度功能类似，也可以互相取代。

　　实质性消费者权利的不可替代性和工具性消费者权利的可替代性，在一定程度上解释了为什么不同国家所规定的消费者权利种类有所不同。其实，各国关于实质性消费者权利的规定基本上是一致的，差异主要体现在对工具性消费者权利的规定上。例如，我国规定了消费者的结社权和质询权，很多别的国家并没有规定，但很可能的是，这些国家存在别的甚至更好的能够满足消费者结社需求的制度，各种消费者组织的存在和活动即为明证。这也说明，各国对消费者权利保护和规定的差异或许并不如表面所体现出来的那样大。

　　2. 人身性消费者权利、经济性消费者权利和生态性消费者权利

　　在实质性消费者权利之中，又可以根据各种消费者权利所包含的消费者具体利益的性质，将其划分为人身性消费者权利、经济性消费者权利和生态性消费者权利。

　　人身性消费者权利是指以消费者的人身利益为内容的消费者权利。几乎所有国家都规定的消费者的生命安全和健康权，我国《消费者权益保护法》所规定的消费者的人格尊严和民族风俗习惯受尊重权，都是人身性消费者权利，前者是身体性消费者权利，后者为人格性消费者权利。经济性消费者权利是指以消费者的经济利益为内容的

消费者权利，如国际消费者组织联盟提出的消费者的基本物质需求权就是典型的经济性消费者权利。生态性消费者权利是以消费者的生态利益为内容的权利，包括消费者的良好环境权等。

3. 人权性消费者权利和私权性消费者权利

根据消费者权利所指向的义务对象，或者说根据消费者权利的性质，可将其划分为人权性消费者权利和私权性消费者权利。

人权性消费者权利是存在于消费者与国家之间的、以国家义务为内容的消费者权利。例如，消费者的生态环境权不仅指向经营者，也指向国家——要求国家积极提供制度性框架，从制度上保障消费者生态环境权的实现。私权性消费者权利是指存在于消费者与经营者之间、以经营者为义务人、以经营者对消费者的义务为主张对象的消费者权利。例如，消费者的撤回权就是典型的纯粹私权性的消费者权利。

很多情况下，所谓的人权性消费者权利和私权性消费者权利，往往是指同一个消费者权利的不同侧面，其中人权性消费者权利强调的是消费者与国家之间的关系，私权性消费者权利强调的是消费者与经营者的关系。区分人权性消费者权利和私权性消费者权利的目的，在于更好地确立国家在保护消费者中的义务和责任。

三　消费者利益的特征

鉴于消费者权利和消费者利益的"同源性"，本书对消费者权利性质、特征和类型的分析在消费者利益上也有所体现。例如，同消费者权利的性质具有复合性一样，消费者利益也不是单纯的私人利益，而是具有社会性的一面；消费者利益也可以划分为消费者的人身利益、经济利益和生态利益，等等。但是作为一个整体的消费者利益，与社会上的其他利益，如生产者利益、股东利益或资本占有者利益相比，仍然有其不同之处。这些不同之处决定了消费者利益要求不同的保护方法，是设计消费者利益保护制度的出发点。

（一）消费者利益的全面性

消费者利益的全面性是加拿大英属哥伦比亚大学商业贸易系学者福布斯（J. D. Forbes）提出的一个概念。[①]福布斯认为，消费者的消费活动具有全面性，个人在市场上购买的商品和服务、政府提供的公共物品和服务，以及消费者在身体或心理方面的环境消费等等，都是能够满足消费者需求的要素。所有与消费有关的因素都是消费者的合法关切，消费者利益具体体现于消费生活的方方面面。因此，消费者利益并不局限于某一个政策领域，而是广泛地遍布于食品、电信、交通等众多的社会和经济政策领域内，因此具有"全面性"。

消费者利益全面性的概念，在广阔的公共政策决策背景中关注消费者利益，这就打破了在具体的购物或服务场景中理解消费者利益的狭隘观念。显然，消费者利益并非如同人们所经常假设的那样，仅仅存在于消费者在市场上购买商品或接受服务的过程之中，在政府对政治代表、经济福利、娱乐、交通等各个领域作出公共决策的时候，都必然涉及消费者利益。因此，在政府作出任何政策选择的时候，消费者利益都构成一个有必要加以考虑的因素。如果在这些政策制定过程中无法形成充分的消费者代表，消费者利益就非常有可能在与生产者集团等其他利益集团的竞争中遭受损失。

消费者利益的全面性还说明，并非所有的消费者利益都已经体现在消费者权利之中，法律对消费者权利的承认永远不可能是穷尽的，在目前各国法律明确承认的消费者权利以及消费者的各种利益之中，

---

①福布斯（有时与人合作）在加拿大消费者和公司事务部（Consumer and Corporate Affairs Canada）的资助下，对消费者利益问题展开了深层次、多角度的研究，其研究成果后来以《消费者利益》（*The Consumer Interest: Dimension and Policy Implication*，Croom Helm Ltd.，1987）一书的形式出版。在该书中，福布斯在西方多元民主制的语境中，从消费者保护主义者、企业界、政治和法律等多个视角展示了消费者利益的不同维度，提出了分析消费者利益和发展消费者政策的基本框架，并预测了消费者政策和消费者运动的发展方向。虽然福布斯对消费者利益的研究并非纯粹法学的研究，但其所采用的方法及得出的一些结论对消费者保护法的研究却不无启发意义，其提出的消费者利益全面性的概念，尤其有助于加深对消费者利益的理解。

仍然存在很大的差距。几乎一切社会和经济政策都关涉消费者利益，承认部分利益的权利地位只不过是保护消费者利益的形式之一，若要对消费者提供完备的保护，必须将消费者利益作为一种过程来看待。消费者运动的目的就是要使消费者利益得到国家更多的关注和保护，使更多的消费者利益从分散的、微小的利益上升为以国家意志力为外壳的权利。

（二）消费者利益的公益性

消费者利益具有公益性，属于公共利益的一种，是消费领域的公共利益。这既体现于一些国家的立法上，也在理论上获得了法学研究的支持。[1] 例如德国有学者认为，所谓公共利益为公众之利益，是一种属于构成国家的全体人员或者不特定多数人的利益。该利益不同于集团利益，集团利益属于紧密结合的特定人利益或具有特定可能的多数人的利益。基于这一立场，消费者利益应为公共利益，因为消费者概念本身涵盖所有人。有些学者据此认为德国的消费者团体诉讼为公益诉讼之一种。[2]

消费者利益具有公益性，保护消费者利益就是保护消费领域的公共利益。一些国家在宪法中宣布保护消费者利益，并规定了国家保护消费者的责任和义务，这充分表明消费者利益并非仅仅关乎具体消费者个人的利益，而是与整个国家经济秩序、与每一个人有关的公共事务。正是基于这种认识，很多国家都规定了消费者公益诉讼制度。[3] 而消费者利益的公益性，也要求国家设立规制机构，主动干预经济秩序，积极预防并查处侵犯消费者利益的行为。

（三）消费者利益的分散性和低强度性

与其他利益相比，消费者利益总体而言处于弱势地位，无法通过

---

[1] 参见陶建国等《消费者公益诉讼研究》，人民出版社 2013 年版，第 7 页以下。
[2] 同上书，第 14 页。
[3] 同上。

自身的努力得到实现。在许多学者看来，消费者利益的分散性和低强度特征构成了消费者利益有效抗衡其他利益的障碍：[①]

首先，消费者利益是一种分散的利益。所谓的分散利益，是指要求国家采取行动并提供法律保护的一种利益，这种利益为数目庞大的个人所拥有，而这些个人又无法通过利益集团获得充分的代表。[②] 消费者利益的分散性是造成消费者问题的基本原因之一。消费者利益的分散性主要表现在两个方面。一是消费者利益在无数消费者之间的分散性。所有人都是消费者，而所有人都不仅仅是一个消费者。公众中的任何人在饭桌上都是一个消费者，而在晚饭之前的时间内则是一个生产者、农民、工人或者商业人员，难怪有人说，"消费者利益是整个公共利益的目标"。[③] 二是消费者利益在同一个消费者所消费的众多商品和服务之间的分散性。通常而言，一个消费者一生中要消费上千种甚至数万种商品和服务，其中许多商品或服务都并非消费者所经常购买。结果就是，消费者对任何单一的商品或服务都无法也没有必要形成专门的知识。当某种商品或服务发生问题时，消费者也没有足够的动力向企业、消费者组织或者政府提出申诉。

其次，消费者利益是一种低强度的利益。强度低意味着，既然消费者利益分散在所有的消费者以及消费者所消费的所有商品和服务之中，对于单个的消费者来说，参与消费者保护活动的回报率很低。由此造成的后果就是，人们对自己的消费者身份以及作为消费者的利益和权利并没很强的自觉性，对于其消费者身份的自觉性普

---

①J. D. Forbes, *The Consumer Interest: Dimension and Policy Implication*, Croom Helm Ltd., 1987, pp. 22 – 24; M. Trebilcock, "Winners and Losers in the Modern Regulatory System: Must the Consumer Always Lose?", 13 *Osgoode Hall Law Journal* (1975), pp. 620 – 25.

②David M. Trubek, "Consumer Law, Common Markets and Federalism: Introduction and Concepts", in Thierry Bourgoignie and David Trubek (ed.), *Consumer Law, Common Markets and Federalism in Europe and the United States*, Walter de Gruyter, 1987, p. 10.

③Mark V. Nadel, *The Politics of Consumer Protection*, 3rd edition, Bobbs-Merrill, 1971, p. 235.

遍低于对于其他身份的自觉性。也就是说，大多数人对于消费者利益问题并不特别关注，至少在消费者问题没有发生在自己身上时是如此。只有当人们在作为一个消费者进行购物或接受服务，并在此过程中遇到不能解决的消费者难题时，他们才开始关注自己的消费者身份。只有在这个时候，存在于消费者和市场或者消费者和政府之间的权力不平衡才会显现出来，并引起消费者的关注或公然的回应。但是，这种回应也并不经常发生。生产者方面的情况则几乎与此相反。就某种商品或服务而言，所涉及的生产者和销售者数量是固定的。当发生质量或服务问题时，生产者和销售者有充分的动力坚决抵制消费者的要求，因为他们能够清楚地预见到抵制成功的后果乃是为自己所享有。而如果抵制失败，数量有限的生产者和销售者就不得不对所有的消费者承担责任。在游说政府进行有利于生产者集团利益的立法，或反对政府制定消费者保护立法时，这一点体现得也非常明显。

（四）以多元论的视角把握消费者利益

消费者利益并非现代社会中存在的唯一利益，也不是唯一需要国家积极保护的正当利益。生产者利益、劳动者利益、穷人的利益等都需要国家的保护，而国家的资源又是有限的。用于保护消费者利益的资源多了，必然要削减对其他利益的保护的投资。这意味着，消费者利益需要与其他利益争夺政府关注和国家资源。正如有学者所言，政府的功能和过程就是为了促进公共利益，而公共利益则包含三个主要的经济集团的利益：资本所有者利益、劳动提供者利益和消费者利益。消费者利益包含于公共利益之中，是公共利益的一个要素。无论在何种社会中，这三个经济集团都渴望政府代表并保护自己的集体和个人利益，政府治理就涉及对这些利益的衡量和协调。① 借用詹姆

---

① Ben W. Lewis, "The 'Consumer' and 'Public' Interests under Public Regulation", 46 *Journal of Political Economy* (February, 1938), pp. 97 – 107.

斯·麦迪逊（James Madison）的话对此可予以深刻的说明："……造成党争的最普遍而持久的原因，是财产分配的不同和不平等。有产者和无产者在社会上总会形成不同的利益集团。债权人和债务人也有同样的区别。土地占有者集团、制造业集团、商人集团、金融业集团和许多较小的集团，在文明国家里必然会形成，从而使他们划分为不同的阶级，受到不同情感和见解的支配。管理这各种各样、又互不相容的利益集团，是现代立法的主要任务，并且把党派精神和党争带入政府的必要的和日常的活动中去……"①

这种视角其实是一种多元主义的视角。根据多元主义，社会具有多样性，因此就会兴起不同的自治集团代表各种利益，并且这些利益集团将形成不同的权力中心。既然社会上存在很多相互竞争的利益集团和权力中心，政府就不可能为某一个利益集团所控制，许多政策的形成都是国家和这些利益群体互动的结果。② 在多元论看来，20 世纪兴起的消费者主义和消费者运动代表着一种平衡商业权力的"抵消权力"。这种"抵消权力"与权力日益扩张的生产者集团形成抗衡，肩负着代表和维护消费者利益的功能。福布斯对消费者利益所作的定义也体现出了这种特色，他认为："消费者利益就是政府在个人作为消费者的利益，以及个人和组织作为经济体系中劳动力及资本提供者的利益之间，不断加以平衡的过程。消费者利益是至高的公共利益的一个因素，因此它是一个政治概念。"③

所以说，消费者利益并不是绝对的，而是需要在与其他利益的竞争和争夺中达到平衡。在这种竞争过程中，国家的判断和衡量，消费者组织的活动以及生产者的游说等因素共同发挥作用，塑造着特定国家特定时期的消费者利益的概念和范围。

①［美］汉米尔顿等：《联邦党人文集》，程逢如等译，商务印书馆 1995 年版，第 46、47 页。

②Joel Handler, *Social Movement and The Legal System：Theory of Law Reform and Social Change*, Academic Press, 1979, pp. 3 - 4.

③J. D. Forbes, *The Consumer Interest：Dimension and Policy Implication*, Croom Helm Ltd., 1987, p. 25.

四　消费者利益的识别方法

消费者利益是消费者所享有的合法利益，那么消费者利益到底包括哪些内容？又如何识别出应受法律保护的消费者利益？虽然在众多的利益之中精确地列举出消费者利益的名单，或给出关于消费者利益的确切定义，几乎是不可能的，但总结西方国家消费者保护运动、消费者法理论研究及消费者保护立法实践，可以发现，以下三种方式对于深入探究消费者利益不无助益：消费者宪章进路（consumer charter approach）、对抗进路（confrontation approach）和市场失灵进路（market failure approach）。这三种进路都只是从特定角度揭示了消费者利益的内容，它们三者也各有其不足之处。但若综合这三种进路的成果，或许能够提供关于消费者利益的较全面的信息。

（一）宪章进路

宪章进路试图以名单或声明的形式来列举应受法律保护的消费者利益或基本权利。提出名单或作出声明的可以是个人、消费者组织、政府或国际组织等。消费者宪章可以出现在理论著作中，也可以出现在宪法、法律、决议等法律文件中。消费者宪章有的具有法律效力，有的不具有法律效力而仅具有道德感召力或理论上的解释说明力。自1962 年肯尼迪总统咨文开始，宪章进路就是各国政府及国际组织宣示消费者权利或利益的一种普遍方法。①

理论上较早对消费者利益进行全面归纳的是肯尼思·达默龙（Kenneth Dameron）。1939 年，他在《哈佛商业评论》（*Harvard Business Review*）上发表了一篇文章，其中对与消费者利益有关的各种因素的论述，被视为是"雏形"的消费者宪章："……下列因素于消费

---

①详请参见本书第一章"消费者权利概念的产生和发展"及第二章"消费者权利的扩张及其所面临的挑战"。

者有益：（1）现有商业渠道的合作，（2）获得与所购买商品的种类和品质有关的客观有用的事实，（3）获得关于所支付的价格的事实，（4）持续学习存在于消费购买中的各种问题，（5）支持（政府和企业界）帮助消费者获得物美价廉的商品的努力。"[1] 虽然这篇文章是从商业界的角度论述消费者利益的，但达默龙也确实认识到了商业公司和团体对其顾客所负的责任，并且认识到了内在于消费者购买过程中的各种困难。对于消费者信息、教育和参与决策，达默龙也有所涉及，尽管并不特别明确。

戴维·A. 埃克（David A. Aaker）和乔治·S. 戴（George S. Day）从另外的角度对消费者利益进行了分类，他们认为消费者的主要利益是：（1）保护消费者免受明显的滥用行为的伤害：这些行为包括明目张胆的欺骗和误导等"市场的黑暗面"，以及内在于消费者使用商品时的各种健康和安全危险。（2）获得充分的信息：主要包括价格、质量、生产者信誉等与消费者经济利益有关的客观事实或数据。（3）保护消费者免受来自自身的伤害：保护消费者或其他的无辜者免受因消费者疏忽或没有经验而造成的伤害，对于那些受教育程度低的、贫穷的、老年的和年轻的消费者等弱势消费者群体，尤其是如此。（4）消费者的生态利益：关注消费者生存环境的健康，以及市场行为和科技发展对生态环境的影响。[2]

（二）对抗进路

对抗进路强调消费者与经营者在经济利益、资源占有、组织能力等各方面的对立和严重失衡，主张国家采取各种措施辅助消费者或消费者组织，缩小或甚至减少二者在权力上的差距，使消费者能够更好地维护自己的权益。例如著名市场营销学家科特勒（Kotler）曾说，

---

[1] Kenneth Dameron, "The Consumer Movement", 18 *Harvard Business Review*（January, 1939）, pp. 271 – 289.

[2] 转引自 J. D. Forbes, *The Consumer Interest: Dimension and Policy Implication*, Croom Helm Ltd. , 1987, pp. 37 – 38.

"消费者主义是一个旨在扩大买方相对于卖方权利和权力的社会运动。"① 这个定义中包含了关于消费者运动是什么的最普遍观念，即消费者运动的目的是保护消费者，使其免受利用经济体系实现个人目的的卖方的伤害。这种观念的主要特点就是认为消费者遭受了经营者的剥削，强调经营者和消费者之间的对立，从与经营者对立的角度寻求消费者利益。对抗进路有激进派和温和派之分。

激进的对抗进路认为消费者处于被经营者剥削的状态之中。他们认为，卖方利用其更为集中的资源，诱导消费者购买其并不需要，质量也远非卖方所声称的那样好的产品，从而从消费者那儿攫取了一些东西（通常是金钱）。他们还认为，现代政府不仅无法形成抗拒公司权力的抵消性力量，不能为消费者提供充分的保护，甚至还大幅度资助公司的发展，而无视其造成的恶劣后果。因此，消费者应该像劳动者一样，组织起来抵抗来自经营者的剥削。

温和的对抗进路强调消费者和经营者之间的资源不对称，以及经营者联合一致行动的能力远远大于消费者等因素。他们认为，卖方实际上控制了告知消费者有关信息和劝导消费者的所有资源。卖方的数量相对很少，并且具有共同的目标，即尽可能地攫取较多的利润。相反，消费者数量众多，而且由软弱的个人组成，掌握的信息也不充分。另外，每一个人作为消费者进行很多交易，其中绝大多数交易额都很小，所以消费者参与消费者事务的回报率很低。因此，消费者保护法应致力于消除经营者和消费者之间的权力不平衡，将消费者力量扶持为一种可以和经营者力量相抗衡的"权力一极"，具体措施是：（1）由国家在财政、技术和人员上提供支持，给予消费者组织更多的资源，以削减消费者组织和经营者之间的资源差距，并使消费者组织能够向消费者提供更多的信息量，总的目标是使消费者组织形成一种"抵消性力量"，并弥补信息不平衡。（2）从数量和质量上严格控

①P. Kotler, "What Consumerism Means for Marketers", 50 *Harvard Business Review* (May/June, 1972), pp. 48 – 57.

制经营者发布的广告，不仅要将经营者用于广告和促销的支出限制在一定的水准，而且要确保被允许的广告内容有助于消费者作出客观理智的消费决策，而不是诱导消费者进行非理性的消费。（3）强化消费者代表的作用，可以在公司董事会、公共机构和政府决策机构中设立消费者代表，使其能够代表消费者利益。所有这些政策都体现了科特勒的消费者主义定义的精神——"扩大买方的权利和权力"。

对抗进路的优势是充满了激情，具有很强的说服力，不仅容易引起政府和媒体的关注，而且也能够吸引那些本来并不怎么关注消费者利益的"冷漠"的消费者参加消费者运动，因为促进团结的最好办法就是选定一个共同的敌人。在有些时候，消费者保护主义者及消费者组织与企业及政府的对立活动能够产生积极的作用，对抗进路提出的资助消费者组织等措施也是可行的，但是这种进路的消极作用也很多。一方面，对抗进路引导消费者怀疑卖方的动机和行为，破坏了消费者对市场的信心；另一方面，对抗进路也破坏了企业对消费者的信任。对抗进路不仅无助于明确的政策方向的形成，甚至对生产力的发展还具有破坏作用。

对抗进路最根本的不足之处在于，它完全忽视或否认了经营者和消费者在很多方面的目标都是一致的这个事实。从企业方面看，企业的目的无论如何都是要生存并且营利，而欺诈、剥削或漫天叫价当然无法保证企业的永久生存和长远发展。企业若要发展，就必须在制订营销政策的时候考虑消费者利益。只有令消费者满意，才能保证他们会再次光顾自己的生意。从消费者方面看，他们也愿意在充满了信任的环境中购物和消费者，而不必在每次消费之前都进行长时间的比较和调查，或在消费时充满了疑虑。市场上的确有一些不诚实或不道德的经营者，但也有那么一部分消费者会故意对自己满意的商品或服务进行投诉，获取不正当的利益。对抗进路的错误就在于将少数看成了全部，并以此为据设计整个消费者保护政策。

（三）市场失灵进路

与宪章进路和对抗进路不同，市场失灵进路既不是从正面强调消费者的权利或利益，也不是从消费者和经营者之间的资源、信息不平衡着手，而是根据经济学理论分析现实市场中存在的效率问题，从而识别出消费者问题的根源所在，并在此基础上进一步提出保护消费者的可能措施。消费者利益就具体体现在这些对应措施之中。

市场失灵进路是经济学理论在消费者法中的具体运用，经济学理论中最优竞争市场模式的各种假设是市场失灵进路的讨论起点。根据经济学的解释，如果市场中的竞争是充分而完全的，市场体系中的价格机制和信号机制有效地发挥作用，市场上的需求就能够决定生产，从而实现"消费者主权"，因而也就不存在保护消费者的问题。最优竞争市场需要的条件是：（1）市场中有众多的卖方和买方，因此任何经济主体对市场的产出或价格的影响都是微乎其微的；（2）市场准入自由和准出自由；（3）市场中出售的商品具有可替代性，即特定市场中的不同卖方在出卖同样的商品；（4）市场中的所有经济主体对商品交易的性质和价值都拥有充分的信息；（5）生产商品的所有成本都由生产者承担，而商品的所有收益都由消费者享有，也就是说不存在外部性问题。显然，现实世界中并不存在这样的最优竞争市场，消费者市场中可能存在种种市场失灵：（1）竞争缺失（例如存在垄断或寡头）；（2）准入壁垒；（3）商品之间缺乏可替代性；（4）买卖双方信息沟通不充分，或特定的市场信号，如卖方的信誉，是不充分的；（5）市场成本中包括第三方的因素——即传统的"外部性"问题。

面对消费者市场中存在的市场失灵，一种观点认为消费者保护所可能采取的最佳形式就是竞争政策，即政府应确保卖方尽可能竞争，通过反托拉斯活动"矫正"或禁止市场失灵。例如，政府可以通过禁止限制竞争行为，调查垄断和兼并行为以确认其是否符合公共利益等方式保护消费者利益。良好的竞争政策是消费者利益的根本所在，除此之外并无专门保护消费者的特殊必要。但是显然，竞争政策只能解决竞争缺失与准入壁垒这两种形式的市场失灵，却无法解决市场中的信息不对称及外部性的问题。因此另有一种观点认为，市场失灵的原因是深刻而广泛的，是根本不可能"矫正"的，因此应该接受市场失灵存在的客观事实，并努力设计出政策以使市场失灵对消费者的损害达到最小化。总体来看，这种观点目前在消费者保护法中占据主流地位。

市场失灵进路就维护良好的市场竞争秩序，保护消费者利益来说，具有很大的实用价值，因为它以最优竞争市场模式为标准而识别出的各种消费者问题，恰好弥补了消费者宪章进路无法提供实现消费者权益的适宜措施的不足。而且，市场失灵进路还论证了国家干预市场、保护消费者的正当性——既然市场不是全能的，既然存在各种形式的市场失灵，国家当然有必要积极加以干预。

第五章

从绝对权利到风险管理
——美国的德莱尼条款之争及其启示

消费者对安全食品的权利是一种不可对其他考量稍作让步的绝对权利，还是允许在成本收益分析基础上只为其提供相对的保护？对于这个问题，存在"绝对权利观"和"风险管理观"两种截然对立的分析进路。绝对权利观强调食品安全的零风险标准，拒绝对食品安全规制进行任何成本收益分析，力主不惜代价地维护消费者的食品安全权。风险管理观则认为，应该从风险管理的角度来看待食品安全问题，在食品安全规制中应该进行成本收益分析，并有限度地容忍食品供应中存在的可忽略风险。美国社会各界围绕食品规制立法中德莱尼条款（Delaney Clause）的激烈争论，集中体现了这两种进路的对立和冲突。对于美国法的这一争论进行梳理和分析，对我们在风险社会的背景下建构科学理性的食品安全规制体制，具有一定的启发意义。

一　德莱尼条款的零风险标准

作为美国"最著名的联邦健康立法"，[1] 德莱尼条款所引发争论

---

①Richard A. Merrill, "FDA's Implementation of the Delaney Clause: Repudiation of Congressional Choice or Reasoned Adaptation to Scientific Progress?", 5 *Yale J. on Reg.* （Winter 1988）, p. 2.

的热烈程度是空前的，但吊诡的是，其被适用的次数却少之又少。①
德莱尼条款亦是声名狼藉的规制立法，在研究政府规制和风险管理的
学者当中，它业已成为过于热情之政府规制的代名词。② 那么，德莱
尼条款到底是怎样的一项立法？它是如何进入到法律之中的？它对美
国的食品安全规制又产生了何种影响呢？

（一）最著名的联邦健康立法

德莱尼条款以加工食品中的杀虫剂残留为规制对象，处于杀虫剂
规制和食品安全规制的交汇点上。关于食品中杀虫剂残留的规制，美
国联邦层面上长久以来逐渐形成了一种主要涉及《1947 年杀虫剂、
杀真菌剂和灭鼠剂法》③ 与《1938 年食品、药品和化妆品法》④ 这两
部法律，以及环保署、食品和药品管理局与农业部这三个执法部门的
复杂体制。其中，《杀虫剂、杀真菌剂和灭鼠剂法》为美国联邦规制
杀虫剂的一般立法，该法授权环保署通过对杀虫剂的种类、使用方法
和使用数量等进行登记、批准和许可，来决定允许哪些杀虫剂和多少
杀虫剂进入到美国的食品供应链当中。环保署是美国食品供应链入口
处专门审查杀虫剂的"把门人"，在任何杀虫剂上市销售之前，环保
署都要根据所搜集到的资料和数据，来决定是否批准申请人的申请或
为杀虫剂的使用设定何种残留限量。在《杀虫剂、杀真菌剂和灭鼠剂
法》的一般规制之外，《食品、药品和化妆品法》中有关于食品中杀
虫剂残留的专门规制。该法授权环保署为食品中的杀虫剂残留设定残

---

①Lars Noah & Richard A. Merrill, Starting from Scratch?: Reinventing the Food Additive Approval Process, 78 *B. U. L. Rev.* （April, 1998）, p. 396.

②例见 *FDA v. Brown & Williamson Tobacco Corp.*, 529 U. S. 120, 179（2000）; Margaret Gilhooley, "Plain Meaning, Absurd Results and the Legislative Purpose: The Interpretation of the Delaney Clause", 40 *Admin. L. Rev.*（1988）;［美］凯斯·R. 桑斯坦：《权利革命之后：重塑规制国》，钟瑞华译，李洪雷校，中国人民大学出版社 2008 年版，第 107、108 页以及第 224、225 页;［美］H. W. 刘易斯：《技术与风险》，杨健、缪建兴译，中国对外翻译出版公司 1994 年版，第 114、115 页等。

③*The Federal Insecticide, Fungicide, and Rodenticide Act of* 1947.

④*The Federal Food, Drug, and Cosmetic Act of* 1938.

留限量——加工食品或未加工农产品在离开农场之时所允许存留的法定最高残留量。环保署在为食品中的杀虫剂残留设定限量时所依据的标准，规定于《食品、药品和化妆品法》第408节和第409节之中，其中第408节适用于未加工农产品，第409节适用于特定的加工食品。

依据第408节的规定，一种杀虫剂若要在农作物上使用，首先必须获得一项由环保署依法设定的残留限量，或得到豁免。如果一种杀虫剂只用于从来不用加工的未加工农产品，或者它虽然用于可能被加工的未加工农产品，但杀虫剂残留在加工过程中将因良好的生产实践被降低到一定的程度，或不会发生积聚以致超过依第408节规定为其设定的残留限量，那么环保署就只需要依据第408节规定为其设定残留限量。环保署在依据第408节的规定决定是否批准一项关于残留限量的申请时，可以进行风险收益分析，即考虑该种杀虫剂对于生产充足、健康和经济之食品供应的必要性。如果环保署署长认为申请人的申请满足了风险和收益对比的要求，他就会指示环保署为该种杀虫剂设定一项残留限量；如果署长认为残留限量对于保护公共健康并不是必要的，他也可以在不设残留限量的情况下允许使用杀虫剂。①

但是，当一种杀虫剂直接或间接地用于食品加工或者被用于调制加工的食品，环保署就要依据第409节规定为其设定残留限量；当一种杀虫剂被用于有可能被加工的未加工农产品，而其残留在加工过程中又会发生积聚以致超过其依第408节规定所获得的残留限量时，环保署还需要依据第409节规定为其设定一项残留限量。与第408节类似，第409节原则上也允许环保署在设定残留限量时进行风险收益分析，但其中的德莱尼条款却构成一项例外："任何添加剂若被发现经人或动物食用后致癌，或者在经过适于判断食品添加剂安全性的检测后被发现在人或动物中致癌，均不得被认为是安全的……"② 环保署

①*The Federal Food, Drug, and Cosmetic Act of* 1958, SEC. 408.
②*The Federal Food, Drug, and Cosmetic Act of* 1958, SEC. 409（c）（3）（A）.

不得为此类添加剂设定残留限量，若生产者在食品中使用它，就属于应受制裁的违法行为。这就是著名的德莱尼条款，它因在众议员詹姆斯·J. 德莱尼（James J. Delaney）的极力鼓吹之下获得通过而得名。德莱尼条款的核心内容是针对致癌的添加剂设定了只考虑风险不考虑收益的零风险标准。依其规定，任何致癌的添加剂都不能出现在食品当中，无论这种添加剂的致癌风险是如何之小，也不管它对美国食品供应的益处有何等之大。

德莱尼条款的前提假设是，在任何水准下接触致癌物质都是不安全的，这与美国以前的食品安全立法相比是一个很大的转变。在德莱尼条款之前，美国食品和药品管理局对食品销售的规制要远比对药品和医疗器械的规制温和得多，食品销售不需要像药品和医疗器械那样进行事前审批，在食品和药品管理局证明某种食品的危险性之前，该食品被认为是安全的。但是，德莱尼条款却从使用添加剂的食品是安全的这一预设转向了使用添加剂的食品是不安全的新预设，并要求制造商承担作出相反证明的责任。在德莱尼条款颁布之后的年月里，法院也一再将德莱尼条款解释成绝对禁止任何致癌的添加剂而不论其实际风险的大小。不难发现，与408节和409节所定的风险收益的普遍标准相比，德莱尼条款的零风险标准显得极为特殊。那么，德莱尼"孤岛"是怎么产生的呢？

（二）杀虫剂使用和方兴未艾的"权利革命"

20世纪30年代，美国开始使用合成杀虫剂。二战以后，随着人们对杀虫剂特别效能的认识，杀虫剂使用得到了普遍的推广。当时的人们认为，在食品供应中大量使用杀虫剂可以降低虫灾，减少原始劳动，增加产量，最终使粮食供应能够跟得上人口的急剧膨胀。由于这些杀虫剂看上去并没有对人类健康造成危害，所以大家普遍认为杀虫剂是安全的。但是到20世纪50年代，有明显的证据表明，有些杀虫剂造成了鱼类、蛙类、鸟类和蜜蜂的大量死亡，而且也有越来越多的证据证明化学物添加剂残留可能正在危害着人类的健康。于是，国会开始关注化学物在食品生产中日益推广使用的事实。

　　1950 年，联邦众议院成立了一个由众议员詹姆斯·J. 德莱尼任主席的特别委员会，奉命对食品生产中使用化学物和杀虫剂对消费者的健康和福利所造成的影响进行调查。国会要求对在食品生产、加工、调制和包装过程中使用化学物、化合物和合成物的性质、范围和效果进行调查，以确定这些化学物、化合物和合成物对国民的健康和福利，以及对国家农业经济的稳定和健康的影响。在奉命就该问题进行了长达两年的听证之后，委员会提交了一份调查报告。委员会在报告的开头即指出，当时在市场中销售的食品几乎没有一种在生产、加工、包装、运输或储藏阶段，不在其上或其中使用一些化学物的。委员会承认添加剂的推广使用有其重大价值，但它也表达了对与此相伴而生的潜在健康风险的担忧。报告指出，食品和药品管理局估计当时使用的化学物大概有 700 种，但其中只有 428 种可以确定是安全的。委员会表示，对于在食品中使用的化学物所可能存在的慢性风险，缺少必要的信息，这一点尤其值得重视。最后，委员会报告在结论中说，对化学添加剂日益增多的使用造成了一个"严重的公共健康问题"，现行的联邦立法对此根本没有给予充分的解决，因此建议给《食品、药品和化妆品法》增加一项"食品中的化学物修正案"，以确保所有化学物食品添加剂的安全性。[①] 之后的几年内，国会致力于创设联邦的杀虫剂规制体系。1954 年，国会通过了第一部规制杀虫剂的立法——《1954 年米勒修正案》[②]；又经过几年的努力，规定了德莱尼条款的《1958 年食品添加剂修正案》[③] 诞生；1960 年，国会几乎一字未动地对主要存在于化妆品中的色素添加剂作了相同的规

[①]见 H. R. Rep. No. 82 – 2356（1952）。转引自 Lars Noah & Richard A. Merrill, Starting from Scratch?: Reinventing the Food Additive Approval Process, 78 *B. U. L. Rev.*（April, 1998），p. 338.

[②]*The* 1954 *Miller Amendment.*

[③]*The Food Additive Amendment of* 1958.

定；① 1968 年，国会又颁布了兽药德莱尼条款，② 以保护人类免遭残留于兽肉当中的兽药之害。这样，德莱尼条款就包括了食品添加剂德莱尼条款、色素添加剂德莱尼条款和兽药德莱尼条款。

　　对于德莱尼条款的严苛规制，立法过程中曾经出现过一些很尖锐的异议。例如，一些反对者认为，不应该仅为了应对某一特定的健康风险而进行专门的立法，癌症之外的其他很多疾病同样值得采取预防措施；一些科学家认为，国会的结论基本上属于没有科学依据和小题大作的杞人忧天；甚至有人批评说，"众议员德莱尼头头是道的报告是一篇捕风捉影和异想天开的杰作，主要以揣测为依据，其唯一的目的就是为了给消费者造成恐慌，以促使他们要求进一步的立法。"③尽管如此，德莱尼条款最终仍然顺利地进入到了联邦法律之中。这主要可归因于两个因素：一为当时对癌症的普遍恐惧心理，二为 20 世纪六七十年代"权利革命"的影响。在国会酝酿其杀虫剂规制体系的时期，癌症已经成为美国第二大死亡原因，而且有越来越多的证据表明癌症似乎与食品中的添加剂关系密切。尤其是，当时关于癌症产生、发展和预防的知识仍然是非常原始的，科学家、国会和公众对癌症均感到神秘和悚惧，既不知致癌物质的安全门槛何在，也不相信人类有能力测定致癌添加剂的安全水准。国会认为"人们正因疏忽大意而接触某些致癌物……考虑到这些事实，为保护公众免受其害，就更加有必要避免故意把更多的致癌物质引进到人类环境当中。"④力挺德莱尼条款的德莱尼参议员更是义正严词地说：

　　　　化学添加剂与癌症的关系目前或许尚且没有被完全理解，但有关的知识却足以让我们对此保持警惕。为了维护公共健康，有

---

①《美国法典》第 21 编之 376（b）（5）（B）（1982）。

②《美国法典》第 21 编之 360b（d）（1）（I）（1982）。

③参见 Maurice H. Seevers，"Perspective Versus Caprice in Evaluating Toxicity of Chemicals in Man"，153 *JAMA*（1953），p. 1329，1331–32。

④Sherry Booth Mastrostefano，"The Delaney Clause：Still No 'De Minimis' Exception"，57 *Geo. Wash. L. Rev.*（MAY，1989），注 138。

必要专门对化学添加剂的致癌性进行预先检测，而且这一点还应该毫不含糊地规定在法律之中。食品和药品管理局先前关于杀螨特的决定为致癌物质进入我们的食品打开了方便之门——尽管只是一点点。应该毫不容情地彻底锁死这扇门。这就是我的反致癌物质条款的目的所在。①

对癌症的极端恐惧以及癌症跟添加剂之间得到初步证明的因果关系，是德莱尼条款得以通过的直接原因。

从大的时代背景看，三项德莱尼条款分别制订于 1958 年、1960年和 1968 年，这正是 20 世纪六七十年代达致巅峰的美国"权利革命"方兴未艾之时。② 国会和政府在此期间为应对产生于经济体系的各种问题制订了很多法律，并针对环境保护、工作场所的卫生和安全，以及保护消费者和他人免于遭受对其生活质量的种种威胁等采取了很多重要举措。所有这些都构成了保护现代社会中的新"社会权利"——即对于健康和身体安全的权利——运动的一部分。既然是以保护权利为目的，所以 20 世纪六七十年代的很多规制法常常以生命和健康是'不能剥夺的权利'，不应该给它们贴上价格的标签为依据而拒绝对规制成本的考虑。虽然这种倾向后来被学者批判为"引人误解的权利修辞"，③ 但无论如何，在"权利革命"这一大的时代背景之下，国会制定了很多严格的食品安全立法，德莱尼条款毫无变通的僵硬规定就是此类立法的极致。由于德莱尼条款对致癌添加剂的严苛规制表现出了对零风险的强烈偏好，说它体现了食品安全的绝对权利观一点也不过分，而这也正是它在诸多严格的食品安全立法中"脱颖而出"，成为最著名的和"最臭名昭著"的联邦健康立法的原因。

---

①*Food Additives*：*Hearings Before a Subcommittee of the House Committee on Interstate and Foreign Commerce*, 85th Cong. , 1st and 2d Sess. 171（1958）.

②见［美］凯斯·R. 桑斯坦《权利革命之后：重塑规制国》，钟瑞华译，李洪雷校，中国人民大学出版社 2008 年版，第 26、27 页。

③同上书，第 102 页。

（三）日益激化的法律和实践冲突

虽然德莱尼条款的支持者称赞它不像别的国会立法那样充满妥协和歧义，在全世界范围内掀起了一场反对杀虫剂污染这一严重问题的社会革命，将毒理学、流行病学和其他科学应用于真实世界中的风险评估；① 并辩称如果环保署利用严格的科学标准来确定某种杀虫剂是否是致癌的，德莱尼条款就是可行的。② 但总体而言，德莱尼条款自产生之日起就不断地遭到猛烈的批评，③ 而更为关键的是，由于认为德莱尼条款内在地具有很多荒谬之处，作为德莱尼条款执法机构的食品和药品管理局与环保署对德莱尼条款采取了拒不实施的抵制态度。食品和药品管理局在长期的实践中，通过很多规避策略极大地限制了德莱尼条款的影响范围。环保署自德莱尼条款被颁布之后直到莱斯诉赖利案判决之前，从来都没有正式引用德莱尼条款取消或拒绝过任何一项残留限量申请，它只是偶尔非正式地援引德莱尼条款劝导生产商自愿撤回关于新残留限量的申请，或放弃既定的残留限量。

执法机关的消极实施使德莱尼条款造成的冲突在相当长的时间内只是停留在理论的层面上，但是随着科学界越来越能够更加准确地确认一种物质的致癌可能性，德莱尼条款也变得越来越有力量，无论是在法律适用过程中，还是在司法领域中都造成了极大的困惑。新的检测表明，很多依据 409 节规定获得残留限量的杀虫剂实际上都是致癌

---

①William H. Rodgers, Jr., "The Seven Statutory Wonders of U. S. Environmental Law: Origins and Morphology", 27 *Loy. L. A. L. Rev.* (1994), p. 1011, 1018。

②Frederick H. Degnan & W. Gary Flamm, "Living With and Reforming the Delaney Clause", 50 *Food & Drug L. J.* (1995)。

③关于对德莱尼条款的一般性批评，见 Committee on Scientific and Regulatory Issues Underlying Pesticide Use Patterns and Agricultural Innovation, Board on Agriculture, National Research Council, National Academy of Sciences: *Regulating Pesticides in Food: The Delaney Paradox*, National Academy Press, Washington, D. C., 1987; Douglas T. Sheehy, "A De Minimis Exception to the Delaney Clause: A Reassessment of Les v. Reilly", 50 *Food & Drug L. J.* (1995), pp. 275 – 79; Amy Montemarano, Note, "The Delaney Paradox Resurfaces: Regulating Pesticides as Food Additives Under Federal Law", 25 *Rutgers L. J.* (Winter, 1994)。

的，数百种加工食品的原料产品上使用了新被发现有致瘤性的杀虫剂。但是，一方面因为担心完全适用德莱尼条款必然会使人们不能再使用很多有价值的杀虫剂，从而对食品市场产生不利后果，一方面因为深信在拥有了某些新技术手段之后，规制者已经有能力通过区别具有不同特征的风险，包括致癌风险，而不必要通过依赖于德莱尼条款的绝对禁止来维护公众健康，① 环保署仍然一如既往地拒绝援引德莱尼条款来取消任何一项残留限量。然而，德莱尼条款毕竟是国会明确无误的立法，背后又有社会影响日益广泛的环保利益集团和公共健康组织的支持，长期拒绝将德莱尼条款适用于早已获得登记的杀虫剂，给环保署造成了越来越大的压力。随着相关证据的不断积累，由此产生的压力越来越大，一场"日益逼近的法律和实践冲突"一触即发。②

二　可忽略风险标准对德莱尼条款的挑战

对于消极地规避德莱尼条款适用的弊端，如极有可能将规制机构卷入旷日持久的诉讼，造成杀虫剂规制的不确定性，使业界难以就杀虫剂开发和使用作长久的规划等，规制机构也早有认识，所以它们一直试图较为正式地解决这个问题，即要么将德莱尼条款解释为允许可忽略风险的存在——琐事例外（a de minimis exception），③ 要么通过立法活动以可忽略风险标准取代德莱尼条款的零风险标准。

---

①见 EPA, Regulation of Pesticides in Food: Addressing the Delaney Paradox Policy Statement, 53 *Fed. Reg.* (1988); Richard A. Merrill, "FDA's Implementation of the Delaney Clause: Repudiation of Congressional Choice or Reasoned Adaptation to Scientific Progress?", 5 *Yale J. on Reg.* (Winter 1988), p. 26.

②见 Committee on Scientific and Regulatory Issues Underlying Pesticide Use Patterns and Agricultural Innovation, Board on Agriculture, National Research Council, National Academy of Sciences 的报告，第 37 页。

③拉丁法谚，其完整形式是 *de minimis non curat lex*，意为"法律不关心琐屑之事"，见《布莱克法律词典》，光明日报出版社 1990 年版，第 431 页。

（一）公民诉讼组织诉扬案：首战失利

1986 年 8 月，食品和药品管理局以橙色 17 号和红色 19 号经适宜的科学检测被证明只具有可忽略的致癌风险为由，批准这两种色素可应用于外用化妆品。原告依据色素添加剂德莱尼条款，在哥伦比亚特区巡回上诉法院对这一决定提出了挑战，此即为公民诉讼组织诉扬案。[1] 虽然法院对食品和药品管理局关于色素只具有微小致癌风险的观点表示了赞同，但它仍然作出结论说，色素添加剂德莱尼条款不包含琐事例外。

传统上，规制机构一般从阿拉巴马电力公司诉科斯特利案[2]为自己从制定法中解释出琐事例外的权力寻找依据。该案为规制机构援引琐事例外原则设置了三项前提条件：[3]（1）规章所意欲解决的问题必须实际上非常微小，以至于所涉规章不会产生任何真正的收益；（2）国会没有特别坚决地表明自己的意图；（3）琐事例外跟立法设计是相称的。在公民诉讼组织诉扬案中，法院认为前述三项条件没有得到完全满足。法院在考察了关于色素添加剂修正案的众议院报告后指出，委员会明确地驳斥了当时提出的所有支持琐事例外的主张。法院还指出，众议院报告明确表示，如果科学方法可以为致癌物质确定安全的残留限量，也只有国会而不是规制机构才能够改变德莱尼条款的严格规定。法院特别指出，制定法语言和立法设计毫不含糊地表明，德莱尼条款就是要严格地适用于色素添加剂。法院宣称，对德莱尼条款"自然而然的——几乎是无可逃避的——解读"要求按照字面意思对其加以适用，而且立法史料也有力地"强化了这种推断"。[4] 法院

---

[1]*Public Citizen v. Young*，831 F. 2d 1108（D. C. Cir. 1987），cert. denied，485 U. S. 1006（1988）.

[2]*Alabama Power Co. v. Costle*，636 F. 2d 323（D. C. Cir. 1979）。该案允许环保署依据《1977 年清洁空气法修正案》颁布豁免琐屑违法行为的规章。

[3]*Alabama Power Co. v. Costle*，636 F. 2d 323（D. C. Cir. 1979），第 360、361 页。

[4]*Public Citizen v. Young*，831 F. 2d 1108（D. C. Cir. 1987），cert. denied，485 U. S. 1006（1988），p. 1113.

还说，由于公众对癌症极为担忧，色素添加剂只有极低的社会价值，而且通过国会的重新考量来对任何错误的科学预设予以弥补也是有可能的，所以按照字面意思适用德莱尼条款应该是国会合理的政策选择。法院相信，在色素添加剂的语境中，国会希望的是，如果德莱尼条款造成了意料之外的不利后果，规制机构应该到自己面前来寻求补救之道。鉴于有上述发现，而且又找不到允许琐事例外的先例，法院最后判决，食品和药品管理局对德莱尼条款所作的琐事例外解释是违反法律的，并命令其将橙色 17 号和红色 19 号从安全的添加剂名单上删除。

但耐人寻味的是，法院在否定食品和药品管理局所作琐事例外解释的同时也强调，自己的判决意见只适用于色素添加剂德莱尼条款，食品添加剂德莱尼条款的适用"引发了与本上诉案件不同的复杂问题"。① 法院相信，由于按字面意思适用食品添加剂德莱尼条款会导致严重的社会后果，所以自己的判决并没有完全关闭对食品添加剂德莱尼条款作出琐事例外解释的大门。法院承认，科学进步已经使对食品添加剂德莱尼条款作出琐事例外的解释成为必要。它推理说，如果规制机构不得不禁止任何致癌的食品物质，包括那些现在已被发现若大剂量使用就会致癌的自然成分，如维生素 C 和维生素 D、钙、蛋白质和氨基酸，那么按字面意思适用食品添加剂德莱尼条款将成功地使美国人民无法获得健康的食品供应。法院相信，国会面对所有致癌物质被排除在市场之外的威胁将不得不很快对此作出回应。

（二）国家科学院的报告："德莱尼悖论"

1985 年，环保署委托美国国家科学院从科学和规制效果两个方面，研究《杀虫剂、杀真菌剂和灭鼠剂法》与《食品、药品和化妆品法》之德莱尼条款关于食品安全之不同标准的冲突。1987 年 5 月

---

①*Public Citizen v. Young*, 831 F. 2d 1108（D. C. Cir. 1987），cert. denied, 485 U. S. 1006（1988），n13, p. 1118.

20 日，国家科学院依据其研究结果发布了题为《规制食品中的杀虫剂：德莱尼悖论》的报告（以下简称 1987 年报告）。①

　1987 年报告以"德莱尼悖论"为题，用它来指称德莱尼条款所造成的一系列事与愿违的后果。综合而言，"德莱尼悖论"包含如下几种不合情理的后果：②（1）对未加工农产品和加工食品适用不同的标准。环保署根据第 408 节规定的风险收益方法为未加工农产品上的致癌残留确定残留限量，却要依据第 409 节的零风险标准为为加工食品中的此类残留物设定残留限量。但是，有关的研究却没有能够发现任何扎实的科学或政策理由，可以支持对加工食品上的杀虫剂与未加工农产品之上或之中的杀虫剂予以不同的规制。（2）对旧杀虫剂和新杀虫剂予以区别对待。旧杀虫剂是根据相对原始落后、可能根本无法发现杀虫剂致癌性的科学检测技术获得批准的，但是随着检测技术的进步，新的技术和仪器已经能够使研究人员检测出致癌风险极小的杀虫剂，从而使很多致癌风险可能要远远低于旧杀虫剂的新杀虫剂无法获得批准。结果就是，无法以更安全的新杀虫剂取代实际上危险得多的旧杀虫剂。（3）对致癌风险和其他风险的不同对待。德莱尼条款将焦点集中于致癌的杀虫剂，并指示环保署不得允许任何此类物质进入美国的食品供应链，但是它却没有对其他可能具有更大风险的物质进行同等严厉的规制。这不仅因对致癌物质和非致癌物质设定了不同的标准和程序而在立法政策上有违一致性要求，更因把立法重心和执法资源集中于单一的风险而无暇顾及其他可能是更大的风险，从而在总体上不利于公共健康的维护。经研究，1987 年报告得出如下四

---

①参见 Committee on Scientific and Regulatory Issues Underlying Pesticide Use Patterns and Agricultural Innovation, Board on Agriculture, National Research Council, National Academy of Sciences 的报告。

②Committee on Scientific and Regulatory Issues Underlying Pesticide Use Patterns and Agricultural Innovation, Board on Agriculture, National Research Council, National Academy of Sciences 的报告。Scott Douglas Bauer, "The Food Quality Protection Act of 1996: Replacing Old Impracticalities with New Uncertainties in Pesticide Regulation", 75 *N. C. L. Rev.* (April, 1997), p. 1378, 1379.

个结论:[1]（1）对所有的杀虫剂都应该根据统一的标准加以规制，以废除对未加工农产品/加工食品，或旧杀虫剂/新杀虫剂设定的双重标准；（2）对食品中的致癌物质应该统一适用可忽略风险标准而不是零风险标准，以在只给农民造成很小损失的情况下使环保署能够最大程度地提高食品供应的整体安全性；（3）应该重点规制在最经常食用的粮食上使用的最令人担心的杀虫剂；（4）应该采用综合分析框架来预测环保署的杀虫剂规制对食品供应整体安全性的广泛影响。

德莱尼条款自产生以来就不断批评的声音，但1987年报告的揭露和批判可以说是最为全面彻底而证据确凿的。"德莱尼悖论"这一修辞形象地总结了德莱尼条款的种种不合理之处，它的提出和广泛传播对德莱尼条款构成了致命的打击。不仅如此，1987年报告还将可忽略风险新标准的范围和定义、规制机构在适用新标准和风险评估方法方面的裁量权范围、收益在残留限量设定方面的作用等新议题引入了杀虫剂规制改革的讨论之中，为今后的立法改革特别是1996年立法预备了丰富的素材。正是在1987年报告之后，改革德莱尼条款才成为国会杀虫剂立法改革的焦点，1987年报告的各项建议也实质性地决定了立法改革的内容和进程。

作为对1987年报告的回应，环保署于1988年10月19日在《联邦公报》上公布了题为《规制食品中的杀虫剂：关于处理德莱尼悖论的政策声明》。[2]环保署在该声明中宣称自己的立场是：虽然包含于第409节之中的所谓德莱尼条款，按其字义来说，是要绝对禁止为一项被发现在试验动物中致癌的食品添加剂颁布食品添加剂残留限量，但当该种杀虫剂之残留给人类膳食所造成的风险最多也不过是可以忽略不计的时候，德莱尼条款就暗含着琐事例外。该声明还说，环

---

[1]Committee on Scientific and Regulatory Issues Underlying Pesticide Use Patterns and Agricultural Innovation, Board on Agriculture, National Research Council, National Academy of Sciences 的报告。

[2]参见 EPA, Regulation of Pesticides in Food: Addressing the Delaney Paradox Policy Statement, 53 *Fed. Reg.* (1988)。

保署今后将遵循琐事例外政策为致癌物质设定残留限量。环保署声称这种政策能够使自己根据风险收益分析标准适用一套统一的标准。不仅如此，环保署还在该政策声明上附了一份清单，其上的杀虫剂虽然很可能有致癌性，但仍然获得了依据第 409 节规定颁布的残留限量。面对环保署对德莱尼条款的公然挑战和抛弃，有关的环保组织和消费者组织以两场诉讼予以了回应。

（三）莱斯诉赖利案：虽败犹胜

1989 年 5 月，以全国资源保护委员会为首的数个环保组织和消费者组织，请求环保署撤销其依据琐事例外政策就一些致癌杀虫剂所颁布的规章。环保署以系争化学物只造成了可忽略的致癌风险为由拒绝撤销这些规章。申请人提出异议，环保署则以终局命令的形式重申了自己先前对德莱尼条款所作的琐事例外解释。环保署辩称，国会不会明知故犯地就杀虫剂规制制造悖论，而且比起法院在公民诉讼组织诉扬案中就色素添加剂德莱尼条款所发现的有关事实而言，国会希望严格适用食品添加剂德莱尼条款的迹象要更少一些。环保署还辩称，法院在解释国会意图的时候不应该拘泥于过时的科学观念。申请人转而以环保署为致癌的食品添加剂设定残留限量违反了德莱尼条款的规定为由，请求法院审查环保署的终局命令，此即为莱斯诉赖利案。[①]

环保署辩称，由于新技术已经能够检测出事实上可忽略不计的致癌可能性——这些风险是如此的微小，以至于国会在 1958 年既不可能预见到后人有能力检测出它们，也不会希望禁止使用它们，而且由于德莱尼条款一直被认为允许环保署在决定一种食品添加剂是否在动物中致癌时作出科学的判断并行使自由裁量权，立法设计为环保署通过琐事例外原则进行这样的判断和裁量预留了空间，所以食品添加剂德莱尼条款满足了阿拉巴马诉科斯特利案的所有标准，对其可以作出琐事例外的解释。但是在 1992 年 7 月，美国第 9 巡回上诉法院仍然

---

①*Les v. Reilly*, 968 F. 2d 985 (9th Cir. 1992), cert. denied sub nom.

判决环保署对德莱尼条款所作的琐事例外解释是违法的，并禁止环保署在此使用可忽略风险这一概念。法院在判决中指出，德莱尼条款的语言是"明确的和强制性的"，而且自 1958 年颁布以来该法就一直被"严格地按字面意思实施"。[1] 法院还说，尽管公民诉讼组织诉扬案就食品添加剂条款是否会跟色素添加剂条款产生一样的结果未加评论，但法院就制定法语言所作的推理同等地适用于食品添加剂德莱尼条款和色素添加剂德莱尼条款。法院还强调了如下事实：国会不厌其烦地在《食品、药品和化妆品法》中颁布了三处德莱尼条款而对所使用的语言却毫无更改，国会在这样做的时候对这些规定的后果也是完全知晓的。法院认为，既然国会已经表达了明确的意图，对德莱尼条款作出不同于其字面意思的解释就不是法院和规制机构的工作。总之，法院认为，德莱尼条款的措辞、历史和目的均表明国会想要禁止环保署允许使用任何致癌的食品添加剂——不管所涉的致癌风险是多么得小。1993 年 2 月，美国最高法院拒绝了环保署请求复审该案的申请。

对于莱斯诉赖利案，有评论者指出，从当时的各种情况看，环保署领导肯定知道将会有人通过司法程序对自己的琐事例外政策提出挑战，而考虑到德莱尼条款的严格性和绝对性，考虑到环保署的琐事例外政策与德莱尼条款之间的冲突是显而易见的，尤其是考虑到法院长久以来一直支持对德莱尼条款进行严格的字义解释，包括公民诉讼组织诉扬案的所有先例也都支持对德莱尼条款的严格适用，所以环保署面对这样的挑战几乎是必败无疑的。这表明，环保署敢于冒天下之大不韪而发布一份这样的政策声明，实际上是一种有意识的策略行为，意在把德莱尼条款所引发的种种冲突和矛盾推向极限，使包括国会在内的各方不得不直面德莱尼条款所可能造成的严重不利后果，从而最终促成德莱尼条款的立法解决。[2] 这种看法有助于我们理解莱斯诉赖利案在废除德莱尼条款过程中的关键作用：一方面，莱斯诉赖利案与

---

[1] *Les v. Reilly*, 968 F. 2d 985（9th Cir. 1992），cert. denied sub nom, p. 988.

[2] 参见 James Smart, "All the Stars in the Heavens Were in the Right Places: The Passage of the Food Quality Protection Act of 1996", 17 *Stan. Envtl. L. J.*（May, 1998），p. 295, 296。

公民诉讼组织诉扬案一致表明，法院拒绝把政策判断问题留给官僚机构或据为己有，为保护公共健康和安全而颁布法律本质而言是直接向选民负责的立法者的责任，因此，德莱尼条款之争必须也只能通过国会立法获得解决；另一方面，在 1987 年报告从理论上揭露了德莱尼条款的不合理之后，莱斯诉赖利案则因迫使环保署不得不严格遵守德莱尼条款的规定而使这些理论上的担忧变成了现实，如此广泛而严重的社会后果使国会感到已经到了非干预不可的时候，同时也迫使业界愿意以其他方面的让步，如增加对婴幼儿的保护，制定更严厉的规制标准等来换取德莱尼条款的废除。

（四）加利福尼亚诉赖利案：最后一根稻草

1989 年，莱斯诉赖利案的原告还同时针对环保署的琐事例外政策提起了另一起诉讼。[①] 该案始称加利福尼亚诉赖利案，后因被告方的人事变动改称加利福尼亚诉布朗案。原告在该案中挑战了环保署对旧杀虫剂不适用德莱尼条款的政策，希望司法机关以判决确认，《食品、药品和化妆品法》要求环保署将德莱尼条款适用于所有的致癌杀虫剂——不论这些化学物是在什么时候被发现致癌的。原告还希望环保署制定计划来收集并审查用以判断加工食品中是否有致癌物的有关数据。

1995 年 2 月，法院依据原告跟环保署之间达成的和解发布了一份双方一致同意的判决，判决的主要内容是为环保署审查有违法嫌疑的残留限量设定了一个严格的时间表。依据判决要求，环保署必须在 6 个月之内决定，是否提议撤销 20 种不同的致癌杀虫剂依据第 409 节规定获得的 69 项残留限量，并在 18 个月之内采取最后的撤销行动。环保署还要审查这 20 种杀虫剂依据第 408 节规定获得的 81 项残留限量，并要在两年之内提议撤销其中任何违法的残留限量，且要在 5 年之内作出终局命令。在 5 年之内，环保署还必须考察对

---

①*California v. Reilly*, 750 F. Supp. 433（E. D. Cal. 1990）.

于其他拥有残留限量的杀虫剂的致癌研究，并考察所有重要的加工流程研究以决定杀虫剂残留在其中是否会发生积聚。如有此类发现，环保署必须在 6 个月之内提议撤销残留限量，并要在 18 个月之内作出终局决定等。[1]

这份同意判决中的期限要求具体而紧迫，没有为法院和执法机关留有任何回旋的余地，它次表明了法院打算按照严格的字面意思执行德莱尼条款的立场和决心。面对如此严格的时间表，环保署一反往日的消极态度，转而积极实施加利福尼亚诉布朗案判决。1995 年 1 月，环保署以致癌为由，提议撤销 4 种杀虫剂根据第 409 节规定获得的 6 项残留限量；1995 年 9 月，提议撤销用于兽药的 16 种杀虫剂根据第 409 节规定获得的 34 项残留限量；1996 年 3 月，开始实施判决中跟第 408 节有关的内容，其中涉及 22 种杀虫剂的 41 项残留限量。[2] 虽然环保署只是"作势"要采取这些措施，但这却足以使业界向国会施加更大的压力，争取更多的舆论支持提供了足够的藉口。在 1995 和 1996 年间，公众的舆论已经彻底转而同情业界而反对德莱尼条款，媒体上充斥着对德莱尼条款的种种批评。达成新的立法妥协的时机已经成熟。

三　德莱尼条款的部分废除

自德莱尼条款因 1987 年报告成为国会杀虫剂改革立法的焦点之后，各有关利益集团经莱斯诉赖利案和加利福尼亚诉赖利案的较量和讨价还价，终于达成了最后的妥协——《1996 年食品质量保护法》。该法对《杀虫剂、杀真菌剂和灭鼠剂法》以及《食品、药品和化妆品法》进行了重大修订，废除了德莱尼条款对杀虫剂残留的适用，以统一的可忽略风险标准取代了德莱尼条款的零风险标准，从而使关于

---

①*California v. Browner*, No. Civ. S – 89 – 0752, slip op.（E. D. Cal. Feb. 9, 1995）.

②见 James Smart, "All the Stars in the Heavens Were in the Right Places: The Passage of the Food Quality Protection Act of 1996", 17 *Stan. Envtl. L. J.*（May, 1998）, p. 322, 323.

德莱尼条款的争议暂时告一段落。

（一）《1996 年食品质量保护法》

在 1987 年之后的近十年内，美国国会的议员们在环保主义者和消费者倡议者团体，或农业和杀虫剂生产者利益集团的支持下，提出了众多改革德莱尼条款的议案。虽然这些改革建议因不同利益集团间的分歧太大，无法达成妥协而终致无功而返，但随着事态的发展，立法改革的方向却逐渐明朗起来，有关议案的建议也越来越具体和集中，改革的主流呼声就是要通过风险评估和灵活的风险收益分析来设定杀虫剂残留，以统一的可忽略风险标准取代德莱尼条款的零风险标准，消除加工食品和未加工农产品规制中的不一致，并强化对食品消费者，特别是特定易受感群体的保护等。① 到 1996 年，借用评论者的一句话说，就是当"天空中所有的星星都各就各位"② 的时候，企盼已久的立法妥协终于达成，《1996 年食品质量保护法》在 1996 年 8 月 3 日由时任美国总统克林顿签署。

首先，《1996 年食品质量保护法》通过改变《食品、药品和化妆品法》中的"食品添加剂"概念的方式使德莱尼条款不再适用于杀虫剂残留，从而部分废除了食品添加剂德莱尼条款。根据《食品、药品和化妆品法》原先关于食品添加剂的概念，③ 未加工农产品中的杀虫剂残留不是食品添加剂，加工食品中的杀虫剂残留则属于食品添加剂，所以关于食品添加剂的德莱尼条款应该适用于后者。但是依据 1996 年立法中关于食品添加剂的新概念，④ 任何存在于未加工农产品或加工食品之上或之中的杀虫剂化学残留物都不是食品添加剂，所以

---

①参见 James Smart, "All the Stars in the Heavens Were in the Right Places: The Passage of the Food Quality Protection Act of 1996", 17 *Stan. Envtl. L. J.* (May, 1998); *Food Safety Amendments of* 1989, S. 722, 101st Cong。

②参见 James Smart, "All the Stars in the Heavens Were in the Right Places: The Passage of the Food Quality Protection Act of 1996", 17 *Stan. Envtl. L. J.* (May, 1998).

③参见 *The Federal Food, Drug, and Cosmetic Act of* 1958, SEC. 201 (s).

④*The Food Quality Protection Act of* 1996, SEC. 402 (b).

包括食品添加剂德莱尼条款在内的第 409 节规定就不能再适用于杀虫剂残留。由此产生的后果是，关于食品添加剂、色素添加剂和兽药的三项德莱尼条款在 1996 年之后仍然继续存在，但争议最大的食品添加剂德莱尼条款却已经不再适用于杀虫剂残留，这就极大地缩减了德莱尼条款所管辖的物质种类数量，由此也使德莱尼条款的重要性大大降低。

其次，1996 年立法第 405 节设定了一项统一适用于未加工农产品和加工食品中杀虫剂残留的新标准，以其取代了《食品、药品和化妆品法》第 408 节针对未加工农产品中的杀虫剂残留设定的旧标准。在新标准之下，环保署署长对食品之中或之上的杀虫剂化学残留物可以设定一项残留限量，或允许一项残留限量继续有效，只要署长确定该残留限量是安全的。对于残留限量的设定，1996 年立法赋予环保署署长一定的裁量权，允许其设定高于安全水准的残留限量——如果使用某种杀虫剂化学物可以保护消费者免遭危险性大于该种杀虫剂残留物所致膳食风险的不利健康后果，或者使用某种杀虫剂化学物对于避免充足、健康和经济的国内食品供应的重大中断是必须的。不难发现，1996 年立法设定的统一标准跟《杀虫剂、杀真菌剂和灭鼠剂法》以及《食品、药品和化妆品法》第 408 节中的风险收益标准是类似的。需要强调指出的是，对于所致风险跟癌症无关的杀虫剂，1996 年立法只允许署长设定不会导致这些风险的残留限量，但对于有致癌风险的杀虫剂，署长就不仅要考虑致癌风险的大小，还要考虑该种杀虫剂所带来的收益，[①] 这对全然不允许考虑收益的德莱尼条款来说是一个根本性改变。

长期以来，美国的杀虫剂制造业、食品业和农业利益集团一直抱怨德莱尼条款对加工食品中的杀虫剂残留设定的标准不合理，很多参议员和众议员也为改革德莱尼条款进行着周期性的努力，而环境保护和消费者保护利益集团则公开支持有过度保护之嫌的德莱尼条款。

---

① *The Food Quality Protection Act of* 1996, SEC. 405（b）（2）.

1996 年立法正是上述两大利益集团相互妥协的结果。通过 1996 年立法，德莱尼条款反对者避免了德莱尼条款对杀虫剂残留的适用，而德莱尼条款的支持者则通过放弃德莱尼条款的严苛规制而获得了保护程度更高的新标准，以及对婴幼儿的强化保护。① 这一立法妥协的达成，跟德莱尼条款的产生一样，也是特定时代背景下的产物。

（二）科技进步和风险社会的到来

对于杀虫剂规制改革立法为何会在长久的僵持之后豁然开朗，学者们一般认为有下述几个原因：环保署在莱斯诉赖利案判决和加利福尼亚诉赖利案判决后一反常态地积极实施德莱尼条款；国会中的共和党多数派希望改变自己在环境保护方面的不良记录；环保主义者和消费者保护者发现了值得主张的新利益。② 这些因素无疑对 1996 年立法妥协的最终达成发挥了直接的影响，但是还应该看到，1996 年立法之所以能够以统一的风险收益标准部分废除德莱尼条款的零风险标准，根本原因乃在于科学技术的进步和风险观念的变革。有学者早已指出，科学技术的发展根本性地动摇了德莱尼条款产生和存在的前提条件，使其不复再有赖以存在的基础。③ 德莱尼条款产生于 20 世纪 50 年代癌症知识原始、检测技术落后的时代，但是到了 20 世纪 80 年代，不仅关于癌症的知识有了很大的提高，人们对癌症的神秘感和恐惧有所降低，而且新的检测技术和检测手段已经可以检测出致癌可能性极低的物质，人们甚至还在自然界中发现出了很多原本就存在的致癌物质，所有这些均使德莱尼条款彻底杜绝食品供应中致癌因素的努

---

① 《1996 年食品质量保护法》的另一项核心内容是强化了对婴幼儿的保护。该法要求环保署署长根据婴幼儿特有的消费模式、极度的易受影响性和接触毒素的累积效果来考虑杀虫剂残留对它们所造成的风险。环保署署长必须确保存在合理的确定性，婴幼儿不会受到伤害。见 *The Food Quality Protection Act of* 1996，SEC. 405（b）（2）（C）。

② 参见 James Smart，"All the Stars in the Heavens Were in the Right Places: The Passage of the Food Quality Protection Act of 1996"，17 *Stan. Envtl. L. J.*（May，1998），p. 346，347.

③ 参见 ［美］凯斯·R. 桑斯坦《权利革命之后：重塑规制国》，钟瑞华译，李洪雷校，中国人民大学出版社 2008 年版，第 224、225 页。

力变得极为荒谬。

另一个同样重要的因素是，以德国社会学家贝克（Ulrich Beck）为代表的一批学者在 20 世纪 80 年代提出的"风险社会"概念，改变了人们传统的风险观念并开始在立法和政策制订领域发挥越来越多的影响。风险社会理论指出，随着科学技术的高速发展和全球化的扩展，人类社会已经开始进入一个风险社会（risk society）时代，与传统风险相比，作为人类活动和科技发展伴生物的现代风险，在本质、表现形式和影响范围上已经有了很大不同，它们更难预测、更难捉摸，并且影响的范围更广，带来的破坏性也更为严重。[1] 例如，疯牛病、转基因食品就属于此类风险中的两种。风险社会理论产生以来，在现代国家的规制理论和实践中产生了深远的影响。人们逐渐认识到，原来常用的"安全/不安全"、"健康/不健康"等直观观察和描述已经不敷所用，需要发展关于风险识别、风险监测、风险评估和风险管理效果分析的精致科技手段来应对这些新型风险。风险管理要求对可能存在的风险进行识别、归类和整理，对风险可能发生的频率以及风险一旦发生所可能造成的危害进行衡量，又要求在分析风险承受能力的前提下选择处理风险的方法，重点是要控制风险并尽量降低控制风险的成本，最后还要对所采用的风险管理方法进行效果评估和改善。在过去的三四十年中，通过建立风险分析和评估框架来应对食品安全问题已经逐渐成为国际社会公认的重要方法。[2]

风险社会理论还使人们认识到，各种各样的风险乃是人类的生存现实之一，在风险只可以减少而无法彻底消灭的情况下，应该以更加克制和理性的态度来面对这些风险。于是人们开始有这样的反思："不幸的是，我们的许多法律被法院解释为禁止管理机构在决定怎样

①参见［美］保罗·斯洛维奇编著《风险的感知》，赵延东等译，北京出版社 2007 年版，总序，第 1 页。

②参见 2007 年 11 月 26 日至 27 日在北京举行的"国际食品安全高层论坛：加强全球食品安全"的《北京食品安全宣言》。

安全才足够安全时权衡减少风险的社会和经济代价。因此那些机构只剩下成群结队的律师，他们在挣扎着为合理的妥协辩护，与其他成群结队的为严格遵守起草得很马虎的法规而辩护的律师开展"①——这句话不能不让我们回想起美国食品和药品管理局以及环保署试图对德莱尼条款作出琐事例外解释的持久性努力，以及由此所引发的几场旷日持久的官司。于是，学者们转而主张："如果规制成本也很小的话，一种相对微小的风险有可能要求规制；如果规制成本巨大，那即使风险是巨大的，可能最好的办法也是对其不加规制。一种合理的规制体系并不孤立地考虑风险的大小，而是将风险与排除风险的成本相比较进行考虑。"② 风险收益分析标准对德莱尼条款零风险标准的胜利，根本而言是人们在 20 世纪末全球风险社会的时代背景中所作的理性选择。

（三）争论尚未完结

与《食品、药品和化妆品法》之下的旧制度相比，1996 年立法的风险收益标准有很大的优势。它使环保署在设定杀虫剂残留限量时有了更大的灵活性，解决了德莱尼条款所引发的诸多难题，排除了因严格适用德莱尼条款而使大量杀虫剂无法继续使用，从而造成庄稼减产和食品价格上涨的风险，并能够在不对杀虫剂使用造成太大影响的情况下更加有效地从总体上减少膳食风险。

虽然如此，反对和质疑 1996 年立法的声音仍然时有所闻。有评论者认为，新法的风险收益标准虽然消灭了德莱尼条款的不可操作性，但它也会因风险收益分析内在的不确定性而造成一些规制难题；③

①参见［美］H. W. 刘易斯《技术与风险》，杨健、缪建兴译，中国对外翻译出版公司1994 年版，第 71 页。

②参见［美］凯斯·R. 桑斯坦《权利革命之后：重塑规制国》，钟瑞华译，李洪雷校，中国人民大学出版社 2008 年版，第 223 页。

③见 Scott Douglas Bauer, The Food Quality Protection Act of 1996: Replacing Old Impracticalities with New Uncertainties in Pesticide Regulation, 75 *N. C. L. Rev.* (April, 1997), pp. 1401 – 1409。

也有评论者断言，1996 年立法因没有充分地认识到使用杀虫剂的收益或规制体制中仍然存在的问题而造成了新的悖论；① 甚至有人主张，虽然德莱尼条款的零风险标准没有体现技术的最新发展，但它却因保护数代美国人免遭致癌杀虫剂的有害影响而实现了其保护目的，国会在颁布《1996 年食品质量保护法》时并没有严肃地考虑杀虫剂残留对食品消费者的基本有害后果，因此应该重新确立德莱尼条款的零风险标准，并将其适用于所有类型——加工的和未加工的——食品中的杀虫剂残留。② 鉴于这些不同声音的存在，再考虑到德莱尼条款的零风险标准在 1996 年之后仍然继续适用于食品添加剂、色素添加剂和兽药，或许可以认为，关于德莱尼条款的争议并未完全结束。

四　小结

作为美国联邦安全健康立法中唯一的零风险禁令，德莱尼条款一经产生就在有关的利益集团之间引发了尖锐的冲突。在 20 世纪后半期的数十年当中，支持德莱尼条款和反对德莱尼条款的两大阵营围绕德莱尼条款的解释、适用和存废进行了旷日持久的辩论和斗争，争议的结果是德莱尼条款被部分废除，允许可忽略风险的风险分析标准获胜。

德莱尼条款之争发生在美国，但引发这场争议的问题却不是只有美国人才会遇到。我国近年发生了多起性质恶劣、后果严重的食品安全事件，消费者的身体健康和生命安全权受到了严重侵害，这引起了社会各界对食品安全问题的重视和警觉，更加凸显了承认和保护消费者食品安全权的重要性，但不可否认的是，其间也出现了把食品安全

---

①Frank B. Cross, "The Consequences of Consensus: Dangerous Compromises of the Food Quality Protection Act", 75 *Wash. U. L. Q.* (Fall, 1997), p. 1180–1198。

②参见 Erin E. Moran, "The Food Quality Protection Act of 1996: Does the Delaney Clause Effectively Protect Against Cancer or Is Is Outdated Legislation?", 30 *J. Marshall L. Rev.* (Summer, 1997), p. 1150。

权过于绝对化的倾向,[①] 突出的表现就是，食品安全领域一有风吹草动，"食品安全无小事""安全高于一切"的论调就甚嚣尘上，甚至有关政府部门也迫于舆论的压力不得不仓促回应，采取一些过激的措施。例如，在号称2005年食品安全第一案的"苏丹红风波"中，有关政府部门雷厉风行地打了"一场耗资不菲的聚歼战"，结果却发现苏丹红"致癌可能性极小",[②] 最后此事也就不了了之。即使在经济发展水平和人们生活水准远远高于我国，食品安全立法和食品安全监管制度亦相对完善的美国，德莱尼条款的零风险标准在其安全健康立法中也不过是风险分析普遍标准之外的"孤岛"，它不仅在实践中从来都没有被严格实施过，经长久争议后又为1996年立法所部分废除。这或许可以启示我们，承认和保护消费者对食品安全的权利固然是一件必要而有益的事情，但对食品安全的绝对权利观却既不可取，亦不可行。在当前的风险社会背景下，应当把食品风险跟水污染、沙尘暴、金融危机等一样当作人类必须面对的生存现实之一，从不同于绝对权利进路的风险管理视角采取规制措施。当然，这并不是要否定或排斥对权利的认可和保护，只是承认在一定条件下容忍食品供应中存在可忽略风险的必要性。

---

①有关部门负责食品安全监管的一些政府官员在和笔者交谈中曾提到：我国消费者目前对食品安全期望值过高；大众媒体倾向于夸大食品安全问题的严重性；我国食品安全总体而言是提高了而不是降低了；没有绝对的食品安全，食品安全永远都是相对的等等。也有一些营养与食品卫生学方面的专家对食品安全问题持比较理性的看法，认为"对食品安全要求零危险性是不可能的，消费者要求高些是合情的，但只能是相对安全"，见 http: // www. ocan. com. cn/li/spaq. htm，访问时间2008年12月2日星期二。

②参见中华人民共和国卫生部2005年4月6日公布的《苏丹红危险性评估报告》。

第 二 编

消费者权益的私法保护

第六章

消费者保护私法及其局限性

虽然现代消费者法已经不再仅仅局限于在经营者和消费者之间实现权利和利益的再分配，但防止消费者遭受来自经营者的侵害依然是其最主要的课题之一。与此相应，调整市民社会中平等法律主体之间权利义务关系的私法规则依然构成现代消费者法的重要组成部分。鉴于消费者在政治经济上的弱势地位，以及在现代市场经济和民主政治中实现并保护消费者权益的重要意义，被近代民法奉为圭臬的身份平等和意思自治诸原则及其所指导下的传统私法规则，在对社会正义日益高涨的呼求声中不得不进行大幅度的调整和修正。

一　消费者保护特别民法的形成

传统私法以身份平等和意思自治为基本原则，注重维护抽象人格在法律上的形式平等以及形式正义的实现。但在消费社会中，这种形式平等和形式正义对消费者来说无异于画饼充饥，望梅止渴。因此，为了回应对消费者保护的需要，传统私法进行了一些调整和修正。这在很多以消费者为一方当事人、以消费活动为内容的法律关系中都有体现，由此而形成了有别于其他普通民法的规则群——消费者保护特别民法。消费者保护特别民法，在法律规则方面主要体现为消费者具体人格的凸显，消费者合同规则群的形成，以及产品责任领域中严格责任的运用，在私法基本原则方面则体现为社会正义对身份平等和意思自治的限制和补充。①

（一）消费者具体人格在私法体系中的凸显②

　　私法调整的是市民社会中平等主体之间的权利义务关系，私法主体制度构成私法体系中其他制度的前提和基础。在传统私法体系中，调整市民主体地位的法律原则是身份平等，即一切在私法领域中活动的主体在法律上均处于平等的地位，任何自然人或法人都不享有优于其他自然人或法人的特权或权利。从法律进化的角度看，传统私法中的身份平等原则替代了封建法律中的人格依附和身份等级制度，在法律上承认一切人的人格平等，此为其进步之处。但是，传统私法所说的人格平等乃是抽象的人格平等，其所强调的身份平等乃是法律上的平等。抽象人格并不考虑"人"在现实生活中的具体身份，如性别、国籍、肤色、受教育程度等等。法律上的平等也并不关注政治、经济生活中人和人之间的实质不平等。因此，传统私法所实现的只不过是形式正义，它无助于实质正义的实现。

　　在消费社会中，传统私法的这种超然性受到了挑战。当消费者和经营者之间在政治地位、经济实力、信息储备等各方面都存在实质性

----

　　①此类调整和修正，在大陆法系法学界被称为"私法社会化"，是"与近代私法相对称的，一种回应法的社会化的现代私法形态。""私法社会化""成为大陆法系不需要存在独立于公法与私法的第三法域之社会法的最主要理由。"见赵红梅《第三法域社会法理论之再勃兴》，《中外法学》2009 年第 3 期。关于消费者保护在各项私法制度中的具体体现，如消费者合同规则群在合同法制度中的逐渐形成、产品责任制度在侵权法中的发展等等，一则因为我国民法现有研究成果已经探讨得比较深入，一则因为其并非本书关注的核心，因此不拟详述。此处在简要介绍消费者保护对民事主体制度、合同制度以及侵权制度所造成的冲击后，将很快转入对消费者接近正义问题的论述。本书认为，消费者接近正义问题是消费者权益私法保护模式与生俱来的难题。尤其是，在消费者保护立法已经达到一定规模的情况下，从程序上保证消费者能够接近正义，保证消费者法的有效实施，就成为消费者运动的首要课题。

　　②自我国《消费者权益保护法》施行以来，在理论和实践中关于"消费者"的内涵一直存在争议，如"法人"可否成为消费者法意义上的"消费者"？"知假买假者"是否消费者法所保护的"消费者"？可参见谢晓尧《消费者：人的法律形塑与制度价值》，《中国法学》2003 年第 3 期；马一德《消费者权益保护专论》，法律出版社 2017 年版，第 32 页以下；等等。

差距的时候，仍然固守"身份"和"人格"平等不啻于掩耳盗铃。于是，调整消费者与经营者关系的私法规则不得不在平等的法律关系中对"消费者"具体人格加以特别的关照，对于以消费者为一方的合同以及消费者作为受害人的侵权事故，法律规则的设计开始向消费者一方倾斜，尽可能减轻消费者的负担并给予消费者较多的权利。从而，在对民事主体制度的研究中，学者们将"消费者"和"房客""工人"等一起称为具体人格，而传统民法的这种转变也被称为是近代民法走向现代民法的表现之一，即"从抽象人格到具体人格"。[1]在立法实践上，一些国家制定了规范消费者/经营者关系的专门法律。即使在不存在独立的消费者保护法典的国家中，以消费者/经营者关系为规范对象的规则也体现出了很大的独立性，如《德国民法典》2000年修订就在总则"人"中增加了关于"消费者"概念的规定，[2]欧盟也已经针对"消费者"这一特殊主体颁布了大规模的指令。

传统私法规则在法律关系主体方面突破形式平等的藩篱而关注隐藏在"人"之下的具体人，无疑是法律向人性化迈进的重要一步。私法的这种调整对消费者形成了某种程度的保护，有利于恢复消费者和经营者之间已经失衡的政治和经济关系。但必须看到的是，单纯在私法体系内部特别照顾"消费者"这一具体人格并不足以为消费者提供彻底的根本性保护。[3]

（二）消费者合同规则群在合同法中的崛起

消费者保护规则在私法中主要分布在合同法和侵权法之中，其中尤以消费者合同在合同法中的崛起引人注目。这里的消费者合同乃是指自然人为了生活消费而以消费者身份与经营者所签订的合同。由于

---

[1] 梁慧星：《从近代民法到现代民法》，《民商法论丛》第7卷，法律出版社1997年版。

[2] 详请参见杨立新、刘召成《德国民法典规定一体化消费者概念的意义及借鉴》，《法学杂志》2013年第1期；马一德《消费者权益保护专论》，法律出版社2017年版，第32页以下。

[3] 见本章下文"二、消费者权益私法保护模式的局限性"之"（一）消费者权益私法保护模式的功能性局限1.无法兼及消费者/经营者关系之外的社会正义"。

私法规则对消费者合同进行了某些不同于一般商业合同的规定，因此关于消费者合同的规则就体现出很大的特色，形成了独具一格的消费者合同规则群。大致而言，消费者合同与一般合同法相比的特殊性体现为如下几点：

1. 对消费者权利和利益的倾斜

基于意思自治和身份平等的原则，一般合同法尊重当事人的自由意志，只要双方在合法范围内自由协商达成的一致意见均可获得法律的保护。在当事人没有约定的情形下，法律对当事人权利义务关系的设计也是对等的。但在消费者合同中，这种对等的关系被打破了。虽然法律仍然保护产生于磋商过程中的消费者预期，但如果经营者无法满足消费者对合同的预期，法律将提供一定的制裁并由此确保明确表示出来的消费者偏好的可实现性。不仅如此，消费者和经营者的约定只不过在最低程度上包含了消费者权利，现代合同法对消费者/经营者关系的规范还具有超越于约定义务之外的维度，并额外赋予消费者以更多的权利且强加给经营者更多的责任。例如，消费者合同中经营者谕知义务和消费者撤回权的日益普及、某些消费者合同中"冷静期"的适用、一般合同条款解释规则对消费者的偏袒，均体现了消费者权利的扩张。总之，合同法为保护消费者而通过直接或间接的方式调整了消费者/经营者之间法律关系的形式，已经在合同法体系中开辟出一个清晰可辨的消费者合同法框架。

2. 对格式合同的行政控制

虽然合同法为保护消费者而对其内部规则进行了一些调整，但合同法为保护消费者利益而发生的最大转变，却体现在对不公正合同条款的外部行政控制上。尤其是对于格式合同，许多国家的法律都从立法、行政和司法三个方面进行了严格的规范。不仅在立法上规定格式合同的适用领域、所采用的文字和字体以及格式合同所适用的特殊解释规则，而且还要求格式合同的适用要在行政机关备案或事先经过行政机关的审查，甚而至于允许法官在个案中对格式合同的条款加以审查并排除适用。对格式合同的外部管理成功地将合同法理论和更为主动的规制性控制结合在一起，在一定程度上实现了私法自身所无法实现的目标。由于格式合同在现代消费者领域适用极其广泛，甚至可以说已经在相当程度上取代了原来个别磋商的合同形式，因此，对格式合同的这种外部控制对整个合同法以及合同法理论的冲击都是根本性的。

3. 对特殊类型消费者合同的专门规范

消费者保护在合同法中的另一个巨大影响，是各种特殊类型的消费者合同的大量增加及其在合同法中所造成的分化。此处所指的特殊类型的消费者合同，最初主要是分期付款合同，后来则逐渐扩展至医疗服务合同、旅游合同、金融服务合同、电子商务合同、远程销售合同、部分时间居住权合同、上门交易合同等等。这些类型的合同要么由于所适用的签约方式技术性极强（如电子商务合同），要么由于所涉交易专业性强（如金融服务合同），要么由于交易形式复杂并容易隐藏对消费者的侵害（如上门交易合同），从而使得法律有对其进行专门规范的必要。随着经济的发展和科技的进步，这些特殊类型的消费者合同有进一步增多的趋势。例如，欧盟在过去二三十年中所出台的指令很大一部分都与此有关。

4. 合同法基本原则的"分裂"

传统合同法的基本原则是合同自由，在消费交易中这体现为"买者当心"。在 20 世纪，虽然个人主义、合同自由和司法不干预等原则在商业交往中仍然占据支柱性地位，但在消费交易中，情形却发生了根本性变化。在此类交易中，出于对公正的维护，法律不能停留在将协议视为是神圣的并从而仅发挥执行协议的功能，而是要进行更为主动的干预。在现代法律体系中，无论是大陆法系还是英美法系都倾向于对合同的磋商、合同的内容及合同的履行等各个阶段进行一定的规制，而在格式合同、上门销售合同等特殊类型的消费者合同中，规制会更为严格。这导致在合同法中出现了如下基本问题：继续维持对所有类型的交易均适用的一套一般合同法原则，是否仍然是现实的或者仍然是可欲的？或者说，是否应该承认不同类型的合同需要不同的法律回应?① 如果合同具有无限的多样性,那么制定一套统一的合同法就意义甚微。更糟糕的是,既然各种可能的情形要求人们加以区别对待,试图通过一般的合同法规则对待不同的合同就会造成消极的破坏性后果。总之,在消费者合同领域中,合同自由原则不再被视为神圣不可侵犯的禁脔,司法能动主义、对社会正义的考虑、国家干预的加强以及对诸多特殊合同的特殊对待,均显示了消费者合同在现代合同法基本原则中所造成的"分裂"。

(三) 产品责任法的兴起及其对严格责任原则的适用

消费者权益的私法保护方式,一为合同责任,一为侵权责任。如果说合同法关注的是经营者和消费者的自由约定,那么侵权法则在约定义务之外强加给经营者一定的法定义务,并在经营者违反这些义务时要求其承担侵权责任。侵权法的存在意味着当事人通过合同所约定的义务并非是其所应该承担义务的全部,即使当事人之间没有合同关系,或者在合同中没有相关约定,在他人遭受损失时,也有可能要承担责任。在刚过去不久的 20 世纪,侵权法在消费者保护方面的主要贡献是产品责任的兴起。

产品责任制度对消费者的保护主要体现为严格责任原则的适用。英美法系国家通过判例确立了产品责任的严格责任原则。大陆法系国家一般是在制定法中将产品责任作为特殊侵权行为的一种加以规定。② 例如,我国 2010 年施行的《侵权责任法》即在第五章规定了"产品责任"制度,其最核心的内容有三点:一是不以过错为要件,即只要"因产品存在缺陷造成他人损害的",无论生产者有无过错,都应承担侵权责任;二是由销售者承担连带责任,即凡因产品存在缺陷造成

---

①Geraint G. Howells and Stephen Weatherill, *Consumer Protection Law*, Dartmouth Publishing Co Ltd, 1995, pp. 16 - 18.

②各国产品责任的发展及现状,可参见焦仁和《商品责任之比较研究》,岚虹彩色印刷公司 1986 年印行;〔英〕斯蒂芬森·W. 海维特:《产品责任法概述》,陈丽洁译,中国标准出版社 1991 年版;等等。

损害的，被侵权人可以向生产者请求赔偿，也可以向销售者请求赔偿，以方便被侵权人索赔权的行使；三是打破了合同的相对性原则，保护对象不限于合同的直接当事人，而是包括所有遭受产品缺陷侵害的人。总之，无论是以判例的形式还是以立法的形式，无论是称为严格责任原则还是无过错责任原则，通过产品责任制度在合同责任之外为产品使用者提供特殊保护，已经成为各国的一种通例。产品责任使消费者能够针对与自己没有合同关系的生产者提起诉讼，这极大地限制了合同自由的纯粹性，并削弱了私人可以对自己的行为自主地确定责任界限的观念。

二 消费者权益私法保护模式的局限性

虽然私法在现代社会中开始将社会正义纳入自己的关注视野，传统的私法规则也为保护消费者而进行了相当的调整，但不可否认的是，鉴于私法和私法权利实现模式自身所固有的某些特质，无论私法规则如何调整，消费者权益的私法保护模式仍然存在一些难以克服的根本性局限。这主要体现为如下两个方面。

（一）消费者权益私法保护模式的功能性局限

私法保护模式的功能性局限是指，尽管有些功能为消费者保护所必需，但私法却无法实现这些功能。

1. 无法兼及消费者群体内部及消费者/经营者关系之外的社会正义

消费者权益私法保护模式所设想的基本图景是：消费者和经营者是市场中利益对立的双方，消费者法的任务就是防止消费者群体遭受来自经营者群体的侵害。在这个图景中，私法想当然地将所有的消费者都看作一个"整体"，而并不关注不同消费者群体所面对的不同难题。但是，如果说私法"从抽象人格到具体人格"的转变较好地照顾到了消费者相对于经营者的弱势地位，那么这种程度的具体化对保护"消费者中"的弱势群体却是大大不够的。事实上，消费者群体从来都不是铁板一块，消费者也并不总是城市中收入丰裕的白领阶层，不同消费者群体所面对的问题也从来都是不一样的。因此，在消费者群体内部对"消费者"概念进一步具体化，区别对待"儿童消费者""老年消费者""农村消费者""贫穷消费者"等具有不同需求的消费者群体，强化对各种阶层消费者的保护，就成为消费者法自身所要解决的课题。

此外，全球贫富分化、代际公平、环境保护等问题目前也已经成为消费者法中根深蒂固的组成部分。但是，由于私法所设计的消费者/经营者图景是相对封闭的体系，难以将对其他因素的考虑纳入其中，消费者权益的私法保护模式在这方面存在难以克服的局限。

2. 以损害赔偿为主要救济方式的弊端

私法保护模式的主要方式是提供损害赔偿，而且奉行"要么全有，要么全无"的原则。对消费者保护而言，这种单一而绝对的救济方式显然存在不少弊端。

（1）存在无法获得充分赔偿的危险

私法保护模式是在事后为消费者受到损害的权利提供赔偿。但在实践中，消费者却可能因为违法行为人财产不足、难以证明因果关系等原因无法获得赔偿或无法获得充分的赔偿。例如，如果违法行为者的资产低于其对于受害者所造成的实际损害，就会造成赔偿不足的后果。而在公共规制体制下，由于行为人在从事某种活动之前必须满足某些安全要求，赔偿不足就不再是一个具有相关性的因素。因此，如果行为者所从事的活动有可能造成的责任将远远地高于行为者的资产，公共规制体制就优于私法体制。又例如，在私法体系中，为了让违法行为者承担侵权赔偿责任，受害者必须证明违法行为者的行为和损害之间存在因果关系。但因果关系的证明有时是极为困难的，特别是当存在多种有可能导致损害发生的前提条件时，情形更是如此。根据"要么全有，要么全无"的原则，如果原告的证明无法得到法院的认可，违法行为者就无须提供任何赔偿，受害的消费者也就不可能获得丝毫补偿。这种极端的做法显然不利于对消费者的保护。虽然为解决这个问题曾发展出了事实自证、举证责任倒置、严格责任以及市场份额等原则或理论，但所有这些仍然不足以完全解决因果关系所引起的混乱。

（2）难以对疼痛和痛苦以及其他的非物质损害进行赔偿

损害赔偿的公平原则要求，对受害者所提供的赔偿应该使其恢复到如同伤害根本没有发生一样，但这一原则在很多情况下却无法适用。例如，任何损害赔偿都不足以使被弄瞎眼睛的人恢复到以前。实际上，精神损害是难于计算的。例如，某人的妻子死后，他在一次事故中丧失了关于她的所有照片，法官如何计算丈夫在这次事故中的损失呢？私法体系对于此种情形所能提供的救济微乎其微。另外，如果私法体系对于精神损害提供赔偿，也可能导致超额的过度赔偿，因为既然精神损害是主观价值，受害者就可以极度地夸大自己所遭受的精神损害。在公共规制体系下，由于规制机构可以事前根据专家委员会就平均价值的建议而确定一个罚金或损害赔偿金，因此不会存在这样的问题。

（3）无法赔偿很久以后才显现出来的损害

人们每年都喝下或吃下无数有毒的食物成分。其中有些成分的损害后果立竿见影，因此不需争议就可以确定到底是何种食物或饮料造成了损害的发生。但是，很多有毒成分的损害后果是隐蔽的，或者是很长时间之后才显现出来的，这就容易引起对损害原因的争议。例如，在20世纪90年代的"疯牛病"事件中，损害就是经过了很长时间才发现的。在经过了这样长的时间之后，非常可能的情况是，胜诉所必需的各种证据已经无处可寻，或者是责任人已经退出了市场。因此，对于这种类型的损害，通过私法体系获得赔偿的可能性很小。不仅食品案件如此，其他的药品案件、美容保健服务案件中也存在这样的情形。

3. 不利于普遍性规制规则的形成

消费争议具有多发性、普遍性、日常性和类型化的特征，因此针对实际发生的消费争议及其解决收集信息、总结经验，并由此形成普遍性适用的规则，不仅可以促进消费者权益的保护，而且能够节约国家法治资源。但在大陆法系国家，私权的救济模式是个案性的，其直接目的是寻求个案的公平解决，而并不以普遍性规制规则的形成为目的。由于私权诉讼的结果并不普遍地适用于其他的案件，因此即使今后发生了更多的类似案件也无法适用前面案件的处理结果。这样，法院针对一个经营者所作的判决就只能对该经营者适用，而无法适用于其他将要或正在从事类似违法行为的经营者。对同样事实的重复处理无疑是一种资源的浪费，并会出现事实相同而处理结果却不同的矛盾现象。与此不同，由于行政规制机关在规制过程中往往会借助于安全标准、质量标准等手段对某种行业的经营者、特定类型的违法行为进行一体化规制，因此公共规制可以在很大程度上克服这种弊端。

4. 只能保护已被法律赋予权利资格的消费者利益

私法保护模式的另一个重要不足是，只能服务于已被法律赋予了权利资格的消费者利益，而无法保护那些尚未上升为权利的利益，甚至对有些虽然获得了法律资格但却并没有在司法过程中获得确定性和具体化的权利也是爱莫能助。但是，正如本书第一编在对消费者权益的分析中所谈到的，很多消费者利益尚未获得权利的资格，甚至已经获得权利资格的消费者权利也由于处在很不完全的状态而无法获得司法程序的保护。这些仍然停留在"利益"层面的利益和不成熟的"权利"依然是消费者权益的基本构成，保护这部分消费者利益不仅对私人消费者非常重要，而且也是维持市场秩序正常运作的必然要求。声称保护消费者但却对消费者利益遭受损害的现实置若罔闻，显然既不公平，也不合理。

（二）消费者权益私法保护模式的程序性局限

消费者权益私法保护模式的一个重要特点，是严格划分私法实体规则和私法程序规则，并由二者各自承担不同的功能，共同完成对私权的保护。一方面，国家通过实体性规则直接或间接地赋予消费者以各种权利（作为私权的消费者权利），并规定经营者因侵害这些权利所可能承担的合同责任或侵权责任。另一方面，程序性规则规定消费者在权利遭受侵害时所可以依赖的救济性措施。实体性规则和程序性规则的相互协调和相互配合，是私权保护模式正常发挥作用的必要前提。但是，传统程序性规则完全是针对传统民事权利的保护而设计的，因此在很大程度上并不适于保护消费者权利这种分散性、超个人性很强的新型权利。这就使私法模式在保护消费者权益方面具有了另一种局限性，此处称之为消费者权益私法保护模式的程序性局限。①消费者权益私法保护模式的程序性局限主要体现为：

1. 微小的消费者权益不足以激励受害的消费者采取行动。只有足够大的损害才能提供私人采取行动的力量，但在消费争议中，消费者个人所遭受的损害往往很小，不足以刺激其采取行动。

2. 损害赔偿不足以对经营者形成威慑力量。只有当损害赔偿大于经营者因违法行为所可能获得的利益时，才可能发挥威慑作用。但是，由于向经营者索赔的受害消费者比例很低，违法经营者在向少数受害者提供赔偿后，往往仍然能够保留高额的非法利润，因此损害赔偿事实上难以发挥威慑作用。②

3. 损害调查的成本以及对因果关系的证明责任完全落在了个人身上。出于对利害关系的理性计算，很多消费者根本不投诉，向经营者投诉而失败的消费者也很少有足够的知识或动力采取进一步的行动。

---

①消费者权益的私法保护模式也有很多优点。例如：（1）私法保护可以克服公共保护因资源不足或俘获问题而产生的政府失灵。（2）由于遭受损失或伤害的是私人，因此私人具有充分的动力和动机提起诉讼，而公共机构则没有这样的动力。（3）对于自己所遭受的损害，私人掌握第一手的事实资料，由私人提起诉讼可以减少调查费用。（4）确保那些因自己的行为给他人造成损害者在法律上承担损害赔偿责任，这本身就具有内在的回复正义价值。（5）尽管在私人保护模式中最后作出决定的是法院，但私人实现自己权利的过程本身是一种参与活动，是私人发泄不满的途径，并使其能够发表对公共利益的理解。关于私法保护模式和公共保护模式的比较，可见 S. Shavell, "The Optimal Structure of Law Enforcement", 36 *J Law and Econ.* (1993), p. 270。

②虽然消费者法中存在惩罚性损害赔偿，但这种赔偿的适用并不普遍，不能完全弥补消费者在消费争议中因争议标的额低而产生的寻求救济的惰性。

4. 消费者或许根本不知道自己享有的法律权利以及所可以赖以为权利提供救济的途径。很多消费者都错误地认为，只有制造商而不是零售商才应该为缺陷产品负责，很少有消费者知道在遭受损害时应该到何处投诉，有些消费者甚至根本不会把所遭受的损害和经营者的义务联系在一起。

三　消费者权益私法保护模式局限性的克服

克服消费者权益私法保护模式的局限性，是充分保护消费者的客观要求。现代消费者法针对不同性质的局限性分别提供的解决之道包括：

1. 以公法保护弥补私法保护的功能性局限

私法保护模式的功能性局限是私法与生俱来的弱点，无法在私法体系内获得解决，而必须求之于公共规制。因此，通过公法手段保护消费者乃是现代消费者法的重要内容。[1]

2. 以消费者接近正义制度克服私法保护的程序性局限

消费者权益私法保护模式在程序方面的局限性，实际上是通过私法保护消费者权益所必然遭遇的困难，简直可以称之为"消费者权益的实现难题"。自20世纪六七十年代以来，西方国家制定了大量的消费者保护立法并赋予了消费者很多权利，如何将这些法律落到实处并保证消费者可以实实在在地享有这些权利，已经成为20世纪80年代消费者运动的核心问题。对消费者法有效性及消费者接近正义的讨论其后也成为消费者法中的重要课题之一。对于消费者法学者，尤其是对于那些对消费者权利持乐观和欢迎态度的人来说，日益突出的一个问题是：作为新型权利的消费者权利真的如人们所预期的那样有效吗？如何才能加强消费者权利的可能性和实效性？有批评者曾经指出，"即使以最有利于消费者的方式设计实体法，赋予消费者的权利

---

[1] 详见本书第三编"消费者权益的公法保护"。

也不可能有效，原因在于：所涉的金钱数额通常很小，不值得进行诉讼；法律系统和律师在普通消费者眼中极为陌生，只有那些教育程度较高的消费者才能够意识到并言词清楚地表达自己的不满，并利用法律所提供的便利。"① 这些话揭示了消费者权益私法保护模式与生俱来的程序性难题。针对这一问题，现代消费者法试图通过改革司法程序或采用其他替代性纠纷解决机制来加以解决，颇具特色的消费者接近正义制度由此形成。与公法保护模式不同，消费者接近正义（consumers' access to justice）不是在私法体系之外寻求对消费者的保护，而是关注消费者个人（组织）在实现消费者权利、实施消费者保护法中的角色，力求通过程序性改革为私法实体规则所赋予的各种消费者权利提供更为方便、简捷的实现途径，使现有的各种消费者权利成为"实实在在"的利益。

消费者接近正义是消费者权益私法保护模式的最大难题，自 20 世纪 80 年代以来就成为了消费者法中最重要的课题之一。我国目前的相关理论成果虽然已对消费者保护的私法实体规则进行了相对充分的研究，但对消费者接近正义制度的关注却很不够。因此，本编接下来将集中笔墨专门讨论消费者接近正义。

---

①Geraint G. Howellss and Stephen Weatherill, *Consumer Protection Law*, Dartmouth Publishing Co Ltd, 1995, p. 527.

第七章

消费者接近正义

消费者权益的本质决定了"消费者权益实现难题"的存在，这就使得"接近正义问题"在消费者法中意义重大。关于消费者接近正义，国内有关论著已经有所涉及，但以围绕我国消费争议解决实践解释《消费者权益保护法》的有关规定为主，而较少从理论上对消费者接近正义问题进行系统深入的研究。① 本章旨在集中论述消费者接近正义的一般性问题。为了提高对具体消费者接近正义制度或程序的指导性，本章还将尝试总结消费者接近正义具体制度所应遵循的某些标准及需要协调的种种目标。希望这样的分析能有助于更好地理解我国《消费者权益保护法》关于消费者接近正义的规定及实践中的一些活动和做法，也希望所得出的结论能够对今后的消费者保护立法和实践有所裨益。

一　西方接近正义运动中的消费者接近正义

消费者接近正义概念由"消费者"和"接近正义"两个要素构

---

① 消费者接近正义制度在我国《消费者权益保护法》中主要体现为第六章"争议的解决"中的第39条，在现有消费者法著作中一般在最后一章以"消费者争议"（李昌麒、许明月编著：《消费者保护法》，法律出版社1997年版，第335页以下）或"消费纠纷及其解决"（徐澜波：《消费者和消费者保护法律研究》，上海远东出版社1995年版，第135页以下）的标题出现。现有著作一般会强调消费争议解决的困难，也认识到并承认"消费者投诉难"目前已经成为实践中困扰执法机关、消费者协会和消费者的一个重大问题，但却很少从理论上探求"消费者投诉难"的根源，更没有从体系上解释程序色彩浓厚的"消费争议解决制度"与消费者法其他制度的关系。

成，这反映了消费者保护和接近正义运动的密切关系，也暗示不能独立于接近正义运动来理解消费者接近正义的概念。考察接近正义运动的历史可以发现，消费者权益的实现难题与其他因素一起刺激了广泛意义上的接近正义运动的形成和发展，消费者的接近正义问题也一直是接近正义运动数个浪潮的主要关切之一，消费者接近正义概念就是随接近正义运动的波澜起伏而不断丰满成熟起来的。

（一）使权利成为真实利益的接近正义——莫诺·卡佩莱蒂的"三个浪潮"

所谓的接近正义运动，乃是指自 20 世纪中叶发源于美国并波及欧洲大陆及世界其他国家和地区的一种社会和法律改革，改革的动机是促进社会上的弱势群体更好地享有法律并实现自己的权利。关注接近正义问题的学者，很难不提及莫诺·卡佩莱蒂（Mauro Cappelletti）和布莱昂多·加斯（Bryant Garth）在 20 世纪七八十年代所主持的宏大课题。[1] 一些学者曾以卡佩莱蒂等人就接近正义运动所提出的"三个浪潮"为起点，讨论诉讼法中的接近正义运动或者是作为接近正义运动一个维度的消费者接近正义问题。鉴于卡佩莱蒂等人所做的"三个浪潮"的比喻具有强大的指示功能和说明意义，本书对消费者接近正义概念的分析仍然以此为出发点。

卡佩莱蒂和加斯声称，其所领导的课题乃是致力于描述一个"世界性运动"——接近正义运动，这个运动的目的就是使权利在当代社会中成为切实有效的利益。用莫诺·卡佩莱蒂的话说，接近正义是"将权利转化为实际利益的手段"，[2] 接近正义运动也就是"使权利成

---

[1]Mauro Capelletti et, *Access to Justice*, Vol. I to IV, Alphen aan den Rijn/Milan, Sijthoff and Noordhoff/Giuffre, 1978 – 1979; Mauro Capelletti, "Alternative Dispute Resolution Processes within the Framework of the Worldwide Access to Justice Movement", 56 *Mod. L. Rev.* (1993). 有关中译本见［意］莫诺·卡佩莱蒂编《福利国家与接近正义》，刘俊祥等译，法律出版社 2000 年版。

[2]M. Cappelletti and B. Garth (ed.), *Access to Justice: a World Survey*, Alphen aan den Rijn/Milan, Sijthoff and Noordhoff/Giuffre, 1978.

为真实利益的运动"。他们还用三个"浪潮"（或"波"）的比喻来描述接近正义运动中的三个方面：

1. 法律援助

接近正义运动的第一个浪潮与经济事务有关，目的在于克服穷人实现正义的"经济性障碍"，强调向公民提供寻求正义的法律手段，如为贫困者提供法律援助。例如，在 20 世纪 70 年代后期和 80 年代早期的英国，政府拥有庞大的法律援助预算，并形成了如火如荼的法律中心运动。在美国，政府、基金会及律师协会也投入大量资金，积极提供对弱者的法律援助服务。但是，由于人们日益认识到法律援助的受益人似乎是提供法律服务的律师等人而不是穷人，因此法律援助的意义不大；再加上西方国家的福利国危机导致了政府预算的缩减，从而大幅度削减了对法律援助的投资，因此向穷困者提供法律援助的"浪潮"在 20 世纪 80 年代初期就基本减缓，甚至可以说已经消失。

2. 组织改革

如果说接近正义运动的最初动机是通过司法制度解决存在于美国的种族歧视和妇女权利问题，那么后来的接近正义运动则开始扩展到消费者保护和环境保护领域，这些领域的问题甚至还自此在接近正义运动中占据了主要位置。接近正义运动的第二个浪潮就是为了克服消费者或环境保护者追求正义的"组织性障碍"，具体措施是将当事人资格扩展适用至消费者组织或公共机构等团体，使其能够代表分散的利益进行团体诉讼（group action），或者让消费者和环境保护者通过集体诉讼（class action）主张其"分散的利益"。组织改革浪潮还导致了"正义的私人化"，即原告开始利用法院系统促进和实施共同的社会政策目标，公益诉讼是其典范。在保护分散利益浪潮中出现的集体诉讼和团体诉讼，不仅具有解决个别争端的作用，而且还能够起到提高商业行为标准的一般性规制功能，因而备受青睐，并被认为是消费者接近正义诸制度中最有前途的一种。现在，几乎整个普通法世界都已经采用了集体诉讼程序，许多大陆法系国家也就此展开了讨论，一些国家甚至已经加以引进。①

3. 程序改革

接近正义运动的第三个浪潮是程序性改革，意在克服实现正义的"程序性障碍"。程序性改革涉及的范围比较广泛，包括旨在防止并处理现代社会争端的一系列制度和设计，其中不仅有经过改革的传统诉讼制度，也含有仲裁、调解、邻里纠纷解决中心等非诉讼纠纷解决机制（以下简称"ADR"）。② 在程序改革浪潮中，行业组织和行业协会发展出的一些诉讼外纠纷解决机制实现了制度化，各种取代法院发挥争端解决作用的私人机构开始建立，在更深的意义上实现了正义的私人化。消费者保护是接近正义的程序改革浪潮发挥作用的一个主要领域。正是由于程序改革，消费争议解决机制中诉讼程序和非诉讼程序并列的多元化特色才逐步定型。对于采用 ADR 的动机和作用，学者们有不同的看法。例如，有人认为 ADR 能够合理并便宜地解决相对较小的消费者问题；也有人认为，相对于抗辩性司法程序而言，ADR 提供了一种更高形式的正义；另外一些人则认为，ADR 只不过为穷人提供了次级正义；③ 甚至还有人认为，程序改革特别是 ADR 的大量使用，只不过是国家减少法院案件积压、降低司法成本的一种手段而已，④ 如德国针对小额争议引进了强制性仲裁，就明显是为了减少成本。⑤ 但无论如何，仍然不得不承认的是，在某些情况下 ADR 是更加符合消费者需求的正义形式。

对于欧美等国的接近正义运动以及卡佩莱蒂所做的"三个浪潮"的比喻，有评论认为："人们通常认为接近正义改革是民主的和进步

①本编接下来两章将分别讨论美国的消费者集体诉讼和德国的消费者团体诉讼。

②M. Cappelletti and B. Garth（ed.），*Access to Justice：a World Survey*，Alphen aan den Rijn/Milan，Sijthoff and Noordhoff/Giuffre，1978，p. 49.

③Richard Abel，*The Politics of Informal Justice*，Academic Press，1982.

④Hans-W. Micklitz，"Privatisation of Access to Justice and Soft Law-Lessons from the European Community?"，in Thomas Wilhelmsson and Samuli Hurri（ed.），*From Dissonance to Sense：Welfare State Expections*，*Privatisation and Private Law*，Dartmouth Publishing Co Ltd，1998，pp. 507，508.

⑤15a EGZPO（*Gesetz betreffend die Einführung der Zivilprozeordnung*）.

的，改革的动机是帮助社会上的弱势群体实现其法律权利。但是，接近正义改革同时也是保守的和防御性的，其强化并赞扬以权利代替社会正义的政治和法律秩序。在接近正义改革的日程上，顺利地进入法律制度而不是法律制度所提供的正义的性质，占据着首要地位。……单纯讨论接近正义，其本身就是承认存在于公民和法律之间的鸿沟，就是承认在假定的独立而没有偏私的法律秩序和鼓励积极参与的社会之间，存在着一种内在的张力。"① 的确，接近正义概念本身揭示了存在于公民和法律之间的鸿沟，承认在法律面前人人平等的法律理想和并非人人均可平等地享有法律保护的社会现实之间所存在的巨大差距。接近正义运动就是国家和社会向处于弱势地位的个人提供经济资助或制度支持，使其能够与其他人一样充分利用现有的法律，并切实享有法律所赋予的各种权利和利益的社会和法律改革。接近正义运动努力接近实质正义和公平，重视权利的现实可能性，着重于权利实现的制度保障，并因此而发挥了再分配功能。发达的接近正义是福利国家的重要部分，在广泛的意义上甚至可以将接近正义视为福利国所提供的公共服务的一种。

对接近正义运动的回顾和分析表明，接近正义和消费者保护具有共同的目标，它们均着重于对穷人、妇女、无组织者等弱势群体的保护，并强调要针对公司力量保护人的尊严和自尊。而且，接近正义和消费者保护不仅在法律思潮和理念上具有相通之处，就是在实践中也密不可分。在卡佩莱蒂所说的接近正义运动的三个浪潮中，"消费者"接近正义问题成为后两个浪潮的主角，并且越来越主导了接近正义运动的发展方向。尤其有必要指出的是，正是接近正义运动中的"组织改革浪潮"和"程序改革浪潮"型构了消费者接近正义制度目前的基本框架。例如，与个体诉讼并列的消费者集体诉讼和团体诉讼，与诉讼制度相对的消费争议解决的 ADR 都是形成于这些浪潮之中，并且成为了消费者接近正义的基本内容和鲜明特色。

①Austin Sarat, "Critisizing Cappelletti", 94 *Havard Law Review*（June, 1981）, p. 1912.

（二）"消费者"接近正义

作为产生于 20 世纪的新型社会权利，消费者权利的实现难题非常突出，"消费者"接近正义因而也就尤为重要。卡佩莱蒂在论述消费者接近正义时曾正确地指出，以大量消费为特征的现代社会造成了各种分散的问题，拥有小额请求权的许多个人发现自己的争端对象是类似于官僚机构的巨型商业公司。而且，"集团式伤害"也是"我们所处的时代的典型特征"，[①] 消费者问题就是集团式伤害的典型范式。单个地看，消费争议所涉及的金钱数量都很小，但如果集中起来，数目就非常可观，而且在消费争议中，消费者乃是以"一次性游戏者"的个人身份对抗作为"重复游戏者"的商业组织。针对这种现象，卡佩莱蒂说："越来越多的论著正在质疑律师、法院和诉讼程序对于解决有关'分散的''社会性'权利的能力……消费者的权利、环境保护者的权利、承租人的权利以及穷人的权利日益成为现代社会的特征。"[②]

不仅如此，关于接近正义的许多文献都假设，社会乃是一个充满了各种争端的高压锅，如果没有接近正义法律制度发挥安全阀的作用，社会秩序就有可能发生崩溃，至少社会关系中的一些问题将无法获得解决，并且社会中的剥削和不平等也会继续存在下去。例如，劳拉·纳德（Laura Nader）在对美国消费者争端的解决进行了人类学研究之后，曾表达了自己的担心：如果不能积极回应普通个人所遭遇的难题，法律就会失去信誉。她辩论说，关注涉及"微小不公"的种种问题至关重要，因为："我们关注微小正义的原因是……人们在乎它们。生活在一个消费社会中，微小的不公平是日常生活的重要组成

---

①M. Cappelletti, "Vindicating the Public Interest through the Courts: a Comparativist's Contribution", in M. Cappelletti and B. Garth (ed.), *Access to Justice: Emerging Issues and Perspectives*, Alphen aan den Rijn/Milan, Sijthoff and Noordhoff/Giuffre, 1978, p. 519.

②M. Cappelletti and B. Garth (ed.), *Access to Justice: a World Survey*, Alphen aan den Rijn/Milan, Sijthoff and Noordhoff/Giuffre, 1978, p. 9.

部分。而且，人们对于法律的态度当然也形成于其与法律打交道的过程之中。当人们需要法律而法律又鞭长莫及的时候，就会挫败人们对于法律的信心。如果人们无法获得自己所在乎的东西，则法律对其公民就变得漠不相关，公民就只能以其他途径替代法律……"①

　　鉴此，常常只涉及"微小不公"的消费者权利的实现问题就日益得到关注。虽然 1962 年肯尼迪在最初提出消费者权利名单之时，并没有涉及权利实施的问题，但此后不久，也就是在 1969 年，尼克松补充提出了消费者索赔权。其后，消费者救济权迅速成为消费者法和消费者政策非常重要的一个方面，甚至国际消费者组织联盟、欧盟等也纷纷明确将其列举为消费者的基本权利之一。消费者救济权的提出是消费者接近正义概念和实践发展的里程碑。《联合国保护消费者准则》的下述规定充分体现了消费者救济权和消费者接近正义的关系："各国政府应制定或维持法律和（或）行政措施，使消费者或在适当情况下使有关组织能通过迅速、公平、耗资少和便于利用的正式或非正式程序取得赔偿。此类程序应特别照顾低收入消费者的需求。"② 另外，《联合国保护消费者准则》还要求，政府应该"鼓励所有企业以公平、迅速和非正式的方式解决消费者的争端"，还"应向消费者提供关于可获取的赔偿和其他解决争端程序的资料"。③ 从这些规定中可以看出，保障消费者获得损害赔偿，实现消费者的救济权是消费者接近正义的核心目的。

　　随着消费者运动的发展，大多数西方国家以及一些发展中国家都已经拥有了相当完备的消费者保护立法，因此逐渐形成的一个普遍共识是，消费者保护现在的工作重点不应该是继续堆砌新的消费者保护立法，而是要努力使现有的消费者法律切实发挥作用，使已经赋予消

---

①L. Nader（ed.），*No Access to Law*：*Alternatives to the American Judicial System*，Academic Press，1980，p. 4.

②《联合国保护消费者准则》第 32 条。

③《联合国保护消费者准则》第 33、34 条。

费者的权利成为消费者可以享有的实实在在的利益。① 正如加拿大著名消费者保护法专家伊恩·拉姆塞（Iain Ramsay）所认识到的，现在的立法者经常将改善消费者的接近正义作为新的消费者保护立法的首要目标。② 有必要一提的是，2001 年在新西兰奥克兰召开的第八届消费者法国际会议就以"消费者接近正义"为主题，来自中国、德国、美英等许多国家的一百多位代表就这个题目进行了讨论和交流。这充分证明了消费者接近正义问题在世界消费者运动中的重要地位，反映了世界各国在促进消费者接近正义方面的努力。③

（三）消费者接近正义的发展——格瑞特·豪厄尔斯的另外"三个浪潮"

虽然接近正义运动中向贫困者提供法律援助的浪潮，因撒切尔和里根在 20 世纪 70 年代末同时在大西洋两岸对其采取的限制甚至敌对措施而基本消失，但从接近正义运动特别是消费者接近正义运动的总体来看，不仅卡佩莱蒂所说的组织改革浪潮和程序改革浪潮仍然保持强劲的势头，而且消费者接近正义运动还在福利国危机、经济全球化和网上交易的普及等因素的挑战下，而有了新的发展。对于消费者接

---

① 格瑞特·豪厄尔斯曾指出："大多数发达国家从整体上看已经拥有了强有力的消费者法，并更愿意通过自我规制的方法解决新问题。这反映了这样一种观点：如果法律不能事实上改变经营者的行为，并使受害消费者获得救济，则制定并通过这样的法律意义甚微。显然存在的一个共识是，与其继续堆砌消费者法，不如促使现有的法律更加有效地发挥作用。"参见 Geraint Howells and Rhoda James，"Litigation in the Consumer Interest"，9 *Journal of International and Comparative Law*（Fall，2002），p. 3.

② Charles E. F. Rickett and Thomas G. W. Telfer，"Consumers' Access to Justice：an Introduction"，in Charles E. F. Rickett and Thomas G. W. Telfer（ed.），*International Perspectives on Consumers' Access to Justice*，Cambridge University Press，2003，p. 1.

③ 当然，也有人对消费者接近正义问题提出了质疑，认为人们过度夸大了消费者缺少救济的情况。例如，苏珊·希尔伯（Susan Silbey）就曾提醒说，消费者并不总是指望自己购买的商品能百分之百满足自己的预期。她含蓄地提出了疑问：试图对每一个微小的伤害进行救济是否真的符合消费者利益？她说："我们是否已经陷入了一个致力于提高消费者预期的不断攀升的漩涡？而其主要受益人，却是那些以向预期落空的消费者提供救济和服务为职业的人。"参见 S. Silbey，"Who Speaks for the Consumer?"（1984），Am Bar Foundation RJ429.

近正义的新发展，消费者保护法学者格瑞特·豪厄尔斯（Geraint Howells）和罗得·詹姆斯（Rhoda James）以卡佩莱蒂等人所提出的"三个浪潮"的比喻为基础，结合世界消费者运动和接近正义运动的发展趋势，进一步总结认为，紧随卡佩莱蒂等人所意识到的三个浪潮之后，接近正义运动又继续经历了规制浪潮、全球化浪潮以及整合浪潮，并且认为整合浪潮是实现消费者接近正义的必然要求。[1]

1. 规制浪潮

关于消费者接近正义的功能，豪厄尔斯等人论证说，诉讼一直具有规制功能。例如德国 19 世纪法学家鲁道夫·冯·耶林（Rudolf von Jhering），就对以个人的成本收益分析为依据而决定是否提起诉讼的做法，表达了自己的不满。耶林认为，个人有责任考虑公共利益，证明法律的有效性并威慑潜在的违法者。[2] 豪厄尔斯则进一步认为，接近正义运动中有关组织结构的变革强调诉讼在发展商业标准中的作用，国家机构和/或消费者组织提起诉讼的动机主要是为了促进更好的商业行为，集体诉讼也确实时常具有揭发不公正行为并采取补救措施的动机，因此，接近正义中的集体诉讼和团体诉讼已经不再仅仅是为了对具体的个人提供救济，而是要发展更好的商业标准，并从而发挥对市场的规制作用。豪厄尔斯所说的规制浪潮不仅仅指诉讼日益重视创设一般性规则并提高商业行为标准的功能，而且还具有如下含义：诉讼的这种学习过程功能在一些 ADR 方案中也越发明显。例如，私人部门中的消费者保护专员制度，也开始承担通过公布个案决定或年度报告的方式为行业提供指导。甚至消费者仲裁制度也逐渐意识到，有必要提供一些手段，对于在仲裁过程中遇到的不良行为予以评论。或许只有在小额诉讼法庭，一方面由于标的额太小以至于不值得报告，一方面由于并不存在监督机构，所以还没有意识到有学习解决争议经验的需要。总之，豪厄尔斯所说的规制浪潮，是指消费者接近

---

[1] Geraint Howells and Rhoda James, "Litigation in the Consumer Interest", 9 *Journal of International and Comparative Law* (Fall, 2002).

[2] ［德］耶林：《为权利而斗争》，郑永流译，法律出版社 2007 年版。

正义的具体制度，包括几乎所有的诉讼和非诉讼程序，都开始逐步或者说已经超越了对具体个案的关怀，而将视野扩展至更广的范围，即注重一般性规则的创设和商业行为标准的普遍提高。

2. 全球化浪潮

豪厄尔斯等人所总结的消费者接近正义的第五个浪潮是全球化浪潮。所谓的全球化浪潮，是指在网上购物日益普及，跨国消费争议越来越多的情况下，消费者接近正义制度不得不针对跨国消费争议的特征提供适宜的解决之道。豪厄尔斯认为，消费争议的全球化目前已不仅仅是一个理论问题，它日益成为国际旅游和国际贸易中的一个因素。尤其是，作为全世界统一程度最高的自由贸易区，欧盟曾明确鼓励消费者跨国界购物，并允诺在发生争议的情况下，负责使消费者更容易获得救济。而且，互联网对规范商业的传统法律规则提出了挑战，网上交易的普遍性也使跨国消费成为一个全球化的现象。所有这些都为规制部门以及跨国界寻求救济的个人造成了许多难题。豪厄尔斯认为，即便人们仍然坚持认为建基于法院之上的传统救济形式仍然足以解决消费者问题，以这种态度回应全球化和互联网的挑战却并不现实。身处地球两端的当事人就微小的数额发生争议，并不适于通过正式的法院程序解决，唯一实际的解决方法是现实中存在的一些ADR。因此，除了积极利用国际私法规则解决消费争议，并在最低程度上统一欧盟各国的消费者法外，欧盟非常重视ADR在消费者接近正义中的地位，尤其是通过《不作为之诉指令》和《电子商务指令》强化了对跨国界购物的消费者的救济。实际上，豪厄尔斯所说的全球化浪潮并不局限于欧洲，其在世界范围内都是一个日益明显的问题。

3. 整合浪潮

豪厄尔斯和詹姆斯在其文章的结论中最后提出，接近正义的第六个浪潮将是一次将普通司法程序和ADR融为一体的整合浪潮。其原因在于：一方面，消费争议的自身特征要求符合便利、成本低廉等特定标准的争端解决机制；另一方面，诉讼程序和ADR又各有优缺，任何一种程序都无法完全满足消费者实现正义的要求。因此，必须二者的分工合作、相互配合才能分别解决不同类型的消费争议，实现消费者正义的各项目标。豪厄尔斯和詹姆斯主张："最重要的是，最广泛意义上的法律体系必须被视为一个整体。如果要使传统法律体系中发展出来的创新性解决机制充分发挥作用，就必须将其移植进入ADR。我们进行了数十年的试验和创新，这也造成了消费者接近正义程序和方式的支离破碎。我们最后的要求是要对各种思想进行杂交，并整合各种解决机制。"① 许多国家的立法和执法实践均证实了豪厄尔斯的说法。

二　消费者接近正义的概念和方式

那么，何为消费者接近正义？可以通过什么方式促进消费者接近正义？

（一）消费者接近正义的概念

所谓的消费者接近正义，是指保障消费者个人或消费者组织通过低廉、便利、快捷的诉讼程序或诉讼外程序实现消费者各项权利的消费者保护制度。消费者接近正义关注的是消费者在实现消费者权利、实施消费者法中的积极作用。

可以从如下两个角度来理解消费者接近正义：第一，从消费者的角度说，消费者接近正义体现为一种"权利"或"利益"，可以将消费者接近正义视为是消费者要求切实享有各种消费者权利的权利；第二，从国家的角度说，消费者接近正义强调的是国家的制度保障职责，即国家应通过经济的、制度的和程序的努力，保障消费者能够享有已经规定在法律中的权利。如果说消费者索赔权的义务主体是经营者，代表着国家对消费者提起诉讼，向经营者索取赔偿的权利的认

---

①Geraint Howells and Rhoda James, "Litigation in the Consumer Interest", 9 *Journal of International and Comparative Law* (Fall, 2002), p. 56.

可，那么消费者接近正义强调的则是国家的制度保障职责。

与消费者法中的其他制度相比，消费者接近正义具有两个特点。其一，消费者接近正义强调消费者个人或消费者组织在实现消费者权利和实施消费者法中的积极作用，其中的绝大多数具体制度都因消费者个人或者消费者组织的申诉行为而启动，另外少数制度虽然没有消费者或消费者组织的参与，也是以政府中的消费者利益代表机构为主角，因此可以说，消费者接近正义是消费者权利的私人实施制度。其二，消费者接近正义强调国家的程序保障和制度设计义务，对消费者接近正义的研究通常也都以实践中存在的种种争端解决机制为核心，其中既包括传统的司法制度，也包括替代性纠纷解决机制，所以又可以说，消费者接近正义是消费者法中的程序法。

（二）消费者接近正义的方式

消费者接近正义的方式，是指保障消费者接近正义的各种制度和程序设计，例如团体诉讼、消费者保护专员、禁令制度等等。消费者接近正义的具体方式可分为两大类：一类是以法院为基础的诉讼制度，包括普通的诉讼程序和经过改革的诉讼程序；一类是 ADR，即各种形式的诉讼外纠纷解决机制。在消费者接近正义制度中，诉讼制度和 ADR 并不存在等级或先后关系，它们共同构成多元化的救济体系。诉讼程序是解决消费争议的最终手段，ADR 是对诉讼制度的必要补充，ADR 的适用不得剥夺消费者通过诉讼解决争议的权利。在各种具体的消费者接近正义制度中，当事人可自由选择适用，且有权由一种程序进入另一种程序，而不必要非得结束当前正在进行的程序。

具体而言，世界各国保障消费者接近正义的制度主要包括：

1. 诉讼程序

通过法院进行诉讼是最基本、最重要的消费者接近正义制度，具体又可分为普通的诉讼程序和经改革的诉讼程序两类。普通诉讼主要是指普通的民事诉讼程序，指消费者与经营者发生争议的时候，直接诉诸法院，由法院对其权利义务关系作出判决。理论上讲，任何消费争议都可以通过也有权要求通过普通诉讼程序获得解决。但是，司法资源有限和民事诉讼成本高等因素决定了，不可能通过普通诉讼程序解决所有的消费争议。相对而言，实践中进入普通诉讼的消费争议比其他类型的争议数量要少得多。通过普通诉讼程序解决的，主要是部分争议标的额比较大的消费争议，如关于家用汽车、商品房的争议等。由于并非每一种类型的消费争议都有可以适用的 ADR，所以诉讼制度对于那些暂时无法通过 ADR 解决的消费争议也具有"兜底"的作用。经过改革的诉讼程序包括小额诉讼、集体诉讼和团体诉讼。小额诉讼又叫简易诉讼，主要是针对争议标的在一定数额以下的消费争议而设。小额诉讼在美国、澳大利亚、英国和欧洲其他一些国家被广泛应用。其主要特点是程序简单、成本低廉、针对性强等。集体诉讼，是因同一事实受到伤害的多个消费者组织起来，而共同进行的诉讼。这种诉讼的主要目的是为受害的消费者寻求赔偿。美国的消费者集体诉讼比较具有代表性。[1] 团体诉讼，是指由法律规定的具有一定资格的团体，在符合特定条件下提起的，以请求损害赔偿或禁止违法行为为目的诉讼。这种诉讼以德国和借鉴德国经验的台湾地区以及其他一些国家的立法为代表。[2]

2. 诉讼外纠纷解决机制（ADR）

主要指在法院之外解决消费争议的一些制度，这些制度是对诉讼制度的有益的必要补充。具体而言，ADR 大体包括和解、调解、仲裁和消费者保护专员这几种。其中和解是指在纠纷发生后，经营者与消费者进行协商，双方都做出一定的妥协与让步，从而就有关权利义务的争议达成一致意见的消费争议解决办法。自行协商和解是最为经济、最不正规、使用最多的消费争议解决机制，绝大多数消费争议都是通过这种方式获得解决的。调解是由第三方在消费者和经营者之间进行斡旋、沟通，促使双方自愿达成解决方案的纠纷处理制度。调解

---

① 详见本书第八章"消费者集体诉讼"。
② 详见本书第九章"消费者团体诉讼"。

人的权威可以是官方的，也可以是非官方的。仲裁是由一定的专门机构，对消费者与经营者之间发生的消费争议，在事实判断的基础上就双方的权利和义务作出公断和裁决。消费争议仲裁在欧盟各国、澳大利亚和美国的使用都很普遍。一般而言，消费争议仲裁的特征包括：一是主要适用于争议不大、数额较小的争议；二是程序简单；三是并不剥夺当事人通过法院解决争端的权利。消费者保护专员是指国家设立独立的个人或委员会，并由其接受消费者的投诉，调查经营者行为或禁止经营者从事某些行为的制度。其最初主要存在于北欧一些国家，后来为许多国家所采用。

ADR 可以分为两大类。一类为公共 ADR，程序依法设立，并完全从国家获得活动经费。北欧国家多采用此种制度。另一类为私人 ADR，即行业组织或行业协会建立的用于自我规制的程序，经费来源于商业组织。有时候，私人 ADR 也由行业组织和消费者组织共同建立和运作。与公共 ADR 相比，私人 ADR 存在很多严重的缺陷。首先，私人 ADR 的管辖权有限。与公共投诉机构接受关于所有商品和服务的投诉不同，私人 ADR 主要接受特定商品或服务部门的投诉，而且常常只接受针对设立 ADR 机构的商业组织的成员的投诉。这意味着，如果国家的消费者投诉制度完全建立在私人 ADR 之上，必然会使很多类型的消费争议投诉无门。其次，保持私人 ADR 机构的中立性是一个非常棘手的难题。仅仅由商业组织设立的 ADR 机构通常难以满足保证正当程序的基本要求，例如存在消费者和商业代表不成比例、ADR 机构由商业组织主导等问题。ADR 机构从商业组织获得经费来源，也使其很难保证独立性。再次，有时候商业组织根本无法充分保证 ADR 机构所需的活动经费。

三　消费者接近正义的标准

消费者接近正义的标准是指，判断或评价用以保障消费者接近正义的各种具体制度的整体有效性的要求或指标，如公正、有效等。由于消费者接近正义制度的目的是要解决普通法律程序所无法克服的消费者权利的实现难题，因此其本身当然要达到更为严格或特殊的要求。消费者接近正义的程序是否能够满足这些要求，以及在何种程度上满足了这些要求，对于成功地解决消费争议，维持消费者群体对法律和市场的信心，极为重要。否则，所谓的消费者接近正义乃至消费者权利自身都只能是镜月水花。

很多有关消费者接近正义的法律文件都对消费者接近正义制度提出了某些标准。关于消费者接近正义制度的标准，曾任国际消费者组织联盟主席的苏蒂·拉查甘在论述消费者索赔制度时强调说，"有必要建立一套标准来评估其效果，并确定出一个理想的索赔制度所应具备的条件"，① 并且认为可以将这些标准归纳为三个方面：使消费者易于申诉、公平、有效性。其他涉及消费者接近正义制度的法律文件或著作也对这些制度所应满足的条件有或多或少的论述。1985 年《联合国保护消费者准则》提出了消费者接近正义的几项标准。② 1998 年，欧盟委员会在考察了消费者的救济问题后提出了一个建议，该建议针对诉讼外消费者纠纷解决机制列举了可以适用的各种原则。这些原则有独立原则（the principle of independence）、透明原则（the principle of transparency）、抗辩原则（the adversarial principle）、有效原则（the principle of effectiveness）、合法原则（the principle of legality）、自由原则（the principle of liberty） 和代表原则（the principle of representation）。③ 1997 年澳大利亚政府提出的消费者接近正义制度的基准也非常具有代表性。这些基准是可及性（accessibility）、独立性（independence）、公正性（fairness）、问责性（accountability）、效率

---

①［马来西亚］苏蒂·拉查甘：《亚洲的消费者保护法与赔偿机制》，王晓珉译，陈黄穗校，《中外法学》1996 年第 6 期，见第 61 页。

②《联合国保护消费者准则》第 32、33 条。

③*Commission Recommendation 98/257 on the Principles Applicable to the Bodies Responsible for Out-of-Court Settlement of Consumer Disputes*, 1998 O. J. （L115）31.

性（*efficiency*）和有效性（*effectiveness*）。①

结上所述，以下几项因素对消费者接近正义制度的整体有效性具有关键作用：

（一）公正性

公正性（fairness）要求消费者接近正义制度所产生的结果必须是公正而合理的。要实现争议解决结果的公正性，首先要求解决消费争议的组织或个人必须处于独立自主的地位，不得受制于任何其他机构或个人，特别是不得对经营者或经营者组织具有依赖关系。保持独立性是消费者接近正义制度发挥作用的基本前提，这不仅能够保证决定的不偏不倚，而且有助于提高和维护消费者对于争议解决机制的信任。就消费者接近正义的各种具体制度而言，法院的独立性自不待言，而且某一消费者接近正义制度越接近司法制度，其独立性也就越明显。需要特别强调独立性的，主要是指由行业设立的自愿性的消费者接近正义机构，或者容易遭受来自行业影响的机构或人员，因此在这些情形中必须保证消费者能够拒绝其所提供的解决之道，就争议提起诉讼。许多国家都很重视消费争议解决机构或有关工作人员的独立性，有时候甚至也可以把独立性单独作为消费者接近正义的一个标准，因为独立性是公正解决争议的前提条件。要公正地解决争议，还要求有关机构和人员对消费者有公平的负责和交代，如程序必须公开，必须向人们公开讲清决定的原因，保留工作记录等等。

（二）有效性

有效性（effectiveness）要求争议解决结果能够实实在在地处理消费者的冤情，尤其是能够为消费者获得适宜的赔偿。有效性具体体现

---

① J. Chris Ellison, Minister for Customs and Consumer Affairs, *Benchmarks for Industry-Based Customer Dispute Resolution*（1997）.

为：对消费者的损害赔偿范围必须全面，并有足够的机制保障落实对消费者的赔偿，例如可以通过赔偿基金制度提供保证；必须快速解决争端，不得拖延；不仅能够处理个别的消费争议，还要求利用调查权充分掌握行业中存在的系统性问题，力求彻底解决侵害消费者利益或违反消费者法的行为，或者为根除隐蔽缺陷创造条件；所作的决定对行业必须具有约束力，对于由行业建立的自愿性机构，则必须保证消费者有权拒绝其决定并向法院起诉。

（三）可及性

可及性（accessibility）强调消费者接近正义制度必须是能够为消费者切实利用的工具，而不仅仅是用于装饰的"花瓶"。可及性是消费者接近正义的关键性因素，传统诉讼制度的改革以及 ADR 的大量涌现和广泛使用，在很大程度上就是为了提高消费者接近正义的可及性，正是可及性保证了消费者可以"接近"（access to）正义。一般而言，消费者接近正义制度主要通过如下方式保证可及性：降低或减少费用，甚至对消费者实行免费服务；采用简单的程序；在一定程度上偏离法院对于证据的严格要求，如更多地采用口头证据；一次性解决投诉的问题；可以直接进入索赔机制，而不必要先经过其他阶段；有充分的宣传，有关的指导说明言语简练；任何一个消费者而不只是居住在大城市中心的消费者，都可得到接近正义制度的帮助。

（四）合法性

合法性（legality）要求消费者接近正义制度特别是 ADR 必须不得违反法律原则，尤其是不能因为过于强调快速低廉的程序而剥夺消费者的一些权利，如消费者的意思自治和起诉权等等。例如在调解制度中，应当尊重当事人的自主决定，允许当事人反悔。在仲裁制度中，如果裁决是当事人双方自愿的，可以承认裁决结果的法律强制力，并允许申请强制执行，但如果是强制性仲裁，就应该允许当事人在不服裁决决定的情况下提起诉讼，或者将仲裁程序作为一个审级，允许当事人上诉。总之，合法性原则要求，任何 ADR 都只不过是对诉讼制度的必要补充，绝不允许因为 ADR 的简便和低廉等好处而剥夺消费者通过全程诉讼解决争议的权利，这是现代法治原则的一个基本要求。

（五）问责性

问责性（accountability）是指负责解决消费争议的机构或人员，应该就自己的工作进行情况有规律地向消费者或其他利害关系人加以说明、解释并解答有关质询。问责性要求公布关于申诉的决定和信息，指出系统化的行业问题，并向公众解释其运作状况；还要求有关机构向涉案消费者、经营者及利害关系团体提出关于消费争议解决决定的匿名书面报告，以实现对行业的指导并证明决定过程的一致性。此外，还应该向主管机构提供并公布年度报告、申诉统计分析、代表性案件研究，并要突出强调系统性问题。

大致而言，对于消费者接近正义制度所应达致的标准，理论上和实践中的看法还是比较一致的，差异性主要体现在表达方式的不同上。综合而言，公正性、有效性、可及性、合法性和问责性构成评价消费者接近正义制度的核心基准，是否能够达到这些要求直接决定了消费者接近正义制度的整体有效性。当然，各项具体消费者接近正义程序对这几个标准的满足程度并不相同，例如，诉讼制度就比较容易符合公正、有效和合法的要求，而各种 ADR 则比较容易实现可及性的要求。需要再次强调的是，消费者接近正义是一个系统性制度，其有效性端赖于各项具体程序的合理设置和相互配合。

四 消费者接近正义需要协调的几组关系

（一）成本与效益

消费者权利实现难题的存在很大程度上是因为，消费者认为"为分散的小额利益进行诉讼不值得"。因此，如果消费者接近正义制度能够削减消费者解决争端的成本，就可以刺激消费者积极采取行动。实际上大多数消费者接近正义制度，也确实都意在减少或分散消费者的成本，关于成本和效益的分析一直就构成设计消费者正义制度的基本考虑。在 2001 年以"消费者接近正义"为题的第八届消费者法国际会议上，加拿大学者安东尼·达根（Anthony Duggan）提交了论文"普通法国家的消费者接近正义：从法经济学角度对诸问题的考察"。① 在该文中，达根从法经济学的角度对各种消费者接近正义制度进行了成本和效益的分析，其得出的一系列结论对消费者接近正义制度的设置不无启发意义。

达根认为，民事诉讼是一种"昂贵的商品"，"设计诉讼制度时所要达到的经济目标就是在消费者正义市场中达致平衡"。达根辩称，提起诉讼需要成本，而这种成本可能促使当事人试图通过其他办法解决争议而不是过分投资于诉讼，但问题是，如何设计诉讼成本负担才能恰好实现消费者正义市场的平衡？如果诉讼成本过高（即无论争议标的额多少，当事人都必须支付固定的费用），就会吓阻"除争议数额相当大的所有其他争议"。法律服务的传统收费方法有利于大额争议，而不利于小额争议；而且这种收费方法还有利于"重复游戏者"——通常是经营者——因为他们可以通过将成本分摊在很多诉讼中而享受规模经济效益，作为"一次性游戏者"的消费者则会因此而处于更为不利的地位。此外，诉讼的间接成本，如信息成本、机会成本和情绪成本，也会阻碍诉讼。

达根提出，解决消费者的诉讼成本负担问题有两种可能的办法：分散或避免消费者的成本。他分析了一系列分散或避免成本的制度。分散成本的办法包括法律援助、胜诉酬金、代表诉讼等。这些制度能

---

①Anthony J. Duggan, "Consumer Access to Justice in Common Law Countries: a Survey of the Issues from a Law and Economics Perspective", in Charles E. F. Rickett and Thomas G. W. Telfer (ed.), *International Perspectives on Consumers' Access to Justice*, Cambridge University Press, 2003, pp. 46 – 67.

促进消费者进入法院，其目的在于至少使消费者获得经营者所具有的部分优势，从而能够在"（经营者）的平台上进行诉讼"。避免成本的办法包括小额诉讼法庭、消费者组织调解、专门行业的争议解决办法、消保官、赔偿基金等。这些措施通常包括代替诉讼的"各种替代性争议解决办法"，其目的在于使经营者在"（消费者）的平台上进行诉讼"。总之，所有的消费争议解决机制，不论是经过改革的诉讼制度，还是新发展的 ADR，其主要的目的无非是降低消费者解决争议的成本。

在逐一分析了消费争议所可以适用的各种具体类型的成本分散措施或成本避免措施后，达根的结论之一是：每一种措施都有其成本和效益，"任何单一的措施都不是完全的解决之道"，因此他建议，要"综合利用成本分散措施和成本避免措施，充分利用传统诉讼和替代性争议解决机制的优势"，来实现消费者正义。

达根的研究给人的一个关键性启发是，在设置消费者接近正义制度时，成本效益分析是一个需要考虑的基本因素，这对某项具体的消费者接近正义制度能否发挥作用甚至具有决定性影响。毕竟，如果启动程序的成本大于可能获得的利益，消费者就不会利用这种程序，结果将造成程序的闲置和资源的浪费。

（二）非正式性与合法性

正如理论研究和实践活动所表明的，消费者接近正义和各种 ADR 具有"先天性"血缘关系。消费争议问题促进了 ADR 的产生和发展，ADR 构成消费者接近正义的两大基本方式之一，其在解决消费者接近正义方面的重要性甚至有超过传统民事诉讼制度的趋势。但与此有关的一个争议是：ADR 与生俱来的随意性、非正式性（informalization）甚至去法律化（delegalization）是否暗示了消费者正义的微不足道，从而导致人们不重视甚至忽视消费者接近正义问题？

虽然人们普遍支持通过非正式救济机制解决消费争议的各种尝

试，但这些非正式机制的前提假设——对小额的消费争议，适于采用一种相对随意的正义观——却越来越受到那些同样关注消费者利益的学者的批判。例如，在对美国的消费者接近正义问题进行了一系列重要的研究后，劳拉·纳德发现，"第三方的介入对消费者几乎没有任何帮助"，"没有法律强制作为支持，第三方所起的作用微乎其微"。[1]伊恩·拉姆塞在对加拿大的消费者救济机制进行研究之后，也得出了与劳拉·纳德类似的结论。[2] 拉姆塞的资料证实，消费者并不情愿使用由第三方提供的争议解决服务。更重要的是，拉姆塞还批判了一个普遍存在的前提假设：消费争议要求随意的正义观。在他看来，"关于私人申诉的各种非正式私法系统，无论是商业组织提供的还是政府提供的，仅仅是打发了消费者申诉，给消费者留下的感觉是，他/她的请求不足挂齿。"[3] 在拉姆塞看来，毫无疑问的是，强调通过和解、调解及仲裁等诉讼外制度解决消费争议，本身就包含了"一种潜在的价值判断：消费者的请求或者微不足道或者非常简单，因此没有必要通过全程的裁判过程加以解决"。[4]

纳德和拉姆塞所做的经验性研究使他们相信，应该重新思考广为接受的非正式化的前提假设。他们的基本观点是双层的：消费者正义绝非次级正义或随意正义——不能对其采取不屑一顾的态度；为了有效地贯彻实施消费者保护法并产生市场影响力，必须通过大规模的集体性救济途径累积并集中个体消费者的请求。拉姆塞认为集体诉讼是消费者接近正义中最有前途的制度。

纳德和拉姆塞对非正式性的批评，反映了存在于消费者接近正义

---

[1] Nader, "Alternatives to the American Judicial System", in Nader (ed.): *No Access to Law: Alternatives to the American Judicial System*, Academic Press, 1980, p. 30.

[2] Iain Ramsay, "Consumer Redress Mechanisms for Poor Quality and Defective Products", 31 *U. T. L. J.* (1981).

[3] Iain Ramsay, "Consumer Redress Mechanisms for Poor Quality and Defective Products", (1981) 31 *U. T. L. J.* (1981), p. 146.

[4] Iain Ramsay, "Consumer Redress Mechanisms for Poor Quality and Defective Products", (1981) 31 *U. T. L. J.* (1981), p. 148.

中的一个两难问题。一方面，消费争议要求快速、低廉、容易进入的解决机制，这必然导致程序的非正式化和去法律化。另一方面，在现代法治社会中，就所受到的不公正待遇提起诉讼的权利是法治原则的基本要求，消费者在与经营者发生争议时也同样享有这种权利，不管争议标的看起来是多么地微不足道。因此，消费争议拒绝随非正式化而来的随意正义观，强烈要求法律的严肃对待，尤其强调通过正式司法途径得以解决的权利，尽管消费者往往并不实际行使这一权利。成功有效的消费者接近正义制度无法在这两者之间作出非此即彼的选择，而只能加以平衡。

（三）争端解决功能与规制功能

消费者接近正义的直接目的是解决已经发生的消费争议，为涉案消费者求得个案正义。但是，根据确定性和一致性等法治原则，个别化正义还有更深的维度：如果可以对单个的判决进行总结，将有助于消费者的集体利益。正如安东尼·达根所认识到的，由于裁判能够通过提供有序的争端解决办法而降低争议的社会成本，因此民事诉讼不仅对争议的直接当事人有利，而且具有广泛的社会效益，所以说，裁判通过避免混乱而发挥了校正正义的功能。而且，民事诉讼系统还能够通过法官创造的规则指导未来的行为，因此可以在今后避免争议的发生，由此民事诉讼就通过鼓励当事人采取低成本的预防措施以避免今后承担责任，而发挥了威慑功能。消费者接近正义制度不仅应有助于个别争端的解决，而且还应具有提高经营者商业行为标准和创设一般性规则的规制功能。但问题是，在日益重视 ADR 的消费者接近正义体系中，在一种重视速度、可及性，并渴望在最早阶段解决消费争议的体系中，有可能实现这种目的吗？

尽管 ADR 对于解决个别消费争议来说或许是成功的，但就其性质来看，ADR 的一个本质特征在于，其可以偏离现行法律规定和行为准则而根据公正和合理的考虑作出决定，从而摆脱严格的先例而在个案中实现正义。这样，ADR 就丧失了为将来的消费争议创造有益的先例这种重要的功能，而且还为今后争议中的消费者和经营者造成了潜在的不可预期性。由此一来，ADR 在规则的创设方面就无法发挥作用，而且也不能对经营者形成威慑力，无法普遍性地提高商业道德和商业标准，无法发挥对市场行为的规制功能。

ADR 在消费者接近正义制度中的广泛使用，虽然有助于快速、成本低廉地解决具体的消费争议，但与传统的诉讼程序相比，其并不具备先例创设和规制功能。从成本和效益的角度分析，这也不能不算是资源的浪费。由于相当一部分消费争议都是通过 ADR 获得解决的，ADR 在此过程中所积累的经验也很丰富，因此，若能使 ADR 同时发挥规则创设和规制功能，就能使其在更深刻的意义上服务于消费者利益。这一点日益受到消费者保护法学者的重视，并且许多国家也已开始有关的尝试，以期在维持 ADR 具体争端解决功能的同时，尽可能使其发挥规则创设的规范功能。[1]

(四) 公平与效率

公平和效率是一切纠纷解决机制的目标。公平原则要求人们在分清责任的前提下，纠正被扭曲了的利益均衡关系，恢复争议双方的利益平衡。效率原则则要求人们在解决争议时，除考虑公平外还应注意充分利用各种资源，快速解决纠纷。但公平与效率并不永远一致，二者之间经常发生冲突，因此在进行制度设计时，必须结合具体情形对二者加以适当的平衡。在消费争议解决机制中，也存在公平与效率这两种要求的平衡问题。

消费争议虽然类型众多，繁简不一，对处理方法的要求也有所不同，但一般来讲，各国消费争议解决机制对于效率的强调都是非常突出的，这既是消费争议自身特点的需要，也反映了时代的要求。一方

---

[1] Geraint Howells and Rhoda James, "Litigation in the Consumer Interest", 9 *Journal of International and Comparative Law* (Fall, 2002), p. 5.

面，消费争议的核心是财产利益之争。在消费争议中，消费者的目的是如何获得有效、及时的赔偿（消费者所寻求保护的权利主要包括人身权利和财产权利，而人身权利的保护最终也主要是通过财产利益的再分配来实现的），经营者的目的则是如何在不失去市场份额的情况下尽量维护自身的经济利益。而对于财产利益的保障而言，如何花费最短的时间、最少的金钱和精力获得最大的经济收益，无疑是焦点之所在。另一方面，传统的纠纷解决机制中，对公平的追求一直处在压倒一切的优势地位，特别是在初民社会，人们为了追求绝对的公平竟然会允许同态复仇这种极端不人道、严重破坏社会生产力的纠纷解决方式的存在。但在社会经济与科学技术迅猛发展的现代社会，人们不得不更多地考虑效率问题，甚至有时候不得不冒着在一定程度上牺牲公平的风险。在这种时代背景中，消费争议作为一种新型的争议，在设计其解决途径时，绝大多数时候，特别是对于那些事实清楚、争议不大的多发案件，应当对效率予以更多的关怀。事实上，只有在产品责任等特殊类型的消费争议中，因为涉及消费者的生命权、健康权等最基本的权利，公平原则才有可能、有必要战胜对效率的追求而成为解决纠纷的首要指导原则。

五　消费者复式诉讼

在实现消费者接近正义的具体制度中，消费者复式诉讼（multiple action）因与消费争议的特征具有很大的契合性，且功能齐备，受到了理论界和实务界的青睐。20世纪60年代晚期和70年代，复式诉讼在西方开始被用于消费者保护领域。从消费者接近正义运动的发展历史看，消费者复式诉讼中当事人资格的扩展和复式诉讼在消费者保护中的大量使用，是接近正义组织改革浪潮的集中体现。近年来，消费者复式诉讼更是在越来越多的国家以不同形式表现出来，并在理论上引发了很多争论。有充分的理由认为，消费者复式诉讼在消费者权益的实现机制中有着良好的发展前景。但是在我国，无论是《消费者权益保护法》还是《民事诉讼法》对此却都没有具体的专门规定,[①] 理论上的研究也不够深入。下文尝试对消费者复式诉讼的一些基础性问题加以探讨和厘清。

（一）消费者复式诉讼的概念

消费者复式诉讼本身是一个指称广泛的不太严格的法律概念。世界上很多国家都存在不同形式的消费者复式诉讼，这些复式诉讼之间差异甚大。因此，试图就消费者复式诉讼给出一个统一而精确的定义，或者在同一标准下对其进行穷尽的类型划分，必然是一种吃力不讨好的事情。但是，为了获得对消费者复式诉讼的大致认识，进行这方面的尝试仍然是有益的。

1. 形式上的定义

复式诉讼首先是诉讼法学上的一个概念，指的是相对于普通诉讼制度中单一原告对抗单一被告的个别诉讼（individual action）而言的诉讼形式。一般而言，诉讼法学者用它来指称共同诉讼、代表人诉讼、集体诉讼和团体诉讼等各种各样的、由多人参加的诉讼模式。

传统的诉讼法理论以单个的权利主体为出发点，遵循个人主义和意思自治原则，只允许权利受到侵害的或有遭受侵害之虞的个人提起诉讼，并由双方当事人在法律地位和诉讼武器平等的基础上进行对抗，以最终获得争端的解决。复式诉讼则打破了这种由权利主体相互对抗的"一对一"诉讼模式，不仅允许复数的原告或被告参与诉讼，甚至还将诉讼当事人资格扩展至与争议标的有关的甚或无关的第三人，使其可以为了受害人的利益或者公共利益而提起诉讼。

在消费者复式诉讼中，虽然遭受损害的消费者人员众多，构成

---

① 《消费者权益保护法》第37条第一款第（七）项规定，消费者协会"就损害消费者合法权益的行为，支持受损害的消费者提起诉讼或者依照本法提起诉讼"。

《民事诉讼法》第55条第一款规定："对污染环境、侵害众多消费者合法权益等损害社会公共利益的行为，法律规定的机关和有关组织可以向人民法院提起诉讼。"

一个集体（a class），但事实上亲自提起诉讼的则可能是众多受害者中的一人或数人、消费者组织或者是保护并代表消费者利益的国家机构。消费者复式诉讼在形式上可能表现为多数人参加的诉讼，也可能表现为单一的原告和单一的被告之间的诉讼，例如在消费者组织代表广大消费者起诉侵害消费者权益的某一个公司时。也就是说，消费者复式诉讼强调的乃是潜在的当事人，或者说与诉讼结果有利害关系者的"复数性"，而不是形式上参加诉讼的人数。

2. 实质上的定义

复式诉讼从形式上看主要表现为诉讼当事人的复数性以及某些特殊的程序性要求。从复式诉讼的产生和发展历史看，不同时代新型权利的出现是推动其产生的最终根源。这种多数人诉讼的形式，最早可以回溯到英国农业革命前夕的衡平程序（chancery procedure）。根据衡平法上的原则，多数人对于某诉讼标的具有显著利害关系的，该多数人就是共同诉讼当事人。在这种诉讼中，多数人可以是有权请求损害赔偿的债权人（原告一方），也可能是对原告负有损害赔偿的债务人（被告一方）。最初，这种多数人诉讼形式被用于建立并更新产生于领地关系或教会关系的村民权利。后来在西方工业革命中，人们开始以它来检测还没有得到法律完全承认的各种组织的成员的权利，例如友好协会或股份公司的成员的权利。只是到 20 世纪晚期，复式诉讼才被社会活动家利用来争取承租人、环境保护者和消费者的权利。

在消费者法领域中，由于复式诉讼恰好迎合了消费争议中消费者利益分散、个别消费者在争议中的标的额微小、受害消费者人数众多等特征，因此很快就发展成为消费者接近正义制度中的翘楚。消费者权益具有不同于传统私权的性质和特征，因而也必然要求不同的司法保护形式。事实上，消费者权益的分散性、集体性和超个人性才是消费者复式诉讼的最终根据。所以，除了关注复式诉讼与传统诉讼的不同并从形式上对其加以定义外，许多学者还这样定义集体和团体诉讼：对集体的（collective）、分散的（diffuse）和超个人的（super-in-

dividual）利益和权利的司法保护。① 所谓的复式诉讼就是国家对分散性权利提供司法保护的问题。这种界定方式超越了对复式诉讼的形式理解，深入到复式诉讼制度的深层和根源上，不仅道出了消费者权益的性质和特征与消费者复式诉讼的内在关系，而且也深刻地揭示了消费者复式诉讼的社会功能。

（二）消费者复式诉讼的类型

消费者复式诉讼，一方面是各国传统法律文化对消费者权益保护特殊需要进行回应的产物，一方面也是在消费者运动过程中各国相互借鉴和移植的结果。因此，形态各异的消费者复式诉讼既体现了不同法律文化的本土智慧，又具有一定的普遍性和一致性。可以根据不同的标准将消费者复式诉讼划分为多种类型。

1. 私人启动模式、消费者组织模式和公共机构模式

根据消费者复式诉讼提起的方式，可以将其划分为三种。其一为私人启动模式（the private initiative model），即由受到影响的一个或数个消费者，代表所有受到损害的消费者集体提起诉讼。典型的例子是美国的消费者集体诉讼。其二为消费者组织模式（the consumer organization model），即赋予作为民间组织的消费者组织以当事人资格，允许其代表受害的消费者进行诉讼。法国、德国和我国台湾地区等都规定了消费者组织诉讼。其三为公共机构模式（the public agency model），即由国家设立的保护和代表消费者利益的公共机构提起诉讼。北欧一些国家的消费者保护专员和英国的公平交易总检察长就享有这种权利。

在这三种形式的消费者复式诉讼中，私人启动模式属于传统的消费者复式诉讼，其本质上仍然是单个主张的合并，只不过是对普通诉讼程序和救济手段进行了某种程度的修正。消费者组织模式和公共机

---

① Michele Taruffo, "Some Remarks on Group Litigation in Comparative Perspective", 11 *Duke J. Comp. & Int'l L.* (Spring/Summer, 2001), p. 405.

构模式属于新型的消费者复式诉讼，并且在理论上和实践中日益受到重视。到底采取何种模式的复式诉讼，在很大程度上取决于想要通过诉讼实现的目标。一般而言，私人启动模式多用于为消费者寻求损害赔偿救济，消费者组织模式和公共机构模式多用于禁止正在进行的违法行为，防止损害的发生。当然，这种划分并非绝对。各种形式的消费者复式诉讼在功能上看似有相互靠近的趋势。①

消费者组织模式和公共机构模式一般均意在禁止经营者违法行为，因此二者与不作为之诉有所重合。在不作为之诉中，对于到底是赋予消费者组织还是赋予公共机构以当事人资格，存在争议。这在欧盟立法中体现得尤其明显。从欧盟各国的传统看，有的是由消费者组织行使诉权，有的是由公共机构行使诉权，有的则将这种诉讼权利同时赋予了消费者组织和公共机构。因此，欧盟在立法时就面临一个选择：到底将当事人资格赋予谁？基本政策是由成员国自由决定。②

2. 损害赔偿之诉和不作为之诉

根据消费者复式诉讼的主要目的，可将其划分为损害赔偿之诉（action for compensation）和不作为之诉（action for injunction）。损害赔偿之诉是指，针对经营者已经完成或者正在进行的侵害消费者权益的行为提起诉讼，请求法院判决经营者向受害的消费者提供损害赔偿。其目的主要在于对消费者已经遭受的损害提供补救。不作为之诉是指，针对经营者正在进行的违反消费者保护法或侵害消费者权益的作为或者不作为提起诉讼，请求法院发布命令，禁止经营者的违法行为，防止将来损害的继续发生。

损害赔偿之诉在普通法国家比较常见，例如，英国、加拿大、澳大利亚和美国的消费者都可以通过集体诉讼寻求损害赔偿，其中美国的消费者集体诉讼最具代表性。不作为之诉主要存在于欧洲大陆法系国家，通常是由特定的消费者组织或者公共机构提起，以制止经营者

---

①Michele Taruffo, "Some Remarks on Group Litigation in Comparative Perspective", 11 *Duke J. Comp. & Int'l L.* (Spring/Summer, 2001), p. 409.

②参见《不作为之诉指令》第 3 条。

的不法行为，消费者通过这种诉讼获得损害赔偿的可能性很小。

　　向受害消费者提供损害赔偿和制止经营者的不法行为，是消费者复式诉讼判决所可以直接实现的两个重要目的。但从更深的意义上说，无论是损害赔偿之诉还是不作为之诉最终都可以达到对市场行为的规制效果。一般而言，提起复式诉讼的目的可以是促进公平竞争，改善广告和产品标签等商业行为，减少或修改公司强加给消费者个人的违法合同条款，等等。这有利于实现对某些事项或行为的新规制，以达成被认为是有利于保护消费者的特定价值和标准。而且，随着消费者复式诉讼向成熟阶段的发展，其规制功能也越发突出。例如，最初主要以向受害消费者提供赔偿和剥夺违法经营者非法利益为目的的美国消费者集体诉讼，就在某种程度上实现了这种功能的转换。[1] 因此可以说，在现代市场经济中，消费者复式诉讼还是一种通过排除非法活动和行为，直接实现或间接促进新标准或规则的颁布，而保护和实现消费者权益的一种工具。

　　3. 消费者集体诉讼和消费者团体诉讼

　　从比较法的角度考察，最为典型的消费者复式诉讼是美国的消费者集体诉讼（consumer class action）和德国的消费者团体诉讼（consumer group action，die Verbandsklage）。消费者集体诉讼是指，当众多的消费者因同一种产品或因经营者的某一个行为遭受了损害，而每一个消费者因此而获得的请求权又非常微小以致根本不值得为之提起诉讼时，由一个或数个消费者代表所有受害者提起诉讼，寻求损害赔偿的诉讼形式。消费者团体诉讼是指，当经营者的违法行为破坏了公平竞争秩序或侵害了众多消费者的权益，但是由于每个消费者的损失都很微小，因此不足以提供充分的动力刺激消费者通过私人诉讼程序索赔并制止违法行为时，为了恢复公平的竞争秩序并为分散的消费者权益提供保护，国家特别通过法律直接赋予具有一定资格的私人团体

---

[1]Michele Taruffo, "Some Remarks on Group Litigation in Comparative Perspective", 11 *Duke J. Comp. & Int'l L.* （Spring/Summer, 2001）, pp. 409, 410.

以当事人资格,使其可以基于固有的、自身的请求权而代表公共利益或多数人利益提起诉讼,制止经营者不法行为的诉讼形式。

消费者集体诉讼和消费者团体诉讼的一个重要不同是,集体诉讼乃是利用特定的程序为消费者集体寻求救济,使那些原本不可能进入诉讼程序的权利主张通过"合并"策略而享受到司法保护。消费者团体诉讼则是通过司法程序利用私人力量实现政策目标的一种手段,其最大功能是弥补了传统行政执法手段和权利实现工具在保护消费者权益和实施消费者法律方面的不足。

(三) 消费者复式诉讼的理论和现实依据

作为消费者接近正义制度的一种,复式诉讼自有其存在的理由和基础。可以从如下几个方面论证消费者复式诉讼存在的合理性:

第一,复式诉讼是更为经济的争端解决途径。从经济学的角度看,在复式诉讼中,无论是法院就多个原告的主张发布一个单一的损害赔偿判决,还是原告和被告达成和解协议,都可以降低交易成本,并最终降低消费者争端解决的社会成本。因此,相比较于法院就每一个消费者的请求分别审理并作出判决而言,复式诉讼对消费者和社会都是更为经济的争端解决方式。

第二,复式诉讼具有赔偿和威慑的双重功能。消费者利益具有很大的分散性,在许多情况下消费者都认为不值得进行诉讼,因为可能获得的赔偿远远超过必须为此支付的成本。复式诉讼则克服了普通诉讼程序无法解决"微小不公"事件这一缺憾,使消费者的"行不通的主张"成为现实,并就消费者在消费生活中遭遇的"微不足道"的不公正获得损害赔偿。不仅如此,在复式诉讼中成百上千的消费者将各自微小的损害赔偿请求积累在一起,往往数额巨大,因此即使经营者不惮于将自己的恶行公之于众,向数百人甚至上千人提供巨额赔偿的潜在可能性却会对其形成很大的压力,能够防止其从事某些不法行为,并促使其提高营业标准。

第三,复式诉讼可以将"私人麻烦"转换为"公共问题"。复式诉讼涉及的潜在原告众多，标的额也很大，因此更可能督促公众和政府予以认真对待。曾有人形象地指出复式诉讼的这种"吸引眼球"的功能："显而易见，集体诉讼构成一种有组织的压力，而常常需要这种压力才能迫使公共舆论和司法体系正视某制度、某职位或者某个人造成的四处弥漫的诸多邪恶。集体诉讼就好比是存在于司法制度中的街头群众示威游行。集体诉讼的成功不是取决于特定案件的最终结果，而是系于集体诉讼的公开性、可见性及其所激发的公众反应。因此可以说，集体诉讼能够实现多种目标，其中的有些目标是策略性的而不是法学上的。"①

第四，复式诉讼实现了消费者的真正参与和自我决定。有人认为，复式诉讼在司法过程中实现了消费者的真正参与和自我决定，因此弥补了政治过程中消费者代表不足的局限性和规制性公共机构的失灵。而且，复式诉讼除了为私人组织提供检测消费者实体权利界限的机会外，还使法院有可能真切地了解消费者问题的现实状况以及各种替代性司法政策的实际效果，并使法院不得不面对关于损害赔偿的各种理论以及有关的法学观点。若没有复式诉讼，这些问题就根本不会被提出来，因此复式诉讼还有利于消费者实体法的发展。② 再者，由于复式诉讼特别是美国的集体诉讼受到法院的严格干预，诉讼的撤回及和解都需要法院的同意，因此能够防止被告通过与原告达成和解而避免创设先例的机会。

（四）消费者复式诉讼的难题

消费者复式诉讼将消费争议视为需要集体解决的"社会问题"，不仅注重妥善处理具体的个案，而且力图发挥普遍性规制和规则创设的作用，因而成为一种具有多种优点的消费者接近正义制度。但是也应注意到，消费者复式诉讼存在着很多不尽如人意之处。例如，集体

---

①J. E. Starrs, "Consumer Class Actions", 49 *B. U. L. Rev.* (1969), p. 211.

②Harvard Law Review Association, "Developments in the Law-Class Actions", 89 *Harvard Law Review* (May, 1975), p. 1353; Ontario Law Reform Commission, 1982, p. 203.

诉讼有"将敲诈合法化"的危险，因为被告可能由于惧怕诉讼的高昂成本而接受原告提出的不公正的和解要求。① 而且，集体诉讼还将导致大量案件涌向法院，为法官造成难以掌控的管理问题，并且引发很多不必要的诉讼。最后，集体诉讼具有极大的公开性，因此还会对被告造成与其违法行为不成比例的舆论压力。甚至有人对集体诉讼进行了极其尖刻而严厉的批判："虽然集体诉讼的概念魅力无穷，但是在全世界任何地方几乎都看不到集体诉讼长足发展的真实证据。虽然集体诉讼程序在美国最为发达，但是如果将其放在整个法律体系中加以考察，集体诉讼的影响则是非常可疑的。"②

　　的确，由于传统的诉讼制度以原被告之间一对一的对抗为基本格局，并以解决具体案件为目的，因此消费者复式诉讼是否能够以及如何顺畅地融入传统的普通诉讼程序也就成为一个问题。不仅如此，消费者复式诉讼特别是美国的消费者集体诉讼本身也导致了很多的程序性问题。正如有人曾指出的："集体诉讼程序也确实造成了许多新的难题，例如，谁有权利代表集体进行诉讼？集体成员可不可以不参与集体诉讼？另外，在无法识别集体的单个成员或者不适于对集体成员进行个别赔偿的情况下，集体诉讼还需要新的救济形式。"③

　　与消费者复式诉讼相关的另外一些问题还有：作为原告的当事人代表、消费者组织或者公共机构，是否充分保护和代表了消费者集体的利益？在集体诉讼中，是否有必要通知集体的个别成员有关诉讼的各种事项？如有必要，则应该采取何种形式的通知方式？如何解决消费者复式诉讼的诉讼费用问题？

　　消费者复式诉讼面临的更多深层次问题还有：如何克服集体诉讼的滥用问题？消费者集体诉讼是否真的为消费者提供了参与机会，或

①Peter H. Schuck, Agent Orange on Trial: Mass Toxic Disasters in the Courts, The Belknap Press, 1986, pp.7, 8.

②Kevin J. O'Grady, "Consumer Remedies", 60 *Can. Bar Rev.* (1982) p.575.

③Geraint G. Howells and Stephen Weatherill, *Consumer Protection Law*, Dartmouth Publishing Co Ltd, 1995, p.535.

者只不过是一小撮精英贯彻自己的消费者利益观点的手段？消费者集体诉讼对政治磋商过程到底有何种后果？将有限的社会资源用于消费者复式诉讼，或者将其用于之前的立法活动，这二者哪一个更有效率？

无论是在英美法系还是在大陆法系的语境中，消费者复式诉讼的上述种种难题都以不同的形式在不同的程度上表现出来。如何利用传统的法律文化和实践智慧回应并解决这些问题，是对消费者复式诉讼制度进行研究的重中之重。而能否成功地解决或大致解决这些难题则决定了不同形式的复式诉讼是否具有可移植性和可借鉴性。因此，接下来选取最具典型性的消费者复式诉讼制度——美国的消费者集体诉讼和德国的消费者团体诉讼进行分析，试图通过这样的比较研究梳理出各国消费者复式诉讼中的共通问题，总结各国在解决这些问题时所获得一些经验，以为设计我国消费者复式诉讼制度的镜鉴。

第八章

消费者集体诉讼

——美国的实践

美国的消费者集体诉讼作为一种主要用以解决小额消费争议的法律制度，旨在救济广泛而分散的消费者损害，剥夺经营者的不当收益并防止其继续实施违法行为。消费者集体诉讼制度在美国的适用非常普遍，对于美国消费者权益保护发挥了无可替代的重要作用。近年来，随着全球范围内消费者保护事业的发展，美国之外许多国家和地区对消费者集体诉讼予以了越来越多的关注，并就其域外移植问题展开了广泛的理论探讨与局部的实践尝试。我国学者虽然对美国消费者集体诉讼制度有所研究，但现有成果不仅对该制度的主要内容缺乏全面深入的探讨，甚至对其主要作为小额诉讼制度的本质也存在重大的误解。本章尝试详细梳理美国消费者集体诉讼制度的理论依据、基本功能、主要适用范围及其所采用的救济手段等基本问题，并简要分析其他国家尤其是大陆法系国家移植美国消费者集体诉讼制度的可能性。

一　美国集体诉讼制度概说[①]

美国的集体诉讼是这样一种程序，它允许被称为"集体代表"

─────────────

①关于美国集体诉讼的具体程序，不是本章关注的核心，此处不拟详细讨论。如有兴趣，可参见民事诉讼法学的有关著作。

(class representative（s））的一人或数人代表所有处于类似处境的人即集体（class）提起诉讼。也即当被告的某个行为影响了多个人甚至是无数人时，法律允许一个或数个受害者代表所有人提起诉讼，要求损害赔偿。集体的成员可以来自原先就存在的组织，例如，他们可以是一个学校的学生、一个工厂的工人或一个公司的股东；但也可能只是因为被告的违法行为才偶然被联系在一起的，例如众多互不相识的消费者因被告的同一种产品或同一项服务而遭受了损失。

（一）　美国集体诉讼的起源和发展

虽然集体诉讼制度最先在美国开花结果，但其渊源却是英国衡平法院（the English courts of chancery）的"息诉状"（the bill of peace）。① 作为衡平法的产物，"息诉状"允许受到类似伤害的人组成一个团体，代表自己以及缺席的集体成员提起诉讼。美国在早期基本上采取这种作法，但是随着社会经济条件的变革，不仅集团式纷争日益增多，而且这种纷争中所涉及的人数也越来越多，以致根本无法以全体起诉或全体应诉的方式进行诉讼。为了解决这一问题，美国纽约州在 1849 年修订《费尔德法规》（The Field Code）时就规定："多数成员彼此间具有共同利益，因人数过多致无法全体进行诉讼时，得由其中一人或数人为全体利益起诉或应诉。"此为美国集体诉讼制度的肇端。1912 年，美国《联邦衡平规则》（The Federal Equity Rule）对集体诉讼做了规范性表述。

1938 年，美国《联邦民事诉讼规则》（The Federal Rule of Civil Procedure）第 23 条规定了集体诉讼制度。该规则自颁布之日起就成为各种混乱之源。

到 1966 年，关于集体诉讼的目的和功能尽管还没有出现统一的

---

① "息诉状"：又称"防止滥诉诉状"，是"衡平法上的一种诉状，当原告就同一权利可能与不同的人、在不同时间、以不同的诉讼发生争议时，可提出此诉状，请求法院一劳永逸地裁决该问题，禁止他人就同一请求再行起诉。"参见薛波主编《元照英美法词典》，法律出版社 2003 年版，第 150 页。

和广为接受的理论，但一致的观点认为：历史上用以定义集体诉讼正当性的标准现在已经没有意义，有必要对集体诉讼制度进行反思。[①]同年美国修正《联邦民事诉讼规则》第 23 条。这次修正抛弃了 1938 年规则根据权利性质对集体诉讼加以分类的作法，而改为采用功能性标准将集体诉讼划分为三个类型，并扩大了集体诉讼的适用范围。目前，第 23 条是美国人提起集体诉讼的法律依据。

虽然集体诉讼规则的修正并没有马上导致集体诉讼案件的增加，但是到了 20 世纪 70 年代，伴随着律师收费胜诉酬金制的采用以及公益诉讼律师和团体的增长，第 23 条的作用开始凸显。集体诉讼在整个美国的法院中如雨后春笋般涌现出来，大量的集体诉讼被提起，其中包括投资人诉讼、平等机会诉讼、大众侵权诉讼、消费者诉讼和环境诉讼，等等。集体诉讼甚至被誉为是"有史以来社会功用最大的救济方式"。[②]

（二）美国集体诉讼的要件和类型

当前美国集体诉讼制度的法律依据仍是 1966 年《联邦民事诉讼规则》第 23 条。根据第 23 条（a）的规定，提起集体诉讼必须满足的四个条件是：（1）成员众多，已构成了一个集体（a class），要求其必须全体出庭是不现实的。（2）群体成员具有法律上或事实上的共同问题。（3）代表当事人所提出的主张或者抗辩，必须构成其余成员主张或抗辩的典型。（4）代表当事人能够公正妥适地代表所有成员的利益。

此外，若要进行集体诉讼，还必须属于第 23 条（b）中所规定的如下三种情形之一：（1）如果允许个别诉讼，就可能造成各个判决间的相互歧异或者矛盾，为对方当事人造成矛盾的行为准则；或者有

---

①Harvard Law Review Association, "Developments in the Law—Class Action", 89 *Harvard Law Review* (May, 1976).

②Abraham L. Pomerantz, "New Developments in Class Actions—Has Their Death Knell Been Sounded? ", 25 *Bus. Law*, 1259 (1970).

可能在诉讼过程中对没有参加诉讼的其他成员的利益加以处分，甚至妨碍他们权益的保护和实现的可能性。（2）对方当事人特定的作为或不作为将对多数人造成广泛的影响时，法院可以通过终局禁制令或相当于终局禁制令的声明给予救济。在这种形态的集体诉讼中，法院的禁制令及相当于终局禁制令的声明，对于有利害关系的集体可以发挥救济作用。这种集体诉讼在反托拉斯实务中应用很多。（3）集体成员在法律上或事实上具有的共同问题主导（predominate）了影响单个成员的任何问题，而且，在所有可以采用的争端解决方法中，集体诉讼在公正及有效性方面优越于（superior）其他任何方法。这一种集体诉讼的目的在于保证诉讼经济原则，促使众多的小额权利主张者能够迅速、有效、方便地获得损害赔偿。

在上述三种形态的集体诉讼中，第 23（b）（2）和第 23（b）（3）是 1966 年改革新增加的。其中第 23（b）（2）适用于寻求不作为救济或宣示性救济的诉讼。这种集体诉讼的范式是 20 世纪 60 年代和 70 年代在终止种族隔离政策并实施民权法案中发挥了重大作用的"民权"诉讼，以及 20 世纪 70 年代和 80 年代将宪法和制定法标准适用于监狱、精神病院和福利公寓的"制度性改革"诉讼。其主要的被告常常要么是政府机构，要么是被诉称实施了不公正雇佣行为的公司。1966 年通过第 23（b）（3）所增加的第二种集体诉讼形态被大家称为是"（b）（3）集体诉讼"，并被认为是 1966 年改革中具革命性的修正。① 本章文所指的消费者集体诉讼就属于"（b）（3）集体诉讼"。

（三）美国集体诉讼中的消费者集体诉讼

简单地说，美国的消费者集体诉讼就是指依据《联邦民事诉讼规则》第 23（b）（3）所提起的、意在为持有小额请求的众多消费者

---

① Richard B. Cappalli and Claudio Consolo, "Class Actions for Continental Europe? A Preliminary Inquiry", 6 *Temp. Int'l & Comp. L. J.* （Fall, 1992）.

寻求损害赔偿的一种集体诉讼形式。

在美国，若要提起消费者集体诉讼，除了要满足第23（a）规定的四个前提条件外，还必须符合第23（b）（3）规定的另外两个特别要求：（1）共同问题的主导性（predominance），即集体成员在法律上或事实上的共同问题，必须优越于集体成员各自的个别问题。这并非要求诉讼中的共同问题与所有成员的个别问题相同，而是要求各个成员必须拥有一个典型的核心问题。这个特别要求的目的在于确保，从诉讼经济上看有通过集体诉讼解决消费争议的必要。（2）集体诉讼的优越性（superiority），其强调集体诉讼在解决具体争端时比所有其他可以适用的制度都更快速、妥适。这一个条件主要是为了将可以通过其他方式解决的案件进行分流，保证法院对集体诉讼案件的可控性，并防止案件的过度积压。第23（b）（3）规定的这两个条件说明，并非任何满足第23（a）四个前提条件的消费争议都可以通过集体诉讼加以审理，有些消费争议如产品责任案件就可以通过普通诉讼程序审理。

二　美国消费者集体诉讼的理论依据与基本功能

美国消费者集体诉讼一反通过个别诉讼解决权利争端的传统做法，而利用行政彩色极强的集体诉讼程序大量审理消费争议，其理论根据何在？具体制度价值又何在？

（一）消费者集体诉讼的理论依据

虽然人们目前多从经济计算的角度论证美国消费者集体诉讼的合理性，但是，必须看到的是，美国消费者集体诉讼的最初根据却是"任何人不得通过自己的违法行为获利"的衡平法思想。强调这一点对于我们认识消费者集体诉讼在解决小额消费争议方面的功能以及理解消费者集体诉讼所采用的"类似救济"制度至为关键。

作为衡平法上的一种制度，集体诉讼最初产生的动机是迫使违法经营者吐出非法利益（disgorgement）并阻止其今后继续进行违法行为（deterrence）。[1] 例如，早在 1946 年 *Market St. Ry. Co. v. Railroad Commission* 案中，[2] 加利福尼亚法院的多数意见就认为："……该案所涉金钱，是由对顾客的收费积聚而成，而且这一收费行为也已经被断定非法。从公正和良知的角度出发，应该将这笔金钱施惠于那些被迫支付非法收费的人，尽管他们自己可能认为没有必要或者不便于主张退还这笔个别看起来很小，积聚起来却数额巨大的金钱。"由此可见，集体诉讼最初所强调的并不是向受害人提供赔偿，而是更注重公平正义观念的维护。

但是，随着集体诉讼制度在美国的发展以及大众性侵权争议的滋生，法院开始日益忽视集体诉讼是反对"不当得利"的措施这一衡平法思想，而发展出了另外一种经济学上的理论依据，即认为将成千上万个权利主张合并在一个诉讼中是为了实现"司法经济"（judicial economy）。在这些法院看来，为了有效并高效地处理这些大众性争议，除确认采取集体诉讼程序之外别无他法。[3] 经济计算的考虑甚至一度成为理论界对消费者集体诉讼进行论证的主流观点。[4]

---

[1] 转引自 Abraham L. Pomerantz, "New Developments in Class Actions—Has Their Death Knell Been Sounded?", 25 *Bus. Law* (1970).

[2] 该案的基本案情是：某汽车公司通过向每一位计程车乘客多收取 2 美元而获取了巨额的非法收入。但是，当原告所提起的集体诉讼胜诉后，只有百分之二的受害成员主张自己的权利，因为大部分人认为损害赔偿太少，不值得领取。针对百分之九十八的人不领取损害赔偿这一事实，Edmonds 大法官在其所撰写的少数意见中说，最高法院不应该"防止乘客将非法收入抛弃给汽车公司"；既然受害的集体成员由于懒惰或者漠不关心而不主张权利，就应该允许违法行为人保留从非法行为中收取的果实。但是，多数意见却采取了与此相反的观点。最后，法院将这部分资金判决给三藩市和三藩县，由其用这笔钱改善道路设施——从而保证了施惠于所有的乘客，而不仅仅是那些被多收费的人。*Market St. Ry. Co. v. Railroad Commission*, 171 P. 2d 875 (Cal. 1946)。

[3] Richard O. Faulk, "Armageddon through Aggregation? The Use and Abuse of Class Actions in International Dispute Resolution", in Charles E. F. Rickett and Thomas G. W. Telfer (ed.), *International Perspectives on Consumers' Access to Justice*, Cambridge University Press, 2003.

[4] Abraham L. Pomerantz, "New Developments in Class Actions—Has Their Death Knell Been Sounded?", 25 *Bus. Law* (1970).

对于这种转变，有学者提出了严厉的批评："一旦'司法经济'成为压倒一切的考虑，初审法院就可以只根据关于大众侵权危机的声明而确认采用集体诉讼程序，而既不必要求证明这样的请求确实存在，也不要求存在可以证明权利主张的任何依据。这更加恶化了第23条缺乏具体规定的后果。"[1] 该批评意见并进一步认为，这种作法导致法院在没有获得充分信息的情况下就确认采用集体诉讼，从而人为地创造出了很多巨额争议——这些争议使被告处在无法忍受的压力之下，不得不进行和解。鉴于这些集体诉讼对被告所造成的如此巨大的压力，人们将之贬称为"司法敲诈"。尤有甚者，这种诉讼形式的滥用不仅人为地创造了争议，而且更刺激人们以经济计算而不是以是非曲直为根据解决这些争议。[2]

虽然集体诉讼在客观上具有节约司法资源的作用，并且在解决小额消费争议、向受害的消费者提供损害赔偿方面发挥着重要的功能，但是，重新关注集体诉讼产生的最初动机即维护公平正义，或许有助于提醒我们更为全面地认识并评价消费者集体诉讼这种所谓的"负价值"诉讼。

（二）美国消费者集体诉讼的基本功能

具体而言，美国消费者集体诉讼的主要功能包括：

1. 直接向受害消费者提供赔偿

消费者集体诉讼的最直接功能就是至少使一部分受害的消费者获得损害赔偿。当然，这是任何损害赔偿诉讼都具有的功能，但是，消费者集体诉讼的特殊之处并不在此，而是在于，通过消费者集体诉讼获得损害赔偿的小额消费争议通常是无法通过其他程序解决的。其所

---

[1] Richard O. Faulk, "Armageddon through Aggregation? The Use and Abuse of Class Actions in International Dispute Resolution", in Charles E. F. Rickett and Thomas G. W. Telfer (ed.), *International Perspectives on Consumers' Access to Justice*, Cambridge University Press, 2003.

[2] Richard O. Faulk, "Armageddon through Aggregation? The Use and Abuse of Class Actions in International Dispute Resolution", in Charles E. F. Rickett and Thomas G. W. Telfer (ed.), *International Perspectives on Consumers' Access to Justice*, Cambridge University Press, 2003.

针对的是这样一种类型的消费争议：经营者的一个违法行为造成了众多的甚至是无数的消费者的损失，但是每一个消费者的损失又很小，不值得为之进行诉讼或甚至主张权利。也就是说，消费者集体诉讼将众多的小额请求合并在一起，允许一个或数个原告代表所有的受害者提起诉讼，从而使这种类型的小额请求也可以通过司法程序得到实现。因此，消费者集体诉讼的一个基本目的或者说直接目的，不仅仅是向受害的消费者提供赔偿，而且是向那些原本不可能通过普通诉讼程序实现的权利主张提供赔偿。其重要之处并不在于向消费者提供了赔偿，而在于，若没有集体诉讼制度的应用，这些权利主张不仅无法实现，甚至都不可能浮出水面，而只是停留在睡眠状态。

2. 剥夺不当得利并预防违法行为

现代市场的一个特征是全国性甚至国际性大市场的存在，一个公司的顾客往往遍及全国甚至全球，数量达上百万甚至上亿。其后果之一是，对于公司来说，只要向每一个顾客多收几分钱，或者在产品中稍微做点手脚，就能获得巨大的利润；而从消费者一方面看，虽然明知自己遭受了不公平的对待，但是由于涉及的金额太小，不值得为之浪费时间和精力，更不值得为之雇请律师并诉诸法院，因此往往不加理会。在这种情形中，如果国家不加干涉，违法经营就会因此获得巨额非法收入。但是英美衡平法的一个基本原则是，违法者不得从自己的违法行为中获利。[①] 因此，美国的法律认为，在经营者通过向无数消费者施加微小损害而获利的场合，即使不可能向每一个受害的消费者进行精确的赔偿，也不得允许经营者保留非法收入。如果法院能够迫使违法者吐出非法收入，虽然具体的消费者可能没有享受到任何直接的利益，但社会整体却因此受益。而且，这样也可以使经营者意识到，为众多消费者造成微小损害的违法行为不再是有利可图的行为，从而可以防止他们在今后继续从事类似行为。消费者集体诉讼就是一

---

①Kerry Barnett, "Equitable Trusts: An Effective Remedy in Consumer Class Actions", 96 *Yale L. J.* (June, 1987).

种能够实现剥夺非法获利并预防违法行为功能的制度。就此而言，美国消费者集体诉讼不仅仅是实现个体消费者正义的工具，而且还是在缺少公共规制形式情形下控制商业行为的一种方法。

消费者集体诉讼具有剥夺不当得利并预防违法行为的功能，这也就是为什么虽然消费者集体诉讼被称为是"负价值"（negative value）——为进行此类诉讼花费的成本远远高于受害消费者因此获得的直接收益的诉讼，而美国人仍然坚持采用消费者集体诉讼制度的根本原因。

三 美国消费者集体诉讼的主要适用范围

集体诉讼是美国一种基本的民事程序，而并非消费者保护法的禁脔，因此，无论何种类型的民事争议，只要满足了有关的前提条件，都可以依据美国《联邦民事诉讼规则》第23（b）（3）提起集体诉讼。实际上，自1966年以来，先后以第23（b）（3）为依据提起的诉讼主要有反托拉斯诉讼、证券诉讼、大众性侵权诉讼和小额消费者集体诉讼。一般而言，有关学者特别是美国之外的一些学者在论述美国消费者集体诉讼时，对于其所解决的争议类型并不严格加以区分，而只是笼统地称为消费争议或者大众性侵权诉讼。但是，消费争议具有大小不一、形态多样及案情繁简不同等特征，消费者集体诉讼显然并非适于解决所有类型的消费争议。因此，为了更好地凸显美国消费者集体诉讼的特色，就有必要关注美国法官到底利用集体诉讼程序解决过或正在解决何种类型的消费争议。这不仅有助于我们从智识上更好地理解美国的消费者集体诉讼，而且也有益于对这种制度的移植，如果这种移植确是必要且可能的话。

（一）美国消费者集体诉讼很少被用来解决产品责任案件

声言美国法院很少使用集体诉讼程序解决产品责任案件无疑会令人感觉有点突然，但事实确是如此。美国的集体诉讼在1938年产生时的主要功能就是使那些没有能力或不愿意提起单个诉讼的个人进入司法过程，从而向很多相对较小的损害或伤害提供损害赔偿。因此，《联邦民事诉讼规则》第 23 条的主要目的是向那些在其他情况下无法获得损害赔偿的个人提供救济。[①] 变化主要发生在 20 世纪 70 和 80 年代，尤其是在 20 世纪 80 年代，人们在美国各州通过集体诉讼提出了很多大众性侵权诉讼，其中最著名的案件是石棉案（Asbestos）、[②] 橙剂案（Agent Orange）、[③] Dalkon Shield 子宫避孕环案，[④] 等等。有两位意志坚强、精力充沛并富有创造性的联邦法官利用第 23 条规则成功地解决了一些著名的产品责任案。纽约东区法官温斯坦（Weinstein）利用集体诉讼制度解决过"橙剂案"和"石棉案"；得克萨斯东区的联邦法官罗伯特·帕克（Robert Parker）利用集体诉讼解决了发生在其辖区的"石棉案"。[⑤]

在大众性侵权诉讼中，虽然基本的目标仍然是向个人提供损害赔偿，但是，集体诉讼的基本模式却发生了改变。一方面，由于法院日益为产生于同一种产品或同一种服务的单个诉讼所淹没，法官开始转而将集体诉讼视为是一种避免因逐个审理而导致的拖延和费用的手段。[⑥] 另一方面，大众性侵权诉讼所涉的集体及所提供的巨额赔偿也导致了严重的后果：一，"流动补偿"（fluid recovery）导致了作为管

[①]Michele Taruffo, "Some Remarks on Group Litigation in Comparative Perspective", 11 *Duke J. Comp. & Int'l L.* (Spring/Summer, 2001).

[②]由于石棉中含有致癌物质，很多从事有关行业的工人因此生病。20 世纪 80 年代的美国，有将近 20 万的工人就此提起索赔诉讼，其中以得克萨斯州情形最烈。

[③]橙剂是一种用于化学毒物武器的除草剂，因其容器的标志条纹作橙色，故名。1961 至 1971 年间，美军在越南投洒了大量的橙剂以让敌人无处藏身。橙剂的主要成分 TCDD 是一种强力的致癌剂。从 1984 年起，超过 20 万名越战老兵因深受其害而提起集体诉讼。

[④]许多美国妇女在使用 Dalkon Shield 公司生产的子宫内避孕器后出现骨盆腔感染等疾病。数十万妇女为此提起了诉讼，Dalkon Shield 公司最后被美国家用产品公司收购，后者拿出 23 亿美元作为 Dalkon Shield 产品受害者的补偿基金。

[⑤]Richard B. Cappalli and Claudio Consolo, "Class Actions for Continental Europe? A Preliminary Inquiry", 6 *Temp. Int'l & Comp. L. J.* (Fall, 1992).

[⑥]参见 Jack B. Weinstein & Eileen B. Hershenov, "The Effect of Equity on Mass Tort Law", 1991*U. ILL. L. REV.* (1991).

理损害赔偿金手段的基金会的产生。这就需要法院承担有组织的广泛意义上的行政管理活动，包括专门官员的指定、对基金会的控制和规制等。二，在通过公共机构管理成千上万的因同一种产品而提起的诉讼中，产生了"行政化"（administrativization）难题。这显然是尝试借助于规制或立法解决大众性侵权案件的必然结果。三，惩罚性损害赔偿在大众性侵权案件中的大量使用。由于一般认为惩罚性损害赔偿具有威慑违法行为者，防止其继续或重复从事违法行为的功能，所以，也可以认为大众性侵权案件通过重塑违法行为者的行为及影响潜在违法行为者的态度而发挥了规制功能。

的确，美国法院确实基于诉讼经济的考虑利用第 23（b）（3）规定的集体诉讼解决过一些产品责任案件，而且还是一些非常著名的产品责任案件，但是不可否认的是，集体诉讼是否适用于大众性侵权案件，理论上一直存在很大争议。有人认为第 23 条从来都没有打算适用于我们现在所称的大众性侵权，即所谓的突发性灾难诉讼或慢性灾难诉讼案件。[1] 而且，在司法实践中，当美国法官面对重要的个人权利和事实情节高度具体的诉讼请求时，对程序性问题也是非常保守的。虽然存在一些不同的观点，但美国法官中的主流观点仍然认为不应该通过集体诉讼制度审理这样的案件。《联邦民事诉讼规则》咨询委员会（advisory committee to the federal rules）曾评论认为，对于大众性侵权诉讼，不适于加以集体诉讼确认（class certification）。[2] 总之，在美国存在这样一种一致的看法：对于产品责任案件最好是通过特别法定程序解决，而不应该通过第 23 条规定的集体诉讼制度审理。[3]

事实上，上述所列的几个案件几乎是美国法院利用集体诉讼程序

---

[1]例如，见 W. Schwarzer, "Settlement of Mass Tort Class Actions: Order Out of Chaos?", 80 *Cornell L. R.* （1995）.

[2]39 F. R. D. 69, 103（1966）advisory committee's note（commenting on the 1966 Amendments to Rule 23）.

[3]Richard B. Cappalli and Claudio Consolo, "Class Actions for Continental Europe? A Preliminary Inquiry", 6 *Temp. Int'l & Comp. L. J.* （Fall, 1992）.

解决产品责任案件的仅有例子。① 造成这种现象的原因是，在产品责任案件中，虽然众多消费者因同一种商品遭受了伤害，但是具体的案情却因人而异，以致受害消费者之间的共同问题根本无法占据主导地位，或者集体诉讼制度无法显示其优越性。实际上，在产品责任案件中，每一个受害者都有一个特别的故事需要诉说，例如，自己食用或饮用了何种产品？在何种时期内消费了这样的产品？造成的后果如何？等等；每一个被告也都享有一种宪法性权利，对于针对自己的每一个诉讼请求提出全面的辩护，包括因果关系、混合过错及危险的评估等因素。由于产品责任案件中的每一个诉讼请求都具有这种个别性特色，因此，很少有美国的法院愿意通过集体诉讼对其加以审理，尤其是当他们发现多个受害人的共同问题并没有占据主导地位，或者是集体诉讼制度并不优越于其他的争端解决方式，或者是个别原告拥有控制自己的诉讼请求的优先权时，就更不愿意适用集体诉讼制度。只有在特别不寻常的情形中，例如，当被告在面临无数诉讼请求的猛烈攻击而请求破产，并利用联邦法院的破产权力——合并众多的诉讼请求并将公司的剩余资产在权利主张者之间加以分配——时，或者当被告自愿设立一个共同基金（a joint fund），使受害者能够通过该基金受偿时，法官才会通过集体诉讼制度解决产品责任案件。

（二）美国消费者集体诉讼的主要适用领域是小额消费争议

美国的消费者集体诉讼是指当众多的消费者因经营者的同一个违法行为或同一种产品或服务受害，但由于每一个消费者所遭受的损失又很小，因此不值得提起个别诉讼时，而通过集体诉讼程序迫使违法经营者吐出非法所得并为消费者提供救济的一种诉讼制度。它使得那些原本因标的额太小而不可能进入法院的消费争议可以通过司法程序解决，从而使成千上万的持有"微不足道"的权利主张的受害消费者享受了司法保护，因此，就本质而言，美国式消费者集体诉讼主要

---

① 参见 In re Fibreboard Corp. , 893 F. 2d 706, 712 (5th Cir. 1990).

是一种解决小额消费争议的手段。这一点与加拿大、澳大利亚的消费者集体诉讼以及我国一般所指的集体诉讼都存在根本性不同，而这也正是"美国的"消费者集体诉讼制度之所以值得特别重视的原因之一。①

虽然第23（b）（3）在过去几十年间曾被美国的一些法院用于解决大众性侵权案件，但正如前文中已经指出的，从集体诉讼制度的初衷看，其主要目的是向那些在其他情况下无法获得损害赔偿的个人提供救济，②而到20世纪末，小额消费者集体诉讼在集体诉讼中的比例则更是日益增多，甚至有掩蔽一度是美国商业祸根的大众性侵权诉讼之势。③ 代表消费者提起的集体诉讼，不论其是针对有瑕疵的产品还是针对不适当的或欺诈性的商业行为，一直如影随形地咬紧生产商及保险、银行和金融、信用报告（credit reporting）和通讯等服务行业不放。事实上，每一个美国人都曾经是某次集体诉讼的成员，集体诉讼的原因可能是航空公司或CD生产商的违法定价行为，信用卡公司未经许可就收费，电力公司或电缆公司的费率不合适，手机公司的服务不充分，卫生服务提供者不当执业，或者是电脑企业销售的硬件或软件出现故障，等等。

上述所列各种情形的共同特征是：经营者的一个违法行为造成的受害消费者人数众多，甚至可高达数百万人；而每一个消费者的损害又很微小，例如可能只不过是5美分。在这些案件中，集体诉讼都是被用来解决群众性消费者问题，帮助消费者实现其小额索赔请求，其鲜明特征就是落实极度分散的群体性小额损害赔偿请求，从经营者收回其因非法行为的不当得利。这种消费者集体诉讼与通过集体诉讼审

---

①Geraint Howells and Rhoda James, "Litigation in the Consumer Interest", 9 *Journal of International and Comparative Law* (Fall, 2002). 在我国，无论是理论中还是司法实践中，都从未把代表人诉讼制度视为是可以解决小额消费争议的备选制度。

②Michele Taruffo, "Some Remarks on Group Litigation in Comparative Perspective", 11 *Duke J. Comp. & Int'l L.* (Spring/Summer, 2001).

③Edward F. Sherman, "Consumer Class Actions: Who Are the Real Winners?", 6 *Me. L. Rev.* (2004).

理的产品责任案件的不同在于：一，在产品责任案件中，每一个消费者获得的损害赔偿额很高，而消费者集体诉讼中每一个消费者获得的损害赔偿通常很小；二，产品责任案件寻求的是人身伤害赔偿，而消费者集体诉讼常常只是要求经营者对经济损失提供赔偿，赔偿的形式可以是退款、对相关损失的赔偿或法定惩罚金。

美国的消费者集体诉讼致力于为消费者群体遭受的小额而分散的损害寻求赔偿，这与其他国家主要通过集体诉讼解决人身伤害问题具有根本性不同。实际上，其他国家模仿美国模式设立的集体诉讼，全部都是针对高额案件的诉讼程序，而不是用于解决群众性的、小额的、极度分散的消费者请求的小额诉讼制度。① 一些法律体系似乎也并不关注美国的这种集体诉讼程序，例如，澳大利亚法律规定，如果由于消费者人数过多并且个人请求的数额微小而造成分配赔偿的成本过高，就可以停止集体诉讼。②

四　美国消费者集体诉讼的"类似"救济制度

美国消费者集体诉讼制度的一个鲜明特色是其所采用的类似救济制度。"类似救济"（the cy près remedies）又叫"流动补偿"，是一种通过"次优"方式利用未分配完毕的损害赔偿金的手段。

（一）损害赔偿金的分配难题和类似原则

在美国消费者集体诉讼中，当消费者集体在集体诉讼中与被告达成和解或获得胜诉时，从被告收取的资金通常被用于支付单个消费者的请求、案件的管理费用以及律师的报酬。但是，事实上，即使集体诉讼的代表当事人尽最大努力地通知所有的集体成员并请求他们提出

---

①Geraint Howells and Rhoda James, "Litigation in the Consumer Interest", 9 *Journal of International and Comparative Law*（Fall, 2002）.

②S. 33M. Federal Court Of Australia Act 1976.

损害赔偿请求，常常仍然有一部分资金无法分配完毕。[①] 其原因主要有二：首先，不仅并非所有的成员都可以寻找得到并从而能够通知他们领取损害赔偿，而且一些获得通知的集体成员也并不领取损害赔偿金。其次，每一个消费者所可以获得的损害赔偿是如此之小，以致通知和分配的费用超出了可以领取的数额或者使消费者只能领取微不足道的金额。总之，无论出于什么原因，剩余的损害赔偿金都使法院和律师面临一个挑战：如何通过最佳的方案处理这些没有能够分配完毕的资金？

正如前文已经论述过的，美国消费者集体诉讼的目标是向受害者直接提供赔偿，剥夺非法收入并预防违法行为。为了迫使被告吐出所有的非法收入，就必须对集体成员的损失进行合并计算；被告吐出金钱后，法院必须决定如何使用这笔钱；公平原则还要求金钱的用途应尽可能地施惠于所有的受害者集体，包括没有提出申请的那些人；如果无法直接实现向消费者提供损害赔偿的目的，就应该通过间接方式。类似性救济制度无疑是实现所有这些要求的最佳手段。

"类似"（cy près）一词源自诺曼底法语中的"cy près comme possible"，表示"尽可能靠近"的意思。[②] 类似原则（the cy près doctrine）是衡平法上对法律文件进行解释的一项规则，指如果法律文件按其字面意义生效将成为不可能或者不合法，则可以借类似原则使当事人的目的尽可能地得到实现。[③] 传统上，类似原则主要适用于对遗

[①] 例如，在联邦地区法院审理的 *West Virginia v. Chas. Pfizer & Co.* 案中，在通过和解获得 10 亿美元的损害赔偿中，剩余大概 3.2 亿美元无人领取。在 In re Folding Carton 反托拉斯诉讼中，联邦地区法院认可了 20 亿美元的和解，最后剩余 0.8 亿美元没有分配完毕。类似地，在加利福尼亚州高等法院（California Superior Court）审理的 *Vasquez v. Avco Financial Services* 案中，超过 0.1 亿美元的损害赔偿金没有人认领。参见 Natalie A. DeJarlais, "The Consumer Trust Fund: A Cy Près Solution to Undistributed Funds in Consumer Class Actions", 38 *Hastings L. J.* （April, 1987）.

[②] E. Fisch, The Cy Près Doctrine in the United States, § 1000, at 1 (1950)。在集体诉讼中，"流动补偿（fluid recovery）"有时候被用作"类似"（cy près）的同义词；此外，"流动补偿"也专指类似救济制度的一种即降价。

[③] 参见薛波主编《元照英美法词典》，法律出版社 2003 年版，第 362 页。

嘱和慈善信托的解释。根据类似原则的要求，即使立遗嘱者的意愿无法加以精确的执行，也不可以对其完全置之不管；法院应该尽可能地以接近立遗嘱者的真实意愿的方式加以执行。人们一般通过如下例子说明类似原则的具体运作：死者生前通过遗嘱将一件遗留物捐赠给一所教堂，但是，立遗嘱者死亡之前该教堂就已经被烧为灰烬。于是，法院就把死者的遗留物交给了与原来的教堂属于同一个教派的附近的另一所教堂。比起严格持守僵化的字义原则，并因而允许立遗嘱者的亲属获得天外横财来说，这显然更符合立遗嘱者的意愿。

类似原则在消费者集体诉讼中的应用是，当受害的集体成员因为一些原因无法逐个地获得赔偿，并且损害赔偿金因此而有剩余时，就可以根据类似原则将利益分配给"次优"的集体。

（二）消费者集体诉讼中的各种类似救济制度

美国消费者集体诉讼中存在四种类似救济制度：政府收缴、降价、主张者分配、消费者信托基金。

1. 政府收缴（Governmental Escheat）

处理和解资金或损害赔偿资金的办法之一是由各州收缴。具体可采取两种形式：一是，法院命令将资金用于特定的目的，从而施惠于与受害集体大致相当的一群人，即"专款专用式"收缴；二是，无条件地将资金收归国库，并由政府自由支配。专款专用式收缴不仅可以通过国家现存的机构将资金用于有利于社会大众的项目上而实现分配成本的最小化，而且还实现了防止不当得利和预防违法行为的目的。但是，专款专用式收缴也有危险：无法防止政府将专用资金挪用于其他与最初意愿完全无关的事项上。如果没有办法控制政府对损害赔偿金或和解资金的利用，就会危及专款专用式收缴的有效性。在将资金无条件收归国库的场合，受害消费者因此获得的利益极度分散，甚至都可以忽略不计，所以说，虽然收归国库的方式实现了防止不当得利和禁止违法行为的目的，但并没有实现向消费者提供损害赔偿的目的。在 *West Virginia v. Chas. Pfizer & Co.* 案①中，美国法院曾采用专款专用式收缴处理剩余的资金。

2. 降价（Price Reduction）

降价就是要求被告降低其产品或服务的价格，直到所有的非法收入被完全吐出为止。由于与原告类似的一个集体享受了降价的利益，因此降价也是一种有用的类似救济制度。例如，在 *Daar v. Yellow Cab Co.* 案、*Colson v. Hilton Hotels Corp.* 案以及 *Oakland Raiders v. Office of Emergency Preparedness* 案②中，美国法院曾成功地利用了降价制度。但是，降价制度也存在种种问题和不足。例如，消费者为了找到降价的商品而不得不浪费时间和精力，甚至还必须排队等候；可能影响到被告的竞争者而迫使他们也不得不进行降价；甚至可能使许多销售商成批购买降价的产品，然后再以较高的价格出售；被告还可能降低降价产品或服务的质量，等等。鉴于降价具有如此多的弱点，其在消费者集体诉讼中的有用性是有限的。

3. 主张者分配资金（Claimant Fund-Sharing）

主张者分配资金制度就是允许那些提出权利请求的集体成员按比例全部分配和解资金或损害赔偿金。由于资金在支付了各种开销和律师费之后被所有的主张者分配完毕，因此就避免了资金剩余的问题，但是这种救济方式的内在弊端也是显而易见的：那些提出请求的集体成员将获得意外之财；管理成本很高；集体诉讼的代表当事人可能为了自己的利益而阻止其他成员提出权利请求；完全剥夺了未提出请求的集体成员获得补偿的任何机会。因此，主张者分配资金的制度比较适用于那些绝大多数集体成员都提出了权利主张的集体诉讼。加利福尼亚最高法院在 *State v. Levi Strauss & Co.* 案③中曾适用了这种救济

---

①314 F. Supp. 710（S. D. N. Y. 1970），aff'd, 440 F. 2d 1079（2d Cir.），cert. denied, 404 U. S. 871（1971）.

②Natalie A. DeJarlais, "The Consumer Trust Fund: A Cy Près Solution to Undistributed Funds in Consumer Class Acitons", 38 *Hastings L. J.*（April, 1987）.

③41 Cal. 3d 460, 715 P. 2d 564, 224 Cal. Rptr. 605（1986）.

方式。

4. 消费者信托基金（The Consumer Trust Fund）

消费者信托基金是指利用未能分配完毕的和解资金或损害赔偿资金设立的基金。设立消费者信托基金的方式有二：一，利用未分配的资金设立新的基金会，并由受托人资助那些有利于受害消费者或与其处境相似的人的项目。二，将资金提交给现存的组织，由其支持新的或已经存在的造福消费者的项目。后一种方式能够利用现存的组织，因此节省了启动费用并避免了拖延；而且，由于现存组织必须对消费者承担忠实义务，法院又有监督职责，其也远比将钱交给政府更为保险。在 *Vasquez v. Avco Financial Services.* 案①中，剩余的资金就被交给了美国消费者联会，由其用这些资金从事各种消费者保护活动。

消费者信托基金也存在弱点：第三方获得意外之财；正当程序问题；法院的衡平权，等等。但不可忽视的一个关键事实是：消费者信托基金更容易向消费者提供长久的利益，而不仅仅是一时性地分配和解资金或损害赔偿资金。而且，消费者信托基金制度不仅满足了消费者集体诉讼的三个目的，而且节省了司法资源。因此，与其他类似救济制度相比，消费者信托基金是实现消费者集体诉讼制度和类似性分配救济方式的目的的最佳方式。

（三）对类似性分配制度的批评及回应

类似救济制度的主要优势是它们具有实现三种基本目标的潜能。首先，可以将获得的所有损害赔偿分配净尽，而不须将剩余资金返还给被告。这满足了迫使被告吐出非法收入的政策。其次，类似救济制度的存在使分配资金成为一个可以完成的任务，因此法院更有可能确认集体诉讼并按照是非曲直对其继续加以审理。法院有可能确认集体诉讼，必须吐出所有的非法收入，这两个因素加起来就能够有效地阻止被告继续从事违法行为。最后，类似原则具有通过"次优"方式

---

①No. NCC 11933 B（Los Angeles Super. Ct. Apr. 24, 1984）.

使用损害赔偿的性质，这就保证了可以利用损害赔偿施惠于尽可能多的集体成员。尽管如此，类似救济制度仍然遭受了基于各种原因的批评。对类似救济制度的批评及相关的回应是：

1. 为某些人带来了意外之财

显然，通过类似制度分配损害赔偿金或和解基金，无法避免第三方获得意外之财的情形发生。美国有的法院以此为理由反对适用类似救济制度。有学者对此的回应是，意外之财并非法律中的禁忌。① 事实上，传统上将类似原则适用于立遗嘱人意愿受挫的情形，也导致了某种形式的意外之财，从而使那些没有被包括在立遗嘱人最初计划之中的人获得利益。另外，禁制令、法定最低损害赔偿金、约定违约金和三倍损害赔偿金（liquidated or treble damages）、惩罚性损害赔偿、股东派生诉讼等许多制度都表明，具有意外之财后果的救济方式仍然得到了人们普遍的认可和接受。上述各种制度的共通原则就是，为了实现所适用的法律的威慑目的并确保向事实上受害的当事人提供赔偿，可以容忍一定的意外之财的发生。

在集体诉讼的救济形式中完全禁止意外之财的存在，将使法院面临三种选择：由可以识别的权利人分配资金（fund-sharing among the identifiable claimants）；允许将资金返还给被告；驳回起诉。由于第一种方式只不过是将意外之财从第三方转移给了提出主张的集体成员，因此并没有解决意外之财的难题。其他两种替代方式则使被告保持了违法得利，而这本身就是意外之财。不仅如此，这些替代性方式基本上都不能处理消费者的冤情，也很难实现消费者保护法的目的。正如一位评论者所指出的，"仅仅以对第三方造成了意外之财就否定或许是唯一一种能够有效地实现集体成员权利的救济方式。这种作法到底是为了实现何种政策，不得而知"。②

因此，从对这些替代性选择的考察看来，虽然类似救济制度为第

---

①Natalie A. DeJarlais, "The Consumer Trust Fund: A Cy Près Solution to Undistributed Funds in Consumer Class Acitons", 38 *Hastings L. J.* (April, 1987) .

②Eisen v. Carlisle & Jacquelin, 417 U. S. 156, 172 n. 10 (1974) .

三方带来了意外之财，但这只不过是实施保护集体成员的法律所承担的一种"附加但必须的"成本。再说，法院还通过根据具体案件的特殊情况调整对资金的分配，从而保证这种成本是一种"附加的"成本。一位评论者曾建议，在特定案件中确定意外之财是否可接受的适宜标准是，在受害的集体和因类似救济制度获利的人群当中应该存在一种"合理的重合"。① 如果打算适用类似救济制度的法官和律师意识到适用类似制度的含义和目的就是要将资金分配于次优的集体，上述所建议的标准将不会造成任何难题。

2. 法官衡平权的合法性问题

对于类似性救济制度的第二个批评是：虽然确实需要保护消费者的利益并剥夺违法行为者的非法得利，但是《联邦民事诉讼规则》第 23 条却并没有授权法院提供类似性救济的自由裁量权。② 因此，法院这样做就是越权的。

针对这种批评，有学者认为，虽然第 23 条没有明确授权法院提供类似性救济，但是它也没有就所可以采取的救济形式及法院的救济权问题做出任何相反的规定。③ 在司法实践中，很多法院确实也并没有因为第 23 条缺少明确授权就被束缚住手脚。例如，在 West Virginia v. Chas. Pfizer & Co. 案中，联邦地区法院声称，自己有权力采用类似性救济方式并"应该为了所有消费者的利益对所获得的资金进行衡平性管理"。④ 类似地，联邦地区法院在 Bebchick v. Public Utilities Commission 案中也采用了一种类似性救济方式，因为法院认为这是一种"适于实现判决意见的方式"。⑤

而且，当原告有权获得衡平性救济的时候，联邦法院还可以依据

---

① 2 H. Newberg, Class Actions, § 10. 22, at 385 – 86.

② 479 F. 2d 1005, 1018 (2d Cir. 1972), vacated on other grounds, 417 U. S. 156 (1974).

③ 见 Natalie A. DeJarlais, "The Consumer Trust Fund: A Cy Près Solution to Undistributed Funds in Consumer Class Acitons", 38 *Hastings L. J.* (April, 1987).

④ 314 F. Supp. 710 (S. D. N. Y. 1970), aff'd, 440 F. 2d 1079 (2d Cir.), cert. denied, 404 U. S. 871 (1971). at 728.

⑤ 318 F. 2d 187 (D. C. Cir.), cert. denied, 373 U. S. 913 (1963), at 203.

《联邦民事诉讼规则》第 54（c）实施衡平性救济。在 *In re Folding Carton Antitrust Litigation* 案中，联邦地区法院声明，"广为承认的是，对集体诉讼的管理……将造成新的意想不到的行政性困难。有人警告我们要以灵活而充满想象力的态度回应这些难题。这种警告部分地反映了集体诉讼制度的衡平法起源，其特点是富有创新精神而又不违反既定的原则"。[①]

3. 与联邦制定法和宪法的冲突

有法院还认为类似性救济制度有悖于正当程序原则，并且质疑由流动集体所提起的集体诉讼程序的基本合法性。[②] 例如，在 Eisen 案中，威廉·西蒙（William Simon）这样论述自己反对类似性救济的理由："'流动'集体中的很多成员——在20世纪60年代早期没有购买零股而在20世纪70年代晚期购买了零股的交易者——将从判决中获利，尽管他们并没有因诉称的违法行为受害；其他一些人——在这两个时期中都购买了零股并证明了自己的权利主张的人——则获得了两次的补偿。还有很多事实上在诉讼期间受害的人则什么补偿也无法得到。……法院就是利用程序性规则实现了改变实体性法律的后果……这直接违反了颁布这些规则所依据的授权法案。该法案规定，最高法院为地区法院设定的规则'不应剥夺、扩大或修正任何实体性权利'。"[③] 简单地说，西蒙认为，在类似性救济制度中，不是要求被告向受害的单个原告而是向一个庞大的集体支付损害赔偿，而集体中则可能包括一些根本没有受到伤害的人。这种政策性转变改变了当事人的实体性权利，因而违反了第23条规则所依据的授权法案。

针对这种批评，有学者认为：类似性救济制度的原理表明，实体性法律的基本政策并没有遭到改变，原因就在于，法院乃是在无法或

①557 F. Supp. 1091（N. D. Ill. 1983），aff'd，774 F. 2d 1252（7th Cir. 1984），cert. dismissed，471 U. S. 1113（1985）. at 1104（citations omitted）.

②Eisen v. Carlisle & Jacquelin，417 U. S. 156，172 n. 10（1974）.

③转引自 Natalie A. DeJarlais，"The Consumer Trust Fund：A Cy Près Solution to Undistributed Funds in Consumer Class Actions"，38 *Hastings L. J.*（April，1987）.

不能对可以识别的集体成员提供直接的损害赔偿时才适用类似原则，而且类似原则的目的是在特定案件中向可以辨认出的"次优"集体提供赔偿。这样看来，不仅提供损害赔偿的政策没有动摇，而且将利益给予"次优"的集体也显然比允许被告保留通过违反制定法而获得的利益更能促进损害赔偿目的。①

此外，对于认为集体诉讼侵害了被告的正当程序权利的批评，有学者的回应是：这种观点只关注了被告的意见，而基本上或完全没有考虑到原告的利益，并且忽视了集体诉讼程序的立法目的。②

五　美国消费者集体诉讼的
其他难题及其解决

除了损害赔偿的分配难题之外，美国消费者集体诉讼中还存在一些其他难题。它们分别是：

（一）诉讼费用的来源

尽管集体诉讼通常比个人诉讼在成本上更有效，但集体诉讼仍然是昂贵的。事实上，诉讼费用问题是集体诉讼中最为棘手的一个方面。③ 美国解决这个问题的办法是实行胜诉酬金（a contingent fee）制，即律师只在胜诉的情况下才收取报酬，而且可以收取较高的费用，通常可以高达当事人获得的损害赔偿金额的三分之一。这样，就可以刺激私人律师积极参与诉讼。美国通过胜诉酬金制度，已经大致解决了诉讼费用的来源问题。

---

①Natalie A. DeJarlais, "The Consumer Trust Fund: A Cy Près Solution to Undistributed Funds in Consumer Class Actions", 38 *Hastings L. J.* (April, 1987).

②Natalie A. DeJarlais, "The Consumer Trust Fund: A Cy Près Solution to Undistributed Funds in Consumer Class Actions", 38 *Hastings L. J.* (April, 1987).

③Klaus Viitanen, "The Crisis of the Welfare State, Privitization and Consumers' Access to Justice", in *From Dissonance to Sense: Welfare State Expectations, Privitization and Private Law*, Dartmouth Publishing Co Ltd, 1998.

事实上，目前大多数国家集体诉讼的融资问题都比美国严重。因此，尽管人们并不情愿完全仿效美国的作法，但仍然普遍存在一种向胜诉酬金制发展的趋势。例如，在英国，胜诉的律师可以收取鼓励金（an uplift），最高可达其通常收费的100%；在加拿大安达略省，采用了一种不是根据百分比而是根据律师每小时的收费、工作小时数和当事人的数目进行计算的胜诉酬金。

当然，对于胜诉酬金也并非没有异议。一种普遍的批评是，由于胜诉酬金过高，在许多消费者集体诉讼中，最终获利的只是提供法律服务的律师。

（二）集体诉讼的滥用

美国集体诉讼在寻求小额赔偿的实现并规范经营者行为方面成绩显著，但其也因具有诉讼滥用的弊端而声名狼藉。被滥用的可能性也是许多人对集体诉讼大加鞭挞的藉口之一。为了防止集体诉讼被滥用并防止集体成员的利益被出卖，美国的主要作法是法院对集体诉讼程序从始至终进行严格的控制：

1. 集体诉讼程序的适用必须法院裁定

美国《联邦民事诉讼规则》第23条（c）（1）规定："法院对于所提起之集体诉讼，是否认可继续以集体诉讼方式进行，应尽速以命令决定。"也就是说，法院在对集体诉讼的各种要件进行调查后，应该决定是否可以通过集体诉讼进行。而且，这种决定并非是终局的，法院在进行诉讼的过程中可以随时依职权进行调查，一旦认为不宜于通过集体诉讼进行，就可以停止集体诉讼，而转入其他的诉讼程序。

2. 对集体成员的通知

美国《联邦民事诉讼规则》第23条（c）（2）规定，对于第23条（b）（3）所规定的集体诉讼形态，法院在裁定可以进行集体诉讼之后，应该"以可能存在之最佳方式通知各成员，包括个别通知经由合理努力所能发现之成员"。通知方式一般是在新闻报纸上公告、向集体成员集中居住的特别区域通过邮件送达或公告等方式。通知内容包括：被通知之人可以在指定日期前，申请法院将其自此集体诉讼中排除；判决无论有利或不利，均及于所有未申请除外之被通知者；未申请除外的成员，得自行委托律师代理出庭。

3. 诉讼的撤回和和解需法院同意

美国《联邦民事诉讼规则》第 23 条（e）规定：代表当事人非经法院许可，并将撤回和和解内容依法院指示之方式通知全体成员，不得撤回及和解。这一规定的目的，就是使法院可以对撤回及和解进行监督，防止当事人代表与被告勾结串通获取不正当利益。

（三）通知集体成员的形式

为了满足美国宪法正当程序的要求，美国《联邦民事诉讼规则》第 23（c）（2）规定，集体成员应该获得"条件许可的最佳通知，包括对所有的成员分别加以通知，如果经过合理的努力能够寻找到他们的话"。被告律师在这一规定中看出了机会，他们要求严格执行通知要求，试图因此使原告承担事实上无法承担的经济压力，从而达到迫使原告放弃诉讼的目的。Eisen 案①充分证明了原告使用这一策略的有效性。在该案中，被告在应诉之前要求原告支付对受害人进行个别通知和公开通知的费用。他们通知原告的律师说，被告能够寻找到 100 万个集体成员并能够提供他们的名字，而且被告也非常乐意将这些人的名字免费提供给原告。如果按照被告律师要求进行通知，原告及其律师必须发送 100 万封信，为此需要支付的金钱是 20 万美元。但是除此之外，被告还指出，对于其他的无法"通过合理的努力寻找到"的 300 万集体成员，唯一的通知方式就是在报纸上面向全国进行公告；当然，为此需要支付的成本令人望而却步。事实上，联邦最高法院在该案中采纳了被告的观点。更为严重的问题是，像 Eisen 案一样的集体诉讼并不在少数，如果美国法院一以贯之地遵循这种作法的

①*Eisen*, 391 F. 2d 555 (2d Cir., 1968).

话，第 23 条规则早就寿终正寝了。

学者们一般从如下两个方面反驳类似于 *Eisen* 案被告的观点：[1] 首先，如果在这种类型的案件中屈服于被告的可笑主张，试图对每一个受害者提供精确的赔偿，将导致连"粗略的正义"都无法实现的后果。这显然违背了第 23 条规则的目的。既然昂贵的通知形式破坏了正义，而合理形式的通知则能够维护受害者的权利，就应该采取简单而切实可行的通知形式。其次，虽然通知程序直接保护的是原告的利益，但也正是由于这一种程序的存在，才使法院判决可以扩张及于所有当事人，因而使被告可以享受"一事不再理"原则的保护，所以说被告也受惠于对集体成员的通知。因此，被告也应该支付通知的费用。

美国法院目前的一般做法是，原则上仍然要求原告承担通知费用，但却并不严格遵循"个别性通知"的方式，而是根据案件的具体情况采取比较合理的通知方式。[2]

总的来看，虽然美国消费者集体诉讼存在种种难题，引发了各种争议，但是经过几十年的司法实践活动，美国法学已经基本上比较成功地解决了集体诉讼中的损害赔偿额的分配和诉讼费用难题，并在很大程度上控制了对集体诉讼的滥用。因此，如果仅仅放在美国的法律文化背景中看，美国的消费者集体诉讼或者说是整个集体诉讼制度都已经发展到成熟阶段；不仅如此，集体诉讼在美国也不再是一个无足轻重的程序，而是提供法律救济的主要手段，其重要性略次于披露制度和司法审查制度。[3]

---

[1] Abraham L. Pomerantz, "New Developments in Class Actions—Has Their Death Knell Been Sounded?", 25 *Bus. Law.* (1970).

[2] 林金吾：《消费者诉讼制度之研究》，台湾《司法研究年报》第十七辑第十篇，1997 年，第 46、48 页。

[3] Richard B. Cappalli and Claudio Consolo, "Class Actions for Continental Europe? A Preliminary Inquiry", 6 *Temp. Int'l & Comp. L. J.* (Fall, 1992).

六 美国消费者集体诉讼移植的可能性

一方面由于消费者集体诉讼在美国获得的相当成功，一方面由于现代对消费者保护法有效实施的日益关注，美国消费者集体诉讼制度在世界上其他国家和地区引发了很大的借鉴热情和研究兴趣。

（一）借鉴实践

一些国家特别是英美法系国家早就尝试引进美国的集体诉讼，或以其为蓝本对本国的制度加以改革。例如，在加拿大，安达略省于1993年颁布实施了《集体诉讼法》（*The Ontario Class Proceedings Act*），英属哥伦比亚于1995年通过了《集体诉讼法》；在澳大利亚，维多利亚省和南澳大利亚省率先在州的层面上适用集体诉讼程序，澳大利亚联邦则在1993年全面采用集体诉讼程序；英国也在这个方面进行了一些尝试。

而且，不仅加拿大、澳大利亚和英国等英美法系国家对移植美国的集体诉讼制度有兴趣，甚至是大陆法系国家，如德国和意大利也一度对美国的集体诉讼发生过兴趣。[①] 在大陆法系国家中，对引进集体诉讼制度最具热诚的要数巴西。20世纪80年代中期，由于西方国家特别是意大利学者如卡佩莱蒂等人的影响，巴西展开了集体诉讼运动。[②] 1985年，巴西制定《公共民事诉讼法》（*The Public Civil Action Act*）。虽然该法的最初目的仅是"保护环境、消费者和具有艺术、美学、历史、旅游和风景价值的财产和权利"，其后来却发展成为一部跨实体法的法律，并被扩展适用于保护一切分散性或集体性权利。《公共民事诉讼法》规定了不作为集体诉讼，并规定了对集体的分散

---

①Richard B. Cappalli and Claudio Consolo, "Class Actions for Continental Europe? A Preliminary Inquiry", 6 *Temp. Int'l & Comp. L. J.* （Fall, 1992）.

②Antonio Gidi, "Class Actions in Brazil—A Model for Civil Law Countries", 51*American Journal of Comparative Law*（Spring 2003）.

性和集体性权利的损害的概括性赔偿，但是该法并不允许对受到侵害的个人权利进行集体性法律救济，集体的成员只能通过自己提起的个别诉讼寻求个人的损害赔偿。1990 年，巴西制定《消费者法典》（*The Consumer Code*）。① 立法者在该法典中详细规定了寻求个人损害赔偿的集体诉讼程序。虽然这些集体诉讼规则是规定在《消费者法典》中，但它们却具有跨实体法的性质，因此可以适用于解决任何与消费者保护、环境保护、反托拉斯、侵权和税务有关的争议。《公共民事诉讼法》中用于保护分散性和集体性权利的集体诉讼程序以及《消费者法典》中用于保护个人权利的集体诉讼程序之间相互补充，共同构成了巴西内容丰富的集体诉讼法。

　　但是，虽然英美法系和大陆法系都有国家模仿美国集体诉讼而在本国制定集体诉讼法并适用集体诉讼程序制度，而且将其适用于消费者保护领域，但是必须强调的一点是，尽管这些国家所设立的集体诉讼制度有利于实现消费者保护法的有效性，并能够促进对消费者权利的保护，尽管他们都在相当的程度上仿效了美国的作法，但是，这些国家所说的消费者集体诉讼都基本上失掉了该制度在美国被用于剥夺非法利益并阻止违法行为的真谛，因而不再是原先意义上的小额诉讼制度。即使是对于对美国消费者集体诉讼的移植相对成功的巴西，有学者也不得不在详细考察了巴西的集体诉讼制度后总结道：尽管"……经验证明集体诉讼和大陆法系是可以相容的。但是目前为止，在大陆法体系中，只有魁北克和巴西发展了复杂的集体诉讼制度；在世界上其他地区，尽管人们尤其是学术界对集体诉讼的推广做出了共同的努力，但集体诉讼的发展仍然是犹疑不决的"。尤其重要的是，"……巴西的经验证明，大陆法体系可以采取集体诉讼程序，但是却

---

　　①巴西的《消费者法典》乃是由一群著名学者所组成的委员会而起草。该法典的英文译本见 David Jaffe 和 Robert Vaughn 在 1996 年编辑的《南美洲消费者报法律汇编》（*South American Consumer Protection Laws*，Kluwer Law International）他们认为"巴西《消费者法典》影响了南美洲其他国家的消费者立法……是南美洲最为广泛而详尽的消费者法律"，因此将其收入《南美洲消费者保护法律汇编》。

不能原封不动地照搬美国的模式而不对其进行任何实质性变更。这就是我所说的'负责任的移植（responsible transplant）'"。[①]

（二）理论争议

从理论上看，关于集体诉讼制度可否向美国之外特别是在大陆法系国家移植的争论，从来就没有停止过。目前为止，关于美国式消费者集体诉讼在美国之外特别是在欧洲大陆法系国家的移植问题，主要存在两种观点：一种观点对移植消费者集体诉讼保持比较乐观的态度，认为美国的消费者集体诉讼是值得其他国家借鉴的一种制度，尤其能够促进消费者接近正义。该观点的代表人物是弗罗伦萨和斯坦福大学伟大的比较法学家莫诺·卡佩莱蒂[②]以及著名的消费者法学者格瑞特·豪厄尔等人[③]，他们积极支持集体诉讼，认为它是一种值得外国引用的制度。不过，卡佩莱蒂和豪厄尔等人并没有就此进行细致的论证。

另一种观点则认为，无论是要在大陆法系国家引进美国的消费者集体诉讼，还是将其在国际层面加以推广，都必须持谨慎的态度。在向2001年"第八届国际消费者法大会"提交的论文中，美国学者理查德·欧·福尔克（Richard O. Faulk）系统地论证了这个问题。[④] 他从三个方面对移植美国消费者集体诉讼的主张和作法提出了质疑。他认为，在美国之外引进消费者集体诉讼制度存在三个难以克服的障碍：首先，在美国之外的体系中引进集体诉讼的必要性是值得怀疑的。他说，对大陆法系国家而言，普遍的规制和公共机构的主动实

[①]Antonio Gidi, "Class Actions in Brazil—A Model for Civil Law Countries", 51 *American Journal of Comparative Law*（Spring 2003）.

[②]Mauro Cappelletti, *The Judicial Process in Comparative Perspective*, Clarendon Press, 1989, pp. 291 – 92.

[③]Geraint Howells and Rhoda James, "Litigation in the Consumer Interest", 9 *Journal of International and Comparative Law*（Fall, 2002）.

[④]Richard O. Faulk, "Armageddon through Aggregation? The Use and Abuse of Class Actions in International Dispute Resolution", in Charles E. F. Rickett and Thomas G. W. Telfer（ed.）, *International Perspectives on Consumers' Access to Justice*, Cambridge University Press, 2003.

施，通常就足以解决群体性争议，尤其是在有的国家还可以通过附带诉讼的形式顺便解决私人请求。因此，对大多数欧洲大陆法系国家而言，消费者集体诉讼都是没有必要的。

其次，集体诉讼实践依赖于衡平法原则和法院的裁量性确认及实施，而根深蒂固的大陆法原则则反对创设并实施集体诉讼。大陆法系传统上不信任司法独立，也不鼓励司法创造，因此无论从概念上还是从文化上讲，大陆法系的法官都不适于行使美国集体诉讼制度中法官所必须享有的自由裁量权。缺少这样的自由裁量传统而僵化地通过合并之诉实施法律，几乎必然会以远远超过立法者所预期的方式增强实体法的影响，而且由于大陆法系没有遵循先例原则，这也会阻碍禁止滥用所必须的法律实施的一致性。

第三，他还认为单个国家例如欧盟的一些国家选择性适用美国的集体诉讼规则，不利于阻止当事人和律师为创造"跨国界集体诉讼"而"选择法院"的行为。因此，他认为，"……任何试图在国际社会引进集体诉讼制度的方式都必须予以最谨慎的对待，并充分意识到各国的司法系统受到文化的限制、集体诉讼制度内在地具有被滥用的严重可能性以及在那国司法系统允许国外集体诉讼的后果"。[①] 而且，他还认为，集体诉讼滥用或许是一个永远无法获得令人满意的解决的难题。在美国仍然存在对当前规则的大量滥用，而且意在矫正滥用的改革实施的既不彻底，也并不充分。尽管一些普通法国家，如澳大利亚和加拿大，已经采取并且甚至是自由化了美国的集体诉讼，其他一些国家如英国则拒绝了集体诉讼概念，而是倾向于一种更为保守的"团体诉讼"程序。一言以蔽之，集体诉讼在普通法国家的前途仍然是备受争议。只要这种争议存在，并且只要滥用是被许可的，美国模式就显然不适于全面的移植到外国的法律体系之中。考虑到这种情况，大陆法系国家在处理这个问题时就更应该谨慎行事。

---

①Richard O. Faulk, "Armageddon through Aggregation? The Use and Abuse of Class Actions in International Dispute Resolution", in Charles E. F. Rickett and Thomas G. W. Telfer (ed.), *International Perspectives on Consumers' Access to Justice*, Cambridge University Press, 2003.

最后，理查德·欧·福尔克在文章结论中说："考虑到这些因素，我们必须谨记，改善'接近正义'并不是仅仅通过增强'接近'就可以实现的。任何集体诉讼体系都必须不仅能够促进可接近性（accessibility），而且必须确保在所有参与的当事人之间可靠而高效分配正义。尽管'正义'在一些学术圈子里是一个相对抽象的概念，并且在讨论行政改革时似乎是一个理想化目的，但是我们永不可忘记的是，对于个人来说，无论是原告还是被告，这是唯一的合法目的。合并之诉制度在多大程度上不能完全体谅个人的冤情，以及在何种程度上过分地迫使被告通过经济的方式而不是根据事情的是非曲直解决争议，它也就在同样的程度上拒绝了正义并背离了文明法律制度的基本目标。如果像美国集体诉讼这种具有明显缺陷的制度都被赋予国际性地位，或者更糟糕的是，被嫁接到在文化上并不足以防止集体诉讼滥用的严格僵化的国际法体系之中，这种歪曲背离的可能性将会呈几何数字增加。因此，若不想孤注一掷，若不想冒不能接近正义而只能导致不利后果的巨大风险，就有必要谨慎细致地考虑并全面细致地分析文化差异。"①

的确，从消费者集体诉讼在解决群体性小额消费争议并节约司法资源方面所获得的成功，以及美国法院在克服消费者集体诉讼的各种弊端所取得的成效看，美国的消费者集体诉讼不失为一种体现了英美法系丰富法学智慧的有用性制度。但是毋庸讳言的是，美国集体诉讼自产生以来，不仅在实践中引发了许多问题，并一度被诋毁为"司法敲诈"，而且在理论上也对当事人资格、法官的权力以及正当程序原则等方面提出了挑战。虽然美国目前不同程度地解决了这些问题，但正如福尔克所强调的，其他国家特别是大陆法系的法律文化和现行体系却无法提供充分解决这些难题的资源和手段。因此，尽管消费者集体诉讼在美国是成功的，尽管美国消费者集体诉讼制度所承担的巨大

---

①Richard O. Faulk，"Armageddon through Aggregation? The Use and Abuse of Class Actions in International Dispute Resolution"，in Charles E. F. Rickett and Thomas G. W. Telfer（ed.），*International Perspectives on Consumers' Access to Justice*，Cambridge University Press，2003.

功能也是令人羡慕的，而且其他国家也确实存在类似的需要解决的小额消费争议，但是美国式消费者集体诉讼并不适于大规模地移植到其他国家中去，特别是不宜于完全地嫁接到与英美法律文化根本异质的大陆法系国家之中。事实上，欧盟最近几年在消费者接近正义方面的有关立法就明显地倾向于采纳比较保守的德国消费者团体诉讼，而没有太多关注美国的消费者集体诉讼；甚至连英国这样典型的英美法系国家也是对团体诉讼更感兴趣。

第九章

消费者团体诉讼
——德国的实践

　　消费者团体诉讼作为消费者复式诉讼的一种形式，以德国和借鉴德国经验的台湾地区以及其他一些国家的立法为代表。团体诉讼是指由法律规定的具有一定资格的团体，在符合特定条件下提起的，以请求损害赔偿或禁止违法行为为目的的诉讼。在德国，团体诉讼并不是规定在民事诉讼法中的一种程序，而是规定在实体法中的特别制度，主要适用于消费者保护、环境保护和知识产权领域。① 消费者团体诉讼是指由符合特定条件的消费者团体代表消费者提起的，意在制止经营者违法行为的诉讼。② 德国的团体诉讼从形式上看是以单一的法人团体为原告，这与美国的集体诉讼有所不同。但是，德国的团体诉讼和美国的集体诉讼有一定的传承和借鉴关系。③ 而且，团体诉讼也是

---

　　①例如，德国原《附赠法》第 2 条、原《折扣法》第 2 条、《反限制竞争法》第 35 条、《发明专利法》第 2 条、《新型专利法》第 7 条和《商标法》第 11 条都规定，促进工商业利益的团体和消费者保护团体等有关公益团体可以提起团体诉讼。

　　2001 年，德国废除了《附赠法》和《折扣法》。原因在于，立法者认为《附赠法》和《折扣法》的限制性规定已经不符合当前经济发展和保护消费者利益的需要。参见 Michael Kling und Stefan Thomas, *Grundkurs Wettbewerbs-und Kartellrecht*, Beck C. H., 2004, s. 146.

　　②2002 年德国通过《不作为之诉法》，随欧盟规定将原来的"消费者团体诉讼"称为"不作为之诉"。若无特殊说明，本章在同一意义上使用"团体诉讼"和"不作为之诉"这两个概念。

　　③林金吾：《消费诉讼制度之研究》，台湾《司法研究年报》第十七辑第十篇，1997年，第 10 页。

对消费者集体的（collective）、分散的（diffuse）和超个人的（super-individual）权益进行司法保护的形式，与美国的消费者集体诉讼在功能上具有一定的相似性，符合复式诉讼的本质特征。①

一　德国《反不正当竞争法》关于
消费者团体诉讼的规定

德国的团体诉讼源于《反不正当竞争法》的规定，创设该制度的最初目的是为了使经营者能够监督并制止相互之间的不正当竞争行为，后来才随着消费者运动的日益高涨而扩展及于消费者保护领域。正如有学者所言，在德国人们总体上将反不正当竞争法归属于私法范畴，视其为民事侵权法的一个特别部门。② 因此，制止不正当竞争主要便是通过竞争对手之间的相互监督以及经济界的自律来实现。具体做法有二：一是赋予受不正当竞争行为直接侵害的经营者以诉权，并通过多种途径鼓励其同不正当竞争行为作斗争，以实现自己的合法权益；二是赋予特定的经济团体或组织以及消费者协会以诉权，以便调动社会力量监督和制止不正当竞争。③ 如今，最初作为反对不正当竞争行为的主要法律手段的团体诉讼，已经发展成为一般意义上的实施消费者保护法的基本方法。

（一）1896 年《反不正当竞争法》
1896 年《反不正当竞争法》是德国的第一部反不正当竞争法，

---

① "德国之团体诉讼制度，系针对保护不特定多数人之权益而设，于多数人被害、损害额均轻微，个人无能或无欲提起诉讼请求损害赔偿或防止加害人违法行为之续行，遂于各实体法内规定对于一定法人资格之团体，赋予当事人之资格起诉，形式上虽由单一法人团体为原告，惟因原告仍系多数自然人或多数法人组成，故性质上仍带有美国集团诉讼之特色。" 参见林金吾《消费诉讼制度之研究》，台湾《司法研究年报》第十七辑第十篇，1997年，第 11 页。

② 邵建东：《德国反不正当竞争法研究》，中国人民大学出版社 2001 年版，第 22 页。

③ 同上书，第 372 页。

该法在第 1 条第 1 段规定："就在公开宣传或者广告发布当中，针对大量人群，就其商业状况，特别是就商品或者经营服务的构成、加工方式、价格计算，商品的供货方式和供货渠道，商誉的拥有，销售的原因和目的，作出不实际的、足以造成其出价特别便宜的印象的事实陈述的主体，可以就其不实陈述行使不作为请求权。该请求权可以由任何生产、提供相同或者相近产品和服务的经营者，或者具有民事上的起诉资格的维护工商业利益的团体行使。"据此，"具有民事上的起诉资格的维护工商业利益的团体"，有权针对经营者的"不实陈述"行使不作为请求权。此为德国法上关于团体诉讼的最早规定。其特征有二：一是所针对的违法行为仅限于公开宣传或广告发布中的不实陈述，二是将团体起诉的资格限制于维护工商业利益的团体。因为提起诉讼的目的是制止违法行为，所以又被称为不作为之诉或停止侵害之诉。有必要指出的是，1896 年关于团体诉讼的规定，其直接目的在于制止违法经营行为，维护公平竞争，而非保护消费者利益，因此诉讼资格被赋予了相同或相近商品或服务的经营者以及维护工商业利益的团体——它们才被当作不实陈述的受害人。对于为何没有将不作为之诉的起诉资格赋予消费者团体，1896年的立法理由中写道："尽管为使经营者在相互交往当中遵循诚信而确立的规则也间接的有利于消费者，但是保护消费者公众不受欺骗却并不是一部为反不正当竞争而制定的法律的直接目的。"① 但是，鉴于反不正当竞争与消费者保护的先天性血缘关系，反不正当竞争法中的不作为之诉当然间接地有利于消费者权益的实现。

（二）1909 年《反不正当竞争法》

1909 年德国颁布了新的《反不正当竞争法》，该法在第 13 条规定，就虚假宣传等有关的不正当竞争行为，"任何生产或者提供相同

---

①转引自吴泽勇《德国团体诉讼的历史考察》，《中外法学》2009 年第 4 期，见第 595 页。

或者相近产品和服务的经营者，或者具有民事上的起诉资格的维护工商业利益的团体，都可以行使不作为请求权。"与 1896 年的规定相比，新法对可以提起不作为之诉的违法行为予以了扩展。[①] 但是，延续 1896 年《反不正当竞争法》的做法，1909 年立法依然没有赋予消费者团体以不作为起诉权。反不正当竞争法不应将保护消费者权益作为其立法目的的立场，依然没有改变。

（三）1965 年《反不正当竞争法》修订

第二次世界大战后，特别是 20 世纪 60 年代到 80 年代之间，消费者的法律地位日益提高，消费者权益的保护问题也受到越来越多的重视。在此背景下，为了加强对消费者权益的保护，德国曾对《反不正当竞争法》进行了几次修改，其中以 1965 年的修订较为重要。在 1965 年通过的修正案中规定，"依章程以开导及忠告方式保护消费者利益为任务之团体，以其具有民事诉讼当事人能力为限，亦得行使不作为之请求权。"虽然 1965 年《反不正当竞争法》仍然没有明确将消费者权益列为保护对象，也没有将不作为之诉的起诉资格赋予消费者个人，但却将不作为请求权明文赋予了消费者团体，从而开始在事实上将消费者权益作为《反不正当竞争法》的保护对象。

为了防止团体诉讼被滥用，1965 年《反不正当竞争法》对消费者团体提起不作为之诉的条件作出了严格的规定。首先，消费者团体必须具有权利能力。其次，其章程所规定的任务是维护消费者的利益，特别是向广大消费者提供说明和咨询。再次，消费者团体还必须实际履行了其章程所规定的义务，尤其是实际向广大消费者提供有关市场、商品或服务、价格等方面的信息。最后，只有在消费者利益直接受到不正当竞争行为侵害的情况下，消费者团体才有

---

①详请参见吴泽勇《德国团体诉讼的历史考察》，《中外法学》2009 年第 4 期，第 595 页。

起诉的权利。

1965 年《反不正当竞争法》规定的消费者团体的法定当事人资格，在保护消费者权益方面发挥了重要作用。虽然《反不正当竞争法》通过列举的方式规定了非法广告等不正当竞争行为，但是在实践中，德国法院认为经常性违反消费者法的行为也属于《反不正当竞争法》第 1 条所规定的不正当竞争。例如，如果企业主没有通知其顾客根据德国《上门销售法》所享有的撤回权，就会被认为是属于《反不正当竞争法》第 1 条所规定的违法行为。① 但是，法院要求消费者团体必须证明，企业主意在通过违反消费者法的行为而获得对从事公平交易行为的经营者的优势。② 这种证明的困难性阻碍了对消费者的有效保护。

1965 年《反不正当竞争法》最早赋予消费者团体以当事人资格，无论是从法律发展还是从消费者保护上来看，都具有很大的象征和现实意义。它不仅能够促使经营者严肃对待消费者组织，而且还突出了消费者权益的集体维度和超个人维度，从而可以从更全面和更高的层次上设计消费者权益的实现和保护制度。1965 年之后，《反不正当竞争法》又经历了几次修改，但均保留了关于消费者团体起诉权的规定，恰如德国学者所言："从 1965 年引入消费者团体诉讼到 1986 年赋予消费者撤销权的这段时间里，反不正当竞争法的发展被消费者保护政策所主导。"③

（四）2004 年《反不正当竞争法》修订

德国在 2004 年通过了新的《反不正当竞争法》。新法吸收法院判例和学术界的观点，并应消费者协会的要求，首次明确规定消费者也

---

① Peter Rott, "The Protection of Consumers' Interests After the Implementation of the EC Injunctions Directive Into German and English Law", 24 *Journal of Consumer Policy* (2001), p. 415.

② BGH, *Monatsschrift für deutsches Recht* 1994, p. 902; BGH, *Monatsschrift für deutsches Recht* 1997, p. 677; OLG Karsruhe, *Verbraucher und Recht* 1998, pp. 83 – 85.

③ 转引自吴泽勇《德国团体诉讼的历史考察》，《中外法学》2009 年第 4 期，见第 601 页。

是《反不正当竞争法》的保护对象。① 新的《反不正当竞争法》第 4 条列举了 11 种不正当竞争行为，大部分是长期的司法判例和学术界共同努力得出的一致看法。其中比较重要的不正当竞争行为有：影响消费者或其他市场参与者决策自由的行为；利用消费者，特别是孩子、年轻人缺乏经验的行为；在价格优惠或搭售中没有将附加条件清楚无误说明的行为；在具有广告性质的有奖销售中没有将参加条件准确说明的行为，等等。上述列举并不排除法官通过法的创造来确认什么是不正当竞争行为的裁量权。

2004 年《反不正当竞争法》规定了多种权利。除传统的不作为请求权和损害赔偿请求权之外，还规定了排除请求权，即排除由不正当竞争行为所造成的不法状态的权利。但最大的一项改革是规定了剥夺不法收益请求权：在一定条件下，权利人可要求从事不正当竞争行为的商家将其从不法行为中的获利上缴联邦国库。例如：一个广告发送人向众多消费者发送了广告，并且说明参加此项活动有获奖的机会，如果消费者有兴趣可拨打热线电话了解具体信息等等；但是事实上，却并不存在所说的获奖可能性，广告发送人的主要目的乃是从电话费中分得一部分利润。在这样的案件中，虽然单个消费者损失极低，电话费可能不过区区数元，但由于消费者的人数巨大，广告发送人的获利就相当可观了。而且，这种广告发送人又很难被调查出来，因为调查要花费大量的经费与精力，消费者为此大动干戈显然并不值得。所以，一般都是消费者团体或工商协会出面调查并提起诉讼。按照新法的规定，在扣除调查经费之后的剩余获利就可上缴联邦国库。新法的这种规定凸显了团体诉讼在剥夺不当得利方面的功能，体现了德国团体诉讼制度和美国消费者集体诉讼制度在功能方面的靠拢，但是受害的消费者却无法由此得到损害赔偿。

在实践当中，《反不正当竞争法》所规定的团体诉讼被广泛地应

---

①其第 1 条规定："不正当的竞争行为是不允许的，如其以不利于共同竞争者、消费者或其他市场参与者的方式妨碍竞争，且这种妨碍并非无关紧要的。"

用于保护消费者权益。德国 1966 年设立的消费者保护协会（der Ver-
braucherschutzverein）自设立之日起就积极主动地利用这种诉讼形式。
后来，消费者保护协会与其他组织一道组成消费者中心联盟（der
Verbraucherzentrale Bundesverband），并由消费者中心联盟负责起实施
消费者团体诉讼的责任。

　　由上可见，不作为请求权是德国《反不正当竞争法》的核心规定
之一，其目的并不是专门为了保护纯粹的消费者个人利益，而在于利
用私人力量对市场上的不正当竞争行为进行监督，以避免经营者之间
的不正当竞争，维持交易公平的竞争机会，维护自由经济制度的正常
发展，实现对社会公益的保护。虽然《反不正当竞争法》规定消费
者团体享有要求行为人停止不正当竞争行为的诉权，但是受到不正当
竞争行为直接损害的单个消费者却无权以反不正当竞争法为由提起不
作为之诉。而且，团体诉讼多为请求停止侵害行为的不作为之诉，只
有受到不正当竞争行为直接侵害的经营者才可以提起损害赔偿之诉，
也就是说，消费者无权以《反不正当竞争法》为依据提起损害赔偿
之诉。德国学者对此曾提出批评，认为《反不正当竞争法》对消费
者权益的保护不力，并建议仿效瑞士做法在《反不正当竞争法》中
明确赋予消费者个人以诉权。[①]

二　消费者保护法关于消费者
团体诉讼的规定

　　长期以来，德国的立法者认为，虽然保护消费者很重要，不能
仅仅将其作为某些法律的附属的、无关紧要的副作用，但是保护消
费者也不应成为有关法律的唯一目的。[②]因此，德国并不存在专门
的消费者保护法典，消费者保护法和非消费者保护私法及不正当竞

---

①邵建东：《德国反不正当竞争法研究》，中国人民大学出版社 2001 年版，第 373 页。
②有关的解释性说明，见 BT-DrS 14/2658，p. 53.

争法之间的区别并不明确。在德国 2000 年及 2002 年民法改革之前，消费者保护主要是通过若干个独立存在的消费者保护特别法以及其他分布在经济法和民事法律中的消费者保护规范所实现的。①德国消费者保护法存在形式上的分散性及其与德国一般私法的相互交融，对消费者团体诉讼产生了重要影响。在德国众多的消费者保护单行立法中，消费者团体诉讼最早出现在 1976 年为专门规范一般契约条款而制订的《一般交易条款法》之中。② 下文就以德国《一般交易条款法》为起点，介绍消费者团体诉讼在德国消费者保护法律中的发展和现状。

（一）1976 年《一般交易条款法》对消费者团体诉讼的规定

自 1965 年《反不正当竞争法》之后，关于消费者团体诉讼的另一个重要法律是德国 1976 年《一般交易条款法》。1976 年《一般交易条款法》在第 13 条第 1 项规定，对于《一般交易条款法》所列举的无效条款，经营者通过一般契约条款加以规定或者建议适用的，有权利人可以请求不作为；在建议适用的情形可以诉请撤回。第 13 条第 2 项规定了享有不作为或撤回之诉请求权的人：一是，有权利能力之社团，其章程规定为保护消费者之利益，有对之说明或接受咨询之义务或至少有七十五个以上自然人为其社员之社团；二是，以促进工商利益为宗旨之有权利能力社团；三是，工业会、商业会

---

①2000 年改革的一个重要的举措就是在《德国民法典》中增加了关于"消费者"（der Verbraucher）（第 13 条）和"经营者"（der Unternehmer）（第 14 条）概念的规定。这在德国消费者保护立法方面具有里程碑意义，因为这样一来，《德国民法典》在消费者保护法中的统帅地位就得到了正式的确认，而那些凡是提到消费者概念的法律条款也被自然而然地看作是消费者保护法。参见 Peter Rott, "The Protection of Consumers' Interests After the Implementation of the EC Injunctions Directive Into German and English Law", 24 *Journal of Consumer Policy* (2001)。但是，2000 年民法改革并没有将各单行的消费者保护法纳入德国《民法典》之中，这一任务是通过 2002 年债法改革实现的。

②2000 年改革中，该法被大幅度修正。2002 年改革中，该法并没有什么实质性改变，但在形式上却发生了根本性改观：其中的实体性规范被吸收到《民法典》之中，程序性规范则被重新规定于《德国不作为之诉法》。

及手工业者同业工会。

与《反不正当竞争法》以维持自由公正的交易秩序为主要目的不同，《一般交易条款法》所规定的团体诉讼，其主要目的乃是防止一般交易合同中的某些条款侵害消费者利益。由此造成的一个后果是：虽然《一般交易条款法》和《反不正当竞争法》都规定了不作为之诉，但是《一般交易条款法》被明确限制于控制不公正的合同条款的范围，而《反不正当竞争法》规定的消费者团体的法定当事人资格，则被用来在更广泛的范围内保护消费者利益。

《一般交易条款法》规定的不作为请求权，也是由消费者中心联盟的前身即消费者保护协会行使。

（二）2000 年《远程销售法》对团体诉讼的修正

2000 年德国立法者通过了《远程销售法》。[①] 这次修订的一个主要动因是要转换适用欧盟颁布的有关指令，其中之一就是欧盟于 1998 年颁布的《不作为之诉指令》（98/27 号指令）。该指令旨在防止经营者在某一成员国的违法行为侵害另一成员国消费者的利益。2000 年《远程销售法》对 1976 年《一般交易条款法》中所规定的消费者团体诉讼作了大幅度修正，不仅修改了该法第 13 条第 2 款，而且增加了第 22 条、第 22a 条，原来的团体之诉（die Verbandsklage）也改称为不作为之诉（die Unterlassungsklage）。[②] 在这次修订中，德国消费者团体诉讼的变化主要体现在如下几个方面：

1. 一般性地扩大了消费者团体诉讼的适用范围

尽管德国是唯一反对《不作为之诉指令》的国家，[③] 但德国实施

---

①Gesetz über Fernabsatzverträge und andere Fragen des Verbraucherrechts sowie zur Umstellung von Vorschriften auf Euro. 2002 年生效的《德国债法现代化法》，将其规定于《德国民法典》第 312b 条至第 312d 条、第 312f 条。

②事实上，欧盟的《不作为之诉指令》借鉴了德国团体诉讼的经验，而在通过之后又反过来促进了德国对消费者团体诉讼制度的改革。

③W. Meyer, *Richtlinie über Unterlassungsklagen verabschiedet*, Wertpapiermitteilungen, 1998, p. 1508.

该指令的立法却远远超出了指令的要求：将不作为之诉的适用范围扩大到《不作为之诉指令》附件所列举的指令的范围之外，即对于违反任何以保护消费者集体利益为目的的法律规定的行为，都可以适用不作为之诉。[①] 德国还补充了 1976 年《一般交易条款法》的规定，一般性地允许消费者团体在所有的消费者法领域进行诉讼，而不再局限于不公正合同条款和不正当竞争领域。[②] 根据《一般交易条款法》中新增的第 22 条的规定，消费者团体为保护消费者，有权针对经营者违反消费者保护法律的行为提起不作为之诉；而且，与关于《反不正当竞争法》第 1 条和第 13 条第 2 款第 3 项的判例法不同，新规定并不要求原告证明经营者具有伤害消费者的意图，这极大地改善了消费者组织在不作为之诉中的地位。

在《一般交易条款法》第 22 条第 2 段，立法者不仅将德国实施《不作为之诉指令》附件中所列举的指令的立法，而且还将仅仅作为德国国内法的关于保护投资公司客户的法律列举为消费者保护法。此外，《不作为之诉指令》附件所没有列举的欧盟消费者法，例如《非生命保险指令》（92/49/EEC）、《生命保险指令》（92/96/EEC）和《一般产品安全指令》（92/59/EEC）中关于消费者保护的规定，也属于《一般交易条款法》第 22 条所说的消费者保护法。甚至民法中的一般性条款也可以被视为消费者保护法，因为法院已经据此针对特定类型的案件建立了一整套前后一致的判例法。

---

①但是，仍然有德国人批评这只是最低限度的实施。例如，参见 B. Heß，"Das geplante Unterlassungsklagegesetz"，in W. Ernst & R. Zimmerman（Eds.），*Zivilrechtswissenschaft und Schuldrechtsreform*，p. 529，Mohr Siebeck，2001. 事实上，根据司法部的命令对此进行专门研究的汉堡外国法和国际私法马普研究所，甚至在所提出的报告中建议在整个民法中普遍引进不作为之诉。见 J. Basedow，K. J. Hopt，H. Kötz & D. Baetge，*Die Bündelung gleichgerichteter Interessen im Prozeß*，Mohr Siebeck，1999，S. 3.

②这种改变遭到了批评，因为新的诉讼权类似于《反不正当竞争法》规定的诉讼权而不是类似于针对不公正合同条款的诉讼权。见 H.-W. Micklitz，Commentary on §22 AGBG，no. 1，2001. In: *Münchener Kommentar zum Bürgerlichen Gesetzbuch.* 4th ed.，C. H. Beck。遭受批评的原因可能在于各部之间管辖权的划分：司法部负责《一般交易条款法》，而经济部负责《反不正当竞争法》。

2. 消费者团体的适格性

对于消费者团体的法定当事人资格的实体性要求，2000 年改革并没有加以改变。因此与改革前一样，此类消费者团体必须具有法律人格；必须根据其章程以通过教育和咨询的方式促进消费者利益为目的；而且必须拥有七十五个自然人为成员，或者必须拥有消费者团体为成员。根据德国的法学理论和判例法，消费者团体还必须事实上从事了教育和咨询活动。[①] 从国家获得资助的所谓的消费者中心和其他的消费者团体，被认为满足了这些要求。总体而言，与其他国家相比，德国对法定当事人资格的实体性要求是相当宽松的。[②]

2000 年的主要改革在于对法定当事人资格的形式要求。与过去由法官对实体性要求进行审查不同，这一职责在 2000 年之后被转交给了行政机关，即联邦行政管理局（das Bundesverwaltungsamt）。联邦行政管理局负责对符合上述要求的消费者团体进行登记。登记之后，消费者团体就成为具有法定当事人资格的适格团体。关于登记的要求使消费者组织更容易行使其起诉权，因为通常而言，法院不必再对其资格进行个别性审查。

3. 救济方式

虽然马普研究所曾建议赋予消费者团体以损害赔偿请求权，[③] 但这一建议并没有为立法者所接受，修订后的《一般交易条款法》仍然没有将损害赔偿请求权作为不作为之诉的救济形式。

消费者团体可以申请由被告承担费用将判决结果公之于众，但是只能刊登在《联邦公报》上。虽然将判决刊登在《联邦公报》上几乎无法吸引任何注意力，但若要在其他报纸上公布，消费者团体就必须自己承担费用。因此，消费者团体的这一项权利在实践中基本上毫

---

①见 H. -W. Micklitz, Commentary on § 22a AGBG, no. 20, 2001. In: *Münchener Kommentar zum Bürgerlichen Gesetzbuch.* 4th ed. , C. H. Beck。

②例如，可参见意大利 1998 年 6 月 30 日第 281 号法律第 5 条。根据该条规定，除了须满足其他条件外，该类组织的成员数必须至少占全国人数的千分之五。

③J. Basedow, K. J. Hopt, H. Kötz & D. Baetge, *Die Bündelung gleichgerichteter Interessen im Prozeß*, p. 5 – 6, Mohr Siebeck, 1999.

无意义。

根据德国《民事诉讼法》第 890 条的规定，如果败诉的被告不遵守法院判决，法院就可以发布命令，责令被告向国库支付一定的金钱。应该支付的金钱数额由法院决定。但消费者团体却无权就公共利益所遭受的损害请求经营者提供损害赔偿。因此，经营者就会采取拖延战术，一直上诉至联邦普通法院，以延缓根据《一般交易条款法》所作出的判决的效力。这样的诉讼可能拖延数年，而在此期间，经营者可以继续使用不公正合同条款而不受任何制裁。德国《卡特尔法》对此提供了解决之道。根据《卡特尔法》的规定，可以命令经营者向国家支付三倍于其非法收入的金钱，这对经营者具有一定的威慑。但消费者和消费者组织仍然无法获得损害赔偿。

4. 管辖法院和诉讼费用

立法者将地区法院规定为消费者团体诉讼的初审法院。这一规定遭到了批评，因为人们担心不同法院会作出相互歧异的判决，而且认为较高级别的法院作出的判决通常能吸引更多的关注，并因此能发挥更大的效果。在不公正合同监管领域，早年确实出现过歧异的判决，目前在一些新的商业部门仍然也会出现歧异判决。但是经验表明，最初的歧异随着时间的流逝而消失了，这主要得益于高审级法院的判决的影响。总之，地区法院的初审管辖权对于消费者利益的保护并没有造成任何不利的后果。

根据德国《民事诉讼法》第 91 条，败诉方要承担自己的诉讼成本、法院程序的成本和胜诉方的成本，其中包括胜诉方支付的律师费。成本根据诉讼请求的价值进行计算。德国法律并没有免除消费者团体承担这些费用的义务。但是，《反不正当竞争法》第 23b 条规定了诉讼请求的价值减损规则。如果败诉方能够证明，依据全额诉讼请求支付诉讼费用将严重危害其经济状况，法院就可以判令其支付与其经济实力相适应的数额。这一规则除了适用于其他诉讼外，显然更适用于以资金短缺著称的消费者团体。《反不正当竞争法》第 23b 条过去一直类推适用于根据《一般交易条款法》提起的诉讼。2000 年改革中，这一点被明确规定。①

诉讼请求价值减损规则在实践中的意义甚微。事实上，由于存在不得不承担诉讼费用的风险，一些消费者团体主要集中于那些显著的违法行为之上。只是在少数的案件中，消费者团体曾挑战过违法性不是那么明显的行为，其中的大部分获得了胜诉。2000 年改革之后，消费者团体更容易获得对违法经营者的判决。但仍然存在的问题是，消费者团体的财政来源不足，对消费者团体并不友善的诉讼费用规则更加重了消费者团体的财政困难。

2000 年改革还对消费者团体诉讼的程序性规则进行了改革。但是，立法者并没有利用这次机会将所有的规则进行全面协调。因此，2000 年之后，德国存在三套不作为之诉的程序规则。这三套规则都很相似，但是在细节方面又存在一些细微的差别。其不同之处取决于诉讼是发生在一般的消费者保护法领域，还是发生在不公正合同条款领域，或者不正当竞争领域。

（三）2002 年债法改革对团体诉讼的修正

2002 年德国对其《民法典》进行全面修订，颁布施行了《债法现代化法》。主要举措之一是将原来的《一般交易条款法》《上门销售法》等各种消费者保护特别法基本上吸纳到了《民法典》之中，②从而使绝大多数消费者保护规范融入了德国一般私法，也进一步使《民法典》成为保护消费者规范最为密集的法律之一。

在这次修订中，德国消费者团体诉讼主要沿承了 2000 年改革的规定，因此除了存在形式发生改变外，并没有实质性变化。在《债法现代化法》中，《一般交易条款法》的规定被划分为实体法和程序法两部分，其中实体性规范现在体现为《民法典》第 305 条以下

---

①修订后的《一般交易条款法》，在第 15 条第 1 段明确规定转至适用《反不正当竞争法》第 23b 条的规定。

②在 2002 年债法改革中，德国《远程教学保护法》和德国《产品责任法》没有被统一到民法典之中。参见杜景林、卢谌《德国债法改革》，法律出版社 2003 年版，第 166 页。

各条，程序性规范现在体现在《债法现代化法》第三条即《不作为之诉法》之中。①

《不作为之诉法》规定的不作为之诉的适用范围是：（1）吸收了《一般交易条款法》关于不作为之诉的规定（第1条）。（2）进一步规定，对于违反其他消费者保护法的行为也可以提起不作为之诉（第2条）。《不作为之诉法》第2条对不作为之诉适用范围的扩展，在一定程度上实现了与欧盟《不作为之诉指令》的统一。根据《不作为之诉指令》的规定，不作为之诉适用于《引人误解的广告指令》《上门推销指令》《消费者信贷指令》《电视广播指令》《一揽子旅游指令》《人用药品广告指令》《不公正合同条款指令》《部分时间居住权指令》和《远程销售指令》。②

虽然《不作为之诉法》合并了原来存在于不公正合同条款领域和一般消费者保护领域中关于不作为之诉的规则，对不作为之诉进行了一般的程序性规定；但是，根据《反不正当竞争法》提起的不作为之诉仍然不包括在《不作为之诉法》中。虽然有很多学者主张在《民事诉讼法》中对不作为之诉作出一般性规定，③ 但很多学者认为，

---

①德国《债法现代化法》第三条的全称是"德国关于违反消费者法以及在实施其他违法行为时提起不作为之诉的法律"，该条简称《不作为之诉法》。《不作为之诉法》分五章，共计16条。

②有学者批评认为，将《不作为之诉指令》的适用范围限制于特定的指令是不自然的，也是不必要的，因为这意味着，可以对引人误导的广告提起不作为之诉，而对于其他形式的违法广告行为就不能进行这种诉讼；并进一步主张，既然在一些国家存在针对任何对消费者不公正或有害的行为提起这种诉讼的可能，欧盟消费者保护法也可以广泛地赋予这种权利。参见 Geraint Howells and Thomas Wilhelmsson, *EC Consumer Law*, Ashgate and Dartmouth, 1997, p. 290, 295。

③D. Baetge, "Das Recht der Verbandsklage auf neuen Wegen", *Zeitschrift für Zivilproteß*, 112, 329ß351, 1999, p. 342; J. Basedow, K. J. Hopt, H. Kötz & D. Baetge, *Die Bündelung gleichgerichteter Interessen im Prozeß*, p. 4, Mohr Siebeck, 1999; Norbert Reich, "Diverse Approaches to Consumer Protection Philosophy", 14 *J. Consumer Pol'y* 257, 279 (1992); Peter Gottwald, "Class Action auf Leistung von Schadensersatz nach amerikanischem Vorbild im deutschen Zivilprozess?", 91 *Zeitschrift fuer Zivilprozess* [ZZP] 1 – 38 (1978); Eike von Hippel, *Verbraucherschutz*, 3rd ed., J. C. B. Mohr., 1987; Harald Koch, *Die Verbandsklage in Europa*, 113 ZZP 413, 441 (2000).

由于不作为之诉仍然只不过是部分实体性法律的特色，因此没有这种必要。①

三 德国消费者团体诉讼的特点

与美国的消费者集体诉讼制度相比，德国的消费者团体诉讼具有如下特征：

（一）属于实体法规范

美国的集体诉讼制度规定在《联邦民事诉讼规则》之中，属于典型的程序法规范。德国的消费者团体诉讼则规定在《反不正当竞争法》《一般交易条款法》等实体性法律之中，属于典型的实体法规范。其主要立法技巧就是赋予符合一定条件的团体以不作为请求权，使其能够针对经营者的违法行为代表消费者集体提起诉讼。而且，德国的程序法理论也认为，团体诉讼并不像一般的民事诉讼程序那样只是为了实现个人的主观性权利，而是一种通过诉讼保护集体利益或社会利益的重要手段，因此具有独特而特殊的地位。虽然德国在2002年制定了《不作为之诉法》，但德国民事程序法中缺少有关团体诉讼的一般性概念或规则的事实，仍然反映了团体诉讼的这种独特地位。

（二）只有特定团体才享有相应的起诉权

美国集体诉讼的代表当事人必须是受害消费者当中的一员，其他人不得代表消费者起诉。与此不同的是，德国团体诉讼的主体原则上只能是符合法定条件的团体，团体的成员例如作为消费者组织成员的个人无权提起团体诉讼；消费者个人也不能以消费者代言人的名义向法院提起诉讼，即消费者无权代表消费者全体起诉。而且，不作为请

---

① Peter Rott, "The Protection of Consumers' Interests After the Implementation of the EC Injunctions Directive Into German and English Law", 24 *Journal of Consumer Policy* (2001), p. 419.

求权是由法律赋予某个特定团体的实体法上的权利，因此该团体无须团体成员的选任，在诉讼中也无须以全体成员的名义，而是可以以自己的名义独立进行诉讼。该团体还就某一涉及社会公共利益的事项享有不受次数限制的、可重复行使的诉权。将不作为之诉请求权的主体限制为团体的根本原因是，德国消费者团体诉讼本质而言是国家对市场经济秩序进行规范的一种手段，强调的是对交易安全和经济自由制度的保障，而不是对个人利益的保护。

（三）不具有直接提供损害赔偿的功能

美国的消费者集体诉讼虽然具有剥夺不法得利并禁止违法行为的功能，但其另一个重要的功能则是为受害的消费者提供损害赔偿，达到事后救济的目的。而在大陆法系中，传统的损害赔偿概念主要是指对个体受害者的赔偿，公共利益主要通过规制以及对违法行为者的惩罚来实现。消费者团体寻求赔偿的概念与大陆法系传统的民事责任概念是不相容的，因此德国的消费者团体诉讼不允许为受害的个人寻求损害赔偿。德国团体诉讼的原告无权行使损害赔偿请求权，而只能提起确认之诉或变更之诉，主要是不作为之诉。这种诉讼并不是为了向处于弱势的一方提供损害赔偿，而是减少一般交易合同中的以及普通商业行为中的违法条款。这实际上是通过政策导向的司法救济实现规制性目标，而不是通过向个人提供损害赔偿的诉讼实现损害赔偿目标。因此可以说，德国的消费者团体之诉乃是国家利用民间力量规制市场的手段，是一种通过有效的法律实施促进公共利益，以弥补欧洲传统规制措施和行政执法不足的工具。

在德国，消费者团体寻求损害赔偿的做法遭受了严厉的抵制。赋予消费者团体以损害赔偿请求权的建议被批评为是在倡议深刻的社会变革。[1] 但是无论如何，对大陆法系而言，当伤害和损失数额微小而

---

[1]Harald Koch，"Non-Class Group Litigation Under EU and German Law"，11 *Duke J. Comp. & Int'l L.*（Spring/Summer，2001）．

分布广泛时，就存在严重的法律执行难题。而要克服这个难题，最为重要的是要突破传统的观念，不再将损害赔偿仅仅理解为是向受害者个体提供直接补偿的一种手段。

（四）判决既判力具有片面的扩张性

关于团体提起的不作为之诉的性质，德国法认为是团体在行使实体法上固有的请求权，因此一个团体对于某一被告的违法行为提起诉讼后，如果胜诉，判决结果仅在当事人之间发生效力。如果被告继续进行违法行为，只有作为原告的团体可以申请强制执行。这种规定能够起到维持经济自由的目的，但是却无法实现对消费者利益的充分保护。因此，德国立法者在考察了美国集体诉讼制度将判决扩张适用于所有成员的做法后，也曾打算将团体诉讼的判决效力扩展适用于所有的消费者成员。但是囿于德国《基本法》第103条关于"在法院被控告之人，有请求公平审判之权"的规定，最后只能通过立法方式在《一般交易条款法》第21条特别规定："受败诉判决之一般契约条款使用人，违反禁止使用之命令时，契约之相对人（不限于前案之团体成员）得援引前不作为确定判决之效果，而主张所使用之条款无效。"也就是说，《一般交易条款法》的立法者认为，消费者利益的保障优先于诉讼当事人诉讼手段平等原则，并因此规定：如果不作为之诉的确定判决利于消费者，则既判力扩张至非诉讼当事人；但是，以前判决的既判力并非是自动地、当然地赋予所有的契约相对人，而是必须经过消费者的抗辩援引，才能发生既判力的片面扩张。这就是德国团体诉讼判决既判力的片面扩张性。《一般交易条款法》被纳入《民法典》后，《不作为之诉法》第11条沿承了《一般交易条款法》第21条的规定。

由于利于消费者的判决需要消费者援引才能适用，因此必须向消费者提供充分的资讯，使其了解相关的判决。因此，《一般交易条款法》第18条第1款规定："法院判决原告胜诉时，得依原告之请求，允许原告将判决书连同被告姓名登于联邦公报之上，费用由被告负担。并得由原告以自费将之登载于其他报章之上。"《反不正当竞争法》第23条第2款也有类似的规定。另外，依据《一般交易条款法》第20条，法院应依职权向联邦卡特尔局报告有关情况，由该局负责登录，而任何人——包括法院、消费者团体、企业、一般契约条款使用者及个别消费者均可申请查询有关登录资料。现在的《德国不作为之诉法》第7条也规定了原告的公告权。这一制度的目的在于向有关人员提供曾经进行的团体诉讼，保障消费者可以援引以前的判决并行使抗辩权。

四 德国消费者团体诉讼的难题及其解决

德国消费者团体诉讼的主要理论和实践难题包括：何种团体具有起诉权？特定团体的不作为请求权是何种性质的权利？谁来承担昂贵的诉讼费用？等等。

（一）谁有权提起团体之诉？

德国传统的诉讼制度从个人主义立场出发，并不承认第三人有权代替权利人提起诉讼。但是，随着社会经济结构的变化，出现了一些不正当竞争行为或其他大众性侵权行为，在这些情形中要么不存在直接的利益受害者，要么由于受到损害的人员众多且每一个人所遭受的损害也不大，因此个人并无提起诉讼的积极性。鉴于这种情况，德国就创设了团体诉讼，通过制定法赋予一定团体对特定违法行为的不作为请求权或损害赔偿请求权，以实现维护私人利益和社会利益的目的。由此就产生了一些问题：一个团体具备何种条件才能享有起诉权？在消费者团体诉讼中，何种团体足以代表消费者的利益？等等。为了防止各种各样的小型团体滥用消费者团体诉讼，也为了使能够起诉的团体切实代表消费者利益或者实现法律规定的其他目的，凡规定团体之诉的法律无不对享有诉权的团体进行了严格的规定。

根据德国法律的规定，一般而言某团体须具备下列条件方可直接享有诉权：（1）具有权利能力；（2）为实现法律所保护的利益，该诉讼的目的必须符合该团体章程所定的宗旨；（3）为担保团体有进行诉讼的充分经济能力，团体应该拥有一定的资金；（4）团体应当具有一定数目的成员，以保证其所能代表的观念具有普遍性。德国《不作为之诉法》（第3条）规定的可以提起不作为之诉的团体是：（1）拥有一定资质的机构。这些机构必须是非营利性的，并且非仅为一时地以阐明和咨询的方式维护消费者的利益，并且必须满足下列条件，即此种团体拥有在此义务范围内从事活动的团体，或至少拥有七十五个自然人作为成员，成立至少已经一年，而且从其至今为止所从事的活动来看，能够保证正常完成这些任务。当然，这些机构还必须已经被列入联邦行政管理局的资质机构名单，或者已经被列入欧共体委员会的目录清单。对于用公共资金促进的消费者中心和其他的消费者团体，不可辩驳地推定已经具备了上述条件。（2）符合一定条件的营业利益促进团体。（3）工商会或者手工业公会。由于德国坚持社会市场经济，认为私法领域应该保持完全的自由，因此扬弃了国家机关提起诉讼的可能性。

（二）团体的不作为请求权是什么性质的权利？

在传统的诉讼模式下，只有权利人本人才享有当事人资格，可以在权利被侵害或有遭受侵害之虞时提起诉讼，团体诉讼则将当事人资格扩及相关的团体，这就在理论上提出了一个挑战：团体所享有的不作为请求权到底是一种什么性质的权利？针对这个问题，学者们进行了种种讨论：[①]

1. 诉讼上的起诉权说

该说认为，团体在诉讼法上所可以行使的不作为请求权，只不过是单纯的诉讼上的起诉权，与实体法上的请求权无关，是国家为维护

[①] 参见林金吾《消费诉讼制度之研究》，台湾《司法研究年报》第十七辑第十篇，1997年，第13—16页；陶建国等《消费者公益诉讼研究》，人民出版社2013年版，第49页以下。

公共利益而在诉讼法上所设的起诉资格。

2. 团体本身的固有请求权说

该说目前是关于团体诉讼的通说。该说认为团体所行使的不作为请求权是团体本身所固有的权利，是法律为维持经济自由制度及保护消费者利益而特别赋予的独立请求权，因此，团体在诉讼程序上以自己的名义行使自身在实体法上所享有的请求权。德国法院也一直认为，消费者团体不仅拥有法定当事人资格，而且拥有实体性的权利；德国法授权消费者团体根据自身的权利提起诉讼，而不是代表特定的消费者或所有的消费者进行诉讼。德国的立法者还通过改变相关法律规定的措辞对此予以了澄清。[1] 立法者解释说，明确认可消费者团体为作为公共利益的消费者集体利益进行诉讼的权利，反映了欧盟法尤其是欧盟《远程销售指令》的第 20 个考虑。[2]

3. 法定诉讼担当说

为了弥补固有请求权说的某些不足，有学者提出了法定诉讼担当说。该说认为，不作为请求权既不属于消费者个人，也不属于消费者团体，而是属于"所有遭受企业之违法行为侵害之消费者所形成集团之集合性权利"，团体所行使的不作为请求权乃是实体法上的这种"集合性权利"在诉讼上的反射；法律赋予在章程中规定以保护消费者利益为目的的团体以不作为请求权，并且不需要消费者的委任或授权，而是通过法律规定特定团体为"受害消费者担当诉讼上之当事人"。因此，团体在诉讼上不得任意和解或撤回，而且当一个团体对于违法行为提起诉讼后，其他团体就不得再就同一行为加以起诉，以避免矛盾判决并确保诉讼经济，即前诉讼的既判力当然拘束以后的诉讼。但是，法定诉讼担当说不能解决的问题是：既然团体是作为"受害消费者担当诉讼上之当事人"，那么为什么《一般交易条款法》第 21 条及现在的《不作为之诉法》第 11 条，都另外专门规定了既判力

---

①BT-DrS 14/2658，52。事实上，这是德国立法者就理论争议明确表态的少数情形之一。

②R. Greger, "Verbandsklage und Prozeßrechtsdogmatik-Neue Entwicklungen in einer schwierigen Beziehung", *Zeitschrift für Zivilprozß*, 2000, p. 404.

的扩张问题？

总之，上述三种学说各有优缺。目前德国以团体自身所固有的请求权为通说，认为团体行使者是在行使自身的实体法上的请求权。为了避免固有请求权说可能产生矛盾判决以及其诉讼不经济的缺点，实务中法院在发生重复起诉的时候可以合并审理，一并判决。一个团体对于违法企业的起诉遭受确定败诉判决后，其他的团体另行提起诉讼的，法院将以无权利保护必要为理由加以驳回，以避免矛盾判决的产生。[①]

（三）诉讼费用问题和消费者协会团体的财政来源

美国通过胜诉酬金等制度将集体诉讼的成本转移到律师身上，从而相对成功地解决了集体诉讼的费用来源问题，而对德国的团体诉讼来说，这依然是最大的难题。在德国，裁判费、律师费及其他诉讼费用均由败诉方承担，而且德国实行强制律师制度，因此从诉讼开始到结束，一般会产生律师费等大量的诉讼支出。再者，德国的团体诉讼，多为针对企业经济行为的诉讼，诉讼标的额很高，因此团体诉讼的诉讼费用更是相当可观。德国最重要的消费者保护团体是"柏林消费者保护协会"，其九成经费来自国家的补助，一成乃由下属的消费者中心交纳会费。事实上各团体预算的年度诉讼费用，可能一次诉讼就消耗完毕，因此一般而言，如果没有绝对胜诉的把握，对经营者侵害消费者利益的行为，有关团体宁可通过其他途径解决或者干脆置之不理，而不愿意轻易提起团体诉讼。而且，虽然《反不正当竞争法》第23b条为解决诉讼费用困境，规定了诉讼请求的价值减损规则，但在实务中，法院往往以消费者团体接受了国家补助为理由，拒绝作出这种裁定。

对于团体诉讼的经费来源这一棘手的问题，有学者认为，除应通

---

①林金吾：《消费诉讼制度之研究》，台湾《司法研究年报》第十七辑第十篇，1997年，第16页。

过立法方式减少团体诉讼的费用即"节流"外，更重要的是要"开源"，即要通过各种可能的方式提高对团体的经济援助，例如可以设立公立或私立的基金会支持团体起诉。国家可以对这些基金会提供资助，团体在获得胜诉后也可以将损害赔偿金的一定比例交给基金会。也有学者提出，消费者团体的活动主要是因为经营者的违法行为才成为必要，因此，如果消费者团体有权以此为理由要求违法经营者就其活动提供损害赔偿，就可以解决消费者团体的财政来源问题。①

（四）　如何控制团体诉讼的滥用？

虽然德国团体诉讼的滥用问题不如美国集体诉讼严重，但这仍然是德国立法者需要解决的一个问题。德国防止团体诉讼滥用的措施包括：

1. 司法确认

为了防止团体诉讼的滥用，德国另外设置了司法确认（judicial certification）程序。事实上，欧盟《不作为之诉指令》及德国的实施性立法都规定，对于那些可以在消费者领域中从事不作为之诉的协会，需要司法确认。只有当这样的协会拥有至少七十五个自然人成员或是其他协会的母会时，才可以获得司法确认并被登记在有关的目录清单上。司法确认一方面有效地防止了消费者团体诉讼被任何团体的随意滥用，一方面也使已经获得登记的团体能够更容易地提起诉讼。

2. 对消费者团体当事人资格的限制

对于消费者团体法定当事人资格的限制是，消费者团体的诉讼行为不能是滥用诉权的行为，尤其是不能以给被告造成损害作为诉讼的唯一目的。当然，这一点需要被告加以证明。② 这种限制只是为了排除极

---

①当前的有关讨论，见 A. Halfmeier，"Der Anspruch der Verbraucherverbände auf Kostenerstattung anläßlich der Durchsetzung von Unterlassungsansprüchen nach UWG und ABG-GESETE". In T. Brönneke（ed.），*Kollektiver Rechtsschutz im Zivilprozeß*，pp. 137ß161，Nomos，2001.

②R. Greger，"Verbandsklage und Prozeßrechtsdogmatik-Neue Entwicklungen in einer schwierigen Beziehung"，*Zeitschrift für Zivilprozß*，2000，pp. 405 – 406.

端的情形，例如，很多消费者团体就某一个经营者在不同的法院一致提起诉讼，目的是为了增加这一经营者的诉讼费用。虽然法律并不要求消费者团体协调其行为以保证只有一个团体提起诉讼，但是在实践中，数个消费者团体就某同一个经营者提起平行诉讼的情形很少见。

3. 事前警告程序

德国法并不要求消费者团体提前警告经营者。但是，根据《民事诉讼法》第 93 条的规定，如果被告对于诉讼中的请求即时承诺，则诉讼费用由原告承担。因此在实践中，消费者团体在起诉前会向违法行为者发送信函，使其有机会承诺停止违法行为，并承诺在不遵守此诺言的情况下支付罚金。除非经营者以无条件、无限制的方式履行了其作出的承诺，否则根据《民事诉讼法》第 93 条的规定，其就是造成了消费者团体起诉的理由。事前警告程序的目的主要是为了防止消费者团体滥用不作为诉权。

五　对德国消费者团体诉讼的借鉴
——以欧盟为中心

虽然同为解决现代市场经济中大型小额消费争议的法律制度，但相比较而言，发端于衡平法的美国消费者集体诉讼更为随意和自由，而德国的消费者团体诉讼则较为传统并倾向于保守。但似乎恰恰正是因为这种保守性，消费者团体诉讼才更容易移植。[1] 尤其是在欧洲统一运动的推动下，不仅欧洲大陆与德国法律传统相近的国家几乎完全接受了德国的消费者团体诉讼，而且就连英国这样典型的英美法系国家也在一定的程度上引进了团体诉讼。

（一）欧盟《不作为之诉指令》
不作为之诉在欧盟法律中的兴起显然得益于欧洲的统一运动以及

---

[1]欧盟之所以倾向于选择不作为之诉，另一个重要的原因或许是，欧洲大陆许多国家传统上就存在各种不同形式的团体诉讼。

消费者接近正义运动在欧洲的影响。早在 1975 年，欧洲共同体就强调通过消费者团体实现消费者代表的重要性。① 但是，欧盟的地位是软弱的：只有当各国不同的法律影响了商品和服务的自由贸易时，其才拥有协调实体性消费者法律的管辖权，实体性法律的实施则是各成员国的责任。因此，欧盟对于消费者集体利益的保护影响甚微。由此造成的后果是，消费者利益的集体保护只能通过一系列指令加以规定，以作为对实体性规则的补充。只是通过 1997 年《阿姆斯特丹条约》，欧盟的管辖权才得到了扩展。

1984 年欧洲共同体理事会颁布《引人误解的广告指令》，② 开始最先针对引人误解的广告适用不作为之诉。该指令要求成员国确保拥有充分而有效的手段，以便于根据消费者利益监控引人误解的广告，但是就有关规定的措辞看，该指令留待成员国决定由何人和/或何组织对此采取法律行动。③ 为了实施这一规定，成员国荷兰赋予消费者团体以法律上的当事人资格，④ 其他国家如英国和爱尔兰，则责成公共机构承担这一责任。1992 年欧洲共同体理事会《人用药品广告指令》⑤ 作了同样的规定。

1993 年欧洲共同体理事会《不公正合同条款指令》⑥ 规定，根据成员国国内法代表消费者合法利益的个人或组织，可以根据有关国内法在法院或主管的行政机关采取行动。⑦ 许多学者对此的解释是，这

---

①"……委员会将（i）研究：……——成员国通过法院保护消费者的法律，尤其是要研究各种不同的救济方式和程序，包括消费者团体或其他组织提起的诉讼。" 参见 *Council Resolution of 14 April 1975 on a preliminary programme of the European Economic Community for a consumer protection and information policy*, OJ C92, 25/4/1975, p. 1 at 33.

②Council Directive 84/450.

③该指令第 4 条第 1 款。

④例如，为了与即将颁布的欧盟指令规定保持一致，荷兰于 1980 年就在引人误解的广告领域中赋予了消费者团体法定当事人资格。

⑤Council Directive 92/28/EEC.

⑥Council Directive 93/13/EEC.

⑦该指令第 7 条。

一规定要求成员国赋予消费者团体以法定当事人资格。[1]

1997 年欧洲议会及欧盟理事会《远程销售指令》，[2] 虽然并没有明确规定成员国必须允许消费者团体在法院或在主管行政机构采取行动，但是其第 11 条第 2 款规定却被广泛地解释为具有这种含义。

1998 年 5 月，欧洲议会及欧盟理事会通过了《不作为之诉指令》，[3] 并要求成员国在 2001 年 1 月 1 日前加以实施。《不作为之诉指令》的颁布将欧盟采用不作为之诉保护消费者利益的政策推向了顶峰。该指令是对消费者组织在欧盟内部进行跨国界诉讼困难重重这一事实的回应。有关的关键性案件是 *Home-Vertrieb* 案。[4] 一直以来，消费者团体不仅面临跨国界诉讼中的通常难题，例如成本高、费时长；而且，正如各国拒绝赋予本国的以保护外国消费者利益为目的的消费者团体以当事人资格一样，各国也不承认外国的消费者团体有当事人资格。国家机构，例如英国的公平交易局，只拥有保护本国消费者的管辖权。不仅如此，对外国判决的执行在实践中也被证明极端困难。其结果是，经营者通过转移到其他国家或者从其他国家撤离的方式，就可以回避消费者保护法的实施。这在电子商务时代日益成为一个严重的问题。《不作为之诉指令》的目的就是为了通过促进跨国界诉讼而维护消费者利益。

在欧盟，关于到底应该赋予消费者组织还是公共机构以当事人资格，一直存在争议，实践中各国的做法也不一致。例如，德国并不允

---

[1] Peter Rott, "The Protection of Consumers' Interests After the Implementation of the EC Injunctions Directive Into German and English Law", 24 *Journal of Consumer Policy* (2001), p. 403.

[2] Council Directive 97/7/EEC.

[3] 该指令英文全称是 *Directive of the European Parliament and of the Council of 19 May 1998 on injunction for the protection of consumers' interests.*

[4] 该案基本案情是：德国的一个公司向法国的消费者发布了引人误解的广告。德国和法国在当时都已经实施了欧盟《引人误解的广告指令》。德国的消费者团体在德国起诉该公司，但法院判决认为，既然德国的市场并没有受到影响，因此不存在违反德国《反不正当竞争法》的行为。在法国，经营者应该根据刑法承担责任，但是法国的判决在德国又无法获得执行。参见 G. Betlem and C. Joustra, "The draft consumer injunctions directive", 5 *Consumer Law Journal* (1997), pp. 10, 11.

许公共机构进行团体诉讼；英国的消费者组织并不享有当事人资格，而是由公平交易局总检察长行使这一职能；北欧诸国虽然无条件无限制地赋予消费者组织以起诉权，但是消费者组织更愿意通过消费者保护专员解决争议，因此很少行使这种权利。因此，欧盟在制定《不作为之诉指令》时就规定，"有权保护消费者集体利益的一个或多个公共机构"，或者"负责根据本国国内法制定的标准保护消费者集体利益的组织"，都可以提起不作为之诉，但具体的选择权在各个成员国。成员国可以赋予消费者组织，也可以赋予公共机构以当事人资格，或者二者都赋予。而且，成员国应该就其所承认的有诉讼资格的团体列举一个名单，提交给委员会，并由委员会在官方公报上进行公布。这样，成员国就可以自由地按照自己的标准决定赋予何种机构或组织以诉讼权利。

虽然欧盟《不作为之诉指令》仍然存在一些弱点，特别是因政治妥协的原因而造成很大不足，但其毕竟在改善跨国界消费者保护方面迈出了第一步，回应了日益增多的消费活动的需要。与欧盟早期的指令和决定相一致，《不作为之诉指令》明显倾向于选择大陆法系的团体诉讼制度，并强调消费者团体在保护消费者利益方面的作用。

（二）不作为之诉的前景

整体地评估团体诉讼在欧洲的发展趋势，既要考虑欧盟的法律，也要考虑欧盟各成员国的立法。团体诉讼今后的发展前景将取决于两个因素：实体法领域对更为有效的法律实施的要求；程序经济的要求。就团体诉讼而言，环境保护法和消费者法是欧盟条约所涉领域中最重要的两个。在这两个领域中，大众性侵权都非常普遍，违反法律规则的行为常常导致范围广泛的伤害。因此，充分的法律实施在环境保护和消费者保护领域就很有必要。

第二个决定性因素就是程序经济的要求。正是实体政策和程序目标的结合，才促使欧盟立法者比以往任何时候都更重视民事程序实现集体利益和公共利益的功能。在由私人启动的集体诉讼模式、由消费者团体等提起诉讼的组织模式和公共机构诉讼模式中到底如何选择，主要取决于各个成员国程序法方面的有关传统以及不同利益集团间政治力量，特别是律师和司法机关的博弈。在大多数大陆法系国家中，赋予组织以诉权看似更容易与合法代表、公共职责和程序经济等传统原则并存。亟待进行的一个程序性改革是：应该允许所有的团体诉讼寻求损害赔偿救济。美国消费者集体诉讼的历史也清楚地证明，只有将诉讼用于寻求损害赔偿，使其既能够提供充分的赔偿，又能够惩罚违法行为，其才能成为一种真正的政治和社会变革力量。

第 三 编

~~~~~~

消费者权益的公法保护

第十章

消费者保护公法与规制

消费者权益自身的性质和特征,[1] 以及消费者权益私法保护模式的局限性,[2] 决定了公法保护对消费者权益是必不可少的。恰如有学者所言,"普通法上的合同和侵权,即使再加上制定法权利,也无法完全覆盖每一种类型的消费者损失,其结果就是,市场不能有效运作,资源可能被浪费。这要求我们独立于供应商/消费者之间的私人关系而考虑采取公共规制。"[3] 从实践来看,无论是大陆法系还是英美法系,消费者保护的任务都是由私法规范和公法规范共同来完成的。消费者保护私法旨在通过调整消费者与经营者之间的法律关系达到实现保护消费者的目的,其中经营者和消费者是平等的民事主体。消费者保护公法,则是通过国家公权力直接作用于经营者及其经营行为,最终实现保护消费者权益的目的。在较为体系化的消费者法论著中,一般会对直接或间接地具有消费者保护功能的各类公法规范予以讨论。在具有保护消费者权益功能的所有公法规范当中,最基本、最主要的一类乃是以消费者保护为目的的行政规制,也即本编所称的消费者保护规制。

---

①详请参见本书第一编"消费者权益的概念分析",尤其是第三章"消费者权利的性质"、第四章"消费者权利与消费者利益"。

②详请参见本书第二编"消费者权益的私法保护",特别是第六章"消费者保护私法及其局限性"。

③Geraint G. Howells and Stephen Weatherill, *Consumer Protection Law*, Dartmouth Publishing Co Ltd, 1995, p. 39.

一　消费者保护公法

在最广泛的意义上，保护消费者权益的公法规范，涉及诉讼法、刑法、经济法、社会法和行政法等各个部门法，甚至还有宪法。其中比较突出的有两类：刑法和规制法。

（一）消费者保护刑法

是指通过追究违法经营者的刑事责任来保护消费者权益的方式。这是最为严厉的一种规制形式，在消费者保护方面提供了起"托底"作用的法律责任形式。刑法上传统的惩罚措施是罚金，罚金的数额与行为的严重程度相适应，通常法律会规定一个上限。严重情况下还会规定监禁。[①]

但是，刑法在消费者保护领域的应用并不广泛，因为目前各国主要是将侵害消费者权益的行为定性为违反私法或行政法规的行为，违法者只须为此承担私法上的或行政法上的责任。理论上认为，刑事制裁对许多规制活动而言并非核心要素，其他严厉程度较低的制裁措施，如警告、书面信函、公布违法细节等等，也可以同样有效，已经足以纠正被规制者的违法行为；而且，"使用严厉程度高的制裁措施，可能会降低被规制者的责任心与信任度，因此会适得其反。"[②]

具体说来，各国消费者法中刑法规则的多少主要取决于该国刑法对"刑事违法行为"的定义。例如，法国 1905 年 8 月 1 日的法律在打击伪劣商品的同时，还致力于通过刑事责任惩处肆无忌惮的欺骗消费者或违反产品的有关法规和惯例的经营者，而且这种刑事责任的承

[①]参见［英］安东尼·奥格斯《规制：法律形式与经济学理论》，骆梅英译，苏苗罕校，中国人民大学出版社 2008 年版，第 90 页。

[②]［英］科林·斯科特：《规制、治理与法律：前沿问题研究》，安永康译，宋华琳校，清华大学出版社 2018 年版，第 49、50 页；［英］安东尼·奥格斯：《规制：法律形式与经济学理论》，骆梅英译，苏苗罕校，中国人民大学出版社 2008 年版，第 82 页以下。

担还不以造成人身伤害为前提。该法所指的伪劣商品主要指欺骗（第1条）和伪造掺假（第2条）。欺骗行为在刑事上是指为使某人签约向他提供不真实的信息；伪造掺假是指一种产品的生产和销售条件不符合法规或惯例。欺骗适用于所有的商品和服务，而伪造掺假则只适用于食品、药品、饮料以及农产品或天然产品。实践中这两种违法行为常常牵连到一块，而并非截然分开。《法国刑法典》还通过刑事责任追究造成人身伤害的违法经营者的责任，可适用的条款是《法国刑法典》第40条关于过失杀人或伤害的规定。①

我国《刑法》也针对一些严重侵害消费者权益，以致对社会主义市场经济秩序形成破坏作用的违法犯罪行为规定了刑事责任，此类消费者保护刑法规则集中于《刑法》第二编"分则"第三章"破坏社会主义市场经济秩序罪"第一节"生产、销售伪劣商品罪"。② 该罪名主要针对我国市场经济中假冒伪劣行为泛滥的现象，就发生在一般产品中的"掺杂、掺假，以次充好或者以不合格产品冒充合格产品"的行为，以及发生在药品，食品，医疗器械、医用卫生材料，电器、易燃易爆产品，农药、兽药、化肥和种子，化妆品等领域的严重违法行为进行了规定。另外，有些《刑法》修正案也涉及这方面的内容。③

需要强调的一点是，虽然刑事法律通过惩处严重违反消费者保护法律、法规或者造成了严重人身伤亡或重大事故的违法经营者，也可以间接地发挥保护消费者权益的作用，且"大多数规制都是以刑法为后盾的"；④ 但是，《刑法》的本质和立法目的决定了其中虽有关于假冒伪劣商品的刑罚，其根本目的却并非保护消费者，而是要维护体现在消费者保护中的社会利益和社会秩序。正因为如此，消费者保护刑

①详请参见［法］热拉尔·卡《消费者权益保护》，姜依群译，商务印书馆1997年版，第17、18页。

②《中华人民共和国刑法》第140条至第150条。

③2002年《中华人民共和国宪法修正案（四）》之"一"对《刑法》第145条的修改。

④［英］安东尼·奥格斯：《规制：法律形式与经济学理论》，骆梅英译，苏苗罕校，中国人民大学出版社2008年版，第81页。

事规制一般并不构成消费者法研究的重点。

(二) 消费者保护规制

"规制"是一个含义广泛的词汇。广义的消费者保护规制，可以指国家通过引导并监管商业界的自我规制，调整私法规则及民事诉讼制度，设置行政规制措施或追究违法经营者的刑事责任来保护消费者权益的综合体系。换言之，广义上的消费者保护规制囊括了国家为保护消费者而采取的一切措施和努力。这实际上就是以"规制"为立足点观察整个消费者法体系，将从自我规制到私法规制再到公共规制的所有消费者法规范都视为"规制之法"，并认为包括产品责任和消费者合同在内的消费者法中的各个规范群，所不同的仅在于规制程度或具体方式而已。例如，有学者即将消费者保护法中的信息披露规则、消费者撤回权制度和消费者救济权统称为"规制技术"。[①] 从这个角度看，在现代消费者保护法体系中，不仅大部分消费者保护法规范属于典型的行政法规范或具有强烈的行政法色彩，例如食品和药品监管法、商品标示法、广告法等等，就连消费者保护法中的民法规范也因消费者权益保护的特殊需要而呈现出越来越多的规制性，例如对于一般交易合同或一般交易条款，现代各国法律一般均从立法、行政和司法等方面进行严密的规制。不仅如此，即使是民事诉讼制度也在消费者保护领域突破了原先原被告单个对抗的传统模式，转而采取集体诉讼或团体诉讼的形式，并从而在某种程度上承担了对市场行为的规制功能。可以说，现代消费者法整体而言乃是国家为保护消费者权益而干预市场的规制性法律。因此，有些影响巨大的消费者法教科书立足于规制并以规制程度的强弱为线索安排整个消费者法体系。[②]

---

①孙良国：《论新〈消费者权益保护法〉中的主要规制技术》，《当代法学》2014 年第 4 期。

②Collin Scott and Julia Black, *Cranston's Consumers and the Law*, 3rd ed., Butterworths, 2000.

狭义的消费者保护规制，是指国家为了保护消费者权益而对市场进行的行政性干预，即消费者保护行政规制。国家为消费者保护通常会采取多种可能的法律手段和措施，但行政法上的手段和措施却是国家实现并保护消费者权益的主要工具，消费者保护实践中也是以狭义的消费者保护规制居多，在消费者法著作中对食品药品和化妆品及其他产品安全、格式合同、广告、标示、计量、价格等具体规制领域的讨论更是不厌其烦。[①] 鉴于其在消费者保护公法中的核心地位，本编主要围绕消费者保护规制展开。

二 消费者保护规制的分类

按照不同的标准可以将消费者保护规制划分为不同的类型，其中比较重要的类型划分包括：

（一）经济规制和社会规制

政府一般通过两种形式的规制实现对生产者、工人和消费者行为的调整。这两种形式的规制分别被称为经济规制（economic regulation）和社会规制（social regulation）。[②] 经济规制和社会规制都涉及对消费者权益的保护。在消费者保护规制中经济规制所占比重较小，绝大多数消费者保护规制属于社会规制。

1. 经济规制

经济规制就是指以调整私人部门中的经济行为为目的，以政府权

---

①例见李昌麒、许明月编著《消费者保护法》，法律出版社 1997 年版，第 8、9 和 10 章；谢次昌主编《消费者保护法通论》，中国法制出版社 1994 年版，第 9、10、11 和 12 章。其中用大量篇幅讨论了多种具体的消费者保护规制，但稍显不足的是：一是没有厘清消费者规制保护与"消费者合同""消费者权利"等制度间内在的逻辑关系，在体系安排上表现为对性质截然不同的法律规范的堆积；二是没有总结具体消费者保护规制的一般性规律，如消费者保护规制的理论根据等，更没有对我国现有的消费者保护规制立法或实践提出建设性意见。

②关于经济规制与社会规制的系统性论述，参见〔英〕安东尼·奥格斯《规制：法律形式与经济学理论》，骆梅英译，苏苗罕校，中国人民大学出版社 2008 年版。

威为后盾而进行的某种规制。经济规制又叫直接规制（direct regula-tion）、产业专门规制（industry-specific regulation）、旧规制（old regu-lation）或传统规制（traditional regulation）。经济规制在 20 世纪 70 年代以前构成政府规制的主流，其主要目的是为了通过价格规制和市场准入、准出的规制解决自然垄断、过度竞争和经济性租金这三种市场失灵现象。

一般而言，政府通过经济规制调整如下事项：（1）价格，例如价目表、租金和工资等；（2）供应，即通过许可（licences）、特许（franchises）、允许（permits）或配额（quotas）实现准入或准出控制；（3）收益率（rate of return），例如对公共设施的规制；（4）信息披露，如对成分标签和招股说明书的规范；（5）产品和服务的品质要求，如对产品的质量、纯度，或食品卫生状况的要求；（6）生产方法，如环境污染标准、工人健康和安全标准；（7）服务条件，例如从事餐馆或理发行业的一般要求；（8）差别待遇，例如就业歧视，商品或服务中的歧视。上述各种政策性工具可以通过很多种方式进行组合，而每一种工具的经济成本、政治成本、收益和强制性程度也有所不同

2. 社会规制

社会规制又时常被称为"新规制（new regulation）"或"卫生、安全和环境规制（health, safety and environmental regulation）"。社会规制自 20 世纪 70 年代后逐渐增多，主要是为了解决外部性、信息不充分、稀缺性和公共物品这四种市场失灵。实际上，将社会规制称为"卫生、安全和环境规制"尽管非常有用，但却并没有囊括所有类型的"社会性"规制，"社会规制"概念自身就反映了体现在这类规制中的社会目标的广泛性。

尽管由于所有类型的规制在本质上都影响人类的福利，因而都是"社会性"规制，但经济规制和社会规制的划分还是凸显了一些意义重大的差别。传统风格的经济规制关注的基本问题是市场、利率、必须履行的义务等，而社会规制则对产品生产和服务提供的条

件以及制造出来的产品的物理品质发挥影响，并对生产过程的极其细节性的方面进行干涉。经济规制属于针对行业的规制，一种类型的经济规制通常只适用于一种行业的活动，而社会规制却通常横跨很多行业。

大多数社会规制可以划归为如下四种类型：（1）卫生和安全规制：在规制中所占的比例很大，其中包括对消费产品安全、运输安全和职业卫生安全的规制。（2）环境规制：一般包括对空气和水污染的控制、土地利用规制和资源开发中的环境管理。（3）公平规制（fairness regulation）：目的在于保护个人免受欺诈、诈骗和不实陈述的伤害，其中也包括消费者保护和反歧视立法。（4）文化规制：如关于外国人所有权的立法等。

社会规制的目的在于控制产品和服务的品质，披露信息，影响生产方法或调整贸易或就业条件。例如，关于产品标签、引人误解的广告和财政状况披露的规定（信息披露）；对食品等级和药品准入的质量要求（quality）；对食品、药品和饮料纯度的要求（purity）；对儿童玩具和家具以及卫生行业的安全要求（safety）；对美容或理发等服务的可及性要求（availability）；对服装的最低穿戴标准等耐久性的要求（durability）等等，都属于社会规制的要求。也有很多社会规制关乎人身安全和健康，如对污染标准、工人健康标准和产品成分等方面的规制。

（二）普遍规制和专门规制

按照规制对象或规制目的的不同，可以将消费者保护规制划分为普遍规制和专门规制，这也是消费者保护规制在实践中最基本的类型划分。所谓普遍的消费者保护规制，是指为了实现消费者权益而对市场的一般性规制。所谓专门的消费者保护规制，是指针对特定的产品和服务，或针对特定市场行为的规制。专门规制的存在主要基于两种情况：其一，所涉产品或服务以及特定的市场行为具有很大的特殊性，无法通过普遍规制达到规范的目的；其二，这些特定的产品或服务以及市场行为，要么与消费者的身体或财产利益关系密切，要么对消费者的人身或财产权益造成了特殊的危险，需要特别加以规制。下面即分别简要介绍普遍规制、针对特定产品或服务的专门规制、针对特定市场行为的专门规制。

1. 普遍规制

此种规制并不特别适用于某一种商品或服务，也并不特别针对市场上的某些交易行为。凡进入市场交易的商品或服务，只要在某种普遍规制范围内的，均须满足普遍规制的要求。比较重要的普遍性消费者保护规制有：

（1）对一般质量的规制。商品或服务的质量涉及一系列的问题，例如商品的耐用性、可靠性、美观性、环保性等等。鉴于商品或服务的很多方面都可以归入"一般质量"项下，再加上不同消费者的口味也大相径庭，因此法律通常并不对所有的事项都一一进行规范，而是由市场自行规范或通过私法规则加以调整。但是，法律对于一般产品质量会设有最低标准，并通过标准化制度、产品质量认证制度和产品检验等制度加以实现。

（2）对卫生和安全的规制。商品和服务在卫生和安全方面的品质也属于广义的质量范畴，但是由于卫生和安全问题涉及消费者的生命安全和身体健康，因此，不仅关于卫生和安全的规制自古有之，而且各国都会对卫生和安全问题予以特别的注意。由于有些商品和服务与消费者的生命安全和身体健康比其他商品和服务关系更为密切，所以各国法律一般会针对特定的商品和服务进行特别的规范，例如，食品、药品和化妆品自有消费者运动以来就是各国卫生和安全规制的重点；随着转基因食品的普及，对转基因食品的规制也越来越受重视。

（3）对竞争的规制。诚实公平的交易环境是消费者实现其经济利益必不可少的前提条件。因此，尽管公平交易方面的法律并不以保护消费者为直接目的，但也属于广义上的消费者法律。国家通过价格控制、反垄断、反限制竞争和反不正当竞争等法律维持市场上的充分竞争，从而最终保证消费者选择权的实现。

（4）对信息的规制。消费信息在现代市场中具有举足轻重的作用，甚至有人认为消费者保护的唯一作用就是矫正市场上的信息失灵，保证消费者获得充分的信息，使其可以根据所掌握的信息进行理性的消费判断。

（5）其他的普遍规制。上述几种形式的规制都不限于特定的商品或服务，而是普遍地适用于所有类型的市场，因此可称之为普遍规制。从其所规制的内容也可以看出，关于一般产品质量、卫生和安全等事项的规制，不仅是消费者保护的基本要求，也是市场经济体制得以存在并运作的基础性条件。当然，普遍性规制并不限于这几种，对计量器具的规制、对价格的规制、对准入和准出的规制等均属于普遍规制，此不一一赘述。

2. 针对特定产品或服务的专门规制

此类规制中比较典型的有：

（1）食品药品和化妆品规制。随着对合成食品、精加工食品以及转基因食品的食用，食品卫生和安全问题日益突出。20 世纪发生的数起重大食品危机更是凸显了这一问题，使各国乃至国际组织对其更加关注，食品卫生和食品安全成为消费者保护规制的重中之重。与食品规制同样重要的还有对药品和化妆品的规制，由于药品和化妆品与消费者身体健康和生命安全具有直接的关系，而且在生产和使用方面又具有很强的专业性，所以对药品和化妆品的规制也与食品规制共同成为消费者卫生和安全保障制度的重点。

（2）消费者信贷规制。随着市场经济的发达，保护消费者在金融服务行业的利益已经成为消费者保护工作的重点，有人曾正确地指出："目前美国消费者保护的主要内容已集中于对信贷消费过程中消费者合法利益的保护。"[1] 欧盟 1999 年《远程金融服务指令》的一个重要目的也是为了保护消费者在银行、保险、投资及支付服务方面的

---

[1]参见张为华《美国消费者保护法》，中国法制出版社 2000 年版，前言。

权益。

（3）对其他产品或服务的专门规制。食品、药品和化妆品以及金融服务，因与消费者人身或经济权利的密切关系或自身的特殊性而获得了法律的专门关注。一方面，随着人类消费活动的拓宽，有更多的高科技产品或不动产，如微机、转基因食品和商品房，成为人们的消费对象。另一方面，很多原来并非消费关系的社会关系，如医患关系和法律服务关系，发生了"消费关系化"（consumerization），也成为消费者法的调整对象。所有这些都对消费者法提出了新的挑战，为保护消费者权益有必要针对其特殊性进行专门规制。

3. 针对特定市场行为的专门规制

主要是针对市场上比较容易侵害消费者权益且隐蔽性较强的违法行为或交易行为进行调整。其中主要包括：

（1）对欺诈行为的规制。欺诈是一种典型的侵害消费者权益的行为，对欺诈行为的规制向来构成消费者法的基本内容。欺诈行为不仅构成私法上无效或可撤销的行为，而且还是消费者保护行政执法的打击对象。违法行为者可能因此承担罚款或其他行政责任，严重的甚至会构成刑事犯罪，要因此承担刑事责任。

（2）对格式合同的规制。格式合同的使用具有降低交易成本、便利交易等优点。在现代市场中，格式合同已经成为消费者合同的常态。但是，格式合同往往是经营者单方面拟定的，而且内容繁多复杂，专业化强，普通消费者既无能力也无耐心在签约时对其仔细审查。因此，格式合同的广泛使用使消费者的自由磋商权沦为空谈，隐含着侵害消费者权益的弊端。因此，对格式合同加以规制就成为各国消费者法的重点内容之一。

（3）对特别交易形式的规制。现代市场的一个显著特点是销售技巧和交易形式变化多端，其中比较典型的新型交易形态包括上门交易、①

---

①上门交易又可叫做固定营业场所之外的交易，是指推销人员直接到消费者的住所，或者在街头、路口等固定场所之外向消费者推销商品的形式。

网上交易、① 分期付款交易、部分时间居住权合同、② 邮购等等。这些新的交易形式为消费者提供了方便，满足了消费者多样化的消费需求。但另一方面，由于经营者总是千方百计推销自己的商品或服务，甚至采取各种"侵略式""高压式"的推销方法，无所不用其极，难免有侵害消费者权益之嫌。因此，针对这些特定销售形式的消费者保护规制就成为现代消费者保护法的一大特色，欧盟在过去二三十年中制定的许多指令都与此有关。

三　消费者保护规制的变迁

（一）消费者保护规制的产生

关于消费者卫生和安全的公共规制自古有之，例如在英国，早在维多利亚时代就开始保护消费者免受掺杂食品的伤害。西方国家最经典的文献圣经，甚至早在三千多年前就针对消费者信贷进行了详细的规定。③ 但是，这些都不是现代消费者法中的政府规制，严格意义上的消费者保护规制是迟至 20 世纪才发生的事情。

现代消费者保护规制，其兴衰变迁与现代消费者运动的发展是一致的。一般认为，现代最早的消费者保护立法是美国 1890 年《谢尔曼法》，当时的大背景是美国消费者运动的第一次高潮（19 世纪末 20 世纪初）——国家对竞争的规制和对食品药品安全的规制是其主要表现。④ 事实上，20 世纪以来消费者运动的几次勃兴无不伴随着国家对

---

①消费者不与经营者见面，而是通过互联网购物或接受服务的消费形式。其中既有国内网上交易，又有跨国网上交易。

②消费者并不完全购买不动产，而只是购买该不动产在某时间段内的使用权，多适用于旅游胜地的别墅等。

③Paul B. Rasor, "Biblical Roots of Modern Consumer Credit Law", 10 *Journal of Law & Religion* (1993/1994). 古代有很多关于消费者保护的惯例，例如出售掺杂牛奶的人将被迫喝光自己出卖的劣质牛奶，购买鸡蛋的人发现鸡蛋已经变质就有权利用坏鸡蛋投掷出卖人等等。这些做法都很有意思，也颇具启发意义。

④关于现代消费者保护规制的历史发展，可参阅本书第一章"消费者权利概念的产生"。

市场秩序规制的强化，并突出地表现为诸多消费者保护规制性行政立法的颁布，以及行政性规制机构的设立及其权力的不断扩张。作为消费者运动发源地的美国是这样，其他的国家如英国、日本和澳大利亚等也莫不如此。尤其是在美国和日本，消费者保护的规制色彩特别浓厚。在美国，不仅实践中的消费者规制立法和规制制度极为发达，涉及消费者权益的规制机构数量众多且活跃，而且还在理论上就政府规制展开了广泛而深入的讨论。① 日本的消费者行政非常发达，日本的消费者法甚至已经发展成为了现代行政法中的一个崭新领域。②

在消费者运动不断发展的潮流中，消费者保护行政规制也日益扩张。到了 20 世纪六七十年代，西方各国的消费者运动和消费者保护立法达到了一个新的高峰。这一时期，受日益恶化的诸多社会问题的刺激，国家进一步加强了在消费者保护、环境保护和工作场所的卫生和安全等方面的管制。保护消费者的生存质量免于遭受侵害，被认为是政府在现代经济体系中必须承担的任务。学者们认为这些都构成现代社会保护新型"社会权利"——对健康和重大安全的权利（rights to health and material security）运动的组成部分。③ 这种对安全的诉求也反映在一些消费者保护领域的损失分担（loss-distribution）和危险分散（risk-spreading）制度上。所有的这些发展都是日益增强的危险社会化的组成部分，集中反映了现代法律从强调私人权利（private rights）到接受公共规制（public regulation）的转变。

随着消费者运动和消费者保护规制全盛时期的到来，西方各国的消费者保护规制在 20 世纪 70 年代末达到了泛滥的地步。但随后人们开始对政府的规制进行检讨和反思，经济学界在"规制无效"和

---

①参见林子仪《消费者保护之行政管制——美国法制之简介》，收于廖义男主编《消费者保护之行政监督与执行之研究》，该文集为"国立"台湾大学法律学研究所受台湾"经济部"委托所完成课题的研究成果，1991 年。

②许思奇：《中日消费者保护制度比较研究》，辽宁大学出版社 1992 年版，第 320 页以下。

③Iain Ramsay, *Consumer Protection: Text and Materials*, Weidenfeld & Nicolson, 1989, p. 52.

"规制有害"命题上基本取得一致的意见。在此背景中，消费者保护规制也随同政府规制一起遭到严厉的批判。

(二) 对消费者保护规制的批判

正如经济学的市场失灵理论为政府规制提供了理论基础一样，现代经济学的发展同样也为解除政府规制提供了理论支持。[①] 在批判政府规制的理论中，以自益和俘获理论以及成本收益分析法对消费者保护规制的影响最大。

自益理论与公益理论针锋相对地指出，规制机构服务于私人利益而不是公共利益。自益理论中最重要的俘获理论，用"寻租"的比喻生动地揭示了规制机构的弱点。该理论声称，规制机构设立之初乃是斗志昂扬的警察，但是却逐渐被所规制的行业俘获。有人将规制机构的这种过程称为"生命周期"。加尔布雷思（Galbraith）曾这样总结规制机构的"生命周期"："规制机构与其组成人员一样，具有显著的生命周期。在建立之初，它们充满朝气，进取心强，捷报连连，简直有点眼里揉不进沙子的味道。慢慢地，它们就变得老练世故。在规制机构的后期——也就是 10 到 15 年之后吧——除个别例外，大部分规制机构要么沦为所规制行业的爪牙，要么成为一无用处的老糊涂。"[②]

俘获理论强调利益集团在安全标准形成中的作用，认为利益集团可以轻易地俘获权力集中的规制机构。利益集团俘获规制机构的方式多种多样：（1）金钱贿赂；（2）在政府官员离任后，聘任其担任被规制公司或其法律事务所或公益法律事务所的员工；（3）维持良好人际关系的愿望促使政府官员友好地对待被规制对象；（4）被规制对象不公开批评规制机构在管理方面的弊端，以迎合规制机构的需要；（5）利益集团还可以通过投票和游说等工作，将能够代表自己

---

①关于对消费者保护规制的经济学批判，详请参见本书第十一章"消费者保护规制的理据"。

②John Kenneth Galbraith, *The Great Crash*, 1929, Hughton Mifflin, 1955, p.171.

利益的人员安排到关键性职位上；等等。正如 1982 年诺贝尔经济学
奖获得者施蒂格勒在一篇名为《经济管理理论》的论文中所说："管
制通常是产业自己争取来的，管制的设计和实施主要是为受管制产业
的利益服务的。"① 以此看来，所谓的消费者保护规制，到底是否能
够保护消费者利益以及在多大程度上保护消费者利益，都成为问题。

不仅经济学理论关注政府规制失灵问题，政治学理论也介入了讨
论。有人认为，政府通过制定工具性法律（instrumental law）来追求
实体性社会目标的做法，只能以社会关系的过度法化（over-legaliza-
tion）为代价，并最终以无效告终。② 有人认为，由于规制国并没有
能够兑现解决产生于资本主义经济体系的各种问题的诺言，公共规制
的明显失败导致了"规制国危机"。对 20 世纪六七十年代的规制大失
所望的人，甚至声称当时的社会和经济规制只不过是"符号政治"
（symbolic politics），消费者保护规制只不过是为了安抚不满的消费
者，其本身自始至终就没有打算实现任何实质性后果。③

经济学和政治学理论对消费者保护规制乃至对整个西方福利国规
制的批判，反映在消费者保护实践中就是消费者保护规制的缓和及相
对放松，例如规制机构人员的精简、政府资金投入的降低以及消费者
保护规制性立法的搁浅等等。

（三）消费者保护规制的变革

但是，许多国家的实践证明，过去三四十年中世界上掀起的解除
规制浪潮，对消费者保护规制性立法的影响远不如在其他领域的影响
大。尽管许多规制性立法遭受了猛烈的批评，但对于消费者保护法的
反对意见却似乎并没有如此的猛烈。例如，有人曾指出："除了价格
管制在 20 世纪 80 年代末被废除之外，关于消费者保护立法是否对消

---

①转引自周志忍《当代国外行政改革比较研究》，国家行政学院出版社 1999 年版，第
171 页。

②Claus Offe, *Contradictions of the Welfare State*, Hutchinson, 1984, p. 280.

③Murray Edelman, *The Symbolic Uses of Politics*, University of Illinois Press, 1967.

费者造成了消极后果，迄今为止并没有进行过严肃的讨论。"① 在英国，"撒切尔政府在意识形态上偏好米尔顿·弗雷德曼（Milton Fried-man）的解除规制政策，这导致了许多半自治非政府组织以及准政府组织的废除，但耐人寻味的是，代表消费者利益的组织却存活了下来，并且看上去还'蛮精神的'。"② 极力主张赋予消费者权利以人权地位的西奈·多伊奇总结认为："尽管来势凶猛的解除管制运动正方兴未艾，普遍的共识却是，应该赋予并保证消费者权利，至少要维持其当前的水平。无论政府是否发生变动，一致的观点是，消费者权利应该继续受到保护。"③ 在加拿大，"虽然解除规制话语越来越受欢迎，而且人们越来越猛烈地批评政府的无能和官僚主义的低效率，但是目前为止所做的经济学研究却证明：总体而言，过去几十年间的消费者保护社会规制动议完全是值得的。"④ 所有这些都表明，解除规制的浪潮对消费者保护规制性立法的影响并不大。西方各国很多保护消费者的规制性法律，以及一系列从事消费者保护事业的规制机构和压力团体，都在解除规制浪潮中存活了下来。消费者保护规制似乎已经成为现代行政管理体系中相对永久的一个方面。

不仅如此，随着社会经济状况的发展，消费者保护关注的问题也呈现出日益扩张的趋势，社会关系的"消费关系化"为消费者保护规制开辟了新的适用领域。消费者问题最初只关注私人部门中的商品问题，服务问题和公共部门或私人垄断行业提供的很多商品和服务都不在消费者保护法的规范范围之内。但到 20 世纪末，不仅国有企业

---

① Klaus Viitanen, "The Crisis of the Welfare State, Privatisation and Consumers' Access to Justice", in Thomas Wilhelmsson and Samuli Hurri （ed.）, *From Dissonance to Sense*: *Welfare State Expectations*, *Privatisation and Private Law*, Dartmouth Publishing Co Ltd, 1998, p. 550.

② J. D. Forbes, *The Consumer Interest*: *Dimension and Policy Implication*, Croom Helm Ltd., 1987, p. 8.

③［以］西奈·多伊奇：《消费者权利是人权吗?》，钟瑞华译，《公法研究》第三卷，商务印书馆 2006 年版。

④ Edward P. Belobaba, "The Development of Consumer Protection Regulation: 1945 to 1984", in Ivan Bernier and Andrée Lajoie （ed.）, *Consumer Protection*, *Environmental Law and Corporate Power*, University of Toronto Press, 1985, p. 32.

的民营化导致了很多的消费者保护问题，而且服务市场的兴起也使服务领域的消费者保护问题日益重要，对于职业的规制也成为消费者保护法中的议题。20 世纪 70 年代之后，原来的医生和患者、律师和顾客以及银行和客户等关系发生了"消费关系化"，越来越强调更大的问责性和透明性并开始挑战行业的主导地位。

在 20 世纪 80 年代所谓的"放松"或"解除"规制浪潮过去三四十年后，人们反而发现自己生活在一个规制的时代，一个"规制国家"的时代，政府在其中越来越多地"利用传统规制制度、规制规则与独立规制机构解决公共政策问题"，甚至可以说"逢事必谈规制"。[1] 甚而至于，在经合组织国家的治理体系中，规制机构的数量呈现出大量增加的趋势，这不仅标志着规制国家的兴起，也标志着"规制资本主义"的形成及其全球扩散。[2] 针对规制不仅没有消亡，反而越发普及的现象，有学者评论说，某些领域的规制立法所取得的成绩，例如消费者和环境保护领域，"并不能轻描淡写就一笔带过"，所谓的"放松"规制或"解除"规制，倒不如说是规制性法律的风格与制度发生了巨大的转变，由此而产生的规制新模式呈现出某些值得关注的特征：在缺乏充分竞争的领域进行民营化改革；创建独立于政府的规制机构；放松社会性规制；以更为宽泛的目标标准取代具体规制和性能标准；信息规制作为新的规制形式而崛起；等等。[3] 所有这些特征，在消费者保护规制领域中都有所体现，甚至体现为一种发展趋势或潮流。

---

[1]［英］科林·斯科特：《规制、治理与法律：前沿问题研究》，安永康译，宋华琳校，清华大学出版社 2018 年版，第 258 页。

[2] 同上书，第 260 页。

[3] 同上书，第 344 页。

第十一章

消费者保护规制的理据

在现代消费社会中，消费者保护法已经成为许多国家法律体系的组成部分，而且是与普通人关系最为密切的部分之一。但消费者保护法及其所确立的消费者保护规制，并非具有天然的正当性，而是一个需要加以论证的命题。如同一般政府规制一样，消费者保护规制大致也可分为经济性理据（如纠正市场失灵）和伦理性理据（如促进社会正义）两类。消费者保护规制的这两种理据，在西方国家都曾遭受过不同程度的质疑和批判，引起过理论上的争论和反思。[①] 在我国从计划经济由商品经济向市场经济转型的过程中，消费者保护法因其与公众日常生活的密切关联，很快就得到了社会各界的认可和重视，并迅速发展起来。在此过程中，对消费者保护正当性的分析仅有"消费者处于弱势地位""传统私法保护手段不足"等一般性论述，[②] 鲜有深入、系统的分析，这在一定程度上构成了消费者保护法进一步发展的理论障碍。伴随着信息化、全球化的日益深入，消费者问题越发复杂，消费者保护法也愈加繁复，俨然有发展成为自成一体的新部门法

---

① 参见林子仪《消费者保护之行政管制——美国法制之简介》，收于廖义男主编《消费者保护之行政监督与执行之研究》，该文集为"国立"台湾大学法律学研究所受台湾经济部委托所完成课题的研究成果，1991年，第37页。

② 李昌麒、许明月编著：《消费者保护法》，法律出版社1997年版，第21、22页；钱玉文：《消费者权利变迁的实证研究》，法律出版社2011年版，第18—20页；等等。

的可能，这就在理论上提出了体系化的要求，① 而消费者保护的正当性问题即是一个颇具整合力的基本理论问题。本章目的在于追根溯源，系统梳理消费者保护规制发展过程中所得到的支持性论证以及各种论证所遭遇的异议，以为我国今后消费者保护立法和实践的进一步发展提供理论上的参照。

一　消费者保护的经济性理据

利用经济学理论来论证消费者保护的正当性，并以此为出发点深入展开对各种消费者保护制度的讨论，是消费者法学者的通行做法。② 经济学理论中对消费者保护规制影响最大的，当属规制公益理论、规制俘获理论和成本收益分析。③

（一）规制公益理论对消费者保护规制的论证

规制公益理论认为，政府规制是政府为了克服市场失灵和纠正个人不当行为而采取的利他主义举措，政府在此被视为是公共（社会和集体）利益的代言人和维护者。在此理论下，各类市场失灵均构成消费者保护规制的基础。

第一，信息不对称要求政府规制。消费者商品和服务种类繁多，有些还具有很强的专业性和技术性，有关商品和服务的质量、效能、使

---

①孙颖：《消费者保护法律体系研究》，中国政法大学出版社 2007 年版，以及金福海《消费者法论》，北京大学出版社 2005 年版，均为这方面的有益尝试。

②例见 Collin Scott and Julia Black, *Cranston's Consumers and the Law*, 3ʳᵈ ed., Butterworths, 2000, Chapter1；Thierry Bourgoignie and David Trubek, *Consumer Law*, *Common Markets and Federalism in Europe and the United States*, Walter de Gruyter, 1987, Part I；David Morris（ed.），*Economics of Consumer Protection*, Heinemann Educational Books, 1980 等。关于"消费者保护经济学"的文献非常之多，以致有学者不得不在其所编的论文集之后另行提供一份论著目录，具体参见 David Morris（ed.），*Economics of Consumer Protection*, Heinemann Educational Books, 1980, pp. 225 – 232。

③较为系统的论述，可参见 ［英］ 安东尼·奥格斯《规制：法律形式与经济学理论》，骆梅英译，苏苗罕校，中国人民大学出版社 2008 年版，第29—80 页。

用风险的信息往往并非普通的消费者所可以轻易获取或理解。实际上，消费者常常在没有充分掌握交易的性质和后果时作出购买或消费决定。而商品和服务信息的公共物品性，也使"作为私人的当事人几乎没有动力去做这种事情"。[①] 为此，有必要由政府通过对广告、产品包装、产品说明的规制来消除或缓解信息不对称，扭转消费者的信息劣势。

第二，自然垄断要求政府规制。在某些行业中，特别是在供水、供电、煤气、热力供应、电信、交通运输（包括铁路、城市交通、海港、水运和机场）、环境卫生设施和排污系统、固体废弃物的收集和处理系统等公共基础设施领域中，当产品或服务全部由一家企业生产或提供时，对全社会来说总成本是最低的，因此法律出于经济效率的考虑就往往会承认垄断的合法性，从而导致自然垄断的产生。但另一方面，当垄断性供应者出现时，竞争的优越性又会荡然无存，容易导致效率低下、质次价高、超额利润等侵害消费者权益的现象。所以，在自然垄断行业，政府有必要采取有效的规制措施，实现对消费者的保护。

第三，消费者交易的内部性要求政府规制。内部性在消费者交易中广泛存在，这是指虽然由交易当事人承担但却并没有在交易条件之中加以说明的交易成本或收益。例如，产品缺陷所可能给消费者造成的损害就是一种典型的负内部性，因为虽然损害的结果将由消费者一方承担，但损害的性状和范围却并没有在合同中得到充分的预计和体现。[②] 为应对消费者交易中的内部性问题，政府有必要对产品责任、商品质量以及交易条款加以规制。

（二）规制俘获理论对消费者保护规制的批判

20 世纪 70 年代，在西方各国经济滞胀的情形下，与政府规制相

---

① K. J. Arrow, *Essay in the Theories of Risk Bearing*, 1971。转引自 S. Shavel, "Liability for Harm Versus Regulation of Safety", 13 *Journal of Legal Studies*（June, 1984）, p. 360。

②［美］丹尼尔·F. 史普博：《管制与市场》，余晖等译，上海三联书店、上海人民出版社 1999 年版，第 65 页。

伴随的腐败严重、制度僵化、成本增加等等，变得尤为无法容忍。人们开始普遍怀疑政府行为的有效性，并对政府规制的动机和取向展开了全面的反思。[1] 在批判政府规制的理论中，对消费者保护规制影响最大的当属规制俘获理论。

与规制公益理论把政府当作公共利益的代言人不同，规制俘获理论认为，规制者和普通人一样都是理性的"经济人"，会在条件的许可范围内尽力实现自身利益的最大化。他们在大多数情况下所作的决定都并非符合公共利益，而只不过是为了实现并满足自己的个人利益而已。因此，实力雄厚、组织严密的利益集团，比势单力薄的普通消费者更有可能影响规制者，主导规制的形成过程，使其朝向有利于自己的方向发展。利益集团俘获规制机构的手段多种多样，贿赂和"旋转门"等都是常用的伎俩。规制俘获理论的经验性分析契合了西方国家政府规制在实践中的重大失败，因此具有很强的说服力。

在政府规制受到普遍质疑的氛围当中，消费者保护规制也未能幸免，反对消费者保护规制的浪潮一时间普遍高涨。例如在 20 世纪 80 年代，欧洲国家反对消费者保护的力量就不断高涨，甚至一度阻碍了欧共体制订一个统一消费者保护政策的创议。[2] 1980 年极力鼓吹自由至上主义和放松规制的里根成功当选为美国总统，被一些人视为是消费者运动几乎完全丧失其政治影响的证明。[3]

（三）成本收益分析对消费者保护规制的挑战

规制公益理论和规制俘获理论所争论的焦点在于国家应否为保护

---

[1] 参见周志忍《当代国外行政改革比较研究》，国家行政学院出版社 1999 年版，第 169 页以下。

[2] Thierry Bourgoignie and David Trubek, *Consumer Law*, *Common Markets and Federalism in Europe and the United States*, Walter de Gruyter, 1987, p. 5.

[3] David A. Aaker and George S. Day（ed.）, *Consumerism*: *Search for the Consumer Interest*, 4ᵗʰ ed., The Free Press, 1982, p. 4. 作者也正确地预见到："看来确定无疑的是，消费者运动即使不是美国社会的一个永久性特征，它也注定是一个会反复出现的特征。"见该书第 31 页。

消费者而对市场进行干预，而成本收益分析所要关注的问题则是，即使国家可以为了保护消费者的目的而干预市场，这种干预是否应该有成本收益的考量，还是可以不计代价？如果说规制俘获理论是从意识形态角度对政府规制进行了诛心之论的话，那么成本收益分析则引导人们从技术上详细审察政府规制的利弊得失。

美国当代著名法学家桑斯坦曾从成本收益分析的角度，对产生于20世纪六七十年代的规制性立法大加鞭挞，对此上文已有论述。[①] 此外，在将成本收益分析运用于政府规制的进路中，美国法与经济学派的代表人物波斯纳也产生了重要影响。他不仅在《法律的经济分析》中明确主张制定法在促进效率的可能性方面不如普通法，并且还专门撰写《联邦贸易委员会》一文，从成本收益的角度对联邦贸易委员会——美国承担消费者保护职责的最重要的联邦机构——的工作大加鞭答。[②] 在美国，20世纪60年代后一些民间和官方的调查报告均表明，联邦贸易委员会不仅没有发挥保护消费者的功能，而且还因为在人事管理和一般业务方面的无效率，导致其运作举步维艰。时任美国总统尼克松为此不得不命令对其进行大刀阔斧的改革。[③]

当时成本收益分析者的一种甚为普遍的论调是，消费者保护规制的整体收益并不大于其整体成本，因此是不必要的。例如，有人认为，消费者在经济活动中同时也是纳税人和经营者，因此，任何一种昂贵的消费者保护措施最终都必然由消费者"埋单"，这抵消了消费者保护措施的积极作用。还有人认为，为了遵守消费者保护规制的要求，经营者支付了过高的成本并为之所累；消费者保护规制设立了市场准入的壁垒且有碍于发明创造，因此有妨碍竞争的潜在可能。另有人认为，为了实现消费者保护的规制目的，政府应该选择与消费者问

[①]桑斯坦的批评，详见本书第二章"消费者权利的扩张及其所面临的挑战"。

[②]Richard Posner, "The Federal Trade Commission", 37 *Univ. of Chic. L. Rev.* (1969).

[③]参见林子仪《消费者保护之行政管制——美国法制之简介》，收于廖义男主编《消费者保护之行政监督与执行之研究》，该文集为"国立"台湾大学法律学研究所受台湾"经济部"委托所完成课题的研究成果，1991年，第49页。

题匹配的工具和手段，例如，在何种情况下使用信息披露政策，在何种情况下使用标准或许可政策，都需要政府首先对消费者问题进行细致的分析，但事实上，政府常常疏于考虑自己干预的原因，这导致了救济措施和消费者问题的不匹配，因此无法保证消费者保护规制的有效性。[1]

（四）在批判之后

来自经济学上新自由主义的种种批判固然导致了消费者保护规制的相对和缓，但同时也激励人们提高规制的敏感性，力求在维持规制积极功能的同时克服传统政府规制的弊端。于是，"行为准则"等"软法"和"去法化的替代性办法"在消费者保护中开始发挥日益重要的作用，实践中依靠市场力量实现对消费者保护的做法也越来越普遍。例如，宽泛的标准设定方式逐步取代原先严格具体的标准设定方式，从而使国家既没有放弃设定质量标准的任务，又使私人部门能够自主决定如何满足国家要求的质量水准。所以总体来看，在消费者保护领域当中，规制改革更多地体现为规制方式和规制风格的转变，而不是对"规制"的完全解除。

有关国家的规制实践还表明，对某些领域的解除规制会在其他地方造成需要更多规制的局面，从而也从另一个角度证实了消费者保护规制的必要性。例如，美国对航空规制的解除导致了航班的增加以及某些线路的堵塞，这不仅增加了航空安全规制体系的压力，而且还增加了在机场之间分配空间的压力。[2] 解除对价格和市场准入的规制也必然要求政府更加卖力地实施反托拉斯法，并保护消费者免受不实陈述和"违反默示合同行为"的侵害。例如，为了控制有些航线上的垄断定价，就需要反托拉斯法的适用；为了回应消费

---

①参见 Iain Ramsay, *Consumer Protection*: *Text and Materials*, Weidenfeld & Nicolson, 1989, p. 10 ff。

②Susan Rose-Ackerman, "Defending the State: A Skeptical Look at 'Regulatory Reform' in the Eighties", 61 *U. Colo. L. Rev.* (1990), p. 520.

者对于行李丢失、航班时刻表引人误解、起飞前最后一刻因订票人数过少而取消航班、严重延误等问题的投诉，也需要加强消费者保护规制。①

二　消费者保护的伦理性理据

消费者保护的伦理性理据，所着眼的是消费者保护规制在经济效率之外的社会价值，与经济性理据相比具有更深层次的意义，并对功利主义的经济学进路形成了限制、修正或摒弃。在伦理性进路的主张者看来，消费者保护规制的终极目标在于建立一个更加公平的市场和更加和谐的社会，因此对财富的公平分配相较于实现财富的最大化具有更高的重要性。正是在这个意义上才可以说，"消费者保护法在社会的塑造上发挥着作用"。② 消费者保护规制的伦理性理据包括：保护消费者权利，维护共同体价值和承认政治，促进社会正义。③

（一）保护消费者权利

消费者权利的概念产生于 20 世纪六七十年代，这是西方经济社会立法的"全盛时期"，也是"权利革命"方兴未艾的时期。④ 消费者权利，作为新"社会权利"运动的一部分，应运而生。而所谓权利，被认为应该能够"战胜"对于各种与之冲突的因素的考虑，因此权利进路当然就否认内在于功利主义计算中的抵消，例如，安全权要求在保护消费者的安全时不得适用成本收益分析。一些学者甚至还

---

①Susan Rose-Ackerman，"Defending the State：A Skeptical Look at 'Regulatory Reform' in the Eighties"，61 *U. Colo. L. Rev.*（1990），p. 521.

②Geraint G. Howells and Stephen Weatherill，*Consumer Protection Law*，Dartmouth Publishing Co Ltd，1995，p. 77。

③一般性论述，可参见 ［英］安东尼·奥格斯《规制：法律形式与经济学理论》，骆梅英译，苏苗罕校，中国人民大学出版社 2008 年版，第 47 页以下。

④参见 ［美］凯斯·R. 桑斯坦《权利革命之后：重塑规制国》，钟瑞华译，李洪雷校，中国人民大学出版社 2008 年版。

提出了消费者权利属于人权的观点。① 消费者权利人权论者认为，消费者法的核心目的是确保消费者的生命健康和安全，维护消费者的基本生存权，各项具体的消费者权利都是围绕这一目的设计的。例如，知情权保障消费者获得有关商品的各种信息和情报，最终目的是确保消费者自身的安全和自卫；良好环境权关注消费者的生存和工作环境，直接关系到消费者的生存安全。此外，竞争政策、公权力的介入等等，其目的也无非是在现实经济社会中确保消费者的生存权。

但消费者权利进路也不乏批评者。有人认为，消费者的安全权和知情权模糊不清，无法为决策者提供任何有价值的指导；决策者为了更好地利用自己掌握的有限资源，必须就是否保护某种权利做出艰难的决定；而且，将消费者权利与其他基本权利进行平衡也非常困难，因为难以决定是否可以允许消费者为了其他权利而放弃消费者权利。例如，如果消费者权利是不可放弃的，那就意味着必须剥夺消费者购买不符合安全标准的产品的自由，因为消费者的安全权必须得到保护；如果允许消费者购买低于安全标准的产品，则意味着消费者的安全权是一个可以放弃的权利；由此可见，对消费者权利进路而言，消费者权利与其他基本权利的对抗和平衡是一个难题。对此，有人建议将消费者的安全权理解为要求确立最低安全标准的权利："从身体意义上来说，安全原则是不言自明的道理。显而易见的是，人们有权利要求自己不被随时可能爆炸的汽油箱、致命的头发干燥剂以及隐藏有长达三英寸的铁钉的玩具娃娃所伤害。"② 加拿大著名消费者保护法学者拉姆塞（Iain Ramsay）教授认为，消费者权利的概念仍然以人的自治理念为基础，而且对权利进路的解释应该是，在决定社会应提供

---

①例见［以］西奈·多伊奇：《消费者权利是人权吗？》，钟瑞华译，《公法研究》第三卷，商务印书馆 2006 年版；国内很多学者也承认消费者权利的人权性，如漆多俊主编：《经济法学》，武汉大学出版社 1998 年版，第 222、223 页；杨紫烜主编：《经济法》，北京大学出版社、高等教育出版社 1999 年版，第 195 页；杨紫烜、徐杰主编：《经济法学》，北京大学出版社 2001 年版，第 176 页；侯怀霞主编：《经济法学》，北京大学出版社 2003 年版，第 265 页；等等。

②Martin Smith, *Consumer Case for Socialism*, Fabian Society , 1986, p. 4.

何种水平的信息或允许何种产品危险的决策过程中，消费者有权要求与其他任何群体一样获得同等的代表。拉姆塞还认为，既然现在很难就共同的实质性目标达成一致意见，那么在社会和经济决策中，意见被听取权等程序性权利对消费者而言就变得至关重要；而且，意见被听取的权利不仅仅是针对政府的决策而言，它对其他权力中心如私人巨型公司的决策也同样适用。只有通过这样的过程，消费者才可以说是得到了平等的关注和尊重。[①] 可以预见，消费者保护规制要讲究经济效率论者与保护消费者权利应排除成本收益分析论者之间的争议，还会继续存在下去。

（二）维护共同体价值和承认政治

现代经济和社会学著作所揭示的一个重要论题是，市场中的理性自益行为只有当交易者存在相互信赖和信心的时候才可能实现。而消费者保护规制恰恰有助于促成市场交易所必需的社会信赖和信心。很多消费者保护措施都是意在提高社会成员之间的相互信赖和信心，例如，行业自我规制就试图通过减少消费者对产品和服务质量的不确定性而改善经营者和消费者之间的信赖关系。因此，关于消费者保护规制的争论不仅仅是关乎成本收益分析的问题，也不仅仅是对消费者的赋权问题，消费者保护更是一个连续不断的决策过程的组成部分，通过这种过程我们可以决定我们的社会应该是怎样的一种社会——如何避免危险？如何照顾弱者？是通过市场还是通过政府分配资源？既然市场中确立的标准最终必然会渗透到其他生活领域当中，那么消费者保护法自然而然地就会对共同体价值，如诚实守信、公平交易、损失分担等，发挥塑造作用。

还有人认为，消费者保护法承认消费者是权利主体，并承认消费者是公民社会的重要行动者，因此消费者法的发展涉及对消费者公民

---

①Iain Ramsay, *Consumer Protection*: *Text and Materials*, Weidenfeld & Nicolson, 1989, pp. 52，53.

身份的"承认政治"。例如有人指出，过去四十年消费争议解决机制的发展，"对于那些不能容易或方便地通过法院解决的争议，赋予了新的权利及保护，从而丰富了民主公民身份的内容。"① 在一些发展中国家和东欧转型国家，消费者保护的发展也确实反映出了社会转型以及对消费者公民权利的承认。在我国，也有学者认识到消费者保护在政治方面的重要意义，指出"在人人都是消费者的意义上，社会所有成员不仅是平等的，而且只能是平等的。显然，市场经济社会中的消费者天然地被赋予了政治平等的内涵，具有重要的意义。"② 但对于将消费者权利与公民身份相结合的观念也存在批评。有人提出，即使将消费者视为公民，这里的公民观念也是贫瘠的，因为既然消费者所享有的自由只不过是"购买自己想要的物品的自由"，那么其所代表的公民形象必然是消极被动的。在批评者看来，消费者主义的必然后果是将社会问题个人化，并且还意味着集体责任和政治参与的衰落。③

（三）促进社会正义

消费者保护规制对社会正义的追求主要体现在三个方面。第一，在消费者群体和经营者群体之间实现社会正义。很多消费者问题都源于生产者和消费者之间经济或政治能力的不平等，④ 相应地，很多消费者保护规制的目的都在于消除或减缓这些不平等，从而在经营者群体和消费者群体之间产生返还正义的效果，即将一些权利和利益从经营者群体转移给消费者群体。

第二，在不同时代和地域的消费者群体之间实现社会正义。在强

---

① O. R. McGregor, *Social History and Law Reform*, Stevens, 1981, p. 7.

② 杨凤春：《论消费者保护的政治学意义》，《北京大学学报》（哲学社会科学版）1997年第6期。

③ G. Cross, *An All-Consuming Century: Why Commercialism Won in Modern America*, Columbia University Press, 2000.

④ 具体见 Jacob Ziegel, "The Future of Canadian Consumerism", 51 *Can. Bar. Rev.* (1973), p. 193。

调生态保护和可持续发展的今天，当代人与后代人之间的社会正义问题日益成为消费者保护法的关切，例如，提倡节能与动物福利，提出并推广"绿色消费""可持续消费"概念等等，就是出于对这种社会正义的考虑。在西方国家普遍存在过度消费的同时，一些发展中国家的消费者却连基本生存都很困难，针对这一不公平的现象，对发展中国家消费者的返还正义以及对发达国家消费者过度消费的规制，亦已成为消费者法所关注的问题。

第三，在不同的消费者群体之间实现社会正义。这也是消费者保护规制比较容易被忽视的一个功能。消费者群体包括所有的社会成员，一项可以改善部分消费者状况的措施并不必然也会改善其他消费者的地位。而且，即使一项措施既能改善富有消费者的地位，也能改善贫穷消费者的地位，但贫穷消费者和富有消费者之间的差距却并没有因此而缩小，而是富者自富，贫者自贫。很多研究表明，福利国家的许多政策都主要对中产阶级有利，消费者保护法也经常被批评为是保护中产阶级的法律。因此，如何保证消费者保护中的再分配政策有利于真正需要的低收入阶层，而不仅仅是施惠于中产阶级，即如何在不同的消费者群体之间实现资源分配的平衡，也是消费者保护必须面对的一个问题。对此有人提出，在消费者法中讨论社会正义的时候也应该考虑社会上不同消费者群体之间的关系，[1] 消费者利益的碎片化问题也由此进入消费者法的视野。[2] 核心的问题是要关注对"弱势消费者群体"的特别保护。

其实，低收入消费者在市场交易中面临的特殊问题，早已是西方各国消费者法和消费者保护实践的关注对象。美国社会学学者戴维·

---

①Thomas Wilhelmsson, "Consumer Law and Social Justice", in Iain Ramsay (ed.), *Consumer Law in the Global Economy: National and International Dimensions*, Ashgate and Dartmouth, 1995, p. 220.

②用特里比尔科克（M. J. Trebilcock）的话说，消费者利益的碎片化乃是指如下事实："当亟需解决非市场分配经济问题的时候，消费者却发现自己越发难以联合成单一的利益集团，无法步调一致地行动。"见 M. J. Trebilcock, "Winners and Losers in the Modern Regulatory System: Must the Consumer Always Lose?", 13 *Osgoode Hall Law Journal* (1975), p. 624。

卡佩洛维茨（David Caplovitz）的研究成果《穷人多付钱》（*The Poor Pay More*），以及美国消费者行为研究专家艾伦·安德烈森（Alan Andreasen）的研究成果《弱势的消费者》（*Disadvantaged Consumer*），均证实：与一般市场上的零售商相比，专门针对低收入消费者群体的零售商，对于同样商品的要价要高。卡佩洛维茨甚至还率先提出了"消费者贬损"（Consumer Detriment）的概念，即在购买同样商品和服务的情况下，穷人的金钱所获得的价值比富人的金钱所获得的价值要低。在英国，以代表"不善言谈的和弱势的"消费者为使命的全国消费者事务局（National Consumer Council），也曾对同样的问题进行了专门的研究。对于"消费者贬损"这个概念，弗朗西斯·威廉姆斯（Frances Williams）在《为什么穷人多付钱》（*Why The Poor Pay More*）中进行了颇具启发性的解释和阐述。他说："事实情况是，我们的体系——在私人商业中，在财富的创造中，甚至在公共服务的提供中——似乎常常合谋使穷人处于更为不利的地位。穷人不仅不如富人拥有那样多的钱可以支出，而且他们的金钱（或者说，为穷人花的钱）还不如富人的钱值钱。因此可以说，不平等具有两个维度：收入的不平等以及金钱价值的不平等。全国消费者事务局将不平等的第二个维度称为'消费者贬损'。"① 所有这些调查和研究结果都表明，有必要克服抽象"消费者"概念的局限性，对消费者概念进行类型化区分，在消费者内部进一步加强对弱势消费者群体的倾斜保护。例如，对食品等生活必需品免税，但对奢侈消费品却适用高税率的作法，即不失为在富有消费者和贫穷消费者之间实现社会正义的一种有效措施。

（四）有关的质疑

虽然如此，人们依然对消费者保护的再分配功能提出了质疑，其中以瑞典民商法学者托马斯·威迩姆森（Thomas Wilhelmsson）的观点最为尖刻且较具代表性。他虽然承认消费者法具有保护弱者、实现

---

①Frances Williams（ed.），*Why The Poor Pay More*, The Macmillan Press, 1977, pp. 1 - 4.

社会正义的功能，但他同时也对消费者保护法这一方面功能的局限性有非常犀利的分析。①

首先，消费者保护法会掩盖非正义。在传统的图景当中，消费者法舞台上的演员表是：好人——消费者；坏人——经营者。这种主流的消费者保护意识形态所依据的是抽象的消费者概念。抽象的"消费者"被认为是在与经营者关系中的弱者，保护性措施的适用并不要求给出消费者的具体特征，只要某人以消费者的经济角色从事活动，他或她就可以获得消费者法的保护而不问其自身到底具有何种特性。但这种意识形态却忽视了如下事实：消费者包括所有的公民，有百万富翁，也有流浪汉；有耄耋老人，也有黄口小儿；不同消费者面对不同的难题，也有不同的需要；消费者群体中的青少年、老年人、穷人、未受教育的人，其实是弱势群体中的"弱势群体"。偶尔讨论一下"贫穷消费者"或"弱势消费者"的问题，并不能改变消费者法致力于保护抽象消费者的总体图景。正是由于以抽象的消费者概念及由此产生的消费者保护意识为基础，消费者保护法往往事与愿违地助长社会不公。

其次，消费者保护法会增加非正义。消费者法不仅有助于隐瞒社会不公，它的一些机制还倾向于进一步加剧基本的社会不公，致使实践中对强势群体的保护远远高于对弱势群体的保护。有两种消费者法制度尤其具有这种消极功能，其一是消费者法的信息范式，其二是消费者法的私人范式。前者强调信息和透明化是最主要的消费者保护方法，后者试图通过赋予要求消费者必须主动实施的私权而保护消费者。这两种范式由于显而易见的先天性不足，都无法对真正需要保护的消费者提供切实可见的保护，并有使消费者法沦为中产阶级保护者的倾向。虽然大多数国家都有相当多的消费者保护公法措施，但一些消费者保护法仍然属于典型的私法（合同法和侵权法）。

---

①参见 Thomas Wilhelmsson, "Consumer Law and Social Justice", in Ramsay, Iain（ed.）, *Consumer Law in the Global Economy*：*National and International Dimensions*, Ashgate and Dartmouth, 1995, p. 220。

三 对我国消费者保护立法与实践的反思

消费者保护的经济性理据以经济效率为出发点，本质是功利主义的。消费者保护的伦理性理据则拒绝单纯的功利主义思路，将关注点放在了保护消费者权利，培育共同体价值，提高消费者的公民身份认同以及实现社会正义等层面上，经济性进路的鞭长莫及之处，恰是伦理性论证的英雄用武之地。消费者群体内部的社会正义、理性消费、可持续消费、绿色消费等议题越来越多地进入到各国及国际消费者立法和实践的视野，即反映了伦理性因素在消费者保护中的作用日益增强。以经济逻辑或伦理逻辑来论证消费者保护的正当性，得出的结论必然会有所不同，正是这种差异的存在决定了二者在消费者保护中并存和互补的必要性，任何消费者保护体系若要平衡地发挥作用，都不能单纯以经济学考虑或伦理学考虑为唯一依据，而必须是对二者的有机结合。从根本意义上来说，消费者保护的依据应该是对消费者之为人的最终关怀，在必要的时候应允许非功利的伦理学考虑对效率至上的经济学考虑特别是成本收益分析予以限制、修正或摒弃。

回顾我国消费者保护立法和实践的发展可以发现，功利主义的经济学进路一直占据着主导的地位。规制支持者用市场失灵理论来论证消费者保护规制的正当性，批评者用政府失灵理论来批判我国消费者保护的行政主导模式。国家最高立法机关对《消费者权益保护法》促进经济发展的目的，以及对消费者保护中必然存在的利益平衡、成本收益分析，也有着比较明确的认识。[①] 但与国外自觉地系统运用经济学理论来分析、指导消费者保护的立法和实践相比，经济学理论在

[①]例如，全国人大法工委在其调研报告中即总结指出，"要处理好保护消费者权益与促进行业健康发展的关系，……消费者权益保护法既要为消费者提供必要的维权手段和充分的法律保障，也要避免不合理地加重经营者的负担，影响行业的健康发展。尤其需要注意的是，行业健康发展同样有利于保护消费者合法权益。"见全国人大常委会法制工作委员会民法室编：《消费者权益保护法立法背景与观点全集》，法律出版社2013年版，第173页。

我国消费者保护领域中的运用还处在比较粗浅的阶段，不够细致和深入，特别是政府在采取一些规制措施前并没有经过成本收益的分析。[①]就此而言，今后有必要更加系统地运用经济学理论的研究成果，有的放矢地针对消费者问题选择适当的规制工具，提高消费者保护规制的有效性。

另一方面更值得关注的是，我国消费者保护立法和实践先天性地具有重功利、轻伦理价值的倾向。在改革开放初期的立法中，虽然也隐含有消费者保护的内容，但"立法的主旨却是为了维护公共利益、施行行政管理，而不是消费者保护。"[②] 到 20 世纪 90 年代，我国开始重视增加消费对促进国民经济增长的作用，更进一步地把消费者政策纳入经济政策，作为经济政策的重要一环。[③] 21 世纪初提出的以人为本发展观，虽然对纠正消费者保护领域中重功利、轻伦理的倾向提供了潜在的可能性，[④] 但"刺激消费，拉动内需，促进国民经济增长"在我国迄今都是对消费者保护的最权威、最主流的说明和论证。在这种思路下，保护消费者就是保护消费者的消费"积极性"，对消费者人身权利和财产权利的保护是手段而不是目的，消费者及其消费行为异化为社会大生产环节中的一个工具性条件。纯粹以经济发展来论证消费者保护的正当性，固然符合创造并增加社会财富的功利主义目的，但却容易牺牲或排除掉对消费者权利、共同体价值、身份认同、社会正义等伦理因素的考虑，把缩小和消除贫富差距、保护环境和资源等许多已经成为消费者运动关注对象的课题排除在消费者保护法之外，使消费者保护实践陷入片面和不平衡状态。或许，是时候在消费者保护立法和实践中更多地增加对伦理性因素的考量了。

---

①钟瑞华：《从绝对权利到风险管理——美国的德莱尼条款之争及其启示》，《中外法学》2009 年第 4 期，第 588 页。

②杨琴：《中国六十年：消费者保护法的立法历程》，《贵州大学学报》（社会科学版）2009 年第 6 期。

③梁慧星：《中国的消费者政策和消费者立法》，《法学》2000 年第 5 期，第 21 页。

④徐孟洲、谢增毅：《论消费者及消费者保护在经济法中的地位——"以人为本"理念与经济法主体和体系的新思考》，《现代法学》2005 年第 4 期，第 122、128 页。

第十二章

规制工具和规制机构的选择

正如波斯纳所言，"在真实的世界中，为了应对社会问题而进行制度选择，实乃在高度不完美的选项中加以取舍。"[1] 同样，消费者保护规制涉及复杂的技术和政治问题，国家为了通过市场规制实现对消费者权益的保护，需要借助于多种多样的规制工具和规制机构。这些规制性工具和机构各自需要的成本、适于解决的问题及所具有的优缺点都各不相同。因此，如何针对所要解决的消费者问题，根据成本收益分析等标准选择适宜的规制工具和规制机构，构成消费者保护规制体系中的关键环节。

一 消费者保护规制工具

规制工具是消费者保护规制中的重要因素。规制机构据以干预市场的规制工具多种多样，而来源不同、形态各异的消费者问题也要求通过侧重点不同的规制工具获得解决。是否使用了适宜的规制工具，对规制成败与否至关重要。虽然在我国消费者保护规制实践中规制机构一直在使用多种规制工具，但立足于消费者保护对其从理论上加以总结、概括、反思和比较的并不多见。因此，下文即结合我国消费者

---

[1] Richard Posner, "The Federal Trade Commission", 37 *Univ. of Chic. L. Rev.* (1969), p. 89.

保护实践，并联系国外或国际上的一些做法，对消费者保护的规制工具进行初步梳理。

（一）消费者保护规制工具的种类

根据所发挥的功能，可以将常用的消费者保护规制工具分为预防性规制工具、救济性规制工具和惩罚性规制工具三大类。这三类规制工具又分别包括很多具体的行政措施和手段，分别简要叙述如下：

1. 预防性规制工具

预防性规制工具主要用于禁止经营者从事违法经营活动或者防止侵害消费者权益事件的发生。消费者保护重在预防，因此预防性规制工具在消费者保护领域中占据的地位极其重要。规制机构经常采用的预防性规制工具包括：

（1）信息规制

信息规制主要通过规范消费者所可以获取并利用的信息，而保障消费者根据自己的真实意思作出消费选择的权利。它是消费者保护中最普遍的规制性工具之一，而且在消费者保护的各类规制工具中呈现出脱颖而出，越发普及的趋势。一般而言，可以把信息规制分为四类：

其一是排除信息限制。信息限制妨碍消费者获得充分的信息，并因有碍于竞争而造成了效率的丧失，因此，排除私人或政府对信息自由流通的限制符合消费者利益。排除信息限制的目的在于保证消费者获得充分的信息，并根据这些信息作出合理的消费决策。

其二是禁止引人误解的信息。禁止引人误解的信息主要是防止经营者通过广告、商品标示等途径向消费者提供虚假不实的信息。与其他的信息规制方式不同，禁止引人误解的信息乃是通过减少消费者所可以获得的信息，而实现保护消费者的目的。这种信息规制的理论根据是，引人误解的信息弊大于利，因此禁止这种信息对消费者更有利。

其三是信息披露规制。最普遍的信息规制方式就是额外增加消费者对于竞争产品的信息，此即通常所谓的信息披露。额外信息的披露常常能够最为有效地纠正广告所激发的不准确的消费者预期。从传统上讲，额外增加消费者信息的通常形式是要求经营者向消费者披露某些信息，例如，香烟生产者被要求在包装或广告中作出吸烟有害健康的一般性警告。通常而言，是否有必要要求经营者披露信息，取决于整个信息环境以及经营者自愿提供信息的动力。如果消费者可以通过其他渠道获得信息，或者经营者自愿提供信息，就没有必要强制性地要求信息披露。

在设计信息披露规制时，应尽可能地为一般的市场力量保留活动的空间，以最大可能地减少对市场的限制。信息披露规制的目的不是具体规定应该提供的信息以及提供信息所应该使用的方式，而是给经营者足够的激励，使其能够就这些事项作出决定。这就避免了迫使经营者通过无效的方式提供信息，或者提供已因情势变化而不再为消费者所需要的信息，并因而降低了政府作出错误决定的机会。而且，由于这种方式能够刺激经营者采取最有效的方式向消费者提供信息，因而可以提高信息披露的有效性。基于这些原因，应该鼓励经营者发挥创造性，通过各种试验开发向消费者提供信息的有效方式。

其四是强制性信息中介。所谓强制性信息中介就是要求消费者必须通过信息中介购买某种产品。例如，对于某种药品，要求消费者只能从药剂师处购买，或者必须持有医生的处方购买。

（2）标准和禁令

标准（standards）是规制行业行为的传统方法。可以通过设定标准实现很多目标，例如可以通过标准提高产品的安全性，向消费者提供更多更好的信息等等。也可以通过多种不同的惩罚来实施标准，例如刑事责任、民事责任或撤回许可。关于标准的规定既可以详细拟定，也可以较为粗略。

标准的强加是对市场显而易见的干预。违反标准将遭受行政或刑事惩罚。标准的执行通常委之于公共规制机构，这些规制机构有权进行调查（investigation）、起诉（prosecution）并没收违法物品（seizure）。标准的确立和实施既需要科学技术专家，又需要有利害关系的政治团体的参加，因此它既是一个技术过程也是一个政治过程。政府需要技术信息，并希望经营者其后自愿遵守所设的标准，这必然要求行业组织在技术设定过程中发挥核心作用，所以政府也常常委托行业自律组织进行某些标准设定工作。

根据国家干预程度的强弱，可以将标准划分为三类。一为目标标准（a target standard）。目标标准并不就供应商的生产或销售规定具体的标准，而只是规定供应商必须在商品造成了某种有害的后果时承担责任。二为行为标准（a performance standard, an output standard）。行为标准要求经营者所供应的产品必须符合特定的质量要求，但经营者可以自由选择通过何种方式实现这些要求。三为具体标准（a specification standard, an input standard）。具体标准可以是积极的，也可以是消极的。它可以强制供应商采取特定的生产方式或使用特定的材料，也可以禁止供应商采用特定的生产方式或利用某种原材料。

禁令（bans）是一种很严厉的规制工具，它一般和标准结合使用，即禁止不符合标准的产品进入市场或取消被证明为违反标准的商品的市场准入。由于禁令的严厉性，它一般适用于消费者卫生和安全领域。禁令虽然能够降低消费者必须支出的信息成本，但却在相当程度上限制了消费者的选择。

20 世纪 80 年代以来，法律设定的标准开始发生转变。过去的标准一般倾向于详细，并具有描述性。现在的趋势则是，措辞宽泛的目标性标准或行为标准越来越普及，规制机构和经营者享有更多的自由空间。这不仅避免了具体标准窒息经营者创造性的弊端，而且能够鼓励经营者发挥其技术优势和专家优势。标准规制的这种转变鲜明地体现在欧盟的消费者保护政策之中。例如，欧盟 1988 年的玩具指令规定，玩具应该安全，即应该符合指令附件中所列举的"实质性安全要求"。但是，经营者既可以通过遵守欧盟的标准，也可以通过为某种玩具模型获得类型许可（type approval）的形式表明，虽然自己没有遵守欧盟的标准，却仍然符合了"实质性安全要求"。

（3）登记和许可

最低标准加禁令，构成了一种相当普遍的公共规制形式。它意味着任何经营者都可以进入市场，但前提是满足一定的规制性标准。但在某些领域中，允许所有的经营者进入市场而只在产品或服务没有达到法定标准的情况下才加以制裁，则是不合适的，有可能造成无可挽回的损失。比较好的方法是对经营者自身进行规制。控制的强度可大可小，既可以要求经营者进行登记（registration），又可以迫使其申请许可（a licence or permit），或者是只有当申请人用某种形式的资格证明有能力满足法律的要求时，才允许其进入市场。可以为此建立监管机构，具体负责登记、提供训练并履行检查程序。

相对于设立最低的产品标准而言，许可是国家干预程度更高的、更为严厉的规制方式，因为个人或公司若无法从规制机构获得事前批准，将会被阻止提供服务或商品。实际上，为了获得这样的批准或同意，申请人必须向规制机构证明其已经满足了或有能力满足某些特定的要求。许可的优势在于，它能够在相当程度上禁止标准之下的产品进入市场，并可以使公共机构能够针对某一个行业建立监管，从而更好地发挥监管职能。许可一般适用于那些预防胜于救济的场合。之所以采取许可的规制方式，是因为消费者在购买产品或接受服务之前难以判断其质量，而且一旦作出错误的决定就会产生严重的后果。如果某事的发生将导致灾难性后果，或公众对其极其厌恶，则事前的审查和控制就优于事后的惩罚。通常而言，对于没有按照法律要求获得许可或进行登记而从事商业活动的经营者，即使没有造成任何的损害也会处以惩罚。

（4）警告

与禁止不同，警告（warning）保留了消费者的选择自由，但是也造成了消费者必须支付的信息成本。例如，对于一种在标签上注明"有害健康"的产品，消费者有三种选择：（1）寻找替代产品；（2）调查"有害健康"到底意味着何种程度的危险；（3）购买该产品，并同时小心使用。无论如何，上述三种选择都为消费者造成了信息成本。

2. 救济性规制工具

救济性规制工具是指侵害消费者权益的事情已经发生或者有发生之虞时，规制机构用以事后补救的措施和手段。主要的救济性规制工具包括：

（1）责令警告和召回

责令警告和召回是指行政规制机构发现已经投放到市场上的产品具有设计、制造或指示等方面的缺陷，因而有危害消费者人身和财产安全之虞时，责令制造商向消费者发布警告或通过修理、更换或退货等方式予以补救的法律制度。责令警告和召回制度主要适用于药品、化妆品、电器和汽车等特定行业，其中召回制度在汽车行业适用得最为广泛，既有责令召回，也有制造商的主动召回。世界上很多国家，如英国、法国、美国都规定了召回制度，[①] 我国在 2004 年 10 月 1 日亦开始实施了《汽车缺陷产品召回管理规定》。[②]

（2）责令改正

为防止损害的继续发生，规制机构可责令违法行为人终止其违法行为。这是实践中使用较多的一种救济方式。例如，我国《消费者权益保护法》第 56 条就规定，对于经营者有该条第（一）到（十）项所列违法行为的，"除承担相应的民事责任外，其他有关法律、法规对处罚机关和处罚方式有规定的，依照法律、法规的规定执行；法律、法规未作规定的，由工商行政管理部门或者其他有关行政部门责令改正"。[③]

3. 惩罚性规制工具

规制机构在惩罚侵害消费者权益的违法经营者时也可以使用警

[①]郭丽珍：《论制造人之产品召回与警告责任》，收于苏永钦等人合著《民法七十年之回顾与展望纪念论文集（一）》（总则·债编），中国政法大学出版社 2002 年版，第 152 页以下。

[②]关于召回制度，一般认为我国《消费者权益保护法》第 19 条为其法律依据。

[③]依据 2018 年《中共中央关于深化党和国家机构改革的决定》，"不再保留工商行政管理总局"，其职责并入新组建的国家市场监督管理总局。

告、没收违法所得、罚款、责令停业整顿和吊销营业执照等惩罚性规制工具。我国《消费者权益保护法》对违法经营者规定的行政处罚有警告、没收违法所得、罚款、责令停业整顿和吊销营业执照，《产品质量法》中也有一些其他的规定。从整体上看，这些规制工具在消费者保护实践中使用频率不一。此外，规制机构还比较乐于通过非正式手段惩罚违法的经营者，例如，定期公布"黑名单"、公布不合格的产品、亮"黄牌"等。

（二）规制工具的选择

由上述的介绍可以发现，规制机构所可以使用的规制工具形态多样、功能各异、轻重不同，因此如何选择适宜的规制工具解决具体的消费者问题乃是规制机构需要慎重对待的一个问题。通常而言，规制机构在选择规制工具时应该注意如下几点：

1. 有针对性地选择规制工具

市场中各种消费者问题的来源并不一样，有的是因为市场竞争程度不够，如铁路部门随意提高价格；有的是因为消费者缺乏必要的信息，如转基因产品的可能后果；有的是因为格式合同中不公正条款的隐蔽性，如金融服务合同中的一般性条款；等等。这些产生于不同原因的消费者问题所需要的解决手段也是不一样的，例如，对市场竞争不足的救济应该是打破垄断企业的市场支配地位或对于自然垄断行业进行强制性定价，对信息失灵问题的比较合适的规制方式应该是信息规制，对不公正合同条款则可以采取行政备案、司法审查等方式加以解决。总之，在选择规制工具时，规制机构首先要分析所面对的消费者问题的原因及特征，然后再有针对性地选取适宜的规制工具。

2. 预防为主，救济和惩罚为辅

消费者保护规制的目的主要是保护消费者而不是惩罚经营者，因此规制机构在选择规制工具时需要遵循的另一个基本原则，是"预防为主，救济和惩罚为辅"。对于经营者的违法行为，首先应该考虑的是采取预防性的手段和措施，惩罚性规制手段只有在经营者的违法行为比较严重，因而需要惩戒的时候才会适用。实践中，经营者的违法行为要么会给消费者的财产和人身造成难以完全弥补的重大伤害，要么属于虽然违法但却不值得事后追究的轻微违法行为，但无论如何，"预防胜于救济"的原则显然更有助于实现消费者法的根本目的。

3. 成本收益分析

首先，成本收益分析可以帮助规制机构确认，从经济效果上看对某个消费者问题的规制是否有必要。其次，如果规制机构在面对具体的消费者问题时所可以选择的规制工具有两种以上，则成本收益分析将有助于规制机构的取舍。具体而言，规制机构可以从如下两个方面来评价某种政策相对于其他替代性规制工具的有效性：第一，这种规制性工具到底在何种程度上实现了所欲达成的规制目标？第二，采用这种规制性工具需要支付何种公共或私人成本？一种规制性工具或许可以百分之百地实现规制目标，但是却需要昂贵的公共或私人成本。另一种工具可能只是百分之八十地实现规制目标，但所需的成本却非常低。在此情况下，选择第二种规制工具或许更为有效。

当然，在众多的规制性工具之间进行选择需要参考很多标准。成本收益分析固然构成一个重要的标准，但伦理和分配目标也是在不同的规制工具之间予以取舍时不得不加以考虑的因素。

二　消费者保护规制机构

消费者保护规制中的另一个重要因素是规制者即规制机构。规制机构是指利用规制工具对规制对象实施规制的主体。从广义上说，消费者保护的规制机构可分为非行政性规制机构和行政性规制机构，前者又具体包括私人自我规制组织、公共利益组织和法院。从狭义上讲，消费者保护规制机构仅指消费者保护行政机构。

（一）非行政性规制机构

1. 自我规制机构[①]

自我规制是指个人或组织通过创设明示或默示的行为规则，并遵守规则所设定的监管机制来控制自己的行为，以保护消费者权益的规制方式。[②] 在 20 世纪 80 年代放松规制浪潮的影响下，自我规制在西方国家的规制体系中发挥着越来越重要的作用。从根本上说，自我规制之所以发展迅速，部分原因在于对政府规制有效性和效率的怀疑，部分原因在于商业界拥有进行自我规制所需的专业知识、信息、权威和财富。自我规制在消费者保护规制中呈现出很好的发展前景。

从事消费者保护工作的自我规制机构很多，其中不仅有私人公司设立的私人监察员和行使委托授权的行业组织，而且还有强制性或半强制性的自我规制组织。很多行业组织所进行的自我规制都是政府规制框架的一部分，强制性和半强制性的色彩很重。例如，我国很多行业协会都是在政府部门的指导或扶持下设立的，这些协会在日常工作中会与相关部门保持较为密切的关系，具有一定的强制性。

2. 公共利益组织

随着市场和政府在消费者保护工作中所表现出来的先天性不足，"第三种力量"即公共利益组织也越来越多地吸引了人们的关注。消费者协会、家庭主妇联合会等专门的消费者组织，以及环境保护组织和卫生组织等其他不以消费者保护为主要宗旨的公共利益组织，都开始在消费者保护中发挥重要的作用。这些公共利益组织通过积极倡议、发布信息、支持起诉甚或亲自起诉索取赔偿等行动，不仅促使政府通过了很多保护消费者权益的法律法规，而且还直接监督着经营者的市场行为。尤其是，这些公共利益组织不仅直接接受消费者的投

---

①对自我规制的讨论，可参见［英］安东尼·奥格斯《规制：法律形式与经济学理论》，骆梅英译，苏苗罕校，中国人民大学出版社 2008 年版，第 110 页以下。

②Colin Scott and Julia Black, *Cranston's Consumers and the Law*, 3rd ed. , Butterworths, 2000, p. 39.

诉，个别性地处理经营者违反消费者保护法的行为，而且还通过持续不断的活动一般性地监督经营者。公共利益组织特别是消费者组织的这种一般性监管，构成现代社会中消费者保护的一种重要形式。

3. 法院

如果将国家为保护消费者所做的一切工作都视为规制的话，那么法院就是一种非常重要的规制性机构。在消费者保护中，法院的主要功能是处理消费者纠纷。在普通法系国家，很多产品责任规则、关于引人误解的广告的规则、关于消费者合同的规则都来源于法院的判决。法院作为消费者保护规制机构的特点在于：（1）法院的审判过程集中关注个别性的权利和责任问题，而并不彻底讨论广泛的政策性事项。（2）法院所可以采用的救济方式非常有限，主要是损害赔偿、禁令、罚金和监禁。（3）司法过程具有循序渐进性和连续性，而不像行政性规制那样具有较大的跳跃性。（4）法院对社会问题是被动地进行回应，并只处理原告所提出的那些比较典型的案件，而并非如同行政性规制那样主动解决消费者问题，并重在预防。（5）法院的判决缺乏规制性规则所必需的精确性。若要私人市场主体加以遵守，规则必须具有明确的特点，但是法院的判决，特别是英美法院的判决时常是讨论性质的，并且需要结合判决的背景理论进行理解，因此并不适于作为规制的规则进行使用。基于上述各种原因，一般认为法院很难在消费者保护规制方面发挥基本的规制功能。

（二）行政性规制机构[①]

非行政性规制机构所从事的消费者保护规制，属于广义上的消费者保护规制，只有行政性规制机构的规制才是严格意义上的消费者保护规制。消费者保护规制主要是指国家为保护消费者而干预市场的行政性规制，相应地，消费者保护规制机构也主要是指消费者保护行政

---

①有关我国消费者行政，可参见杨立新、王占明《我国消费者行政的现状及改革》，《法治研究》2013 年第 9 期；有关其他国家消费者行政，可参见杨立新、王占明《全球消费者行政设置述评》，《河南财经政法大学学报》2013 年第 1 期。

机构。

1. 行政性规制机构的概念和类型

行政性消费者保护规制机构，是为了实现国家确立的保护消费者的目的和任务而依法设立的，并行使执行、指挥、组织和监督等国家权力的行政机构，与其他消费者保护机构或组织的根本差异在于"行政性"。

实践中保护消费者的行政机构不止一家，可根据不同的标准加以分类。有学者根据设立的依据及其职能范围的不同，将保护消费者权益的行政性规制机构分为直接的消费者保护规制机构和间接的消费者保护行政机构。① 前者是指国家为推行消费者保护政策，按照消费者保护法的规定组建的专职行政机关，例如日本的"消费者保护会议"、泰国的"消费者保护委员会"。后者是指根据有关的经济法和行政法设立的包含维护消费者利益职能的或其行政行为的结果能够产生客观维护消费者利益后果的其他行政机关，例如物价、计量、标准、卫生、交通、农业等部门。

根据级别的不同，可将消费者保护规制机构分为中央消费者保护规制机构和地方消费者保护规制机构。消费者问题涉及社会经济生活的方方面面，与从生产到消费的各个环节有关，而保护消费者的任务也涉及各种经济和司法行政部门，这就要求直接行使消费者保护职能的主要行政机关必须具有广泛的行政权力和足够的权威性，不仅自身享有消费者保护的行政权力，而且能够依法制约、指挥和指导那些在行使职责过程中将对消费者保护发生一定影响的行政机关。实践中，很多国家和地区都在中央一级设有最高的消费者保护行政机构，它们或者负责制定、审议全国的消费者保护基本政策、方针和措施并促进其实施，或者负责处理重大的消费者案件并有针对性地采取具体的行政措施，不仅有力地协调了其他行政机构与消费者保护有关的活动，

① 许思奇：《中日消费者保护制度比较研究》，辽宁大学出版社 1992 年版，第 323、324 页。

避免了重复管理、管理疏漏甚至执法冲突现象的发生，而且也大大提高了直接消费者保护规制机构自身工作的有效性。

根据存在时间的长短，可分为常设性消费者保护规制机构和临时性消费者保护规制机构，其中临时性消费者保护规制机构多为解决突发性消费者保护事件或专门的消费者保护问题而设。

美国的独立规制委员会制度在此值得一提。利用这种集立法、执法和司法于一身而独立性又极强的机构解决社会和经济问题，是美国的典型做法。尤其是自20世纪六七十年代起，美国的独立委员会制度更是发展到一个新的阶段，并开始以消费者保护、职业安全和提高生活质量为主要目标。例如，除联邦贸易委员会、食品和药品管理局、食品安全检验局等主要的消费者保护机构外，美国又在1972年和1975年分别设立了消费者产品安全委员会和国家运输安全委员会，它们各自的主要职责是保护消费者免遭不合理的危险以及调查运输事故和安全问题并提出改进安全的建议。在美国，这种独立委员会由于其独立性强、专业性强、极具权威性和行动迅速等优点，在维护公平的市场秩序和保护消费者权益以及解决其他社会问题方面发挥了很大的作用，值得在消费者保护领域中加以借鉴。

2. 行政性规制机构的利弊

消费者保护的行政规制机构属于典型的行政机构，这从积极和消极两个方面影响了其对于工作职责的履行。从积极方面看，作为行政机构的一种，消费者保护规制机构能够行使国家行政权，因而比自我规制组织和公共利益组织更具权威性；而且，行政机构在运作过程中遵循命令和服从原则以及行政效率原则，因而比司法机关的行动更为敏捷。这些特征必然有助于行政规制机构更加快速有效地对市场中存在的消费者问题作出回应。

但是，这些特征也在一定程度上限制了行政性规制机构保护消费者权益的能力，产生了消极的后果。首先，规制机构是官僚机构，其在确立规制目标时会面临来自内部或外部的压力，因而可能不得不降低规制标准，以使其能够为不具备专家知识的决策者理解。其次，既然规制机构所掌握的资源是有限的，而规制工作自身又具有全面性，那么规制机构就必须决定到底哪一种问题值得利用有限的资源去加以解决。所以，无论是在一般性政策选择中，还是在个别性决定中，规制者都必须享有一些自由裁量权。但是，为了有效地规范规制机构的行为，防止其滥用行政权力，行政法又不得不为公共规制设定了各种各样的限制。最后的结果就是，规制机构因自由裁量权的不足而难以充分行使权力。再次，规制机构面临的另一个重大问题是：如何就市场问题获得准确而充分的信息？规制机构获得信息的高昂成本以及处理这些信息所需要的专业知识意味着，很多私人组织必然在补充规制机构的有限资源方面发挥重要的作用，对信息的需求以及对自愿遵守的期望必然导致规制者和被规制者之间的合作。

规制机构所面临的另一个问题是：如何衡量规制工作的成功与否？与私人行业不同，规制机构不能利用赢利或亏损作为标准来衡量自己的工作业绩。因此，准确地评价被授权规制"不公正商业行为"的消费者保护规制机构的工作，就成为一个难题。事实上，各个层次的规制机构都面临这个问题。作为一个整体的规制机构，需要某些具体可见的判断标准来证明自己的工作业绩，当需要跟其他机构竞争年度财政预算时尤为如此。通常而言，消费者保护机构会在其年度报告中声明查处了多少起违法行为，破获了多少个大案要案，为消费者挽回了多少损失等等，但人们事实上却无从得知，市场中那些最重要的消费者问题到底是否确实获得了解决？

三　美国联邦贸易委员会
——一个关于规制机构的个案

美国有多个负责实施消费者保护法律，承担消费者保护职责的行政机构，其消费者保护规制在联邦和州的层面上都非常发达。在联邦和各州的消费者规制体系中，处于主导地位的是联邦贸易委员会和各州的"小型联邦贸易委员会"。其中尤以联邦贸易委员会的消费者保护规制工作富有启发意义。

（一）以消费者保护为使命

美国在联邦层面上设置的消费者保护规制机构主要有白宫消费者事务办公室、消费者产品安全委员会、食品和药品管理局和联邦贸易委员会，其中以联邦贸易委员会最关键。该委员会是美国国会在1914年为执行《克莱顿法》和《联邦贸易委员会法》而设立的一个独立行政机构。最初设立的时候，其目的是制止商业中的不正当竞争方法。其后，国会颁布了更多的法律，赋予了联邦贸易委员会以更大的权力来打击有害的竞争行为。长期以来，联邦贸易委员会的唯一使命就是维护竞争，美国理论界和实务上都认为《联邦贸易委员会法》通过对竞争的维护就可以实现对消费者的保护。

但在实践中逐渐发现，一种贸易惯例损害了消费者的利益，却并不能表明它实际上也损害了任何竞争者的利益。在此种情况下就不能根据《联邦贸易委员会法》第5节的规定宣布这种贸易惯例为不正当的竞争方法，消费者的权益因此也就无法获得保护。于是，国会在1938年通过《惠勒—利修正案》时，就增加了对"不正当或欺诈性行为或惯例"的普遍性禁止规定。由此，《联邦贸易委员会法》第5节（a）小节（1）段就被扩大为："商业中或影响商业的不正当竞争方法是非法的；商业中或影响商业的不正当或欺诈性行为或惯例是非法的。"根据修改过的《联邦贸易委员会法》第5节，如果联邦贸易委员会认为消费者直接受到卖方行为的欺骗，它就可以对厂商采取行动，而不必首先查明该行为是否损害了卖方之间的竞争。这样一来，联邦贸易委员会的使命就由原来的维护竞争扩大为维护竞争和保护消费者两大项。"这种惯例确定了对消费者的双轨保护制度——通过维护竞争的间接保护和保护消费者的直接保护。"[1] 自此，联邦贸易委

---

[1]［美］马歇尔·C. 霍华德：《美国反托拉斯法与贸易法规——典型问题与案例分析》，孙南申译，中国社会科学出版社1991年版，第36页。

员会也被指示实施众多其他的消费者保护法。

由于联邦贸易委员会对"商业中或影响商业的不正当或欺诈性行为或惯例"有普遍的管辖权，而不是像消费者产品安全委员会、食品和药品管理局等行政机构那样专司特定领域中的消费者保护，又由于联邦贸易委员会维护竞争和保护消费者的两大使命实际上统一于消费者保护这个大使命之下，所以联邦贸易委员会实际上构成了美国联邦层面上专司消费者保护的行政机构，而且在所有具有消费者保护职责的联邦机构中也居于主导地位。

（二）负责实施的消费者保护法及内部机构设置

联邦贸易委员会依据四十多部法律行使职权，这些法律可以分为三大类型：一是既与维护竞争的使命又与保护消费者的使命相关的法律；二是主要与维护竞争的使命有关的法律；三是主要与保护消费者的使命有关的法律。其中，主要与联邦贸易委员会维护竞争的使命有关的法律包括《克莱顿法》等十几部法律，授权联邦贸易委员会行使消费者保护职责的法律则主要包括两大类，一类是既与维护竞争使命又与消费者保护使命有关的法律，如《联邦贸易委员会法》等，一类是主要与消费者保护使命有关的法律，如《公平包装和标示法》《消费者租赁法》《电话营销和消费者保护法》等。

《联邦贸易委员会法》第5节是其行使消费者保护职责的主要法律依据，但第5节的规定却非常笼统。1975年，国会通过了《马克尤逊—莫斯保证法》，授权联邦贸易委员会在特定行业中颁布界定不正当或欺诈性行为的贸易规章。依据这一授权以及其他众多法律的专门授权，联邦贸易委员会颁布了诸多的贸易规章，这些规章同其他消费者保护法以及依据《联邦贸易委员会法》发展形成的诸多判例，共同形成了美国联邦层面上细致完善的消费者保护规则体系。

在联邦贸易委员会的所有职能部门中，消费者保护局、竞争局和经济局的工作最重要。其中竞争局是联邦贸易委员会的反托拉斯机构，它致力于禁止市场中有害竞争的兼并和其他有害竞争的商业行为。消费者保护局的职责是保护消费者免遭不正当、欺诈或诈骗行为之害，并负责对上述行为或惯例提起诉讼。该局负责执行国会颁布的众多消费者保护法，以及联邦贸易委员会发布的贸易规章。它还可以对个别公司和某个产业展开调查，提起行政和联邦法院诉讼，以及对消费者和企业进行教育。消费者保护局下设各处，分管广告监管、消费者信贷等各项工作。

联邦贸易委员会消保局还设有执行处，为了保护消费者而从事各种各样的执法活动，具体包括：（1）确保行政命令和联邦法院的命令在消费者保护案件中得到遵守，即保证联邦贸易委员会的停止违法行为令和联邦法院的禁止令得到遵守，如调查当事方是否遵守了联邦贸易委员会和联邦法院的命令；在联邦法院提起诉讼，要求对违反联邦贸易委员会命令的行为给予严厉的民事制裁；通过民事或刑事上的藐视法庭之诉执行联邦法院的禁止令。（2）为制止欺诈、不正当或诈骗性的营销活动和广告活动进行调查，并提起民事诉讼，即就电子商务和互联网、就业机会欺诈等事项调查违反消费者保护法律的行为，在必要时提起诉讼。（3）执行各种消费者保护法律、规章和指令，即通过提起行政诉讼或联邦法院诉讼的方式实施贸易法律、规章和指令。

（三）在消费者保护方面的权力

作为美国联邦层面上最重要的消费者保护机构，联邦贸易委员会不仅根据众多的法律行使消费者保护职能，而且它还享有实现其法定职责的广泛的制定法权力，正是这些权力的存在才保证了联邦贸易委员会在执法方面的权威和高效。这些权力主要包括如下三个方面：

1. 调查权（investigative authority）

联邦贸易委员会可以"因职责需要在美国任何地方进行调查"（《联邦贸易委员会法》第3节），并且可以"随时收集、编制和调查有关从事商业或其活动影响商业的个人、合伙或公司的组织、业务、行为、活动和管理等方面的信息，但银行、存贷款机构、联邦信用联会和公共运输商除外。"(《联邦贸易委员会法》第6节(a)小节)。《联邦贸易委员会法》第6节、第9节和第20节规定了其具体调查权,这些条款授权联邦贸易委员会进行调查,并可以签发各种形式的强制性传票。

2. 执行权(enforcement authority)

在进行调查之后,如果联邦贸易委员会认为"有理由相信"法律正在被违反,它就可以采取强制执行行动。联邦贸易委员会利用特定的制定法权力执行各种消费者保护法和反托拉斯法。联邦贸易委员会实施的基本消费者保护法是《联邦贸易委员会法》第5节(a)小节以及众多专门的消费者保护法。这些法律赋予了联邦贸易委员会不同的执法权,委员会则通过行政和司法手段实施这些消费者保护法的实体性要求。

3. 诉讼权(litigating authority)

对违反其负责执行的消费者保护法的行为,联邦贸易委员会有权以自己的名义,通过委员会的检察长提起诉讼。

联邦贸易委员会作为专司消费者保护的联邦机构,其管辖范围之广,权力之大,在所有联邦机构中都是首屈一指的。尤其是,虽然联邦贸易委员会在性质上属于行政机构,但它除了行使行政权以外,还享有广泛的规则制定权和准司法权,甚至还有通过在法院提起诉讼的方式为消费者寻求救济的权力,这些形式多样的法定权力保证了委员会执法的权威性和高效性。而且,联邦贸易委员会通过诉讼制止违法行为、保证贸易规章被遵守、获得罚款以及为消费者寻求救济的做法,保证了行政权和司法权在执行消费者保护法方面的紧密配合。设置像联邦贸易委员会那样的中央主管部门或跨部委机构,已经发展成为很多重视消费者保护的国家和地区的普遍做法。

第十三章

消费者保护之信息规制

在讨论了消费者保护规制的理论依据等基本问题之后，为了就消费者保护规制获得更为具体而直接的认识，有必要继续深入探讨各种不同种类的消费者保护规制。鉴于消费者保护规制类型繁多且特色各异，难以逐一详细论述，此处专门选取其中比较有代表性的一种即信息规制加以分析。所谓的消费者保护信息规制就是指政府通过迫使经营者提供某些信息、规范经营者或其他市场主体的信息提供行为或亲自向消费者提供信息等方式保护消费者权益的市场干预行为。之所以选取信息规制进行个案研究，原因有二：一是因为信息规制比消费者保护规制体系中的其他规制更具普遍性。二是因为信息规制不仅自始就在消费者法理论中占有特殊重要的地位，而且还将对消费者法在信息时代的重整和改革发挥深远的影响。[1] 不夸张地说，如果排除了关于信息的所有规范，消费者法的整个架构将坍塌崩溃。

一　为什么要规制信息？

信息规制的主要依据是经济学上的：信息失灵妨碍自由竞争，因而有碍经济效率的实现；要保障市场的有效运作，就必须规制信息。

---

[1] 有学者认为，"信息规制作为新兴规制形式的崛起"，是规制变革的一个主要方向。见［英］安东尼·奥格斯《规制：法律形式与经济学理论》，骆梅英译，苏苗罕校，中国人民大学出版社 2008 年版，第 344 页。

（一）信息与竞争

市场竞争的必要条件之一是，消费者对市场上的产品和服务掌握较高程度的信息和知识。消费者利用这些信息和知识在市场中作出有效率的消费决策，并将自己的偏好传达给经营者，从而刺激经营者积极竞争，提供消费者愿意为之支付更高价格的商品和服务。如果没有此类信息，就不能充分地刺激经营者就价格、质量和条件进行竞争。因此在现代市场经济中，信息既是消费者做出理性消费决策的前提条件，也是市场有效运作的必要因素。

虽然信息对消费者自身的利益和市场自由竞争具有如此关键的作用，但由于种种原因的存在，不受规制的市场中必然存在信息不充分的市场失灵现象。首先，从消费者即信息需求方来看，信息不充分或不完备是普遍存在的。虽然消费者可以通过经验积累信息，例如对于那些价格低而又经常被购买的产品来说，仅仅通过经验而不需要支付其他的任何成本就足以做出明智的购买判断。但是在现代社会中，品种繁多的商品充满市场，那些不经常购买而又昂贵的商品，性质一般会相对复杂或者极端复杂，消费者通常无法参考既有的经验对之做出判断。此外，不仅很多商品的真实状况因种种原因无法被消费者知晓，而且许多服务本身就具有内在的难以测度性，消费者必须通过艰苦的搜寻才有可能获得关于这些商品和服务的真实信息。消费者为获得这些信息可能需要支付的成本（交易成本）包括如下几项：为确定自己需要什么信息而支付的成本、为分析所获得的信息而支付的成本、为寻找信息而支付的成本，以及为加工信息而支付的成本。在搜寻并利用信息的过程中，理性的消费者为更好地分配自己的资源，必然要根据成本收益分析进行利害计算。如果消费者认为有成本的信息搜寻是不划算的，则其很可能会放弃任何此类努力。由此造成的后果是，信息的供给在消费者市场中是不充分的，充分掌握信息的消费者为数不多。

其次，从信息的主要提供者即经营者方面来看，信息的提供也必然是不充分的。为了将自己与竞争对手区别开来，经营者愿意告知消费者关于自己的产品或服务的部分信息，并通过其他的市场行为向消费者传递一定的信息。例如，经营者可能向消费者提供保证或服务合同从而将自己与同类商品的供应者区别开来，经营者的市场信誉也构成其是否可靠的信号。而且，如果经营者愿意，则其就商品或服务提供的信息一般要比消费者本人搜寻的或第三方主动提供的信息更加可靠。但问题在于，经营者在很多时候并没有充分的动力向消费者披露信息，其既可能为了自己的利益而扣留某些信息，也可能策略性地操纵产品或服务信息，甚至还可能向消费者提供虚假的或引人误解的信息。例如，利用消费者"贱钱无好货""一分钱一分货"的心理惯性，夸张地抬高一般性产品的价格，诱使消费者上钩。所以，虽然从理论上讲经营者能够以较为低廉的成本向消费者提供更加全面而真实的信息，但事实却往往并非如此。

总之，无论是从需求方看还是从供应方看，市场中的信息都难以充分流通，这必然妨碍市场主体之间的有效竞争，也不利于消费者做出明智而公允的消费决策。因此，为了向消费者提供据以做出理智判断的信息，政府对消费者信息的行政规制必不可少。

（二）几种主要的信息失灵

虽然信息失灵几乎可以解释所有消费者问题的产生原因，但决策者所拥有的资源是有限的，若打算对所有的信息问题都进行规制，不仅代价高不可攀，而且可能产生破坏性的副作用。既然"完全的"信息既不可能也无必要，那么，合适的目标就应该是"充分的"信息，而不是"完全的"信息。信息规制的关键是要识别出那些值得规制的导致消费者问题的信息失灵。一般而言，消费者信息问题要么产生于消费者获得的信息不充分，要么产生于消费者欠缺处理复杂信息的能力。前者可以通过政府的信息规制得到解决，后者则只能依赖于消费者教育的推进。信息失灵在消费者保护领域比较普遍的表现有：

1. 虚假的和引人误解的声明

这是最广为人知、最显而易见及最古老的干预依据。虚假的声明会误导消费者，并且如果市场中充斥着虚假声明，则消费者就会对经营者的所有声明都失去信心，因此应该禁止所有此类声明。但是，为了有效地分配资源，仍然有必要区分不同类型的虚假声明。通常而言，最严重的虚假声明是消费者无法通过经验加以检验的那种声明，而且对于昂贵而又不经常购买的商品，尤其需要保护消费者免于虚假声明的侵害。不过在大多数情况下，经营者的声明都是引人误解的而不是虚假的。引人误解的声明常常模棱两可，并依赖于消费者自己做出错误的推导，而且引人误解的声明往往只能欺骗部分而不是所有消费者。因此，在规制引人误解的声明时进行成本收益计算也非常重要。

2. 产品或服务的隐藏成本

隐藏的成本主要存在于对特定商品或服务的消费中。对于保健品、化妆品等某些类型的产品而言，很难在短期内发现其效果；对于医疗、美容以及其他的保健服务而言，也难以判断其真实效果到底如何。在这些情况下，消费者就无法通过使用去发现产品或服务的不足以及这些不足的根源，更不能依据对这些因素的判断做出购买决定，因此经营者就没有充分的动力去提供这方面的信息。此外，对于那些耐用、昂贵而又不经常购买的商品而言，其后的维护、修理和服务成本往往很高，有时候甚至比购买该产品所支付的价格还高；而在分期付款购物中，消费者若为购买商品房、汽车等商品进行消费信贷，则其后所需支付的利息总额甚至可能超过商品自身的价格。在上述所有情形中，都存在因信息不充分而产生的隐藏成本问题，这些隐藏的成本将最终导致消费者资源的不合理分配，而且也无法仰赖市场自发解决。

3. 市场结构和市场权力

如果经营者并不期望消费者成为回头客，其也就没有动力向消费者提供准确的信息或披露相关的成本，旅游陷阱、跳蚤市场、上门交易、邮购或家庭装修等"一次性买卖"都是这方面的典型例子。既然经营者知道消费者再次购买的可能性很小，其当然就会把资源更多地投入到销售技巧上，尽量消除消费者的抵抗而迫使或诱导其做出购买决定。因此，在此类市场中常常存在的是高压式的推销方式，而不是充分的信息供应。另外在寡头市场中，为了防止对自己不利的竞争，经营者一般也不愿意提供关于产品特质的某些信息，而更愿意投资于改善自己公共形象的广告。为此，国家就有必要从改变市场结构和市场权力格局的角度进行规制。

4. 人为的产品差异

人为的产品差异，是指那些在质量、性能等实质方面相差无几的产品或服务，在包装或广告方面的差别。由此造成的后果是，虽然某些不同品牌的产品在质量方面并无实质性差异，但消费者受包装或广告等信息源的误导仍然会选择那些"看起来"或"听起来"质量更好的商品或服务。很多经营者都愿意将高昂的成本用于产品的包装、广告等方面，而不是致力于商品质量的提高。如果消费者掌握的信息不充分，就可能在广告的误导下作出错误的结论。人为的产品差异是经营者推销商品，控制市场的一种经常性策略，对此进行适当的规制完全符合消费者利益。

5. 信息无效率

另一种重要的信息失灵源自消费者自身，也即因消费者理性的功利计算和消费者理性的有限而导致的信息无效率。为了利用信息，消费者必须为理解和加工信息而支付成本。如果信息处理成本过高，消费者就很可能不愿意加工所获得的信息。这样一来，向消费者提供这些信息很可能就没有太大的效果，并最终导致信息无效率。为了解决这个问题，政府可以通过产品标准、质量证书或许可的方式控制产品质量，从而降低消费者的信息处理成本。此外，导致信息无效率的另一个因素是"理性人"的有限性。有限的理性意味着作为个体的消费者只能够接受、储存并加工数量和质量有限的信息。因此，当面对复杂的问题时，消费者倾向于简化问题并缩小代选方案的范围，这在很大程度上降低了信息的有用性。针对这个问题，政府有必要就产品的售后服务、后合同关系等方面作出较为完备的规定，以使消费者在购物后发生问题时可以有效应对。

二 信息规制的特征

与其他类型的消费者保护规制相比，信息规制有如下特征：

（一）普遍性

几乎所有的消费者问题都可以通过信息失灵加以解释，几乎所有的消费者问题也都可以通过信息规制的方式获得某种程度的解决。"信息不完备"或"消费者信息装备不足"，几乎可以正当化对消费者市场的任何一种干预。关于信息规制的规范是消费者法中极为普遍而重要的组成部分，例如关于产品标示、商业描述、广告、商标的行政法规范，甚至关于格式条款和经营者喻知义务的私法规范，都涉及对经营者和消费者之间信息不平衡的调整。

自20世纪六七十年代以来所形成的第一代消费者法的很多内容，例如对引人误解的广告的控制、对默示担保和一般交易条款的规范和对特定行业的执业许可，即使不以解决信息失灵为主，也暗含着对消费者信息问题的关注。更重要的是，随着信息时代和全球经济的到来，不仅商品和服务的种类多到几乎不可以数计，而且网上交易和远程交易等新型交易形式也得到普及，所有的这一切都对第一代消费者法提出了挑战。许多重要的消费者法学者都认识到消费者法在21世纪必须进行根本性重整和改革，更有人主张以信息规制为出发点重建消费者法的基本原则。[1]

（二）间接性

信息规制一般是要求经营者向消费者提供特定类型的信息，以弥补存在于消费者和经营者之间的信息差距，从而使消费者可以利用充

---

[1]Gillian K. Hadfield, Robert Howse and Michael J. Trebilcock, "Information-Based Principles for Rethinking Consumer Protection Policy", 21 *Journal of Consumer Policy* (1998). 中文著作可参见应飞虎《信息、权利与交易安全——消费者保护研究》，北京大学出版社2008年版。

分的信息在不同类型的产品之间做出选择。由于信息规制并不对经营者的行为强行进行控制，而是要求经营者披露关于产品和服务的特定信息，因此相对于产品标准规制等而言，信息规制具有一定的间接性。这种间接性决定了信息规制是国家干预程度最低的一种规制方式。而且，与许可等直接的规制方式相比，信息规制还克服了限制消费者选择权的弊端。因此，即使对于那些反对国家过多干预市场的学者来说，信息规制也不失为一种可以接受的消费者保护方式。

信息规制的间接性使其还具有很多其他的优点。与其他的规制性控制相比，信息规制不仅相对而言不那么昂贵，干预性不那么强；而且，政府只要确认广告、标准合同等是否包含了要求经营者披露的信息，就可以确定经营者是否遵守了信息规制。信息规制允许消费者根据个人的偏好保护自己，而不是给规制者科以在多种多样的偏好和单一的标准之间加以选择的艰巨任务。信息规制只是调整了消费者所可以获得的信息，而仍然将自由选择权留给消费者，因此信息规制仅仅给市场造成了较低程度的僵化，并允许市场自由地回应消费者偏好和生产技术随时间而发生的变化。另一方面，由于信息规制是国家干预程度最小的一种规制方式，即使规制者在使用信息规制时出现了差错，因此而造成严重危害的危险也最小。消费者在寻找自己满意的商品或服务时，同时也是在对产品或服务质量进行无间断的监管，而经营者为了在竞争中获得利润就不得不要求自己遵守质量标准。因此，信息规制还使掌握信息的消费者和其他市场力量一起承担起实施质量要求的任务。由消费者实施的这种监管常常更为有效，并能够解除规制者的负担。

当然，信息规制的间接性也使其具有一定的软弱性。当消费者必须为处理复杂的技术性信息而支付很高的成本，或者消费者在系统地掌握了信息的情况下仍然低估危险发生的可能性时，信息规制就显示出了不足之处。例如，如果消费者事实上对提高某种产品的质量和安全性并没有兴趣，那么即使规制机构采取了信息规制措施，也无法迫使市场做出有效率的改变。低收入阶层由于被锁定在特定的购物模式中，因而从信息规制中获益最少。所以，信息规制常常受到消费者或消费者组织的批评，被认为是对信息不充分问题的最差的、最软弱的回应。

（三）专业性和复杂性

虽然强调信息规制对消费者保护的重要性有点老生常谈，但对于信息规制的专业性和复杂性却怎么强调都不过分。相比较于对产品市场的直接规制而言，矫正信息市场中存在的缺陷在某些方面是更加复杂而微妙的任务。首先，为了进行有效的信息规制，规制机构必须掌握一定的专业知识，而规制机构的官僚性质就决定了，只有向专家或经营者咨询才可以获得这样的专业知识。对专业知识的要求加剧了信息规制的难度。其次是无法客观地评价信息规制在消费者保护方面的功效。由于信息规制只不过是对经营者提供的信息的数量和质量加以控制，只要所提供的信息满足了规制机构的要求和规定，就算完成了信息规制，所以信息规制实施起来相对简单。但这同时使得对信息规制切实果效的评价成为难题，因为很难获得实在的经验性证据证明，所提供的信息到底在消费者的消费决策中发挥了何种作用。

三　信息规制与两种不同的消费者保护进路

几乎所有的消费者保护法理论和任何现存的消费者法体系都无法忽视信息规制在消费者保护中的重要作用。但是，各种消费者保护法理论对信息规制在消费者法中的地位认识并不一致，在这些理论指导下的各国消费者法体系也显示出很大的差异性。根据信息规制在整个消费者法体系中的地位，可以区分两种不同的消费者保护进路：

（一）不干预型消费者保护进路

不干预型消费者保护进路也可以叫做消费者保护的信息进路或非

家长主义进路（nonpaternalistic approach）。该进路主张："政府保护消费者所应及能作的事，应只限于维护市场自由竞争秩序，提供充分之消费咨询，以及合理之救济制度。"[①] 由于"维护市场自由竞争秩序"和"合理之救济制度"严格来讲应分属竞争法和程序法的任务，因此，事实上只有"提供充分之消费咨询"才真正是消费者法的工具。这就是说，在不干预型进路看来，国家根据消费者法应该承担的基本责任就是保证消费者可以获得充分而必要的信息。

这种消费者法进路主要以国家应最少干预经济的政治哲学观念为依据。不干预主义者（non-intervenetionist）主张，规制性控制永远既不可以替代"买者当心"的古老信念，也不能取代消费者个人根据信息所做出的决定。不干预主义者以"理性的消费者"为出发点，认为消费者是自己最佳利益的判断者，消费者在掌握了信息的前提下完全有能力在各种商品和服务之间做出最符合自身利益的选择。不干预主义者辩称，充分掌握信息的消费者再加上经营者之间的竞争，能够最好地实现对消费者的保护，规制性控制只在少数情况下才是必须的，例如对于关乎消费者健康和安全的问题，以及对于那些因依赖性或弱势地位而极其容易遭受剥削的消费者。在不干预主义者看来，不进行必要的调查就花大价钱购买贵重物品的消费者，是不值得同情的，而对于那些不太昂贵的物品来说，消费者通过生活经验就可以得到必要的信息，因此毋须国家多此一举。但是不干预主义者也承认，这种不干预型进路对于危险的或昂贵的商品适用性不大，并因而不得不赋予政府一种有限的角色，即迫使经营者向消费者提供充分的信息，以助益消费者的理性选择。

在不干预型消费者保护进路下，有关的政策文本从新社会运动中

---

①参见林子仪《消费者保护之行政管制——美国法制之简介》，收于廖义男主编《消费者保护之行政监督与执行之研究》，该文集为"国立"台湾大学法律学研究所受台湾"经济部"委托所完成课题的研究成果，1991年，第37页。

借用了"赋权"（empowerment）概念，① 即通过提供信息而赋予消费者以权力。这里的假设是，只要保证了信息透明，消费者就能够自动搜寻所需要的信息并根据信息做出理性的判断。这种消费者保护进路更为偏好采用信息披露、考虑期等救济手段实现对消费者的保护。建基于理性消费者概念之上的不干预模式一直是欧盟市场统一政策的立场，其信奉向消费者提供信息，"以使其可以在各种竞争的产品和服务中间做出理性选择"的原则，② 欧洲法院也持同样的态度。欧盟的广告规则鲜明地表达了欧盟消费者法中的信息和透明范式（information and transparency paradigm）。这些规定的主要目的是保障消费者获得正确信息以及在有些情况下获得充分信息的权利。在欧盟消费者法中，消费者被视为是市场中的理性行为者，其对自己的利益感兴趣，而且只要能够获得信息，就能够照顾自己的权利。因此，消费者保护的基本水准是保证消费者获得正确的信息，然后是创造向消费者提供信息的新机会，例如，欧盟取消了禁止比较广告的规定，并实施了生态标示方案。值得一提的是，欧盟对某些信息采取的强制性披露措施在消费者信息规制中影响深远，具体而强制性的标示要求已经成为欧盟消费者信息政策的重要组成部分。

当然，即使在不干预型消费者保护进路中，法律在有些时候也会支持政府采取主动性较强的规制手段以保护"软弱的"或"轻信的"的消费者，例如禁止上门销售。但是，这些情形只是例外。

（二）干预型消费者保护进路

与不干预型消费者保护进路将信息规制作为主要的消费者保护工具不同，干预型消费者保护进路则认为："在目前市场结构下，政府如只承担上述非家长主义者所认可之角色，并不足以保障消费者之权

---

①例如在加拿大，可见 Task Force on the Future of the Canadian Financial Services Sector, *Change*, *Challenge Opportunity*, Chapter 7, 1998.

②*Resolution 543 in Eur Consultative Assembly*, 25th Session, Texts Adopted（1973）p 2C（i）.

益。因此政府除上述职责外，尚应积极担任消费者之代理人，确保消费者付出代价所得之商品或服务，的确如其所预期，并预防可能之危险。"① 这种进路又被称为家长主义进路（paternalistic approach）或消费者代理人说（purchasing agents）。显然，这种进路认为，为了实现对消费者的保护，国家除了规制信息外还应承担更主动的角色并履行更多的职责。当然，这并不是说干预型消费者保护进路不支持信息规制，而是说，这种进路并不像不干预主义那样将信息规制视为是消费者保护的唯一重要工具。

一如非干预型进路以"理性人"为出发点一样，干预型进路同样也通过心理学和经济学上的发展来论证自己的合理性。一方面，干预型进路以"有限理性的人"和"软弱的消费者"为出发点，认为人的理性是有限的，因此即使消费者掌握了充分的信息，仍然难以保证其会做出符合自己利益的决策。干预型进路认为，经营者不断地通过广告、销售策略等种种方式，刺激、劝诱并塑造着消费者的欲望和需求，消费者事实上完全受广告和销售策略以及时代风潮的引领、控制和摆布，根本就不是理性而自益的自主主体。经营者通过有策略地控制和利用信息主导了消费者的偏好和选择，其后果是生产主导消费，而不再是消费主导生产。另一方面，持干预型进路的人还主张，从经济学上来说，消费者也未必会寻求或利用信息，因为信息的获取成本和处理成本都无法避免。再说，即使消费者对产品和服务的信息有充分的了解，贫穷的消费者也非常可能囿于财力有限而无法行使选择权。因此，干预型进路主张者认为，即使消费者是理性的，他们也完全拥有充分的理由既不寻求也不利用有关的信息。心理学和经济学上的文献都很好地证明，消费者在很多情形下做出的消费决定都极有可能是不理性的，或者是不利于自己的。因此，干预主义者认为，信息规制的缺陷很多，仅靠信息提供无法彻底保护消费

---

①林子仪：《消费者保护之行政管制——美国法制之简介》，收于廖义男主编《消费者保护之行政监督与执行之研究》，该文集为"国立"台湾大学法律学研究所受台湾"经济部"委托所完成课题的研究成果，1991年，第36、37页。

者权益，国家应该在消费者保护方面承担更多的责任，采取更广泛的措施。

就目前各国的实践看，虽然消费者保护政策会各有侧重，但却基本上都属于干预型措施和不干预型措施的结合。

四 信息时代消费者保护政策的反思及重整

无论是在不干预型消费者保护进路还是在干预型消费者保护进路中，消费者信息都是一国消费者保护政策所要密切关注的基本因素。不仅如此，很多学者已经不满足于仅仅将信息视为影响消费者保护政策的基本因素之一，而是进一步主张以信息和现代信息经济学为基础反思并重整形成于 20 世纪的消费者保护政策，以适应 21 世纪对消费者保护的新挑战。其中比较有代表性的学者是哈德菲尔德（Gillian K. Hadfield）和特里比尔科克（Michael J. Trebilcock）等人，他们不仅以信息为基础对传统的消费者政策进行了反思，而且在此基础上提出了消费者保护政策的初步框架。[①]

（一）早期的信息经济学理论和消费者保护政策

在 20 世纪 60 年代和 70 年代即第一代消费者法形成时期，关于消费者保护的经济分析乃是被放在竞争政策之中进行的。当时的经济学家花费了相当多的精力分析市场集中及市场结构对产品价格和质量等因素的影响。相应地，对消费者保护政策的经济分析也主要是围绕公司对市场权力的行使而展开。因此，"市场权力"（market power）概念（在消费者保护法中，市场权力一般被理解为"磋商能力"

---

①见 Gillian K. Hadfield, Robert Howse and Michael J. Trebilcock, "Information-Based Principles for Rethinking Consumer Protection Policy", 21 *Journal of Consumer Policy* (1998); Michael J. Trebilcock, "Rethinking Consumer Protection Policy", in Charles E. F. Rickett & Thomas G. W. Telfer (ed.), *International Perspectives on Consumers' Access to Justice*, Cambridge University Press, 2003.

（bargaining power）) 就主导了当时的消费者保护措施，形成于这一时期的消费者保护政策和消费者法也主要将注意力放在交易条件、商品和服务的质量等问题上。在此背景下，不利于消费者的交易被认为是卖方不当利用其对个体消费者的磋商优势的结果。

如果对20世纪60年代和70年代的形势加以分析，就会发现当时的立法者主要关注两种问题。其一，消费者可以获得的选择很少，因此不得不根据强大的卖方所拟定的条件进行交易。卖方和买方在经济规模和所占有的资源方面的巨大差异，必然导致磋商能力的不平等。其二，卖方在交易中利用信息优势使利益的天平向自己倾斜。因此，对信息的强调一度构成早期消费者政策分析的关键。这些分析认为，一旦获得充分的信息并能够充分地利用所收到的这些信息，消费者就可以实现自我保护。因此，消费者保护政策的两种主要回应就是：首先，集中矫正消费者和经营者之间的信息不平衡，方法是规制经营者向消费者提供的信息，要求经营者通过容易理解的及可比较的方式提供信息，或者通过公共机构或其他信息媒介提供信息。其次，在消费者或特定阶层的消费者因教育层次低或其他障碍，而无法充分地处理信息或无法依据信息做出正确的消费决定时，法律就应该对交易的实质内容加以规制，法定合同条款以及制定法或普通法对标准合同的强行干预就属于这种情况。

（二）全球化和信息化对消费者保护政策的挑战

自20世纪60年代和70年代消费者保护法的基本框架形成以来，世界经济技术发生了根本性变化。现在是一个全球化和信息化的时代，这些时代特征反映了经济发展的新模式，并极有可能导致巨大的社会和文化变迁。《经济学人》曾大胆地宣称"信息技术的发展带来了'隐私的终结'"，[①] 欧盟委员会亦曾在其颁布的《消费者政策行动

①参见 *The Economist* 1 May 1999，p. 21；另见 R. Whitaker，*The End of Privacy*，The New Press，1999.

计划 1999—2001》中总结了这些发展对消费者政策的影响，认为信息技术和全球化发展正在消费者/生产者关系中引发一场革命："市场全球化和通讯及信息处理新技术的广泛传播，这两种力量好比是一对双胞胎，已经在社会和经济领域引发了意义深远的变革。它们使市场服务于消费者的方式发生了革命。同时，这些变化也改变了消费者的预期。消费者政策不得不适应这些新的发展。"[1]

　　总之，在经济领域，全球化和技术革新一方面使任何法域内的消费者产品均呈几何数字增加，导致专门针对具体产品的规制越发困难，另一方面也使各种新型通讯和信息处理技术广泛地应用在市场中，极大地改变了生产者的服务模式和消费者的消费活动。所有这些无不对形成于 20 世纪六七十年代的消费者保护政策和措施提出了挑战。正是在这种时代背景中，不仅一些资深的消费者保护法专家纷纷呼吁要在新世纪对消费者法加以反思和重整，而且国际消费者组织联盟还专门针对"信息社会中的消费者法"召开了国际消费者法大会，与会学者就消费者法对信息社会和全球化的回应问题展开了讨论。[2]

（三）经济学革新对消费者保护政策的挑战

　　在过去的四十多年中，不仅人类的经济活动模式对消费者法提出了挑战，而且经济学理论的发展特别是工业组织理论的进步，也使上一代消费者保护政策所依据的经济学上的各种明示或默示的假设都产生了疑问。在市场结构方面，由于销售渠道中垂直关系之间的合同性限制代表了一种市场权力，人们已经不再相信可以通过关于集中程度等的简单数据就可以推测出市场的竞争状况。在交易层面，原来的理论根据买卖双方在规模和资源方面的不平等推导出了磋商能力的不平等，而现在这种陈旧的理论则被更为精细的磋商理论所取代，新的磋

---

①参见 European Commission, *Consumer Policy Action Plan* 1999 – 2001 （1999）, p. 1.

②参见 Thomas Wilhelmsson, Salla Tuominen and Heli Tuomola （ed.）, *Consumer Law in the Information Society*, Kluwer Law International, 2001。

商理论集中关注特定环境中可能影响当事人磋商能力的一系列合同变量。此外，虽然信息和信息不对称仍然是消费者保护分析的一个主要依据，但关键是，现代信息理论和早期信息理论赋予信息不对称的角色却完全不同。早期信息理论认为，卖方和买方所可以获得的信息存在严重的不平等，而向消费者提供信息并由此克服这种不平等则可以减少或恢复双方之间磋商能力的差距。与此不同的是，现代信息理论不仅认识到信息乃是通过极度微妙而复杂的方式在影响着市场运作和交易环境，并且承认信息获得成本是市场交易中不可或缺的组成部分。经济学理论领域的所有这些发展都提醒人们不要将消费者保护政策建立在过于简单的假设之上，例如仅仅关注市场结构的干预性竞争政策、忽视消费者信息处理成本及卖方对信息进行策略性控制可能性的信息披露要求等等。如果说早期的经济学家可以根据市场供需和市场结构等少数变量预测市场结果，那么关于工业组织和公司行为的现代理论则说明，市场结果是信息、信念、交易成本以及长期策略等各种因素相互作用的复杂过程的产物。因此，若要预测特定市场的运作到底如何、市场结果是否符合效率要求以及政策干预将对市场产生何种影响，都是更为艰巨而微妙的工作。总之，经济学领域的种种变革使人们意识到：新世纪（21 世纪）的消费者保护政策应该加以反思和重整。①

（四）以信息为核心的消费者保护政策新框架

哈德菲尔德等人在进一步分析了现代经济分析在市场结构、磋商能力以及信息领域发生的新趋势后总结认为：信息对于整合消费者保护观念举足轻重，信息经济学应该成为发展消费者保护政策新进路的基础，即应该以信息及信息在市场和规制体系中复杂的运作方式为基础，反思消费者保护政策的一整套基本原则。不仅如此，他们还根据

---

①Gillian K. Hadfield, Robert Howse and Michael J. Trebilcock, "Information-Based Principles for Rethinking Consumer Protection Policy", 21 *Journal of Consumer Policy* (1998), pp. 131, 132.

自己的设想和分析提出了重新设计消费者保护政策的一些原则。①

哈德菲尔德等人认为，消费者保护政策的形成和实施乃是一个复杂的过程。在这个过程中需要依次提出并回答如下三个问题：（1）问题识别：如何识别市场中存在的消费者问题？（2）政府规制的必要性和可能性：如何决定是否有必要而且有可能采取某种形式的政府规制？（3）规制工具的选择：如何决定到底何种规制工具才是合适的？哈德菲尔德等人对这三个问题分别给予了回答。

首先，对于消费者问题的识别，哈德菲尔德认为，应该先区分完全竞争的市场、不完全竞争的市场和没有竞争的市场，然后再确认消费者问题的根源是结构性的还是信息性的。如果消费者问题是结构性的，则可以通过竞争政策或经济规制加以解决。如果消费者问题是信息性的，则应该进一步确定信息失灵的来源，例如，是由于经营者对安全危险的合谋隐瞒，还是由于经营者对信息的策略性控制，或者是由于意外的安全危险，等等。对于这样的信息失灵，竞争政策一般是无能为力的，因此必须通过消费者保护措施予以解决。

其次，对于政府规制的必要性和可能性问题，哈德菲尔德认为，应该首先确认导致市场手段（自我矫正机制）无法解决信息失灵问题的市场特征是什么，例如，市场手段是否因如下原因的一种而无效：缺少重复交易、卖方沉淀成本或信誉资本投入不足、信息不足或信息不准确导致的消极后果过于严重并无法纠正、不值得消费者提起诉讼的小额消费者损失普遍存在，而且这些损失累积起来又很大，等等。识别出信息失灵的类型后，再分析特定政府干预形式及其可能的替代方式的成本和收益并将之公布于众，其中既应该包括公共成本和私人成本，也应该包括公共收益和私人收益。

最后，对于规制工具的选择问题，哈德菲尔德等人认为政策工具

---

① Gillian K. Hadfield, Robert Howse and Michael J. Trebilcock, "Information-Based Principles for Rethinking Consumer Protection Policy", 21 *Journal of Consumer Policy* (1998), p. 150ff.

的选择应该有助于消费者节省信息获取成本和信息处理成本，例如，在可能产生严重的无法补救的危险的情况下，禁止某种商品或服务或者颁布最低的标准就是适宜的规制工具。哈德菲尔德还主张，规制性工具的选择还要对如下问题保持敏感性：由私人规制机构或公共规制机构实施所选定的规制工具，到底何者更能节约成本并更加有效？监管和实施任务到底应该由政府、消费者、竞争者或其他组织之中的哪一方承担？规制是致力于预防事故的发生，还是致力于回应已经发生的问题并尽量降低事故的损害？等等。

五　卖方信息披露制度

信息规制的主要目的是确保消费者就所购买的商品或服务获得一定数量的、符合特定品格的信息。为此，规制机构不但要尽量疏通、开辟消费者获取信息的各种渠道以保障信息的流通，从而实现消费者对信息的数量要求，还要规范市场上的信息提供行为，保证向消费者提供的信息符合准确性、真实性等品格的要求。规制机构据以实现这两种规制目的的方式多种多样，其中最重要的一种就是卖方信息披露制度。

（一）卖方信息披露

虽然消费者获取信息的方式不止一种，但由于卖方是商品或服务信息的最终来源，因此卖方信息披露就成为消费者获取信息最主要的途径。要求卖方向消费者披露关于合同交易的各种信息，是国家规制消费交易行为的最古老、最普遍的方式之一。[1] 从行为和内容等方面规范卖方信息披露行为，也构成现代消费者法中信息规制的主要组成部分。

---

[1]William C. Whitford, "The Functions of Disclosure Regulation in Consumer Transaction", 2 *Wis. L. Rev.* （1973），p. 400.

1. 卖方信息披露的基本原则①

为了保证卖方提供的信息有助于消费者做出理性客观的消费决策，各国法律一般要求卖方披露信息时必须遵循一定的基本原则。

首先是真实原则。具有真实性是对消费者信息最重要、最基本的要求。真实原则要求卖方向消费者提供的信息必须与商品和服务的实际状况相符，不得夸大不实、引人误解。根据真实原则，卖方不仅要公布对自己有利的信息，而且还不得隐瞒对自己不利的信息。

其次是充分原则。由于关于商品和服务的信息不可胜数，法律并不要求卖方向消费者提供关于商品和服务的所有信息，而只要求卖方提供的信息必须足以帮助消费者做出客观、正确的消费决定。虽然充分原则主要是为了保护消费者，但它同时也为经营者的信息提供义务设定了界限。但是，由于商品和服务的种类极其繁多，就每一种商品或服务做出正确决定所需要的信息量也并不相同，因此，如何判断卖方提供的信息是否"充分"就成为一个问题。对此，只能根据不同的商品和服务予以具体判断。

再次是便于理解的原则。便于理解的原则要求，卖方必须通过通俗易懂、简单明白的语言文字、图形、标示等向消费者提供信息。

2. 卖方信息披露的时间和方式

若要使卖方披露的信息对消费者的消费决策发挥最佳的影响，不仅要求其符合真实、充分和便于理解的原则，还必须严格规制卖方披露信息的时间和方式。卖方披露信息的时间可能是合同签订前、合同签订时或者合同签订后。一般而言，在合同签订之前或合同签订的当时将有关信息披露给消费者，会对消费者的决策发挥较大的影响，而在合同签订之后的信息披露则对于保障消费者充分享有售后服务比较关键。由于消费者一般是根据卖方提供的信息做出消费决定，而这也是信息披露应该发挥的主要功能，因此原则上卖方应该在合同签订之前或合同签订的时候告知消费者有关信息。当然在合同签订之后，甚

①参见李昌麒、许明月编著《消费者保护法》，法律出版社1997年版，第289、290页。

至是在合同已经履行完毕之后，为了帮助消费者更好地使用商品或充分地享受后合同权利，卖方也应该主动或应消费者的要求提供有关信息，切实履行后合同附随义务。

为了保障卖方所提供的信息真实、充分和便于理解，法律一般会严格规范卖方披露信息的方式。这些方式主要包括：

（1）产品或服务标示

产品或服务标示是经营者在商品、商品包装或服务设施上就商品或服务的有关信息做出的书面公开表示。这些标示一般是在消费者做出购物决策或接受服务决定的时间点，即交易的时间点，对消费者决策发挥影响。产品和服务标示既能够保证市场的透明性，有时候还能够警告消费者产品所具有的危险，从而可以在保护消费者的生命安全和身体健康方面发挥较为直接的作用，是消费者保护的重要工具。而且，产品标示使消费者能够比较产品对自己是否合适，有助于消费者的理性选择。此外，消费者购买产品之后，产品标示还能在注意事项或使用方式等方面提供帮助。鉴于产品标示的重要性，欧洲法院曾要求，买卖时提供的信息或者广告中的信息不能代替产品标示。①

但是，并非所有的产品都需要产品标示。在决定是否采用产品标示时需要考虑的问题是：如果不附加产品标示，是否会给消费者造成困难？产品标示对消费者最初的选择或其后的使用是否具有重要意义？有关产品或服务的关键事实是否可以通过观察而获得？所必需的信息可否在一个标签之上充分地描述出来？等等。在涉及消费者安全和健康时，一般应强制性要求经营者在产品上附加标示。

（2）广告宣传

广告宣传是指经营者为了推销自己的商品或服务，通过大众媒体、广告牌等方式传播商品和服务信息的行为。在消费社会中，广告宣传特别是广告构成消费市场的核心部分。虽然一般认为广告可以为

①Criminal Proceedings against Goerres Case C‐385/96［1998］ECR I4431.

从事大批量生产的生产者提供更加广阔的市场，但对于广告和消费者之间的关系则存在不同的甚至完全对立的理论。在一些人看来，广告主要是通过向消费者提供关于产品的存在、特性或价格的信息而使消费者能够更好地在市场上实现自己的偏好。[①] 他们认为，广告规制的任务就是保证广告的准确和诚实，禁止虚假的和引人误解的广告，并要求做出此类广告的市场主体承担因错误陈述或违反合同而导致的民事责任。[②]

为了保证广告的客观真实性，广告规制既要解决明目张胆的虚假陈述，又要解决那些半真半假的、模棱两可的、不当强调的以及夸大不实的广告。广告规制必须审查广告给人造成的整体印象，而不仅仅是着眼于广告所使用的字词。

媒体广告是在消费者决策之前将信息传递给消费者的有效途径。传统上，对广告的规制重点在于禁止虚假的、引人误解的广告，而并不要求通过广告将特定的信息传递给消费者。后来，为了防止经营者在广告中隐瞒重要事实以致给消费者造成损害。法律开始规定肯定性广告（affirmative advertising）和矫正性广告（corrective advertising）。国家不仅可以要求经营者对虚假或引人误解的广告做出矫正性广告，而且还可以要求经营者必须在广告中包含某种信息。例如，美国联邦贸易委员会要求从事虚假或引人误解广告的广告人，在其后的广告中特别声明先前的广告是虚假的或者是引人误解的，或者至少要求广告人做出与被联邦贸易委员会确定为虚假的或引人误解的广告相反的声明。欧洲很多国家的法律都规定，一揽子旅游小册子中必须明确而准确地标明价格，以及关于目的地、交通方式、住宿条件（位置、舒适程度、主要设施）和饮食等事项的信息。

---

①参见 C Peeler and M Rusk, "Commercial Speech and the FTC's Consumer Protection Program", 59 *Antitrust LJ* (1991) .

②也有人对广告持批判态度，他们指责广告是一种塑造消费者偏好的机制，认为广告不但没有提供给消费者所需要的信息，反而还利用并剥削了消费者的愿望和弱点。典型的论述见［美］约翰·肯尼思·加尔布雷思《富裕社会》，赵勇译，江苏人民出版社 2009 年版。

（3）独立声明

独立声明是指卖方在独立于合同书之外的文件中，披露有关商品或服务的重要信息并单独签字。独立声明主要适用于那些法律有直接规定和要求的交易。法律要求独立声明的根据在于，由于合同书中的信息往往太多，几乎没有人愿意耐心地从头至尾地加以阅读，因此通过独立的书面文件声明的信息更能吸引消费者的注意力。独立声明主要用于房屋、汽车等大型交易或其他与消费者人身财产安全关系密切的交易。

独立声明也存在缺陷，因为其一般是在双方已经口头达成协议的时候才会交给消费者，这大大降低了其对于消费者决策的影响。

3. 卖方信息披露的主要内容

信息规制的另一个重要方面关乎所披露的信息的类型或内容。信息披露规制不仅要求经营者保证其所提供的信息的准确性，还要求经营者必须提供某些类型的信息。这些信息所涉及的内容非常宽泛，从产品和服务的质量到产品和服务的价格，从信贷成本到消费者交易的条件等等，不一而足。一般而言，卖方需披露如下几个方面的信息：

（1）安全

对安全的考虑是很多法律要求经营者提供特定信息的一个主要原因。安全规制可以要求经营者在产品上粘贴或附带一个标志、一项警告、一个指示或其他信息。例如，欧盟法律要求，对易于爆炸的、易于燃烧的、有毒的以及其他危险的产品必须进行标示。这些产品的标签上必须含有关于产品危险性以及安全使用方法的信息。[1] 之所以强制性地要求对这些产品加以标示，是因为它们不仅被广泛地使用，而且具有多种潜在的危险性。例如，美国在世界上率先在香烟领域使用了安全标示。1965 年的《联邦香烟标示和广告法案》规定，不在包装上显著地标明吸烟有害健康而销售香烟的，构成违法行为。此后，世界各国纷纷效仿。

---

①参见 Miller, *Product Liability and Safety Encyclopaedia*, Division V.

（2）质量

除产品的安全性之外，产品的一般质量也是信息披露的基本内容之一。划分等级是显示产品质量的一种直接方式。例如，欧盟的共同农业政策就对 30 多种水果和蔬菜，以及蛋类和酒类产品，进行了质量分级。[①] 质量分级的主要目的是促使生产者提高质量并促进产品的销售，同时也有利于消费者的购物选择。揭示产品质量信息的另一个方式是成分标示。传统上，成分标示仅适用于加工食品，但自 20 世纪后半期开始，成分标签也被适用于纺织品等产品。

（3）数量

法律要求经营者必须披露的最重要的信息之一是所出售产品的数量。数量标志有利于消费者对不同的产品进行比较。立法者一般会在关于度量衡的法律中要求，制造商要在出售前包装好的产品上以重量或其他适宜的形式声明产品的数量。即使产品并不需要提前包装，也仍然需要告知消费者产品的数量，方法之一就是当着购买人的面称量或数算产品。

标准数量是使用非常普遍的一种方式。要求经营者对产品使用标准数量，目的在于减少市场上产品体积的多样性。例如，法律可以强制性要求生产者必须以 125 克、250 克、500 克或 1000 克或其他的固定数量，事前对拟销售的产品进行包装。这样就可以使消费者更容易对不同的商品进行比较，促进消费者的理性选择。标准数量不仅促进了消费者对不同品牌的不同体积或相同体积商品的比较，而且还能够防止生产者通过稍微降低产品数量的办法掩盖提高价格的事实。但是，如果所选用的单位无法轻易地被识别出来，那么法律规定采用的标准数量就不能完全排除消费者的困惑。如果采用的标准数量过多，就无法实现标准数量的目的，因为消费者难以区别随便打印上去的不同体积。单位定价可以在一定程度上克服标准数量的弊端。

---

①欧盟有很多相关的规定，见 A. A. Painter, *Butterworths Law of Food and Drugs* (loose-leaf), Division R, Lexis Law Publishing, 1980.

关于产品的数量要求需要提到的一点是，目前日益奢侈的包装已经构成了重要的干扰因素。对于销售人员来说，产品的包装常常比里面的内容更为重要。由此导致的后果是，包装时常误导消费者对产品本质尤其是数量的理解。基于卫生、保鲜及储藏的需要，产品包装是必要的，但受促销动机的推动，制造商倾向于对产品进行过分奢侈的包装。精美包装给消费者造成的后果是，必须为打开后立即被丢弃的华丽包装支付相当的金钱。现代产品包装不仅大大地浪费了经济资源，而且还造成了环境的污染。对此，很多国家和地区的法律开始寻求解决之道。例如，欧盟要求制造商回收并重复使用包装废品，在一定程度上抵制了包装风。① 另外，为了防止华丽夸张的包装误导消费者对产品数量的判断，很多国家的法律都规定，产品必须达到包装盒的一定百分比。例如，澳大利亚立法规定，包装盒的闲置部分一般情况下为25%，在里面另有一个包装的情况下，闲置部分为35%。② 为了打击关于产品体积的欺诈性广告，新西兰法律规定，如果产品的体积跟广告中的不一致，则经营者必须在价格上给予消费者一种优惠。③

（4）价格

产品或服务的价格是经营者必须在交易之前或之中明确告知消费者的事项之一。所有的产品或服务都必须明码标价，对此各方并不存在争议。但是，在产品或服务的价格方面依然存在一些问题。例如，存在于分期付款或消费者信贷中的价格问题就比较典型。在此类消费中，由于利息的存在，消费者最后实际支付的金钱总额可能大大高于消费者最初支付的价格。而且，通过这种方式支付的金钱具有很大的隐蔽性，若不明确指出，很多消费者并不知道自己支付的利息甚至大大高于为产品支付的价格。因此在此类消费交易中，必须告知消费者最后支付的金钱总额，包括利息。再比如，产生于产品和服务折扣中

---

① *Producer Responsibility Obligations（Packaging Waste）Regulations* 1997，SI 1997/648；*The Packaging（Essential Requirements）Regulations*，1998，SI 1998/1165.

② *Packages Act* 1969 – 72（SA），ss 26，37.

③ *Consumer Information Act* 1969，s 10（5）.

的问题也比较普遍。对于产品或服务折扣活动，国外消费者法一般会具体规定允许打折的时间、允许打折的原因等事项，如在换季的时候允许打折，号码不全的产品允许打折；法律还会要求销售者或服务者表明产品的上一次销售价格。这些规定严格地规范了打折行为，对于防止经营者以"打折""回赠"为名欺骗消费者具有很大的作用。对于我国市场上目前流行的不受任何规范的折扣行为，国外的这些做法值得借鉴。规范折扣行为在价格规制方面的重要性不亚于"明码标价"的要求，否则明码标价将沦为空谈。

（5）用途和用法

关于产品的用途和用法的标示通常是自愿的，强制性用途标示一般与安全有关。但其中的一个例外是，对于某些交到终端消费者手中的食品，如果没有用途标示消费者就无法正确使用的话，也应该附加这样的标示。

在产品用途和用法标示中，警示标示具有重要的地位。例如，由于对纺织品纤维的说明不足以告知消费者正确的洗涤方法，若不在纺织品上进行关于洗涤的警示标示，相当一部分衣物将会因不当的洗涤而报废，所以关于洗涤方法和注意事项的警示标示在纺织品行业比较普遍。但是，也有人基于如下理由反对对纺织品采取强制性警示标示：纺织品洗涤后会出现何种后果取决于各种各样的因素，而这些因素完全掌握在消费者手中。不问青红皂白地要求制造商对一切后果承担责任，有失公平。

（6）合同条款及合同当事人

经营者应该告知消费合同的各种条款，而且即使这些信息已经体现在书面形式的合同或其他文件中，经营者在有些情形中仍然必须口头告知消费者这些信息。例如，在 *Tashof v. Federal Trade Commission* 案中，[①] 美国联邦贸易委员会与此有关的一个命令得到了法院的支持。联邦贸易委员会的命令是：要求居住在低收入消费者居住区的、采用

---

①437 F 2d 707，714（1970）.

"上钩掉包"诱销法①的经营者通过口头及书面形式告知消费者产品的价格。之所以要求这些经营者口头告知消费者，是因为其所服务的消费者群体受教育程度很低，无法从书面的信息披露中获益。但是，很多批评者认为，要求经营者口头告知消费者有关信息具有不可逾越的执行障碍，倒不如直接禁止"上钩掉包"诱销法之类的销售方式能够更有效地保护消费者。

此外，消费者法还有必要为消费者提供有效的方式，使其能够识别出同自己打交道的到底是谁，以利于今后的投诉、起诉或判决的执行。在网上和远程购物等特别形式的交易中，这尤为重要。在确认合同当事人身份方面，市场主体登记制度的作用不容忽视。

（7）消费者的后合同权利

在现代消费者合同中，消费者的后合同权利越发重要，这些权利涉及产品的售后维修和服务、发生争议时消费者所可以采取的措施及所可能获得的救济。信息披露制度中一个重要但却经常遭到忽视的内容是，卖方应该告知消费者在发生争议的时候到底享有何种法定权利。例如，现在很多法律都要求经营者告知消费者关于"撤回权"、"冷却期"的存在，以及消费者在遇到问题时的投诉对象。

（8）产品的环保性能

20世纪后半期，几乎与消费者保护运动的发展、环保意识在世界范围内的空前高涨同步，环保运动的一些诉求在消费者运动中也有所反映。环保意识影响消费者保护信息规制的体现之一是，越来越多的消费者要求经营者就产品的环保性能提供信息，例如，产品有无环境污染？污染程度如何？产品可否回收？经营者对此的一个回应是在产品上贴加环保标签。

为了促使生产者更多地生产并鼓励消费者尽可能使用在其生命周期中对环境影响较小的产品，并就产品对环境所可能造成的影响向消费者提供有关的信息，很多国家目前已经实施了生态标示方案，例如

---

①以廉价品招徕，诱使顾客上门后再兜售高价同类商品的销售方法。

德国的蓝天使方案，北欧的天鹅方案，加拿大的环境选择方案，以及日本的生态标志。① 1992 年，欧盟也采用了生态标示方案。②

（二）对卖方信息披露的补充

卖方信息披露是消费者获得信息的主要途径，但出于各种考虑，经营者有时候并不情愿向消费者提供真实的信息，尤其是对自己不利的信息。因此，为了保证消费者获得充分而真实的信息，必须开辟其他的信息传递渠道作为卖方信息披露的补充。

1. 非卖方信息披露

除了从经营者直接获取信息外，消费者还可以从第三方，如政府、消费者协会、咨询组织或中介组织处获取信息。这些非卖方信息披露主体，既可以是自负盈亏的营利性法人，也可以是政府资助或扶植下的事业单位，或者是以公益为目的的社会团体。它们或者直接向消费者提供信息并鼓励消费者使用这些信息，或者不向消费者提供信息，而是将主要精力放在劝诫并教导消费者正确使用经营者提供的信息上面，还可以以宣传消费者法律法规并启发、教育消费者为主要目的。非卖方信息披露渠道不但可能比卖方信息披露更加客观、真实，而且发挥的功能相应地也会多一些。

当然，有时候消费者需要为此支付一定的费用，例如购买有关咨询组织编辑出版的杂志报纸，或者是直接交纳查询费。

2. 政府在非卖方信息披露中的角色

在非卖方信息披露体系中，需要特别予以关注的是政府的角色。在市场上，公益组织、中介组织、消费者杂志等都能够向消费者提供某些信息，但消费者信息的公共物品性质决定了，这些私人机构在信息披露方面只能处于次优的地位，政府则必须在非卖方信息披露体系中承担重要的角色。政府既可以通过电视、报纸等大众媒体直接向消

---

① *Eco-Labelling：Actual Effects of Selected Programmes*（OECD，1997）.
② *Regulation（EEC）No 880/92，［1992］OJ L 99.*

费者提供信息，也可以为其他私人主体的信息披露行为提供资助。

通常认为，政府在提供消费者信息方面的比较优势有：（1）在实施其他行政管理行为的过程中，政府很可能已经"顺便"搜集整理出了有关的信息；（2）有些信息并非独立的私人市场行为者所可以获得；（3）独立的私人信息提供者无法有效地吓阻经营者提供不准确的或欺诈性的信息，而政府则可以利用自己的惩罚来阻止经营者提供这样的信息；（4）由于消费者必须在独立的私人信息提供者或中介机构之间加以选择，所以，这些组织或机构又造成了另一个层次的消费者保护难题；（5）政府可以通过禁止某些商品而降低信息成本。

3. 卖方披露信息与非卖方披露信息的比较

由卖方披露关于其所提供的产品和服务的信息，具有很多优点。首先，信息提供成本比较低，因为卖方既无须专门收集信息，也无须另行开辟信息传递渠道，而只需要将自己在产品设计和生产过程中获得的关于产品特性的各种信息通过销售条件、产品和服务标示以及广告等方式提供给消费者即可。其次，卖方最有可能提供全面、准确的信息，因为作为产品生产者的卖方必然比第三方就产品和服务的优缺点掌握更为全面而客观的信息，即使产品在投入市场后发现产品的瑕疵或缺陷，卖方也最有可能通过售后跟踪和服务、消费者投诉等渠道获得第一手的资料。这些优势都是非卖方信息披露渠道所无法替代的。

但是，卖方信息披露也有不足之处。卖方基于种种原因可能并不一定甘愿提供全面的信息，甚至还可能有意无意地提供虚假的或引人误解的信息。妨碍卖方提供充分信息的因素可能是：降低信息提供成本，隐瞒产品或服务的缺点（产品的高危险性和高耗能性），误导消费者相信产品具有并不存在的优点或用处，维护商业秘密，等等。

正是因为卖方信息披露具有这些缺点，才需要非卖方信息披露体系对其加以补充。非卖方信息披露的最大优势是比卖方信息披露更为客观。在卖方信息披露中，经营者基于自身利益的考虑在很多情况下都不愿意向消费者提供客观全面的信息，更不会向消费者提供对自己不利的信息，因此卖方信息披露往往过分强调产品的优点而对缺点则轻描淡写，表现出很大的片面性。相反，在非卖方信息披露中，不仅提供信息的第三方与所提供的信息一般而言没有利害关系，而且有的信息提供者本身就是以维护消费者利益为己任的，如消费者协会，它们当然倾向于提供客观而全面的信息。即使纯粹以营利为目的，非卖方信息提供者为了更好地争取到来自消费者的信任和订单，也有充分的动机提供消费者欢迎的信息。

　　当然，非卖方信息披露也有欠缺，其最大的一个弊端就是信息提供成本很高。在卖方信息披露中，由于卖方不需要为获取信息支付额外的成本，因此本身的成本很低，而且卖方信息提供通常也不会给任何人增加成本。尽管经营者有时候会以提高价格的方式将信息成本转嫁给消费者，但这也受市场竞争环境的限制。在非卖方信息提供中，提供信息的第三方，如消费者组织、各种收费的咨询组织等，需要通过复杂的收集和整理过程才能获得所需要的信息，因此必须支付信息收集成本。不仅如此，提供信息的第三方还必须通过一定的渠道将信息传递给消费者，这些渠道可以是杂志、宣传手册、广播、电视等等，但无论何种方式都需要支付额外的成本。非卖方收集和传递信息的成本无论是由信息提供者承担，还是转嫁给消费者，都构成信息提供的社会成本，最后的承担者必然是消费者。

　　非卖方信息披露的另一个弊端就是不如卖方信息披露的系统性强。在非卖方信息披露中，不仅提供信息的主体很多，其中既包括政府机构，如消费者保护规制部门，也包括社会团体，如消费者协会和咨询服务组织，而且信息提供的方式也很多，如杂志、电视、广播、报纸等等。不同的信息披露工具对于不同的信息，有效性是不同的。某种信息可能利用广告形式披露最为有效，而其他的信息则可能利用其他形式的信息披露手段对消费者的影响更大一些。同样，同一种信息披露工具也不可能对所有的消费者群体都是有效的，低收入消费者群体赖以获得消费信息的渠道以及购物过程乃至消费者选择，显然不同于其他经济阶层的消费者群体。因此，信息披露若要有效地服务于所有的消费者阶层，就必须充分发挥各种信息披露工具和渠道的作用，并有区别、有针对性地加以利用。但是，由于非卖方信息提供者和各种信息传播途径之间一般并不存在日常的相互协调和沟通的机制，体系性很差，因此非卖方信息披露无法像卖方信息披露一样，针对真正有需要的消费者群体提供切实有用的产品信息。

六 以消费者教育配合信息披露

虽然信息披露对消费者权益的实现极为重要，但不可否认的是，信息披露能否发挥作用以及在何种程度上发挥作用受很多外在因素的影响：（1）部分由于消费者的习惯所致，部分由于消费者所受的教育程度不够，有些消费者或许根本没有获得并使用信息的愿望。信息无法达到消费者、消费者不能理解所获得的信息等信息范式的各种弊端，在弱势的消费者群体中尤其显著，甚至是集中出现在这样的群体之中。[1] 从理论上看，贫困的、没有受过教育的消费者是最需要信息、最可能因信息披露而获得帮助的消费者群体，但实际情况反而是，他们事实上却是从信息范式获益最少的消费者群体，倒是中产阶级的消费者更多地使用信息。毫无疑问的是，消费者杂志的主要订购者和读者恰恰是中产阶级的消费者。另外，消费者也可能忽略关键性信息。（2）有些类型的信息披露不如其他类型的信息披露方式有效。例如，美国最高法院就曾经表示，既然很多人都是听电视而不是看电视，那么电视广告就应该通过口头方式披露信息。[2] 食品标示或合同文本中的信息对于一般的消费者来说可能过于复杂并难以理解，因此口头告知消费者某些信息或许是必要的。另外，如何使不具备技术知识的消费者理解关于产品的技术信息也是一个令人棘手的问题。（3）消费

---

[1]Thomas Wilhelmsson, "Consumer Law and Social Justice", in Iain Ramsay (ed.), *Consumer Law in the Global Economy: National and International Dimensions*, Ashgate and Dartmouth, 1995, p. 227.

[2]*Morales v Trans World Airlines Inc* 504 US 374, 396 (1992).

者有时候也会基于理性的考虑而不利用可以获得的信息。例如，消费者很可能因为太想拥有某件产品或希望得到具有较高质量保证的产品，而根本不考虑产品的价格问题；因陷于贫困而走投无路的消费者，在借贷的时候也根本无暇顾及信贷利率的高低。

由于信息披露制度具有上述局限性，因此有证据表明，要求经营者披露信息的消费者法律对很多消费者的帮助并不大。毫不夸张地讲，与其说信息披露规制的主要难题在于强制经营者遵守有关信息披露的规定，倒不如说是在于促使消费者意识到被披露的信息、体会到这些信息的重要性并有效地使用信息。从这个方面说，消费者启发和教育就成为信息披露制度发挥作用的必要前提。对消费者的教育既可以启发消费者的权利意识，使其在日常生活和消费中注意搜集、整理消费者信息，也可以通过消费者夜校、消费者培训班等形式培养消费者就产品或服务掌握较为专业化的知识。总之，如果消费者对自己的权利懵懵懂懂，如果消费者根本没有搜集、利用信息的主动性和积极性，无论信息披露制度多么完善，无论各种信息披露渠道提供的信息多么真实客观，这些信息都无法"自动地"保护消费者。因此，消费者教育对信息披露制度的配合作用不容忽视。

第 四 编

消费者权益保护的中国实践

第十四章

"三包"制度总检讨

·

　　"三包"制度是我国消费者保护法律体系中独具特色的一项制度，具有强烈的中国特色。以 2001 年"手机三包"和"电话三包"的发布为契机，学界就"三包"规定的存废问题发生了很大争议。部分学者认为，"三包"规定是计划经济的产物，现已没有继续存在的必要，因此主张废除"三包"规定。[①] 但负责制定"三包"规定的政府部门却坚持认为，"三包"规定是被实践证明的、有利于保护消费者权益的有效制度，并继"手机三包"和"电话三包"之后制定了"电脑三包"和"视听商品三包"，现正积极酝酿制订"家用汽车三包"。

　　针对这一争议，本章尝试追溯我国"三包"制度的最初来源，梳理其形成和发展的历史，探究"三包"制度的法律性质，并结合我国当前的经济、法律背景分析该制度在整个法律体系中的地位和作用，考问该制度继续存在的正当性。本章的基本观点是，尽管"三包"规定最初对消费者权益的保护发挥了一定程度的积极作用，但它现在已经不仅无法实现其声称的保护消费者的目的，反而沦为行政权僭越立法权和司法权的管道，转化为政府部门不当干预市场、追求部门经济利益的工具，构成了市场经济活动的干扰和障碍，造成了消费

　　[①] 梁慧星和刘俊海即持此说，分别见《南方周末》2001 年 10 月 27 日、中央电视台《经济半小时》2001 年 11 月 14 日。

者保护法律体系的混乱，必须坚决予以废除。本章还进一步分析了"三包"规定在我国得以频频出台的深层次原因，并围绕私法实质化对中国的消费者保护法制建设进行了反思。笔者认为，中国的消费者保护法律体系乃至私法制度的完善都必须充分关注并合理配置当代法律中的形式理性因素、实质理性因素和反思理性因素。

一　"三包"规定的变迁

作为一个有效的法律概念，"三包"是"修理、更换和退货"的简称。①"三包"规定是国务院有关部委制定的旨在调整生产者、销售者及修理者和消费者之间关于售后商品修理、更换和退货制度的行政规章。②"三包"制度是"三包"规定的核心内容，是生产者、销售者和修理者依法向消费者承担修理、更换和退货责任的制度。

（一）《工业产品质量责任条例》和"老三包"

虽然有关部门认为《消费者权益保护法》第 24 条,③《产品质量

---

①"三包"的最初含义是"包修、包换和包退"，但目前已不采用。详见下文分析。

②文中涉及的"三包"规定主要有：（1）1986 年国家经委等 8 个部门联合公布了《部分国产家用电器三包规定》，俗称"老三包"。（2）1995 年国家经贸委、国家技术监督局、国家工商局、财政部联合公布了《部分商品修理更换退货责任规定》，俗称"新三包"。该规定施行之日起，"老三包"同时废止。（3）1998 年国家经委等 6 个部门联合发布了《农业机械产品修理更换退货责任规定》，简称"农机三包"。（4）2001 国家质量监督检验检疫总局、国家工商行政管理总局和信息产业部联合公布了《移动电话机商品修理更换退货责任规定》以及《固定电话机商品修理更换退货责任规定》，分别简称"手机三包"和"电话三包"。（5）2002 年国家质量监督检验检疫总局、信息产业部联合公布了《微型计算机商品修理更换退货责任规定》以及《家用视听商品修理更换退货责任规定》，分别简称"电脑三包"和"视听商品三包"。（6）目前国家质量监督检验检疫总局等部门正在积极研制《家用汽车产品修理更换退货责任规定》，据说年内有望出台。成都市已经率先实施本市的"汽车三包"。在此期间，一些地方依据《消费者权益保护法》、《产品质量法》和《部分商品修理、更换、退货责任规定》颁布了地方政府行政规章或地方性法规，对一些不在国家"三包"规定范围内的商品实行修理、更换和退货。目前，这些"三包"规定分别在不同的范围内有效。本章主要围绕国家部委制订的"三包"规定展开论述。

③在 2013 年修正前，有关内容被规定于《消费者权益保护法》第 45 条。

法》第 40 条（2000 年修正前为第 28 条）及《民法通则》第 134 条是"三包"规定的立法依据，制定"三包"规定是为了进一步细化《消费者权益保护法》等法律的规定，加强对消费者的保护；[①] 我国 1995 年以后制定的几部"三包"规定也都在第 1 条就明确：根据"《中华人民共和国产品质量法》、《中华人民共和国消费者权益保护法》"及其他法规制定本规定。但是，最早规定"三包"制度的法律文件却并不是《消费者权益保护法》、《产品质量法》或《民法通则》；"三包"的最初含义也不是"修理、更换、退货"而是"包修、包换、包退"。[②]

"包修、包换、包退"意义上的"三包"制度主要体现为国务院 1986 年 4 月 5 日发布并于 1986 年 7 月 1 日生效的《工业产品质量责任条例》（以下简称《条例》。《产品质量法》公布施行后，《条例》在不与其相抵触的范围内仍然有效）及国家经委等 8 个部门于 1986 年 7 月 30 日联合公布的《部分国产家用电器三包规定》（俗称"老三包"，已废除）。《条例》属行政法规，在相当一段时间内是我国处理产品质量责任案件的主要法规依据。"老三包"是《条例》的执行性规定，主要对《条例》中关于"包修、包换和包退"的原则性规定进行了细化。

在《条例》中，"包修、包换和包退"制度主要体现为第 11 条和第 15 条。其中第 11 条是关于"三包"制度最早的原则性规定：第（一）项、第（二）项、第（三）项分别为"包修"、"包换"和"包退"的规定；第（四）项为损害赔偿的规定；第（五）项是关于生产者与修理者和销售者之间关于技术服务合同的规定。第 15 条规定了"谁经销（销售）谁负责"的原则。依据《条例》第

①2017 年 10 月 1 日起，《中华人民共和国民法总则》施行，《民法通则》与其并存共用。两法均有规定的内容，按照新法优于旧法的原则，适用《民法总则》的规定；《民法总则》没有规定但在《民法通则》中有规定的，适用《民法通则》的规定。
②从这个意义上讲，"老三包"和"新三包"既可以分别指《部分国产家用电器三包规定》和《部分商品修理更换退货责任规定》，也可以分别指"包修、包换和包退"以及"修理、更换和退货"。

28 条的规定，"老三包"针对"彩色电视机、黑白电视机、电冰箱、洗衣机、电风扇、收录机六种国产家用电器（包括进口零部件组装的家用电器）"对《条例》上述两条进行了细化，就"谁经销谁负责"的执行办法、商品的"包修期"、"因产品质量问题给用户造成人身伤亡或经济损失"的法律责任、商品的"换货"和"退货"、免除"三包"责任的情形、维修人员的"培训考核"等问题进行了具体规定，从而将《条例》的原则性规定具体化为切实可行的制度。这样，"老三包"和《条例》第 11 条及第 15 条就共同构成了我国最早的"三包"制度，也就是"包修、包换、包退"的"老三包"制度。

从消费者保护法制建设的角度看，"老三包"制度的建立和完善确实符合当时的社会经济和法律条件，在一定程度上保护了消费者权益，具有非常积极的历史意义。在长期实行计划经济的社会中，老百姓有的只是义务和责任，根本不知权利为何物，更不承认存在可以对抗"国有企业或集体企业"并享受法律特殊保护的所谓"消费者"弱势群体，而《条例》第一次明确规定，"经销企业负责对用户实行包修、包换、包退、承担赔偿实际经济损失的责任"，"老三包"并随之提供了具体可行的执行办法。这样，在法治建设基本一片空白、民事权利更付阙如的背景下，①《条例》和"老三包"首次规定经销企业的"三包"责任，实际就是承认了消费者要求"三包"的权利。因此可以说，我国法律最早承认的消费者权利是消费者对于"包修、包换、包退"的请求权。从这个意义上讲，《条例》和"老三包"规定开辟了我国消费者保护的先河。

但是，囿于历史条件的限制，《条例》和"老三包"的规定不可避免地存在如下弊端：（1）"诸法合体"，过多地依赖行政责任和刑事责任解决民事法律问题。②（2）行政权主导。《条例》是国务院制

---

① 《民法通则》自 1987 年 1 月 1 日起施行，晚于《条例》和"老三包"的生效日期。
② 例如，《条例》第 26 条和"老三包"第 11 条的规定。

定的行政法规，"老三包"是国务院部委制定的部门行政规章，而且其中的有关规定[①]也同时说明，虽然生产者、销售者和修理者与消费者之间的商品"包修、包换、包退"属于民事法律关系，但根据"老三包"制度，无论是利益主体之间的权益划分，还是相关争议的解决都是行政机关和行政权居于主导地位。（3）政策价值取向严重。虽然《条例》和"老三包"客观上发挥了保护消费者的作用，但是从其规定中却可以发现，"保护消费者"只不过是"保证有计划的商品经济健康发展，促进社会主义现代化建设"这一根本目的的手段而已。[②] 这说明，我国的"三包"制度自始就具有很强的政策价值取向，不是纯粹以保护消费者为目的，因此无法避免政府在有些时候为追求其他"更高"的价值而牺牲保护消费者的价值目标。（4）对消费者权益保护范围的有限性。"老三包"制度只针对"彩色电视机"等18种商品规定了经营者承担"包修、包换、包退和赔偿经济损失"的责任，无论从适用的商品种类看，还是从消费者享有的权利看，"老三包"为消费者所提供的保护都极其有限。随着产品的越来越丰富，以及世界乃至我国范围内消费者保护运动的纵深发展，这种有限性日益成为消费者保护的限制性因素。

（二）《消费者权益保护法》和"新三包"

1993 年制定《消费者权益保护法》时，我国的法律体系还非常不健全，"专门的"消费者保护法规主要就是《条例》和"老三包"。而且，经过 1986 到 1993 年的适用，"老三包"制度在保护消费者方面也确实发挥了很大作用，制定《消费者权益保护法》时，它与现实的差距并不如现在那么明显。作为我国消费者保护的第一部重要法律，《消费者权益保护法》对此前专门保护消费者的法律规定即"老三包"不能不有所交代，所以就有了《消费者权益保护

---

①例如，"老三包"第17条。
②《条例》第1条。

法》第 45 条的规定。也就是说，《消费者权益保护法》通过第 45 条规定承认了"老三包"的法律效力，"三包"制度由此在新的法律体系中保留下来。同样，《产品质量法》第 40 条也是对《条例》的沿用。

1993 年《产品质量法》和《消费者权益保护法》先后通过后，我国消费者保护法律体系发生了根本性变化：一，《消费者权益保护法》全面规定了消费者权利、消费者组织、消费争议的解决办法等关于消费者权益保护的若干基本问题，成为我国消费者权益保护运动的纲领性文件。尤其是，《消费者权益保护法》首次以法律的形式承认了消费者的安全权、知情权、索赔权等九项权利，与《条例》和"老三包"的规定相比，消费者的权利范围大幅度扩张。二，关于消费者权益保护以及产品质量监管的法律体系发生了专业化趋势。《产品质量法》和《消费者权益保护法》开始区分不同性质的法律关系，例如产品质量监管的行政法律关系、产品缺陷引起的损害赔偿的民事法律关系等，并分别进行调整，① 从而打破了《条例》和"老三包""诸法不分"的调整模式。此外，从深层次上看，我国从计划经济体制到有计划的商品经济再到市场经济的转型也逐步加速，"老三包"存在的社会环境和法律地貌都发生了根本性变化，它必须与时俱进，才能不被淘汰。为适应新的社会经济和法律条件的需要，1995 年国家经贸委等 4 个部门联合公布"新三包"取代了"老三包"；"新三包"第 1 条明确其立法依据是《产品质量法》和《消费者权益保护法》。到此为止，我国"三包"规定的立法依据就完成了一次微妙的转变，第一个"三包"规定也就是"老三包"规定的制定依据是《条例》，"新三包"规定及其后几部"三包"规定的依据是"《中华人民共和国产品质量法》、《中华人民共和国消费者权益保护法》及有关规定"。用流程图表示这一发展过程就是：《条例》——→"老三

---

① 当然，这种划分是不彻底的。例如，《产品质量法》就不仅规定了产品质量行政监管法律关系，还规定了作为特殊侵权民事法律关系一种的产品责任法律关系。

包"──→①《消费者权益保护法》──→"新三包"及其他"三包"规定。

与《条例》和"老三包"规定的"包修、包换、包退"制度相比,《消费者权益保护法》和"新三包"规定的"新三包"制度作了如下调整:(1)进一步明确立法目的是"保护消费者权益",立法依据是《产品质量法》和《消费者权益保护法》等。(2)以"新三包"制度取代原先的"老三包"制度。用"修理、更换、退货"的"新三包"取代了原先的"包修、包换、包退"的"老三包"。这种语言和提法的改变反映了一种事实:"修理、更换、退货"无论对经营者还是对消费者来讲,都是有条件的,而不再是"包"修、退或换。这或许是权利和义务观念在行政立法中的反映。(3)首次确立了适用"修理、更换、退货"的具体情形。(4)扩大保护范围。"新三包"是针对18种商品的规定,并且拟"由国务院产品质量监督管理部门会同商业主管部门、工业主管部门共同制定和调整,由国务院产品质量监督管理部门发布"实施"三包"的商品目录,②其保护范围显然比"老三包"只针对6种国产家用电器的范围宽。③

虽然"新三包"与"老三包"相比较而言有所进步,但不可否认的是,"新三包"对"老三包"的这些调整和改善都是局部的、非本质的,并没有彻底克服"老三包"制度的行政权主导、计划色彩浓厚等弊端。其后几部"三包"规定虽然基于各自调整的不同商品而各具特色,但在基本原则和制度框架方面也基本没有脱离"新三包"之窠臼。"新三包"及其后几部"三包"规定为适应时代变化而作的这种局部改进也只能短暂地延长"三包"制度的寿命,却无法改变其越来越成为市场经济发展的障碍这一事实。

---

①此处仅表示《消费者权益保护法》沿用了"老三包"的规定。

②时过境迁,"新三包"规定这种拟逐批发布实施"三包"商品目录的设想并没有成为现实,以后的"三包"规定基本是采用了"一个商品一个规定"的形式。

③需要特别注意的是,"新三包"规定没有涉及因产品质量问题造成的人身或财产的损害赔偿问题,对此下文有详细分析。

二　"三包"制度的性质——物的瑕疵担保？

《消费者权益保护法》和《产品质量法》通过之后，"三包"在法律制度层面体现为《消费者权益保护法》第45条，《产品质量法》第40条，以及《条例》和诸"三包"规定。在理论层面，有学者认为，"三包"制度体现的是物的瑕疵担保责任。[①]笔者认为，尽管"三包"规定从形式上看体现的是物的瑕疵担保责任，但我国"三包"制度与传统意义上的瑕疵担保责任却存在一些实质性差异，甚至破坏了瑕疵担保责任的精神实质，并不能有效发挥其应有的制度价值。与其说"三包"规定体现的是物的瑕疵担保责任，不如说它借用了物的瑕疵担保责任的"外壳"更准确。下文主要通过分析"三包"制度与传统意义上物的瑕疵担保责任的不同之处，揭示其本相。[②]

（一）自治规范和管制规范

就其本质而言，物的瑕疵担保责任制度是民法上的一项制度，应该最大限度尊重当事人的自由意志，贯彻私法自治的原则。这一精神实质构成各国建构本国具体瑕疵担保制度的指导思想。例如，有论者指出，"瑕疵担保责任，大陆法系传统观点认为系一种出于法律规定的法定责任，并非当事人意思表示之结果。但是法律关于瑕疵担保责任的规定，并非强制性规定。因而，一般大陆法系国家规定允许当事人以特约免除、限制或加重此责任"。[③] 瑕疵担保责任是由民法自治规范构成，是典型的私法自治的运作空间。

而我国所谓"体现"物的瑕疵担保制度的"三包"规定却根本

---

①刘文琦：《产品责任法律制度比较研究》，法律出版社1997年版，第117页。

②关于物的瑕疵担保责任的系统论述，可参见梁慧星《论出卖人的瑕疵担保责任》，《比较法研究》1991年第3期，以及黄茂荣《买卖法》，中国政法大学出版社2002年版，第202—403页。

③桂菊平：《论出卖人瑕疵担保责任、积极侵害债权及产品责任之关系》，《民商法论丛》第2卷，法律出版社1994年版，第366页。

背离了这一思想，是不折不扣的管制规范。具体体现为：（1）几部"三包"规定均明确，"三包"责任是经营者向消费者承担的最低的、最起码的义务和责任，不得免除。[①] 这一规定且主导了舆论并指导着消费者保护实践活动。[②] （2）明确了行政执行机关，并规定了对拒不执行"三包"规定的经营者的处罚。[③] 因此，笔者认为，"三包"规定是"典型的管制规范，其立法目的鲜明地表达于法律名称及第1条，有专责执行机关，并往往赋予违反者的裁罚权，或用于引导的诱因工具。不少法律还在行政制裁之外，另有刑事责任的规定。"[④]

由上可见，"三包"制度与物的瑕疵担保责任制度就精神实质来讲是完全异质的两项制度，一则是以国家政策（保护消费者利益）为导向的管制规范，一则是以实现公平为目的，以尊重私人意志为实现手段的自治规范。笼统地认为"三包"制度是物的瑕疵担保责任的体现，并由此论证"三包"规定的正当性，欠缺必要的说服力。

（二）产品瑕疵和"一揽子"产品质量问题

任何法律制度都是旨在解决特定现实问题的规则设计，"三包"制度和物的瑕疵担保责任也不例外。它们二者的目的都在于通过解决买卖标的物的"质量问题"而保护买卖中消费者（买受人）的利益。但"质量问题"的表现形式多种多样，其性质和严重程度也各不相同。例如，一双新鞋的鞋底破了一个洞是"质量问题"，汽车因设计

---

①例如，"新三包"第3条、第4条。

②例如，有中国消费者协会投诉与法律事务部工作人员认为："对产品实行包修、包换、包退是经营者对消费者应尽的一份合同责任，是一种约定义务。但由于约定不清、监督不力，致使一些经营者规避责任，减轻义务，推诿消费者，破坏了正常的市场秩序，侵犯了消费者合法权益。正因为如此，国家有关部门从保护消费者利益出发，结合实际情况，制定了有关产品'三包'规定，把经营者应尽的合同义务上升到应尽的法律责任。'三包'规定兼顾消费者和经营者利益，是双方共同利益的平衡点，是对企业最基本的要求，也是企业必须做到的，它调整的是违约民事责任关系。"www.chinacars.com，2003年5月20日。

③例如，"农机三包"第28条。

④苏永钦：《私法自治中的国家强制》，收于苏永钦等人合著《民法七十年之回顾与展望纪念论文集（一）》（总则·债编），中国政法大学出版社2002年版，第11、12页。

不合理导致着火爆炸甚至车毁人亡也涉及"质量问题"。物的瑕疵担保和"三包"规定要解决的是同一种"质量问题"吗？

物的瑕疵担保责任是指出卖人应担保在将标的物移转于买受人时无灭失或减少价值之瑕疵，亦无灭失或减少其通常效用，或契约预定效用之瑕疵，[①] 其所要解决的是"产品瑕疵"问题；"产品瑕疵"[②] 是物的瑕疵担保制度的基本概念。产品缺陷主要指产品所具有的不合理危险；产品责任指经营者就因产品缺陷给消费者造成的财产（不包括合同标的物）或人身损害所承担的责任。物的瑕疵担保制度属合同法领域，是一项比较古老的制度；产品责任制度属特殊侵权领域，是随着科技进步产生的一项比较年轻的法律制度。[③] 虽然二者在不同的法律领域同时发挥着保护消费者的作用，但在理论上，产品瑕疵、物的瑕疵担保责任和产品缺陷、产品责任却是需要严格区分的两组概念和制度。可见，物的瑕疵担保责任具有极其严格的概念，所要解决的问题也明确而具体。

与物的瑕疵担保责任不同，我国"三包"规定的目的在于"一揽子"解决所有的"产品质量"问题。根据有关部门的解释，所谓的"三包"就是"销售者对消费者、用户购买的产品发生质量问题后应当承担的修理、更换、退货的责任。"[④]（1）什么是质量问题呢？《条例》第2条规定，"产品质量是指国家的有关法规、质量标准以及合同规定的对产品适用、安全和其他特性的要求。"此处的"产品质量"包括如下"要求"：一是国家的有关法规、质量标准对产品适用、安全和其他特性的要求；二是合同对产品适用、安全和其他特性

---

①参见黄茂荣《买卖法》，中国政法大学出版社2002年版，第204页。

②大致说来，瑕疵是指标的物欠缺通常效用（客观说）或契约预定效用（主观说）的情形。

③二者的区别，详细可参考赵相林、曹俊主编《国际产品责任法》，中国政法大学出版社2000年版，第80—83页。

④参见《微型计算机类产品售后三包工作研讨会——三包知识问答》，该文件是国家质量技术监督局提供给与会者的背景材料之一，目的在于使与会者在讨论起草《微型计算机类产品修理更换退货规定》时对"三包"制度有初步了解。

的要求。这些"要求"的内容具体又可分为三种：对产品适用性能的要求、对产品安全性能的要求、对其他特性的要求。一个产品只有同时符合上述各项"要求"时，才是"产品质量合格"，否则就是"产品质量不合格"，就存在"质量问题"。这样看来，"产品质量"既有国家规定的要求，又有当事人自行约定的要求，实质上是把国家对产品的质量监管法律关系、当事人之间的合同法律关系以及由于安全问题可能导致的侵权法律关系混为一谈，属于"一揽子"规定。（2）"三包"规定所规范的"质量问题"主要体现为"性能故障"。什么是性能故障呢？根据国家质量监督检验检疫总局就"新三包"发布的释义，"'性能故障'是指，产品不符合安全、卫生要求，存在危及人身、财产安全的不合理危险；或者不具备产品应当具备的使用性能；或者不符合明示的质量状况。"显然，"性能障碍"不仅包括了产品缺陷（不合理危险）、物的瑕疵（使用性能和质量状况）等问题，甚至范围更宽（还包括卫生问题）。因此可以认为，"三包"规定继承了其最初母法《条例》的"粗线条"式立法思路，试图"一揽子"解决包括产品瑕疵和产品缺陷在内的所有"质量问题"。

上述分析说明，"三包"制度与传统的物的瑕疵担保责任制度所调整的领域区别很大。物的瑕疵担保制度概念清晰，体系严密；"三包"规定则充满了"诸法和体"的色彩。"三包"规定这种不注重概念体系的严格划分，根据直观认识对所有"质量问题""一揽子"规定的粗糙做法与现代法学理论和法治实践的科学精神根本相悖。[①]

（三）司法权主导与行政权主导

物的瑕疵担保是民法上的一项制度，买受人据此享有的是民事请求权。一旦买卖标的物存在瑕疵，买受人就依法（民法）享有一种形成权，并通过选择权的行使，在诸种救济方式之间择一行使。如果

[①] "汽车三包"只调整"一般质量问题"，而不涉及安全问题，这应该也算是"三包"规定日益力不从心的一种表现。

双方当事人就减少的价金数额或采用何种救济方式发生争议，则可以诉诸法院。也就是说，法院及司法权在该制度中处于核心地位，通过事后个案救济的方式实现公平，其所体现的权利保护模式是：法律规定（物的瑕疵担保）——→事实争议——→法院和司法权。在这种模式之中，民事主体之间的法律关系以及由此而产生的权利义务由立法机关通过法律进行规定（具体体现为瑕疵担保责任制度），如果民事关系运作良好，这些规范就"备而不用"（这体现了民事规范的自治规范性质）；如果民事主体在交易中发生争议（例如，对瑕疵存在与否的争议、对采用何种救济手段的争议等），就可以请求法院依照法律的具体规定对争议做出裁决。在这种模式下，立法权、司法权各司其职，共同完成保护民事权利的目的。

相反，"三包"制度则采用了完全不同的运作模式：法律（《消费者权益保护法》第 45 条等"授权规定"）——→行政规章——→违反——→行政制裁。在这种模式下，国家有关部门根据法律的"授权规定"事前制定详细的规章，强行推行"三包"制度，并且对性能障碍、可以适用的救济方式、保修期限等都明确加以规定，完全排除了双方当事人的意志；尤有甚者，还规定监督管理机关，对于不切实履行遵守"三包"规定的经营者进行行政处罚。这样，在"三包"制度中，行政权通过制定强行推广、普遍适用的行政规章有效地介入了民事法律关系和司法权中间，设置了消费者权益保护的前置程序，并因行政权自然扩张的本性等诸多因素而逐步形成了行政机关和行政权占据主导地位的权利保护模式。这种事前规制的办法不仅成本高，而且很难达到预期的目的，实施的效果不是很好。

分析至此，我们不难得出如下结论：传统中的物的瑕疵担保责任制度已经被"三包"规定肢解得面目全非，支离破碎，其所隐藏的私法自治的精神实质在"三包"规定中更是毫无藏身之处。虽然"三包"调整的确实是经营者（卖方）和消费者（买方）之间的权利义务关系，但"三包"规定自身却是体现国家意志和政策导向的地地道道的管制规范，与贯彻私法自治精神的物的瑕疵担保责任大异其趣。与其说"三包"规定体现了传统民法中物的瑕疵担保制度，还不如说它与我国古代法律的调整模式具有更近的血缘关系。实际上，我国古代法律中确实存在形式上类似于物的瑕疵担保的规定。例如，《唐律·杂律》规定"诸买奴婢、马、牛、驼、骡、驴，已过价，立券之后，有旧病者，三日内听悔；无病欺者市如法，违者笞四十"。《疏议》补充："三日内无疾病，故相欺罔而欲悔者，市如法"。但可惜的是，"在古代中国，虽然也有关于商品的私法责任，像瑕疵担保责任，但是，'构成中国特色'的，是有关产品质量的工商管理法律及其刑事和行政责任，这属于公法责任的范畴，后者不论在规范数量上，还是其在法律体系里所具有的地位和所发挥的社会作用上，都明显超过前者"。[①]

三 "三包"制度的缺陷及其消极效应

"三包"规定目的在于保护消费者权益，但其所采取的手段和方式的缺陷，决定了它不仅无法实现立法目的，反而还具有很严重的消极后果。

（一）无法保证必要的立法质量

"三包"规定是针对特定商品的立法活动，在立法过程中不仅要解决具体的法律问题，还必须考虑不同商品的特性，并要在不同利益主体之间进行协调，因此对立法水平的要求是很高的。但就实际情况看，我国目前行政规章立法制度很不健全，难以满足如此高的要求。事实上，几乎每部"三包"规定正式适用之后，都体现出许多与实际经济生活不符的规定，并遭受到来自消费者、经营者与媒体的各种批评。

立法程序不完善固然是造成"三包"规定立法质量不高的因素之

[①] 张骐：《中西产品责任法探源及其比较》，《中外法学》1997 年第 6 期，第 85 页。

一，但更根本的原因或许是，立法者承担了一项无法胜任的任务。"三包"制度虽小，但由于其直指市场中不同主体之间的权利义务关系，关系到对立主体间的利益分配，这就要求"三包"规定至少要能够科学反映市场运作规律，合理平衡各方利益关系，并根据实际情况因势利导，才可能（但并不必然）实现其规范目的。但由于生产者、销售者及修理者和消费者之间的法律关系各种各样，利益关系具体而微妙，针对他们之间的商品保修期和商品折旧率等细节问题进行规定不可避免地会具有挂一漏万、脱离实际生活等缺陷。通过分析"三包"制度的基本原则和核心概念，可以明了，行政权过分直接干预经济生活不仅会使自身处于极其"被动"的地位，还会造成"越管越乱"的消极后果：

1. "谁销售谁负责三包"

"谁销售谁负责三包"原则是"三包"制度的总原则，其基本含义是，销售商就商品的修理、更换和退货事宜直接对消费者负责，目的在于防止出现推诿现象，保证消费者权利的顺利实现。最初规定该原则的是《条例》第 15 条以及"老三包"第 5 条和第 6 条。例如，"老三包"第 6 条详细规定了生产企业和经销企业"具体负责"的办法，而其中关于"售后技术服务的协议""包修费"要"专款专用"的规定充满了计划经济的色彩。后来制定的几部"三包"规定都不加批判地延续了该原则，并简称为"谁销售谁负责三包"。

在计划经济条件下，流通环节相当简单，利益主体非常单一，效率在经济生活中的地位也不突出，这种规定比较容易得到贯彻。但是，在市场经济条件下，流通环节多，营销体制极度复杂，利益的分割也非常尖锐而明显。如果仍然要不加区别地继续贯彻"谁销售谁负责三包"原则，成本将大大提高。例如，仅就商品修理而言，情况就千差万别。在现实经济生活中，售后服务体系不同，生产者、销售者和修理者的权利义务关系也就不同：有厂商直接设立服务机构的情况，有销售商同时兼顾服务的情形，也有专业的服务机构独立进行经营。在不同的服务关系中，市场主体之间的权利义务关系显然各不相同，这些利益之间的平衡和协调大概也只有通过市场才能得到最佳实现。采取"一刀切"的办法，规定"谁经销谁负责三包"，体现的是长官意志对现实经济生活的粗暴干预。单"修理"一项，情况就如此复杂，更遑论"退货"还涉及发票、税收等财务问题了。拒不考虑这些现实问题，生硬的规定各方的权利义务关系，必然的后果就是干扰市场的正常良性运作。

2. "三包有效期"

"三包"有效期是"三包"制度的核心概念之一，是决定消费者权利的关键性因素。几部"三包"规定关于"三包"有效期的基本规定很复杂，为便于理解，可大致图示如下：

购买之日起————第七日————第十五日————三个月………一年

上图体现的是购物之后，消费者在不同的时间内享有的不同权利：

（1）购买之日起七日内，发生附件中所列的"性能故障"，消费者可以选择修理、更换或退货；

（2）从第七日到第15日之间，发生附件中所列的"性能故障"，消费者可以选择修理或更换；

（3）从第15日起到一年内，原则上只修理；"修理两次，仍不能正常使用的"，"凭修理者提供的修理记录和证明"，可以退货。

对"三包"有效期的疑问：

（1）质疑期限的合理性。从以上规定看，购物之后第七天、第十五天以及一年是几个关键的时间点，其中"一年"是"三包"有效期，即消费者享受"三包"的最长期限。如果说《民法通则》第136条的如下规定："下列的诉讼时效期间为一年：……（二）出售不合格的商品未声明的"，能够证明"一年"期限的合理性，那么7天、15天的科学性和合理性又在哪里？更何况，随着几部"三包"规定的陆续出台，对电脑、家用视听产品乃至汽车等技术含量极高的产品也像对自行车、缝纫机、钟表等初级工业产品规定同样的期限，合理吗？

（2）特种买卖对"三包"制度的挑战。随着邮购销售、网上购物、上门销售等各种新型销售方式的逐渐增多及普及，为保护消费者免受种种推销技巧的欺骗，许多国家规定了消费者的撤回权，允许消费者在购物后的一定时间内，无条件地撤销合同。"欧美方面截至一九八六年为止仅爱尔兰、意大利尚无关于特种买卖之特别立法，其他包括英国、美国、澳洲、加拿大、法国、瑞典、挪威等，皆已颁布消费者有特别撤销权或撤回权之特别立法。"① 必须承认，"犹豫期"和撤回权是法律在新的社会经济条件下采取的一项有效而必要的消费者保护措施，完全符合经济生活的发展要求。"三包"制度拒不考虑各种销售方式的特点而采取"一刀切"的办法统一规定"三包"有效期，其自身既不足以保护特种买卖中的消费者，也无法与"犹豫期"和撤回权的规定协调一致，显然是一种落后的制度设计。

3. "折旧率"

根据"三包"规定，符合换货条件，销售者也能提供同型号同规格的商品，而消费者不愿意换货，却主张退货的，销售者应当退货，但有权根据"三包"规定的折旧率在价款中扣除折旧费。这样，如何确定折旧率就成为一个非常棘手，极具争议的问题。举"手机三包"为例。一方面，手机经营者希望折旧率定得高一点，并举出了充分的理由：手机更新换代快，折旧率就比较高。另一方面，消费者希望折旧率定得低一点，而且理由也很充分：买一部手机，按0.5%的折旧率算，200天就折旧为零了，实在让人无法接受。因此，"手机三包"出台之后，0.5%的折旧率就不断遭到来自消费者的批评。其实，商品销售过程中乃至售后权利义务的分配和平衡问题，如果是经

---

① 转引自朱柏松《消保法邮购及访问买卖法规范之分析》，收于朱柏松《消费者保护法论》，翰芦图书出版有限公司1999年版，第307页注3。

过交易主体多次进行博弈的结果，一般能得到双方的认可并由此得到遵行。由国家直接对权利义务关系进行过分具体的规定，其公正性将不断遭到怀疑，无疑是"吃力不讨好"。折旧率集中体现了经营者和消费者之间根本的利益冲突，无论定多少的折旧率，都不能同时满足经营者和消费者双方的预期，无法获得双方的一致赞同。"三包"规定给出具体的折旧率，本身就是承担了一项注定不能胜任的工作。欠缺充分的说服力而仅靠"行政处罚"的国家强制力支撑的规定，其在实施中的命运可想而知。关于折旧率的具体规定及其在现实中遭受的消极评价集中体现出，国家权力过度细致地干涉经济生活，将置自身于非常尴尬的境地。

4. "性能障碍"

"性能障碍"是"三包"规定中的另一个重要概念，几部"三包"规定附件主要内容之一就是规定商品主机及零部件的"性能障碍"。从形式上看，是否构成"性能障碍"与是否处于"三包"有效期一样，决定着消费者能否主张"三包"权利。

如果将"三包"制度理解为物的瑕疵担保的法律体现，则其基础性概念应该是瑕疵。现实经济生活中，具体瑕疵存在与否主要由交易当事人根据交易惯例或特别约定加以判断，无论是在长期日常交易过程中逐步形成共识的通常效用，还是当事人落实在合同中的契约预定效用或出卖人明确保证的特定品质，其所体现的法律精神都是当事人意思自治。而"三包"规定用"性能障碍"这个专业色彩浓厚的概念取代了"瑕疵"的法律概念，并在附件中不厌其烦地列举了其具体表现形式。此外，还明确规定，只有产品发生"性能故障"时，消费者才可以依法主张权利。[①] 也就是说，只有附件中列举的"性能障碍"才是"三包"规定所谓的"质量问题"，附件列举之外的"质量问题"即使构成瑕疵，也无法通过"三包"获得救济。这样，"三包"规定就用国家（行政机关）严格厘定的"性能障碍"标准取代

---

① 例如"新三包"第9条规定。

了原来的"通常效用"及"契约预定效用"标准，并针对不同的性能障碍提供了不同的救济方式以及不同的保修期。其实质是，"性能障碍"的概念就成为国家（行政机关）意志的化身，挟行政权力之威而直接进入民事法律关系，国家（行政机关）的意志吞并了当事人的理性判断，彻底排除了当事人意思自治的空间。

此外，从"三包"规定条文的多少看，几部"三包"规定本身渐呈复杂化趋势：条文、附件越来越多，内容日益专业化。这在一定程度上也反映出：随着产品的丰富多样和高科技化，"三包"规定作为一种管制方法越来越力不从心，"一个商品制定一个三包规定"的思路的可行性不得不令人怀疑。

（二）限制了消费者权益，造成了法律体系的混乱

虽然"三包"规定理论上的正当性在于其能够保障作为弱势群体的消费者的合法权益，但其实际作用反而是不当地限制了消费者的权益：

1. 难以制定出合适的标准，起不到应有的规范目的

举"电脑三包"为例。早在"三包"出台之前，一些主要的品牌机厂商推出的售后服务就已经基本涵盖了"三包"的内容，其要求甚至比"三包"还高：服务期限比"三包"长，服务范围比"三包"广。所以"三包"的实施对大部分著名的品牌机厂商而言，起不到规范作用。而对于那些兼容机经营者来讲，由于很难达到"三包"规定的要求而不得不被淘汰出市场。这固然净化了电脑市场，但也应考虑到，由于品牌机和兼容机之间的价格差异，我国许多消费者愿意选择虽然服务差一点但却相对便宜的兼容机。因此，"三包"规定压缩了兼容机的市场空间，实质是限制了消费者根据自己的经济实力进行选择的权利。此外，也确实存在部分经营者不得不根据"三包"规定提高服务标准的情况，其结果必然是经营成本的增加，可以想见，这些增加的经营成本其最终的承担者必然是消费者。当然，笔者并非主张支持低劣的经营标准，而是认为这最终要取决于市场发展

的水平，单靠国家通过立法"拔苗助长"会适得其反。

2. 只规定"修理、更换和退货"，限制了消费者的选择权

根据《合同法》第 111 条和《消费者权益保护法》第 52 条的规定，[1] 消费者享有要求修理、更换、重作、退货、减少报酬或者价款等权利，可见，法律赋予消费者维护自身合法权益的救济途径远比"包修、包换、包退"要广泛得多。"三包"规定只强调其中的三项，容易造成的后果就是：架空了《消费者权益保护法》和《合同法》的有关规定，使法律规定的保护消费者的其他救济方式徒具虚名。

根据传统的物的瑕疵担保责任制度，在标的物存在瑕疵的情况下，买受人享有如下请求权：解除契约（解除契约导致显示公平者除外）、减少价金、不履行损害赔偿（在标的物不具备保证品质的情况下）、另行交付无瑕疵之物（在种类物买卖中）。而且，这几种方式并不存在先后优劣之分，买受人完全可以按照自己的意志择一行使。[2] 与物的瑕疵担保制度比较，"三包"规定不仅限制了买受人可以享有的救济方式，还剥夺了当事人根据自由意志选择补救方式的自由，极大地限制了消费者的权利：（1）"三包"规定提供的救济方式是"修理、更换、退货"。其中的修理也就是"排除瑕疵"，更换就是"另行交付无瑕疵之物"，退货就是"解除契约"。根本没有规定减少价金或不履行损害赔偿的问题。（2）详细规定可以主张"修理、更换或退货"的具体情形，完全剥夺了买受人的选择权。例如，根据"手机三包"，只有在"购机之日起 7 日内手机主机出现性能故障"的情形下，消费者才可以要求原价退货。

3. 没有规定损害赔偿问题，不能彻底解决消费争议

随着市场经济的发展，消费者的权利意识逐步增强，一旦发生消费纠纷，关于送修费用、待修期间因不能使用引起的损失、交通和通讯费用等损失赔偿问题就会成为争议的焦点，甚至在有的案件中还存

---

①在 2013 年修正前，该条被规定于《消费者权益保护法》第 44 条。

②这是关于违约责任的规定。但关于物的瑕疵担保责任的性质，新《合同法》采债不履行责任说，因此，第 111 条既适用于一般违约行为，也适用于物的瑕疵担保。

在对消费者的其他财产或人身损害进行赔偿的问题。查阅几部"三包"规定发现，除"新三包"第15条第2款规定"对应当进行三包的大件产品，修理者应当提供合理的运输费用，然后依法向生产者或者销售者追偿，或者按合同办理"外，并没有其他关于赔偿的规定。其实，这里也只不过是照抄照搬了《消费者权益保护法》第24条第二款的规定,[①] 由于对"大件产品"没有界定，适用性并不强。因此，"三包"规定只是一个"秃尾巴"规定，至多能解决"半个"消费纠纷。如果消费者主张赔偿，则必须在"三包"规定之外另谋出路。

4. 造成了没有"三包"规定的商品不实行"三包"的印象

经营者依法对其销售的商品承担合同责任或产品责任，并根据其承诺向消费者提供售后服务，这都是有法可依的。行政机关针对特定商品制定"三包"规定给一些经营者提供了借口：没有"三包"规定的商品，不实行三包。虽然媒体和消费者协会曾就这个问题进行了多次澄清，仍不能杜绝一些经营者以此为借口对消费者的主张进行故意拖延或无理拒绝的现象。其实，有关部门一边主张"三包"中没有规定的商品也要实行"三包"，一边连续不断地针对单个商品制订专门的"三包"规定，本身就难以自圆其说。从这个意义上讲，"三包"规定削弱了《消费者权益保护法》和《合同法》对消费者利益保护的效力，不利于保护消费者权利。

5. 架空了新《合同法》的有关规定，造成法律体系的混乱

物的瑕疵担保责任制度集中体现在我国新《合同法》第153条、第154条、第155条以及第62条第（一）项和第111条，此外，《消费者权益保护法》第23条、第24条和《产品质量法》第40条也是关于物的瑕疵担保责任的规定。这样，就存在一个问题：物的瑕疵担保责任制度既体现于上述所列各种法律规定，又体现为"三包"制度，而根据上文的分析，这两者还存在根本性不同。那么，如何处理

---

①在2013年修正前，有关内容被规定于《消费者权益保护法》第45条。

它们之间的关系？

有学者认为，在作为部门规章的"三包"规定与《合同法》等法律的规定发生冲突时，根据"上位法优于下位法的原则"，应该优先适用法律的规定。从理论上来讲，的确应该如此。但我们必须考虑另一个事实："三包"规定是国家强行性的管制规定，背后有专门的执行部门，靠行政权的主动出击推行实施。每当一部新的"三包"规定出台，行政机关都大肆宣传，极力推广，甚至还和企业签订履行"三包"责任的"责任书"或"军令状"等，并且对拒不履行的企业进行"公告"或处罚。而《合同法》等法律只不过是任意性规定，只要当事人不提起诉讼，法院和司法程序不可能自发启动。再说，由于诉讼费用的高昂，诉讼程序的繁复，有几个消费者愿意为一部手机或一台电话提起诉讼呢？这样，造成的后果就是，就物的瑕疵担保制度而言，"三包"规定至少在消费者保护领域中架空了《合同法》。

（三）沦为行政权扩张，部门利益分割的工具

我国几部"三包"规定均是典型的"通过行政立法的形式直接调整平等主体之间的民事行为关系"[1] 的民事性行政规章。"三包"规定的这种性质决定了其具有如下特点：其一，"三包"规定的法律规则和原则本身都是纯粹民事性质的，即完全是私法性质的，"三包"规定构成民事法源，是处理民事法律关系的依据。其二，"三包"规定是国家各部委依照法律的授权进行的行政立法，是行政规章。"三包"规定的这两个特点说明，它们是政府对民事法律关系进行干预的典型方式，构成行政权进入私法领域的管道。

"三包"规定的调整对象是生产者、销售者、修理者和消费者之间关于商品修理、更换、退货的权利义务关系，是纯粹的民事法律关系，理应遵循私法自治的原则。但是，国家行政权以"保护消费者权益"、"为老百姓做好事做实事"为名通过"三包"规定强行进入民

---

①崔卓兰、于立深：《行政规章研究》，吉林人民出版社2002年版，第252页。

事法律关系，无视市场的运作规律直接通过行政立法的形式对经营者和消费者之间的权利义务关系（修理、更换、重作）等进行了直接分配。这种一相情愿的做法无疑会对市场的正常运作造成不良干扰。纵观几部"三包"规定，不仅"三包"规定条文越来越多，规定越来越复杂，附件逐渐增多，最为严重的是，"三包"规定关于"处罚"和"检验"的规定还呈现出细密化的趋势。

如果说"三包"中对于经营者义务的列举以及"修理、更换、退货"的具体操作过程的规定是行政权通过立法的形式对民事权利义务进行规范的话，其中关于对消费争议解决办法及行政机关在执行"三包"规定中的角色和职责的规定①则反映出行政权通过更加直接的方式即行政处罚强行推行自己的意志，并且体现出特定的发展趋势：

1. 行政权力呈扩张趋势

纵观几部"三包"的有关规定就会发现，行政机关在执行"三包"规定中的职责呈递增趋势：1995年的"新三包"尚没有提及行政处罚，1998年的"农机三包"规定了行政处罚，2001年的"手机三包"和"电脑三包"不仅规定行政处罚，还规定"检验""鉴定"和维修资质的"考核"乃至"颁发"证书。其中，行政处罚要交钱，"检验"和"培训"大概也不是免费的，至于"维修资质证书""维修资格"和"持证上岗"的问题，明显是行政审批。这反映出，行政权力越发深入地牵连到市场运行中，具体到甚至要对手机和电脑维修人员进行培训、考核、颁发证书等，而且还有行政权商品化的苗头。

2. 行政机关部门利益划分细致化

"三包"规定一般由几个部门联合制定，其中不可避免地涉及部

---

①"老三包"（现已失效）第17条；"新三包"第21条、第22条；"农机三包"第26条、第27条、第28条；"手机三包"第6条、第26条、第27条、第28条、第29条；"电脑三包"第29条、第30条、第31条、第32条、第33条。"电话三包"与"手机三包"内容相似，"视听产品三包"与"电脑三包"内容相似，此不列举。

门之间的权力划分问题,特别是行业主管部门(例如农业部、信息产业部)和综合管理部门(例如工商总局、质检总局)的职责划分。最初的"三包"关于这一点规定得还比较原则、概括,后来的"三包"就此的分工则越来越明确。举国家质量监督检验检疫总局、信息产业部和工商行政管理总局制定的"手机三包"为例:"手机三包"明确规定了三个部门各自享有"行政处罚"权;另外还规定,质检部门可以"考核和授权"检验部门或直接"检验或鉴定",信息产业部则可以对修理者进行"考核培训",颁发"维修资质证书"。当然,所有这些"考核""授权""培训""颁发证书"等,都不是免费的午餐,都需要从经营者或消费者那儿直接或变相收取各种费用。

由此可见,我国行政机关在对市场积极进行干预的过程中,其背后有很大的利益驱动,且不说"三包"规定作为"立法"成果构成可见可数的工作业绩,"三包"规定本身也越发成为各部门"跑马圈地"的工具。

四 "三包"制度在中国何以成为可能?

像"三包"规定这样一种与市场经济的自由精神根本相悖,实践中又造成许多不良后果的管制性规章为何能够在我国频频出台并活跃于法治建设和市场培育的大环境中,确实值得深思。造成这种现象的深层次原因至少有:

(一)法院和司法权的被动及无奈——行政权扩张的条件

经营者和消费者之间关于售后商品瑕疵发生的争议问题属于典型的平等民事主体之间的纠纷,属法院主管,但民事诉讼"不告不理"的启动原则决定了法院在保护消费者权益方面的被动地位。在确立简便可行的小额诉讼制度或建立消费诉讼法庭之前,消费者是不可能为几千、几百甚至几十元的纠纷诉诸法院的。更为重要的一个事实是,我国的各级法院一直为"案件积压"所累,如何成功地分流进入法院的各种案件，解决案件积压问题从来就是令法院乃至各级政府头痛的事。期望自顾不暇的法院对"鸡毛蒜皮"的消费争议事必亲躬根本就是不可能的。因此，相对于其他类型的民事争议而言，我国消费争议领域就成为法院无暇顾及也不愿顾及的"势力范围空白"，为行政机关通过制定颁布"普遍适用"的行政规章"抢占"地盘提供了便利的前提条件。

（二）有问题找政府——民众欠缺自主意识

在批判甚至彻底否定"三包"规定之余，有一个现象不容忽视：行政部门制定"三包"规定并不是违反民意的一意孤行，而是具有广泛群众基础的合乎民心的施政举措。随便翻一翻几部"三包"规定出台前后的报刊杂志，就可以看到"千呼万唤始出来""汽车三包年底有望出台""盼望已久的……"等充满期待和盼望的报道。它们至少在一定程度上反映着事实真相：在消费者中，支持制定"三包"规定的意见占据主流地位。在声势浩大的支持声中，少数学者的反对意见是很难被严肃考虑或认真对待的，至于部分经营者谨慎发表的保留性意见似乎更加杳不可闻。

（三）路径依赖与利益驱动——政府部门的动力来源

中华人民共和国成立后我国搞了很长时间计划经济，政府掌握并分配一切社会资源，长期靠政策办事，对各种利益关系横加干涉已成习惯。虽然现在建设市场经济，提倡法治，但政府包办一切的观念一时难以根除，依旧支配着很多政府工作人员的思维方式和工作方法。随着侵害消费者权益现象日益引起社会各界重视，政府行政部门要有所作为，最便利的方法是到传统管理经验中寻找可以利用的资源，这就是所谓"路径依赖"的问题。"老三包"最初在保护消费者权益方面获得的成功很容易使行政机关认为它仍然是一种有效的办法。

另外，利用"三包"规定可以进一步明确甚至"赋予"有关部门行政处罚权以及行政许可权也是一项重要的利益驱动。

在探讨我国三包制度成因时还应注意的一点是中央经济政策对消费者保护相关部门的影响。我国自1998年推行刺激消费，扩大内需，促进经济发展的积极财政政策以来，[①] 消费者政策重点相应地发生了转变。"现今中国消费者政策，不仅是补救市场经济的消极面和救济受害消费者的保护政策，而且作为国家经济政策的一个重要环节，发挥其引导消费、促进消费、扩大内需，推动经济增长的重大作用。"[②] 各级政府部门回应中央政府要求，纷纷将保护消费者权益，维护良好的消费环境列为工作重点。例如，国家工商行政管理总局局长王众孚在中国消费者协会成立15周年纪念大会上的讲话中强调"加强消费引导、维护消费者权益，为扩大内需推动经济增长服务"。[③] 此外，依法治国的方略确立后，凡事立法的"法化"现象非常严重，许多政府部门把"立法"多少作为评价部门机构特别是法规政策机构的工作业绩的重要指标。制订"三包"既可以贯彻中央政府经济政策，又符合依法行政，依法治国的要求，自然成为行政机关追求"政绩"的最佳手段。

（四）私法实质化——西方国家法制变迁及相关法律思潮的影响

形成于18世纪并于19世纪发展到极致的近代民法推崇形式理性，崇尚意思自治，强调法的安定性，紧密配合了当时尚处于上升阶段的资本主义市场经济，在推动社会进步，改善人类生存状况方面获得了空前成功。但由于近代自由主义民法奠基于"理性经济人"的虚幻假设之上，无暇考虑掩盖在"理性经济人"面具之下的消费者、

---

①例如，2002年3月5日在第九届全国人民代表大会第五次会议上的《2002年国务院政府工作报告》提到："……坚持实施扩大国内需求的方针……一、扩大和培育内需，促进经济较快增长……在当前严峻的国际经济形势下，实现经济较快增长的根本之策，是扩大国内需求，进一步形成消费和投资的双重拉动……扩大国内需求，首先必须增加城乡居民特别是低收入群体的收入，培育和提高居民的购买力……五是拓宽消费领域，改善消费环境。通过深化改革，调整政策，消除各种限制消费的障碍。鼓励居民扩大住房、旅游、汽车、电信、文化、体育和其他服务性消费，培育新的消费热点……"

②梁慧星：《中国的消费者政策和消费者立法》，《法学》2000年第5期。

③转引自梁慧星《中国的消费者政策和消费者立法》，《法学》2000年第5期。

雇工、妇女等具体而特殊的"人"之表现形态，因此它只能提供形式平等，追求形式正义，无法保护社会上现实存在的弱势群体的权利和自由，造成的后果就是事实的不平等。近代民法这种固有的内在缺陷连同其赖以存在的放任自由的资本主义经济所引发的种种消极后果积累到 19 世纪末 20 世纪初就主要表现为社会财富的两极分化和社会矛盾的急剧激化。回应社会现实的需要，近代民法开始强调实质理性，提倡为社会福利和公共利益的需要限制私人意志，关注个体差异性，追求个案公平，是为民法实质化。在从近代民法到现代民法的私法实质化过程中，实质正义的观念对私法自治的总原则提出了挑战，私人所有权受到限制，意思自治的神圣性被打破，无过错责任原则复兴。如果说近代民法信奉"契约即正义"，现代民法却认为，"弱势的一方对于缔约的内容常常没有参与决定的可能，法律为了保护经济上的弱者，有时必须限制私法自治之形成权，干预契约内容的自由"。① 而且"消费者保护法此种对契约内容的干预，其目的在于弥补消费者在面对强势企业时，能回复部分'缔约内容的自由'，而不是任由企业经营者宰割消费者"。② 这样，基于保护弱者的指导思想，消费者权益保护的立法就成为各国福利立法的重要法律部门，消费者权益保护领域与雇工保护、女性保护等一起成为国家管制最多的领域。

　　中国是引进和移植西方法律制度的后进国家，私法实质化对法学理论和法治建设均有重大影响。不仅法学理论频频介绍意思自治的衰落、契约的死亡等等，实践部门也以"消费者是弱者，需要特殊保护"为名积极干预市场自由竞争。可以说，"三包"规定在《消费者权益保护法》、《产品质量法》乃至新《合同法》颁布之后又被重新"激活"，私法实质化思潮是其大背景。"三包"规定从整体表面看实质化色彩确实很浓厚：（1）立法目的强调"为了切实保护消费者的

---

　　①黄立：《民法总则》，中国政法大学出版社 2002 年版，第 187 页。
　　②同上书，第 187、188 页。

利益";（2）主要内容规定经营者的"责任和义务"和消费者的"权利"，在权利和义务配置上明显向消费者倾斜；（3）国家积极干预限制契约自由，强制经营者必须承担"三包"义务。

上述诸种因素的综合后果就是，理论界强调为实现社会实质正义而修正乃至限制意思自治的论点迎合了中国重管制、轻自治的思维惯性和统治经验，并为行政权的扩张提供了貌似合理的正当化依据，在中国本来就一直处于绝对核心和主导地位的行政权在强调实质正义的旗帜下挟强调家长主义和公正的福利主义之势，通过命令和控制的管制手段进一步扩张，挤压并吞噬着改革开放以来艰难开辟出来的仍然极度虚弱而狭窄的私法自治空间，这种倾向为"三包"规定提供了理论和动力支持。

五　对"三包"制度的反思
——以私法实质化为中心

上文对我国"三包"规定得以大行其道的原因进行了论述，其中关于司法权的角色、我国民众的自主意识和行政机关的工作方式，鉴于专业限制，这里不拟详细论述。下文围绕对私法实质化的反思，尝试回答如下问题：对消费者进行特殊保护的实质性需求是否能够证成"三包"规定的正当性？

（一）西方国家对私法实质化的限制及其变迁

私法实质化是近代民法克服自身缺陷，回应现实需要的必要努力，但私法实质化要求国家权力抛弃原来消极无为的立场转而积极干预社会生活，通过国家权力的帮助补正当事人意思的不足，努力实现包括弱势群体在内的"一切人"切实可见的公平和自由。这种实质化体现在民法典中的概括规定和一般条款，也体现在消费者权益保护和反不正当竞争等新兴的法律部门中。国家权力的积极干预打破了古典民法中国家和社会严格划分的关系格局，对西方法律文化极端珍视的私人自治形成了诸多限制。"这种提供照顾、分配生活机会的福利国家，通过有关劳动、安全、健康、住宅、最低收入、教育、闲暇和自然生活基础的法律，确保每一个人都具有符合人类尊严的生活的物质条件。但它显然也造成了这样的危险：通过提供这种无微不至的关怀而影响个人自主性，而它——通过提供机会平等地利用消极自由之物质前提——所要推进的，恰恰就是这种自主性。"①

　　基于这种警惕和忧虑，西方诸国政府在干预社会生活的过程中，大多积极寻求利用现有的制度资源，力争在干预最少的情况下获致最佳管制。例如，（1）关于消费者权益保护的问题多采用议会立法的形式进行规范，法律位阶高；即使存在授权性行政立法，法律对于授权立法的主体、事项、程序等方面也会有明确而具体的规定，确保授权性立法的合法性、合理性和正当化。对市场干预的这种谨慎态度再次反映了其对国家权力的怵惕，对私人自治的珍视。毕竟，消费者权益保护立法具有保护消费者权利的目的导向，以实现实质的社会正义为指导思想，对私法自治构成重大限制。其实，我国又何尝不是如此？"依我们之见，《合同法》、《产品质量法》、《消费者权益保护法》、《合伙企业法》等基本法律，没有向任何行政机关授权制定实施办法，这不是立法机关的疏漏，而是表明了在特定的领域必须实行'立法保留'。"②这却无法避免如下事实："三包"规定虽然不是整部《消费者权益保护法》的实施细则，但其内容之重要，社会影响之广泛，已经构成《消费者权益保护法》最重要的"配套"执行性立法之一。（2）尽量避免直接管制，多选择间接迂回的方式进行管制。管制的必要性毋庸置疑，关键是采取何种方式。管制方式主要有两种：一为直接管制，即命令—强制式。国家行政权直接出面对于违反法律禁止性规定的行为进行制裁，从而使国家意志得以贯彻。一为间接管制。例如，通过立法对不同主体之间的权利义务进行重新配置，

---

①［德］哈贝马斯：《在事实与规范之间》，童世骏译，三联书店2003年版，第506页。
②崔卓兰、于立深：《行政规章研究》，吉林人民出版社2002年版，第68页。

或法院利用默示条款对合同重新解释等，获致实质正义的追求。这两种管制方式的实质区别在于，前者为了实现实质正义而彻底否定了主体的自主意志和自我选择，行政权"赤膊上阵"强行推行国家意志；后者在追求实质正义的同时力求尊重主体的自主性，体现在法律制度上既修正了私法自治，也拓宽了私法自治的领域。遍观各国消费者保护立法，间接管制逐渐成为主流。① （3）尽管私法实质化确实有以其他法律价值（例如契约公正）或者重大的公共政策对私人选择自由加以限制的目的，但在很多领域，私法实质化的主要目的不是取消个人自由，而是为个人自由的平等实现创造条件。如哈贝马斯所指出的，"在变化了的社会条件下（就像在福利国家模式中所感受的那样），法律自由的原则必须通过对现行法律的实质化、通过创造新型的权利而得到实施。私人自主（表现为程度尽可能高的平等的主观行动自由的权利的私人自主）这个观念并没有发生任何改变。发生变化的，是每个人之私人自主被认为应该平等地实现于其中的那个被感受到的社会环境。"② 这里应当区分作为价值目标的自由与作为实现手段的自由，我们可以说，在西方，从形式法到到实质法的变化，作为

---

① 例如在美国，个人在法院提起诉讼仍然是实施法律（甚至许多现代福利法）优先采用的办法。而且，对危险品的控制仍然主要是普通诉讼和普通法院的事，主动权完全操纵在个人手中。在英国，尽管在普通法里，如果有危险或缺陷的产品（不负责任地）投放市场并给个人造成伤害的话，个人是有权起诉生产厂商的。而在当今，这一权利则是通过对不同类型产品的大量控制法令而得到加强。根据通常由行使法令赋予的权力的部长们制订的条例，这些控制办法一般并不（有时偶尔的情况除外）赋予受害的消费者以起诉权。它们所做的是宣布生产或销售违背规定标准的产品为犯罪。这样，这种违背就成为可通过刑法加以处罚的行为，提出起诉的责任便转移到公共机构。阿蒂亚认为，它们代表了两种完全不同的方法，而无论采用哪种方法，法这一工具都可被用来达到相同的目的。并认为造成这种差异的原因之一是，现代英国的方法还部分地起源于现代福利法的家长式传统，这种传统似乎假定大多数人都无力保护自身的利益。对比之下，美国的传统仍然依赖这样一种坚定的信念，即个人正是应该被赋予执行法律任务的人，因为个人有权也有责任采取向法院起诉的主动行动。但是目前英国的实际情况是，现在有种种迹象表明，保守党正开始接受这样的事实，即确有必要寻求某种办法，以使个人能够对此种公共服务机构提出起诉。而且我们完全可以期待今后迈出更大的步伐。参见［英］P. S. 阿蒂亚《法律与现代社会》，范悦等译，辽宁教育出版社、牛津大学出版社1998年版，第138页。

② ［德］哈贝马斯：《在事实与规范之间》，童世骏译，三联书店2003年版，第498页。

价值目标的自由从未衰落，但经济社会条件的变化迫使法律对其进行回应，从而导致实现手段的改变，国家加强了对私人活动的干预，但这种改变的基本精神在于通过新的手段保证在新的条件下仍然能够平等地实现私人"自由"。

当然，由于私法实质化也导致了很多有违其保障个人自由初衷的后果，这在实践中体现为福利国家的危机，西方国家一直试图寻求其他有效的救济之道。一方面，自 1980 年代以来的私法形式性和个人的选择自由得到一定程度的复兴。例如在英国，"如果在 1870 年到 1980 年期间自由选择地位的衰落是合同自由重要性衰落的原因之一，那么必须认识到在过去的 15 年已经做出了艰辛的努力去复兴自由选择的领域。同时，大量的自由市场制度经济功效复苏，法律和经济原则之间的关系也更加重要（特别在美国）。这个工作导致了对一百多年来一直处于控制地位的法律规则和思想的重新审查，而且向一些以合同自由重要性的衰落为基础的假设进行了挑战。所有这些意味着合同自由的衰落已经终止，合同自由再次受到欢迎。"[1] 另一方面，理论界一直努力探索新的替代性理论，尝试在形式理性和实质理性之外创设新的法律范式，目前最具影响的是德国法学家图依布纳在哈贝马斯和卢曼等人的法社会学理论基础上所提出的反思法范式，该范式的指导思想是程序性立法。[2] 反思性法对西方长时间以来的福利性立法实践从社会效果等方面进行了批判，认为应当采取间接的法治方式，不直接对当事人的权利义务进行配置，转而重视程序的价值、弘扬程序正义的精神，努力为当事人之间平等自由的磋商创造条件和提供框架，增强弱势群体讨价还价的能力，以通过自治达到规制的目标，实行有控制的自主管理。其对私法的影响就是，通过所采取的间接迂回

---

① ［英］P. S. 阿蒂亚：《合同法导论》，赵旭东等译，法律出版社 2002 年版，第 26 页以下。

② ［德］图依布纳：《现代法中的实质要素和反思要素》，矫波译，《北大法律评论》第二卷·第二辑，法律出版社 1999 年版，第 620 页。另请参见季卫东《社会变革的法律模式》，收于季卫东《法治秩序的建构》，中国政法大学出版社 1999 年版，第 301 页。

的规制措施拓宽了当事人的决策空间，使当事人的自由意志能够发挥作用。例如，在消费者保护领域，可以通过将消费个体组织起来，让他们能够通过自己的组织言说自己的诉求和愿望。"国家法的作用不是进行实质性的规制，而是对'自主'的社会进程提供程序上的和组织上的结构。组织的培养有助于消费者表达意见。……法律不是以权威的方式来决定消费者的利益何在；它把自身的作用限制在界定消费者表达利益的权能，并保证他们表达自己的利益。法律系统的任务既不是发展其自身的有目的规划，也不是裁定对立政策之间的在目标上的冲突。它是为了保证相互之间彼此进行协调的过程，并强迫达成协议。"[1] "的确，事实上的决定自由比过去更受到保护，但是另一方面若谈到关于契约正义的话，以前也好，现在也好，重点都在程序的，亦即形式条件的改善之上，这与多元开放的社会是相调和的。因为多元主义的社会中，法应规制市民行动的程序，而非应仅就内容为最低限度的规制。"[2]

虽然人们可以在一定范围内讨论某些民法规范从形式法到实质法再到反思法的发展演进，但从整个民法领域来看，我们只能说适应社会经济形势的变化，改变各种法律范式在其中的配置格局。从总体上来看，当代西方民法所呈现出来的是形式理性、实质理性和程序理性并存的多元化模式。

（二）中国语境下的私法实质化

我国民法制度的建构和民法学理的展开，既要顺应现代法制的发展潮流，又不能脱离中国的本土社会情境。中国民法发展的特殊语境是，作为法制后进国家，中国的民法制度存在诸多空白之处，需要大力引进进和移植西方法律制度。更为严峻的是，中华人民共和国成立

---

①［德］图依布纳：《现代法中的实质要素和反思要素》，矫波译，《北大法律评论》第二卷·第二辑，法律出版社1999年版，第619、620页。

②［德］Claus-Wilhelm Canaris：《民事法的发展及立法——德国契约法的基本理念及发展》，林美惠译，《台大法学论丛》1999年第3期。

后长期实行的以政府为中心和主导的计划经济与"命令经济"，在价值取向上与私法的精神格格不入，在意识形态和制度资源方面给中国私法的发展造成了巨大的阻碍，即使在将建设市场经济体制确定为改革目标的今天，历史的重负与缠累仍然非常地沉重。基于这一认识，笔者结合中国消费者保护法制和"三包"制度的实践认为，在中国语境下，对于私法实质化及其相关问题应当采取的态度是：

1. 我国民法制度建设的首要任务仍然是：回归形式理性，重建近代民法

近代民法所确立的意思自治、自己责任等原则，体现了市场经济、多元社会的要求，仍然是当代西方国家民法的根基与核心所在，对其的批判主要是限制其范围的过度扩张，而非要伤筋动骨，完全取而代之，即使某些理论有这样的雄心，但从制度层面而言，则难有成功的希望。没有建基于形式理性之上的完善法律制度，[1] 缺少私法自治的宝贵传统，盲目追求实质正义必然导致实质有余而理性不足的消极后果。中国学界长期起来对阶级分析方法的迷恋[2]导致的一个后果就是往往轻视法的形式性，而将其与所谓的"形式主义"混为一谈；而从中国古代民法的政治化与道德化、到社会主义民法受计划经济影响而带来的政策化，其中最为缺乏的都是法的形式性要素。在民法的法律渊源中存在着大量的政策性规范和道德宣示的内容。在这种大背景中，回归形式理性并重建近代民法仍然应成为我国民法理论发展的重镇。梁慧星亦曾论及，"中国在这样一个历史时刻走上民主法治之路，推进民事立法和建立自己的民法理论，不得不同时担负回归和重

---

①例如，我国形式理性缺位的表现有：（1）基本上不承认公法和私法的区分，不承认意思自治作为民法典的基本指导原则。（2）不以传统法人规则建立法人制度，不强调法人的立法技术划分，而强调法人社会政治身份划分。（3）不使用法律行为概念，而使用"民事法律行为"概念。不采纳确切的意思表示理论，法律行为理论简化到极端。（4）坚持以所有制的等级规定所有权，将所有权"三分法"，确定国家所有权、集体所有权、个人所有权的严格界限，确定不平等承认和保护的规则。（5）强调民法典立法的政治宣教作用，不重视立法的技术和质量。法律制定以"宜粗不宜细"、"宜短不宜长"作为指导思想。
②孙宪忠：《论民商法的研究方法》，《法律科学》1999 年第 2 期。

建近代民法及超越近代民法和实现民法现代化的双重使命"。①

2. 必须汲取现代民法实质化中的合理因素

尽管从 20 世纪 70 年代末以来，随着福利国家的危机、新自由主义的兴起，现代民法的实质化受到多方面的抨击，但我们应当承认，民法在一定范围与程度上的实质化还是有其合理成分的。这主要体现在两个方面，其一是由于社会力和弱势群体的存在，形式平等与消极自由确实具有局限性，需要法律通过实体权利义务的配置保障当事人实质的自由与平等；其二，现代社会是一个价值多元的社会，各种价值之间既有一致的一面，但也往往存在着激烈的冲突，在制度建构上，不能只着眼于某一种价值而忽略其他价值，对于民法的要求就是必须将个人自由与社会正义的价值观加以平衡，而不能执其一端。这在劳动法、消费者保护法、反垄断法等领域体现得尤为明显。但是，主张中国民法中仍应保留一定限度的实质性要素，需要注意以下问题：其一，这里的实质性要素是一种实质理性，而不是指实质非理性。理性是法治的基本性质，而中国现行有效的民法规定中充斥着大量产生于长官意志的规范，不能保证规范的一贯性，不能为私人行为提供稳定的预期。其二，这里的实质性要素主要是用实质平等和社会公正等价值与个人的形式自由加以协调，而非将灵活机动的行政政策凌驾于具有一贯性的法律价值与原则之上。其三，吸收和容纳实质性因素必须通过立法和司法途径进行，要严格限制行政权在其中的作用和角色，因为法律和司法机关一般能更加忠实于法律的传统价值，而行政权则更倾向于因应国家政策的需要随时调整行动方针。中国现实中的消费者保护立法、执法和司法活动中，往往是从拉动内需的积极财政政策角度出发，而由于国家的行政政策是多样化并且是不断变化的，具有灵活机动的色彩，这就容易导致消费者权益保护往往成为其他更为重要的政策，例如产业发展政策的牺牲品。

---

① 梁慧星：《从近代民法到现代民法》，《民商法论丛》第 7 卷，法律出版社 1997 年版。

3. "反思性"法典范对于中国的民法改革具有重要的启发价值

学者们对福利国家和现代民法的过度实质化进行了批判，而如果我们能够摆脱他们的线性进化的法制发展观，就可以发现，"反思性"和程序性是近现代法律中一个极为重要的因素。不仅普通法的发展因为对法律程序的强调凸显了这一点，[①] 就是大陆法系国家，尽管在法典法的高度形式性和一般条款的实质性之外，人们一般不太重视反思性与程序性的因素，但只要我们注意到这些国家的法院是如何借由经过严格诉讼程序而产生的判决对民法典的规定加以发展的，就可以明了，程序性同样也是大陆法系国家民法发展的一个重要动力之源。

通过我国"三包"规定可以发现中国消费者权益保护法乃至整个民法的一个症结：过度实质化并对民法的形式性和反思性要素缺乏应有的注意。尽管消费者权益保护法是体现国家干预合理性的一个重要领域，但这并不是说在其中就是实质化的独占鳌头或是一统天下。对于可以由形式自由与平等所解决的问题，国家就不应横加干涉。即使国家要进行干预，也不应要采取令行禁止的实质形式，而是可以通过授予消费者更多的程序性权利、科以经营者更多的程序性义务来解决。

---

①社会学者李猛对英国普通法的研究成果表明，普通法的开放性体现在普通法具有能够容纳不同的法律渊源，管理不同的实践技术的"反思性"法律要素。正是普通法中带有"反思"色彩的法律程序，使普通法的法律理性能够适应现代社会复杂的价值多元格局。参见李猛《除魔的世界与禁欲者的守护神：韦伯社会理论中的"英国法"问题》，收于李猛编《韦伯：法律与价值》，上海人民出版社 2001 年版，第 189 页。

第十五章

消费者知情权的实现与保护
——评"黄金荣诉北京铁路局案"

一 案情简介及判决摘要

2005 年 8 月，中国社会科学院法学研究所助理研究员黄金荣博士在北京铁路局营业处购买了一张票价为 203 元的火车票。后来，黄金荣从网上得知其购买的火车票中包含了基本票价 2% 的"铁路旅客意外伤害强制保险费"，计约 3.98 元。黄金荣认为，北京铁路局对票价中含有 2% 意外伤害强制保险费这一事实以及该意外伤害保险的其他基本要素如保险人、保险期限和保险利益等，既没有在火车票票面上加以注明，也没有在出售火车票时或任何其他场合中进行告知，侵犯了自己作为消费者的知情权，遂于 2005 年 9 月在北京铁路运输法院以侵犯消费者知情权为由对北京铁路局提起了诉讼，请求法院确认北京铁路局在收取意外伤害强制保险费时未履行告知义务，并判令被告返还所收取的意外伤害保险费 3.98 元。

经审理，北京铁路运输法院确认，"旅客在与铁路运输企业订立铁路旅客运输合同时应当享有知悉影响其是否订立合同的相关信息的权利。火车票中含有基本票价 2% 的强制保险费这一事实，属于旅客有权知悉的内容"。[①] 但是，对于该案是否存在侵犯消费者知情权的

---

① 《北京铁路运输法院民事判决书》，(2005) 京铁民初字第 91 号。

事实，法院认为：① 首先，由于有关强制保险的内容在 1951 年政务院财政经济委员会发布的《铁路旅客意外伤害强制保险条例》、1959 年财政部和铁道部发布的《关于铁路旅客意外伤害强制保险自 1959 年起由铁路接办的联合通知》以及 1997 年铁道部发布的《铁路旅客运输规程》《铁路客运运价规则》和《铁路旅客运输办理细则》等政府部门规章中进行了明确的规定，所以北京铁路局的涉案行为是合法有据的。其次，由于规定铁路旅客意外伤害强制保险的上述政府部门规章均是向社会公开颁布后施行的，任何人均应知晓，黄金荣亦应知晓，所以黄金荣购买车票的行为应该视为在知情基础上的自愿行为，北京铁路局未单独告知的行为不构成对黄金荣知情权的侵害。再次，由于黄金荣如期乘坐了 K101 次列车并安全到达了目的地，北京铁路局依约履行了合同，其间既没有发生保险责任事故，更没有发生黄金荣不能依法获得赔偿的事实，所以本案不存在实际损害结果。综上，北京铁路运输法院判决认定，"原告黄金荣所诉没有事实和法律依据，其主张的知情权侵权不具备侵权应具备的基本构成要件"，故对黄金荣的诉讼请求不予支持，判决驳回原告黄金荣的诉讼请求。

黄金荣不服，于 2006 年 1 月在北京铁路运输中级法院提起上诉。

在二审判决中，北京铁路运输中级法院同样首先认可了北京铁路局行为的的合法性。对于北京铁路局未在售票时告知黄金荣意外伤害强制保险的有关事实是否具有违法性这一问题，法院判决认为：② 第一，由于《消费者权益保护法》第 8 条和第 20 条③并没有限定消费者知悉所接受服务的真实情况的方式和经营者提供有关服务的真实信息的方式，黄金荣完全可以通过其他方式如查询相关的法律法规和规章的规定或者在购买车票时向售票员提出询问等实现自己的知情权，所以北京铁路局售票时未采取主动告知的方式告知黄金荣旅客意外伤害强制保险事宜并不违法。第二，现有法律法规和规章并没有规定铁路部

---

① 《北京铁路运输法院民事判决书》，（2005）京铁民初字第 91 号。
② 《北京铁路运输中级法院民事判决书》，（2006）京铁中民终字第 11 号。
③ 在 2013 年修正前，该条被规定于《消费者权益保护法》第 19 条。

门售票时必须告知旅客火车票票价的构成，而且根据交易习惯，铁路部门一般也只是告知旅客与双方订立和履行铁路旅客运输合同有关的重要事由，而并不告诉旅客火车票票价的构成以及与铁路运输服务有关的所有信息，因此，黄金荣主张北京铁路局应该在售票时或在票面上告知旅客意外伤害强制保险的事宜，既于法无据，也不符合交易习惯。第三，《消费者权益保护法》第 8 条和第 20 条的立法目的和精神是为了防止经营者隐瞒真实情况，对所提供的商品或服务作引人误解的虚假宣传从而欺骗消费者，但本案中没有证据证明北京铁路局的涉案行为属于上述情形，故不能认定该行为违反了法律的禁止性规定，损害了法律所保护的权利。综上，北京铁路运输中级法院决定对于"黄金荣认为北京铁路局售票时未向其告知有关旅客意外伤害强制保险事宜的行为具有违法性的上诉理由"不予支持。此外，关于黄金荣所主张的损害后果，法院认为，由于目前铁路旅客意外伤害保险是强制性的，保险费的缴纳也是强制性的，即只要购买火车票就应缴纳保险费，所以黄金荣在购票时不知有关旅客意外伤害保险的真实信息并没有导致事实上的实际损害，而且本案也没有证据证明黄金荣不知这一信息对其作出购买火车票的决定具有重大影响，亦无损害结果可言，所以对于"黄金荣主张的本案具有侵权的损害后果的上诉理由"不予支持。最后，该二审法院判决"驳回上诉，维持原判。"

　　作为在 2005 年到 2006 年间引起强烈社会反响的一起公益诉讼案件，虽然"黄金荣诉北京铁路局案"的根本目的乃是要挑战我国自 1951 年以来就实施的铁路旅客意外伤害强制保险的合法性，吸引社会各界就其进行更为深入广泛的讨论和研究，推动对铁路旅客意外伤害强制保险制度及相关法规规章的改革，但由于原告策略性地迂回选择了消费者知情权作为其展开批评的立足点，所以本案的主要法律争论点就表现为：被告北京铁路局没有在售票时或其他场合下告知原告黄金荣火车票中包含基本票价 2%的铁路旅客意外伤害强制保险费，是否侵犯了旅客作为消费者的知情权？围绕这个问题，该案的原、被告双方展开了针锋相对的辩论，各自从自己的立场提出了一些对消费者知情权的理解和看法。鉴于本案争议涉及权利实现方式、侵权构成要件和救济方式等与消费者知情权实现与保护有关的一些基本问题，诉讼过程中出现的一些代表性观点特别是法院判决书中所支持的观点尤其有进一步推敲的必要，所以此处暂不讨论铁路旅客意外伤害强制保险的合法性，而只是结合现有研究成果和现行法律规定，集中针对两份民事判决书中与消费者知情权有关的内容进行分析，并希望这样的分析有助于吸引大家对消费者知情权的学术兴趣，从而进一步深化对相关问题的研究。

二　铁路旅客意外伤害强制保险是否属于消费者有权知悉的信息？

本案中，北京铁路局的行为或者说不作为是否构成对消费者知情权的侵害的一个前提问题是：铁路旅客意外伤害强制保险的相关事宜是否是属于消费者依知情权应该知晓的内容，即其是否在知情权范围之内？只有在消费者有权知悉这些信息的前提下，才能够进一步分析北京铁路局的行为是否构成知情权侵权。对于这个问题，作为一审法院的北京铁路运输法院明确承认，"火车票中含有基本票价2%的强制保险费这一事实，属于旅客有权知悉的内容。"但二审法院，北京铁路运输中级法院则认为，"现有法律法规和规章没有规定铁路部门售票时必须向旅客告知火车票票价的构成，况且根据交易习惯，铁路部门一般只要告知旅客票价……等与双方订立和履行铁路旅客运输合同有关的重要事由即可"，并认为"目前铁路旅客意外伤害强制保险是强制性的，其保险费的缴纳也是强制性的，即只要购买火车票就应如数缴纳保险费，黄金荣购买了火车票亦应缴纳保险费，就此而言，其在购票时不知有关旅客意外伤害强制保险的真实信息并没有导致事实上的实际损害；本案亦没有证据证明，因其不知这一信息而对其作出购买火车票的决定具有重大影响"。由此可见，与一审法院明确宣布的立场截然相反，二审法院对消费者是否有权知悉铁路旅客意外伤害强制保险的有关事实基本上是持否定态度的。那么，消费者到底有无权利知晓强制保险存在的事实呢？

为了回答这个问题，首先必须明确的问题是：铁路旅客意外伤害强制保险到底是一种什么样的服务？其与铁路旅客运输服务是什么关系？从法律关系上来说，铁路局在向旅客提供客运服务时，其与旅客之间属于铁路运输合同关系，在此法律关系中，铁路局的主要义务是将旅客安全地运送到目的地，其附随义务是提供茶水、保持火车上的卫生，维持车厢秩序等等，旅客的主要义务是通过购买火车票的形式支付客运费用，附随义务是遵守运输秩序、按时上下车等等；而当铁路局要求旅客购买意外伤害强制保险时，则其与旅客之间事实上又发生了一种保险合同关系，在此法律关系中，铁路局作为承保人的主要权利是收取保险费，主要义务是在特定意外伤害事故发生时向旅客提供赔偿金，而旅客作为投保人的主要义务是缴纳保险费，主要权利则是在意外伤害事故发生时获得赔偿金。虽然意外伤害强制保险服务法律关系与运输服务法律关系的双方当事人表面看来是一致的，法律关系成立和生效的时间也相同，但其权利义务内容却完全不同，在本质上是两种完全不同的法律关系。因此，即使我们囿于铁路旅客意外伤害强制保险与铁路旅客运输在事实上的关联性而无法主张其绝对完全的独立性，但至少可以说，铁路旅客意外伤害强制保险从法律关系上来说却具有相当大的独立性，其在铁路运输服务中属于一项具有独立的实质内容的服务。对于这种情形的服务，应该适用哪些法律规定呢？首先，《消费者权益保护法》第 8 条规定："消费者享有知悉其购买、使用的商品或者接受的服务的真实情况的权利。消费者有权根据商品或者服务的不同情况，要求经营者提供商品的价格、产地、生产者、用途、性能、规格、等级、主要成分，生产日期、有效期限、检验合格证明、使用方法说明书、售后服务，或者服务的内容、规格、费用等有关情况。"虽然这一法律条文并没有直接针对铁路旅客运输服务规定经营者应当告知的内容，但其中规定"消费者有权根据……服务的不同情况，要求经营者提供……服务的内容、规格、费

用等有关情况。"采用最直观的字面解释，保险服务的存在及其收费
显然属于此处提到的经营者应该提供的"内容、规格、费用等有关情
况"。而且，除《消费者权益保护法》的上述规定外，另有一些法律
文件也可以为此提供佐证，其中最为有力的当属《关于商品和服务实
行明码标价的规定》（2001 年 1 月 1 日起施行）第 19 条第（2）款：
"一项服务可分解为多个项目和标准的，经营者应当明确标示每一个
项目和标准，禁止混合标价或捆绑销售。"根据这一规定，对于铁路
旅客意外伤害强制保险来说，无论其是独立的服务，还是从铁路运输
服务中分解出来的服务，铁路局显然都应该"明确标示每一个项目和
标准"，否则就有混合标价和捆绑销售以及借机蒙骗欺诈消费者之嫌。
所以，北京铁路运输中级法院关于"现有法律法规和规章没有规定铁
路部门售票时必须向旅客告知火车票票价的构成"的声明并非完全属
实，铁路旅客意外伤害强制保险的相关事宜属于消费者依法有权知悉
的内容。

　　那么，接下来的另一个问题是：铁路旅客意外伤害保险的强制性
能够免除北京铁路局的告知义务吗？[①]　由前文对二审判决的引述可知，
北京铁路运输中级法院显然认为旅客意外伤害保险的强制性能够免除
北京铁路局的告知义务。法院认为，由于系争保险具有强制性，任何
人只要购买火车票，签订铁路旅客运输合同，就必须同时购买意外伤
害保险，因此作为消费者的旅客是没有选择自由的；既然消费者没有
选择是否购买保险的自由，所以其是否知晓铁路保险存在的事实并不
影响其最后的决定，所以铁路旅客意外伤害保险对作出购买火车票的
决定并非"具有重大影响"的信息，所以旅客意外伤害强制保险的
相关事宜不在知情权范围之内。这个问题与消费者知情权范围的判断
标准——如何判断某种信息是否属于消费者依知情权应该知悉的内
容——有关。如同本案终审法院判决所暗示的，按照交易习惯，经营

---

　　①铁路旅客意外伤害保险的强制性是否合法是本案中另一个值得分析的问题，事实上也
是原告黄金荣提起诉讼的真正目的所在。篇幅所限，本章对此不加分析。此处的讨论暂且
假定铁路旅客意外伤害保险的强制性是合法有据的。

者的确既不必要也不可能告知消费者关于商品或服务的一切信息，而只需要提供那些对于消费者作出正确的消费判断"具有重大影响"的信息。其实，不仅交易习惯如此，目前的消费者法理论和消费者保护实践基本上也都是采取这种标准。但是，对于知情权范围的这一判断标准，必须同时意识到的一点是，所谓的对消费者作出决定"具有重大影响"的标准，也有其自身的适用范围：既然提供信息的目的是帮助消费者作出正确的消费选择和消费决定，所以该判断标准只有在消费者有权作出自由选择和自由决定的自由交易中才具有相关性；在强制性交易中不存在自由的"消费决定"，所以当然不能仍然适用"具有重大影响"标准，而是应该考虑另外的规则或原则。毋庸置疑，自由交易乃是现代市场经济中的基本原则，消费者没有选择自由的强制性交易只是属于例外，属于对消费者合同自由或财产权利的限制和剥夺——虽然这种限制和剥夺往往具有其各自的正当性依据。但无论如何，当法律基于更高的理由而不得不对合同自由或财产权利进行限制或剥夺的时候，其态度常常是非常慎重的，一般会另行规定很多限制性条件，例如，这样的限制和剥夺要有明确的法律依据，严格遵守法律规定的程序和范围，对受到不利影响的当事人进行告知并说明理由，甚至还要提供听证，允许受到不利影响的当事人提出陈述和辩护等等。在"黄金荣诉北京铁路局案"中，对一切铁路旅客均按特定比例（此处为 2%）收取意外伤害强制保险费而不问其是否愿意，当然属于对消费者选择自由的限制和对其财产权的剥夺，因此，基于尊重个人自由和财产的现代法治原则，也应该至少告知旅客强制保险存在的相关事实——考虑到国家征收和征用公民财产尚且需要遵守严格的实体法和程序法规定，作为市场经济中一个营利单位的铁路运输经营者更应该承担类似的义务。

所以，无论是从现行法律规定上看，还是根据法学理论的分析，铁路旅客意外伤害强制保险的相关事宜都属于消费者有权知悉的内容，而且，即使铁路旅客意外伤害保险的强制性是合法有据的，其强制性也只应该强化而不是免除北京铁路局的信息告知义务。

三　国家公布法律法规的行为能否 替代经营者履行告知义务?

从前文所引述的法院判决可知,在该案中,由被告提出的并得到一审、二审法院认可的一个主要观点是:与铁路旅客意外伤害强制保险有关的法规规章都是向全社会公布后实施的,任何人均应知晓这种强制保险的存在,原告黄金荣亦应知晓,因此,既然消费者的知情权通过这种方式得到了实现,所以经营者就没有必要再另行告知消费者强制保险的相关信息。事实上,这一观点构成支持法院判决原告败诉的一个主要理由。但是,国家公布法律法规的行为真的能够替代经营者履行告知义务吗?要回答这个问题,就有必要回到消费者知情权本身,仔细分析其法律特性、所涉及的权利义务关系以及由此决定的消费者知情权的实现方式等问题。

消费者知情权的概念最早产生于 20 世纪五六十年代的美国消费者运动,并于消费者运动在世界范围内的扩展过程中逐步得到广泛承认并从而上升为一项基本的消费者权利,尤其是在以"信息模式"——其假定消费者在掌握了充分的信息后就可以作出理性的消费决定,因此将消费者法的任务仅限于确保消费者能够获得并掌握充分的消费信息——构筑消费者保护法的法律体系中,消费者知情权更是一个具有核心地位的消费者基本权利。有一些国家甚至还在国家的基本法律中赋予消费者知情权以宪法权利的崇高地位。[1] 我国《消费者权益保护法》也明确规定了消费者的知情权,但由于理论研究薄弱及实践经验有限等种种原因,虽然消费者知情权获得了制定法权利的地位,但关于其侵权构成要件、侵犯知情权所应承担的法律责任等问题,法律却并没有具体的规定,这在法律适用中导致了一些争议和困

---

[1]参见钟瑞华《论消费者权益及其实现》,中国社会科学院研究生院 2005 年博士学位论文,第 17、18 页。

难。在相当程度上，这些争议和困难起因于对消费者知情权的法律定位和法律性质这一基本问题的认识模糊不清。关于消费者知情权的法律性质，正如本书曾经在别处所主张和论证的，作为消费者基本权利的知情权，其法律性质具有复合性，即它不仅是一种私法上的权利，而且还是一种公法上的权利。作为私法权利的消费者知情权，其权利主体和义务主体分别是消费者和经营者，权利内容体现为消费者有权要求充分知晓关于所购买的商品或所接受的服务的信息，义务内容体现为经营者应该将有关商品或服务的真实的、客观的信息告知消费者；作为公法权利的消费者知情权，虽然权利主体仍然是消费者，但义务主体却是国家（有关部门），即国家不仅有义务直接向消费者提供有关信息，尤其是自己所掌握的垄断性消费信息或者是由自己提供极为便利和经济而由私人提供则极为昂贵的消费信息，而且国家还应该积极通过立法、司法和行政措施保护、促进和实现消费者知情权。①无论是作为经营者的义务主体还是作为国家的义务主体，只要违反了信息提供义务都构成对消费者知情权的侵害，要承担相应的法律责任，只是它们各自承担的义务范围、承担义务的方式、违法行为的构成要件以及相应的法律责任有所不同而已。由此可见，消费者知情权事实上涉及两种不同性质的法律关系，一种是私法上的关系，其主体是消费者和经营者，一种是公法上的关系，其主体是国家（有关部门）和消费者。虽然这两种法律关系的义务主体、义务和责任内容各有不同，但它们对于确保消费者获得充分必要的消费信息并从而作出理性的消费判断都是必不可少的，而且这两种法律关系还是相互独立，不可混淆和替代的。

在"黄金荣诉北京铁路局案"中，被告和法院之所以认为国家公

---

①参见钟瑞华《论消费者权利的性质》，《法大评论》第四卷，中国政法大学出版社2005年版。但是在我国，无论是在理论上还是在立法和司法实践中，对作为私法权利的消费者知情权强调的比较多，而对于作为公法权利的消费者知情权的认识则不够明确。例如，消费者知情权公认的法律依据《消费者权益保护法》第8条所针对的只是作为私法权利的消费者知情权，而并没有涉及或暗示消费者知情权的公法维度。

布法律法规的行为可以替代经营者履行告知义务，就是因为他们没有正确把握消费者知情权所涉及的上述两种不同的法律关系，混淆了作为私法权利的消费者知情权和作为公法权利的消费者知情权的不同实现方式。正如"黄金荣诉北京铁路局案"被告的代理人在辩护词中所强调的，消费者知情权是一种相对权；但是，同样需要注意的是，此处的"相对权"并非如其所主张的那样，仅仅意味着消费者没有权利要求知道关于商品或服务的一切信息，从严格的法律意义上来说，消费知情权是相对权是指，作为私法权利的消费者知情权是特定当事人即特定权利主体和义务主体之间的法律关系，在没有法律规定或当事人特别约定的情形下，主张权利和履行义务都应该仅限于该法律关系的当事人而不能涉及任何第三方。进一步说就是，作为私法权利的消费者知情权的权利主体是消费者，义务主体是经营者，在没有相反的法律规定或当事人约定的情形下，消费者只能要求经营者履行义务，经营者也只能向消费者履行义务。具体到"黄金荣诉北京铁路局案"就是，如果关于铁路旅客意外伤害强制保险的信息确实属于消费者应该知晓的信息（见上文论述），在作为私法权利的消费者知情权这一个法律维度内来讲，有义务告知消费者该信息的就应该是铁路局而不是任何其他主体，而且消费者也只能要求铁路局而不是其他任何人履行告知义务。因此，虽然国家法律法规的公布可能有助于消费者知情权的实现，而且国家法律法规的公布也确实在很大程度上有助于消费者知情权的实现，但如果我们由此就推论说国家公布相关法律法规的行为完全可以取代或免除经营者的信息告知义务则显然是荒谬的。

类似的，不仅国家公布法律法规的行为不能替代经营者对告知义务的履行，而且消费者的任何其他信息获取途径也都不能免除经营者对于消费者的告知义务。在二审判决中，法院论证说，既然《消费者权益保护法》第8条和第20条并没有限定消费者知悉所接受服务的真实情况的方式和经营者提供有关服务的真实信息的方式，黄金荣完全可以通过其他方式如查询相关的法律法规和规章的规定或者在购买车票时向售票员提出询问等实现自己的知情权，所以北京铁路局售票时未采取主动告知的方式告知黄金荣旅客意外伤害强制保险事宜并不违法。这种看似合理的推理所存在的一个问题就在于它没有认识到：法律不限定消费者获取信息的途径只能意味着消费者可以利用一切合法途径获取自己所需要的信息，但消费者无论拥有多少种其他的信息获取途径都不能免除经营者提供信息的法定义务，换言之，通过"经营者告知"之外的方式获取信息是消费者的权利而不是消费者的义务；法律没有规定经营者提供信息的具体方式也只能意味着经营者可以采取一切合法的适宜手段向消费者提供信息，而不是指经营者可以干脆"不"提供这些信息而"要求"消费者通过其他途径获取信息，借口消费者可以通过其他方式获取信息而主张自己可以不履行法定义务无疑是一种狡辩。毋庸置疑，知情权是《消费者权益保护法》赋予消费者的一项法定权利，法律明确规定其义务主体是经营者，因此，无论消费者是否能够或事实上是否确实通过别的途径获取了消费信息，都不能免除经营者依法提供有关信息的法定义务。

四 如何判断消费者知情权侵权的构成并为其提供合适的救济？

在该案中，原告黄金荣以"侵犯消费者知情权"为由提起诉讼，并请求法院确认北京铁路局在收取意外伤害强制保险费时未履行告知义务，并判令被告返还所收取的意外伤害保险费。也就是说，其认为对于消费者知情权侵权的适宜救济手段——至少在该案中应该是：确认被告行为的违法性，并撤销因此产生的实体法律后果。法院认为，由于黄金荣安全到达了目的地，其间既没有发生意外事故，更没有发生黄金荣因不知情而无法索赔的情况，因此原告黄金荣并没有遭受任何实际损害，既然不存在任何人身或财产方面的实际损害，当然也就不构成知情权侵权，因此，最后判决黄金荣败诉。这里涉及的问题与消费者知情权的侵权构成要件和侵权救济手段有关。

对这两个问题的不同看法仍然取决于我们对知情权自身的认识。从功能上说，由于知情权本身并不直接承载人身利益或财产利益，因此它不属于传统的民事人身权利或财产权利，而只是一种程序性权利，或曰技术性权利。但是，虽然知情权自身并不直接体现为人身利益或财产利益，但却仍然有其独立的价值所在，那就是对人格尊严的尊重，即知情权通过视对方当事人为平等的法律主体，告知其对其具有利害关系的相关信息，促进其对相关法律和社会过程的参与，最终实现尊重人格尊严的目的——事实上这也几乎是所有现代程序性权利的根本目的所在。换句话说就是，虽然消费者知情权的直接目的是确保消费者获得其作出正确的消费决定所需要的必要信息，但其意义并不止如此，从更深的层次上看，消费者知情权还体现了尊重消费者主体人格的信念。因此，对于这样一种不以人身或财产利益为直接内容而以尊重消费者人格为最终目标的权利来说，传统民事权利的侵权构成要件理论——侵权构成需要违法行为、损害后果和因果关系等因素——并不完全合适，传统民事侵权构成要件理论对于实际人身损害或财产损害的要求对知情权侵权是不适用的。当判断知情权侵权构成的时候，有必要考虑到知情权的这种特殊性而对传统民事侵权构成要件理论进行修正。只要法律规定了某种知情权的存在，而义务主体并没有履行其信息告知或披露义务并由此导致了对方当事人的"不知情"，就构成知情权侵害，而不论这种"不知情"是否最终导致了人身或财产损害，也就是说，知情权侵权损害后果是受害人对有权知情的信息的"不知情权"的状态。在此，所谓的人身损害或财产损害等实际损害不是知情权的侵权构成要件，而只与损害赔偿的计算具有相关性。因此，在"黄金荣诉北京铁路局案"中，由于北京铁路局的不告知行为，原告黄金荣在不知道铁路旅客意外伤害强制保险存在的情况下购买了火车票，并从而在不知情的情况下购买了意外伤害强制保险——这种"不知情"的状态就是该案中知情权侵权的损害后果。

但是，对于消费者知情权这样的程序性权利——人身或财产方面的实际损害并非其侵权构成要件——来说，如何进行法律救济呢？尤其是当知情权侵权行为除了导致消费者"不知情"以外似乎确实并没有造成其他损害后果的时候，例如在"黄金荣诉北京铁路局案"中，如何对知情权侵权提供救济呢？关于侵权救济手段，我国目前的法律规定是非常有限的，仅限于赔礼道歉，恢复名誉，恢复原状，赔偿损失等少数几种。除了所谓的赔礼道歉之外，这些救济类型对于那些不能以金钱来衡量的损害或者给予金钱损害赔偿并非恰当的解决方式的损害行为显然无法提供充分有效的实质性救济，这常常使当事人和法院在适用的过程中显得有点捉襟见肘，不敷所用，这一点在"黄金荣诉北京铁路局案"中就有所体现，例如，当原告黄金荣非常郑重地请求法院"确认北京铁路局在收取意外伤害强制保险费时未履行告知义务"时，我们无法不在其中体味到一丝"秋菊打官司"式的淳朴和无奈！

其实，从理论上说，对程序性权利侵权行为的救济是多种多样的：在程序侵权未对实体性法律后果造成严重影响的情况下，救济可以不涉及实体法律后果而仅限于程序，例如补正某些程序；在违反程序权利对实体法律后果具有严重影响的时候，就可能需要重新启动程序，或者撤销原来的法律行为。在"黄金荣诉北京铁路局案"中，虽然存在知情权侵权的事实，但由于后来黄金荣通过别的途径获知了相关的信息，所以已经没有必要要求北京铁路局另行补正。原告黄金荣主张北京铁路局返还所收取的保险费，实际上乃是要求北京铁路局就其违反知情权的行为承担实体法律后果——撤销保险合同，返还保险费。但是，毋庸讳言的是，在该案中，北京铁路局侵害消费者知情权的行为并没有造成严重的实体法律后果，所以，原告黄金荣的主张并没有得到法院的支持。实际上，对"黄金荣诉北京铁路局案"来说，最好的救济方式可能既不是要求被告重新履行告知义务，也不是要求其返还保险费，而是借鉴英美法上的衡平法救济——禁制令（Injunction）。禁制令是指法院签发的要求当事人做某事或某行为或者禁止其做某事或某行为的命令，主要适用于普通法对某种损害行为不能提供充分的救济的情形。根据其内容是要求做一定行为还是禁止做一定行为，禁制令可分为命令性禁制令和禁止性禁制令。对于"黄金荣诉北京铁路局案"这样的案件来说，最好的解决办法可能是：法院面向未来发布一项命令性禁制令，要求北京铁路局今后在火车票上注明铁路旅客意外伤害强制保险的保险费、保险人、保险金等基本事项，从而实现广大旅客作为消费者的知情权——如果铁路旅客意外伤害强制保险仍然没有被通过诉讼废止的话。相对于返还保险费来说，这种救济或许最能够实现旅客消费者的知情权，事实上也最符合黄金荣提起这一公益诉讼的原意。

五　结语

从世界范围看，消费者知情权的产生不过是五六十年前的事情，其在我国真正获得制定法权利的地位也才只有十几年的时间，对于这样一项比较年轻并且仍然处在发展之中的新型权利，国内迄今为止的理论研究和实践经验都非常有限。尤其是，虽然我国现行《消费者权益保护法》明确承认知情权是消费者的一项基本权利，但其对于消费者知情权的侵权构成要件、侵害知情权的法律责任以及权利受到侵害时的救济手段却并没有明确具体的规定，这在一定程度上为消费者知情权争议的发生提供了诱因，也加剧了解决消费者知情权争议的困难。事实上，"黄金荣诉北京铁路局案"并非近年来关于消费者知情权的唯一一起公益诉讼，据统计，与消费者权利有关的公益诉讼中有相当一部分案件都是因消费者知情权而产生的。① 消费者知情权之所以引发如此众多的争议，有关诉讼当事人对所涉争论点所持的观点之所以有如此巨大的差距，与国内关于消费者知情权理论研究的浅薄和

---

①黄金荣：《一场方兴未艾的法律运动——对当代中国公益法实践的观察与评论》，《公益诉讼》第一辑，中国检察出版社2006年版，第138页。

有关实践经验尤其是司法实践经验的欠缺不无关系。因此，深化对消费者知情权基本法律问题的理论研究，加强与知情权司法保护实践的互动和对话，并从而最终强化对消费者这一基本权利的保护，仍然是一项有待努力和时日的工作。

第十六章

成本收益视角中的消费者保护规制
——从"苏丹红事件"切入

"苏丹红事件"是 2005 年发生在我国食品安全领域的一件大事，号称该年度食品安全第一案。它因英国食品标准署的一项消费警示起，并以我国对有关企业和人员的行政及刑事处分止。此次事件中，若干家行政执法部门，几十家生产和销售企业，各方面的专家学者，以及众多的消费者围绕含有苏丹红的食品演绎了一场轰轰烈烈的"苏丹红聚歼战"。关于"苏丹红事件"，各方专家学者已经主要围绕其对我国食品安全制度的意义讨论了很多，本章主要关注的问题则是：作为一次为规制食品安全领域的风险、保护消费者生命安全和身体健康的重大行政规制和行政执法行为，从成本收益等角度看，"苏丹红事件"暴露了有关行政执法部门在规制理念和规制实践方面有哪些需要斟酌、反思和改进的地方？还是让我们先从事件本身说起：

一 一场"耗资不菲的战役"

"苏丹红事件"始于 2005 年 2 月 23 日，基本结束于 4 月 9 日，历时不到两个月。在短短的时间内，以质检部门为代表的几家政府职能部门在全国范围内紧急发动并实施了追查苏丹红的行动。由于行政执法部门在"苏丹红事件"中行动迅速、措施得力、人力物力投入巨大，"苏丹红事件"被有关媒体称为一场"耗资不菲的战役"。这场"耗资不菲的战役"的前因后果是：

2005 年 2 月 18 日，英国食品标准署就食用含有添加苏丹红色素的食品向消费者发出警告，并公布了可能含有"苏丹红一号"的 359 个品牌的食品，后来该名单扩大到 618 种。英国食品标准署要求销售这些产品的商家立即采取下架和召回措施，并呼吁广大消费者停止食用名单上列出的问题产品。对来自英国的信息，我国有关政府部门迅速做出反应。2 月 23 日，国家质量监督检验检疫总局（以下简称质检总局）发出《关于加强对含有苏丹红（一号）食品检验监管的紧急通知》，要求各地质检部门加强对含有"苏丹红一号"食品的检验监管，严防含有"苏丹红一号"的食品进入中国市场。质检总局要求各级质检部门严把"进出口环节"和"生产环节"：各地出入境检验检疫部门对含有苏丹红的食品一律不准进（出）口；对近期已进口的可能含有苏丹红的食品或原料进行清查，属生产领域的与质量技术监督部门联合清查，属流通领域的与工商部门联合清查；各地质量技术监督部门要加强对食品生产企业的卫生监管，对食品中使用苏丹红的情况进行检查，加强禁毒抽查检测，禁止含有苏丹红的食品进入流通领域。

3 月 4 日，北京市人民政府食品安全监督协调办公室①紧急宣布，广东"亨氏美味源（广州）食品有限公司"生产的美味源牌金唛桂林辣椒酱、辣椒油中均含有"苏丹红一号"。为此，卫生部发出紧急通知，要求各地餐饮单位立即停止使用亨氏生产的辣椒制品，要求广东省卫生厅立即组织对亨氏进行调查，重点调查苏丹红的来源、添加范围以及产品的流向，对调查发现的线索要及时向卫生部通报。3 月 8 日，有关部门确定亨氏美味源的问题产品已经销往北京、广州、中山、惠州、南昌及福建南平 6 个城市。随后，国家工商行政管理总局（以下简称工商总局）、质检总局和卫生部紧急部署，要求各级工商、

---

①北京市政府常设机构，负责食品安全的综合监督、组织协调和依法组织开展对重大事故的查处。领导小组办公室设在北京市工商局。

质检和卫生部门，从生产、流通、餐饮各个环节对苏丹红进行全方位的执法检查。

3月19日，北京市人民政府食品安全监督协调办公室宣布肯德基香辣鸡腿堡、辣鸡翅、劲爆鸡米花3种产品中也含有苏丹红，并责令其停售。与此同时，含有苏丹红的产品在全国其他地方也纷纷出现，有关部门先后在北京、广东、浙江、广西、湖南、四川、福建等多个省区市查获包括广东亨氏美味源、肯德基、桂林花桥食品有限公司、海宁市盐官方便蔬菜食品厂、慈溪市红圩菜厂、长沙坛坛乡调味食品有限公司、厦门市呱呱食品有限公司、珠海市金海岸永南食品有限公司等多家企业生产的多种含有"苏丹红一号"的问题产品。

3月29日，质检总局和国家标准化委员会联合发布《食品中苏丹红染料的检测方法——高效液相色谱法》，提供了检测苏丹红的统一方法和统一标准。4月6日，卫生部公布《苏丹红危险性评估报告》，对苏丹红的危险性提供了比较权威的说明。

随着调查的进一步深入，广州田洋食品有限公司被确定为"苏丹红一号"的源头。4月9日，广州田洋食品有限公司使用工业色素"油溶黄"生产"辣椒红一号"食品添加剂并销往全国18个省市30个企业的违法事实得到查清，该公司的两名主要涉案人员谭伟棠和冯永华被公安部门刑事拘留。"苏丹红事件"至此基本尘埃落定。

从2月23日以来，相关部门在很短的时间内先后发布了查处苏丹红的紧急通知、公布了"涉红"企业和"涉红"产品的名单以及非"涉红"企业和非"涉红"产品的名单，苏丹红的检测方法和检测标准等等，一些"涉红"企业被查处，大量的"涉红"产品被勒令停售和召回，其中一些产品被销毁，部分涉案人员被刑拘。纵观整个事件不难发现，有关政府职能部门在这次行政执法行动中不但可以说是动作迅速，措施得力，效率极高，甚至还可以说是不遗余力，不惜代价。例如，据报道，各级质检部门对苏丹红的突击检查始于2月24日，而"仅25日一天，上海就对5家食品进口公司的仓库、两家大型超市进行了检查，检查食品200多种，采集20个样本送实验室

检测。一时间，彻查苏丹红成了全国各地质监部门的头号话题。截至
3月3日，辽宁省抚顺市质监系统共出动人员180人次、车辆20辆，
先后对202家食品生产加工单位、小作坊等进行了严查；自3月4日
亨氏"美味源"金唛桂林辣椒酱检出苏丹红的消息传出后，广州各
执法部门已经连续出动上千人全城追捕；3月5日，广东韶关市工商
部门共出动执法人员270人严查含苏丹红食品；截至3月8日，广东
揭阳县工商局共出动执法人员207人次，车辆115辆次；浙江嘉兴市
共出动执法人员1063人次，检查了3151家企业；3月7日和8日，
重庆工商部门就出动执法人员近千人，排查主城近400个农贸市场和
超市；截至3月9日，云南省德宏州检查经营户346户，责令暂停销
售食品50千克，查封食品29千克；截至3月10日，广东汕头市工
商部门已出动人力2033人次，清查超市107家、商场23家、集贸市
场39个、店铺2721家。整个苏丹红战役期间，全国几乎各个省、
市、县质监和工商部门，都出动人力物力排查，可谓耗资不菲。"①

其实，如果我们不仅仅把"苏丹红事件"看成是只涉及几家执法
部门和直接受到影响的企业的一个案件，而是从整个市场和社会的层
面上来理解"苏丹红风波"的话就会发现，"苏丹红事件"的"耗资
不菲"不仅体现在政府部门查处苏丹红的执法成本上，有关企业和行
业为此付出的代价和遭受的损失更大，其中包括："涉红"产品被销
毁带来的直接损失，例如，仅北京市就于3月14日下午销毁1700箱
含苏丹红的食品；"涉红"企业因停售、整改而失去的营业额，例
如，肯德基全国1200家店在5天内的直接经济损失累计高达3000万
元；此外还有相关行业和产品因消费者信心下降而遭受的营业损失。
尤其值得关注的是，在质检等行政执法部门在全国范围内对苏丹红展
开围追堵截的同时，报纸网络等传媒对苏丹红的危害性也进行了大肆
渲染的报道，"全国急（突）查苏丹红""紧急围剿苏丹红""某地

---

①许凯：《苏丹红风暴20天全记录 风暴眼中的众生像》，http：//china. dayoo. com/gb/
content/2005 - 03/16/content_ 1974708. htm。

惊现苏丹红""苏丹红可怕吗?""苏丹红为严重致癌物质""洋快餐致癌""苏丹红引起全球恐慌"之类的报道充斥了各大媒体,可谓铺天盖地而来。一时间,"苏丹红风波"席卷全国,而风波所到之处,一些食用过或没有食用过"涉红"食品的消费者开始担心自己的生命安全和身体健康,甚至到了谈"红"色变的地步,消费者的这种心理状态极大地影响了相关行业和产品市场销售状况,首当其冲的是食品添加剂行业和辣椒制品。例如,在我国辣椒制品的大省湖南,"3月10日湖南辣椒类食品在全国市场的销售额下降了30%,3月11日下降了50%。此后,该事件还波及到使用辣椒、辣椒酱作原料的其他食品行业,熟食、肉制品、糕点饼干、方便面等均受到不同程度的冲击",① 等等。

那么,在我国造成如此轰动,以致引发了号称2005年食品安全第一案的当仁不让的主角——苏丹红——到底是什么呢?吃了含有苏丹红的食品就会致癌吗?

二　一种"致癌可能性极小的染色剂"

(一)苏丹红致癌性到底几何?

在"苏丹红事件"之中及其后,国内大多数媒体对苏丹红的经典描述是:"苏丹红一号"是一种红色的工业合成染色剂,在我国及多数国家都不属于食用色素。它一般用于溶解剂、机油、汽车蜡和鞋油等产品的染色,不能添加在食品中。此外,"苏丹红一号"还有苏丹红二号、三号和四号等三个化学衍生物。通过实验,科学家们发现,"苏丹红一号"会导致鼠类患癌,它在人类肝细胞研究中也显现出可能致癌的特性。作为第三类致癌物质,包括其化学衍生物苏丹红二号、三号和四号,它们对人体的影响还在进行测试,不过科学家们已

---

①雨木:《苏丹红事件波及全国　湖南辣椒食品行业遭重创》,http://finance.sina.com.cn/chanjing/b/20050407/16071497527.shtml。

经发现它们能够使老鼠和兔子得癌症。① 另外，也有的报道将苏丹红称为"毒素""可导致肝部癌变""严重致癌物质"等等。

虽然当时国内很多媒体对苏丹红的致癌性极尽渲染之能事，但也有人认为苏丹红并没有那么可怕。例如，有医学专家在接受记者采访时就明确表示，虽然动物实验研究表明"苏丹红一号"可导致老鼠患某些癌症，但苏丹红并非严重致癌物质，市民不要恐慌。② 还有人指出，相比较于苏丹红而言，我国消费者经常食用的烤鸡、烤鸭、熏鱼、咸肉等熏烤食品和臭豆腐、霉干菜等腌制发酵食品等"传统食品的安全问题也不能忽视，某些方面可能更为严重。"③ 甚至有人直接呼吁"公众不要因'苏丹红事件'而乱花迷眼，食源性疾病才是我们需要时刻警惕的食品安全的核心问题。"④ 当然，在行政执法部门对苏丹红不遗余力，穷追猛打，"苏丹红风波"方兴未艾之时，这些声音基本上不会受到太大的重视。

为了对苏丹红的危害性提供比较权威的说明，我国卫生部对苏丹红染料系列亚型的致癌性、致敏性和遗传毒性等危险因素进行了评估，并于2005年4月6日公布了《苏丹红危险性评估报告》。该报告的最后结论是：苏丹红对人健康造成危害的可能性很小，偶然摄入含有少量苏丹红的食品，引起的致癌危险性不大，但如果经常摄入含较高剂量苏丹红的食品就会增加其致癌的危险性。报告称，国际癌症研究机构将苏丹红Ⅰ、Ⅱ、Ⅲ和Ⅳ列为动物致癌物，但尚未证明对人体具有致癌性。就其毒性程度来说，按照目前在食品中的检出量和可能的摄入量，食品中苏丹红含量增加10万至100万倍才能诱发动物肿瘤，而对人体的致癌可能性极小。

来自官方的这则权威性较高的信息不啻给广大消费者吃了一颗定

---

①植万禄、刘洋：《2005 食品安全拍案惊奇　还有多少苏丹红将会重来》，http：//finance. sina. com. cn/xiaofei/puguangtai/20050318/07341440364. shtml。

②同上。

③定军：《后"苏丹红"时代》，《中国经济周刊》2005 年第 14 期。

④李永增、张冉燃：《食品安全重在防什么》，《瞭望新闻周刊》2005 年第 13 期。

心丸，当然也给"苏丹红风波"泼了冷水，降了温。"苏丹红含量增加10万倍至100万倍才能诱发动物肿瘤"，而且是动物（不是人）的肿瘤（不是癌）！对不具有任何专业知识的普通人来说，这无异于否认了苏丹红对人体事实上致癌的可能性。尤其值得注意的是，"苏丹红事件"稍后不久，在由130多名全国地市级以上消费者协会会长、秘书长参加的"2005'中国安全健康消费高层论坛"上，甚至有关从事消费者保护工作的政府官员都以"苏丹红事件"为例子证明"现在我们食品安全形势这方面有人为放大的趋势"，并指出很多人认为苏丹红是严重的致癌物质并不符合实际情况，苏丹红对人体的危害微乎其微。[①]

在国外，特别是"苏丹红事件"的"原产地"英国，对于苏丹红的危害性也不无争议。在苏丹红影响范围最广的英国，就连英国食品标准署的发言人也说"这些食品在食用后不会马上对身体造成危害，总起来看危害也甚微"，只不过"继续食用这些食品是不明智的"，[②]而英国《每日电讯报》2月26日的报道则更加直截了当："除非你恰好是被涉及其中的公司，否则这起英国迄今为止最大的食品召回案件根本就没有什么意义。被禁止的苏丹红1号添加剂的危害性是如此微不足道，你甚至很难用它毒死一只老鼠——在它寿终正寝之前。只不过，所有人都热衷于制造一场教科书案例式的食品危机罢了。"[③] 此外，澳大利亚及新西兰食品标准局也认为，苏丹红可能会增加试验用动物罹患癌症的可能性，但没有证据表明苏丹红对人类导致危害，特别是在食品中发现的微量成分，其对人体的潜在危害是极低的。

（二）与苏丹红致癌性密切相关的两个法律问题

与苏丹红危害性密切相关的另外两个问题是：如何看待"苏丹红

[①] 刘世如：《树立信心切实抓好食品安全》，http：//finance. sina. com. cn/roll/20050617/14371697077. shtml。

[②]《英国食品标准局宣布"苏丹一号"可致癌》，《质量警示》2005年3月。

[③] 转引自《就这样突然结束 力量对峙中膨胀的苏丹红事件》，http：//finance. sina. com. cn/review/20050410/11431503532. shtml。

事件"的所谓的"索赔后遗症"？如何为有关违法人员的违法犯罪行为定性？

在国家职能部门对苏丹红展开声势浩大的全国大检查，以及各大媒体就苏丹红的致癌性和苏丹红被广泛用于食品添加剂的事实进行揭露曝光的同时，全国各地的消费者也开始采取行动，尝试通过各种途径寻求赔偿。例如，重庆、北京和安徽等地都有消费者向"涉红"企业提出索赔请求，"向肯德基'讨个说法'的事件更是骤然增多，从沈阳 11 岁的孟雨欣，到上海的一位孕妇和西安的曹先生，消费者维权成了民意的表达方式之一，以至于哈尔滨和济南市组成了维权索赔团来向肯德基讨要说法。"① 消费者认为，含有苏丹红的食品具有致癌性，严重伤害了自己的生命安全和身体健康，而且还造成了自己对可能患癌症的担忧和心理恐慌，违法企业理应赔偿自己在身体和精神方面遭受的损失。但是，虽然各地消费者的"索赔"行动轰轰烈烈，但这些索赔行动最后基本都是无功而返，不是以调解失败告终，就是法院拒不受理，消费者无一例获得金钱赔偿。这个问题被有关媒体称为"苏丹红事件"的"索赔后遗症"。

那么，法学专家如何看待消费者在"苏丹红事件"中的索赔权呢？虽然普遍的观点认为"涉红"企业违反了我国《食品卫生管理法》及《食品添加剂使用卫生标准》禁止将苏丹红添加到食品中去的规定，因此应当承担法律责任，而且也有一部分专家学者主张违法企业应该向消费者提供赔偿，并从法学理论和法律规定的角度讨论了消费者行使索赔权的可行性以及应该注意的技术性问题。但是，对于消费者是否能够请求"涉红"企业赔偿自己在身体或精神方面遭受的损害，否定的观点基本上占据了主流。关于消费者在"苏丹红事件"中的索赔权，学者们主要讨论了三个问题。一是，消费者能否就身体伤害索赔？虽然有人认为"涉红"食品经营者侵犯了消费者的

---

①东方愚：《"苏丹红风波"下的"非理性维权"》，http：//finance. qq. com/a/2005 0325/000070. htm。

生命健康权，消费者既可以提起侵权诉讼，也可以进行违约诉讼，要求商家承担违约责任，但同时也不得不承认，消费者提起侵权诉讼难度较大，其受伤害的证据、伤害程度、结果都难以鉴定，很难获得经营者的侵权赔偿。还有人特别强调指出，如何证明食用含苏丹红的食品与消费者所患的癌症之间的因果关系，是一大难题。侵权责任的成立，要求侵权行为与损害后果之间存在因果关系。目前法院在审理此类案件时，还往往要求这种因果关系是唯一的。即使消费者在食用了含苏丹红的食品后患了癌症，如果不能证明存在这种因果关系，消费者的利益就难以得到充分的保护。甚至还有人认为，目前苏丹红是否对人体有致癌危害，仍不能确定。如果将来科学论断为无危害，那么销售企业自然无须承担责任。二是，消费者是否能够请求精神损害赔偿？有人认为，尽管消费者的这种担忧确实存在，会给某些人带来精神上的恐慌和心理上的压力，但如果起诉到法院，要求精神损害赔偿则于法无据。还有人认为，目前由苏丹红造成的对人体的伤害还没有确定，消费者只是担心若干年后会产生不良的后果。那么，消费者即使食用了含有苏丹红的食品而提起诉讼，由于人身赔偿的不确定，精神赔偿也就更加没有法律依据了。而且，把将来可能发生的事情作为事实主张，法院也很难支持。另外，假如有消费者担心食用苏丹红得病而到医院做检查，如果检查不出来疾病，由此产生的费用也只能自己承担。三是，消费者是否能够主张双倍赔偿？有人认为，因为肯德基在食品中使用了被法律所禁止使用的添加剂，其行为构成违约。根据法律规定，销售法律禁止的商品就是欺诈。因此，即便苏丹红没有对人体造成伤害，消费者也可以据此要求赔偿。①

耐人寻味的是，与以往不同，学者们并没有将"苏丹红事件"中消费者无法获得赔偿的原因归结为法律规定不完善、诉讼成本过高、司法怠惰、农民消费者不懂得用法律武器保护自己的权利等等，而是

---

① 《消费者能否为苏丹红索赔？》，http://news.xinhuanet.com/newscenter/2005 - 03/21/content_ 2722279. htm。

从根本上就认为消费者索赔在法律上是站不住脚的。消费者之所以无法获得赔偿既不是因为法律的规定有疏漏或瑕疵，也不是因为法律的操作和实施过程遇到了障碍，而是事实本身的问题。虽然我们可以笼统的说生命健康权应该受到法律的保护，但具体到某个案件而言，可以适用的法律规范往往很严格，法律规范的实现过程也是严谨而严肃的，消费者的索赔权若要得到法院的支持必须至少满足损害的存在、因果关系的成立等若干法律要件，而"苏丹红事件"显然无法满足这些要求，所以消费者无法获得赔偿。进一步就是说，"苏丹红事件"不能满足索赔权成立要件的关键原因是苏丹红的致癌性在法律上无法得到承认。

不仅如此，关于苏丹红致癌性的认定问题还为对有关违法人员的责任认定设置了"障碍"。在"苏丹红风波"方炽之时，公安部门对被认定为苏丹红源头的广州田洋食品有限公司的责任人谭伟棠和冯永华采取了刑事拘留措施。既然该案的主要违法事实是"使用工业色素'油溶黄'生产'辣椒红一号'食品添加剂并销往全国18个省市30个企业"，那么对违法行为的定性就应该是"涉嫌生产、销售有毒、有害食品罪"。但是，最近有报道说，对于"苏丹红事件"的两个犯罪嫌疑人，公安机关移送审查起诉的罪名是涉嫌生产、销售伪劣产品罪，而不是涉嫌生产、销售有毒、有害食品罪。该报道还说，公安机关的理由是，根据卫生部发布的《苏丹红危险性评估报告》，偶然摄入含有少量苏丹红的食品，引起的致癌性危险性不大，但如果经常摄入含较高剂量苏丹红的食品就会增加其致癌的危险性。按照目前在食品中的检出量和可能的摄入量，食品中苏丹红含量增加10万到100万倍才能诱发动物肿瘤，而对人体的致癌可能性极小。因此，苏丹红的危害性没有达到生产、销售有毒、有害食品罪的认定标准，因此公安机关只能以涉嫌生产、销售伪劣产品罪对有关企业和人员移送审查起诉。不仅如此，就是对于这样的定性，当事人也很不服气，而且还提出了颇有说服力的理由："从2002年到2004年，我每年都把'辣椒红一号'送检，质监局也都说是合格产品，如果质监局说这个产品有问题，我也没有可能生产出那么多了。"当事人还一直坚称自己没有犯罪，理由是国家一直没有明文禁止使用苏丹红做食用色素，田洋公司的这种做法没有问题。①

三　一些思考

过去十几年中，我国食品安全卫生领域不断爆发"瘦肉精""吊白块""阜阳奶粉"之类的恶性事件，为了维护消费者的生命安全和身体健康，有关行政执法部门采取了一些措施，狠抓了一批大要案。2005 年 2 月，苏丹红的出现再次吸引人们关注我国的食品安全卫生问题。本来，苏丹红在我国是名不见经传的，虽然 1996 年出台的《食品添加剂使用卫生标准》并没有将苏丹红列举为可以使用的染色剂，但此后的十几年中我国并不存在检测苏丹红的统一方法和国家标准，国内检测机构也从没有做过关于苏丹红的检测，质检部门的常规检测中甚至都没有苏丹红这一项，普通消费者对苏丹红更是闻所未闻。苏丹红之所以在 2005 年引起我国有关行政执法部门的关注，直接原因是英国食品标准署对含有苏丹红的食品采取了召回措施，据说召回原因是苏丹红可能致癌。既然苏丹红可能导致人体发生癌变，而且世界上很多国家都禁止在食品中使用苏丹红，出于对消费者生命健康负责的态度，有关行政执法部门对苏丹红采取一定的规制措施不仅无可厚非，而且还是职责和职权所在，但问题是：在采取规制措施的时候是不是应该讲究一点方式方法？比如，更加全面地收集掌握有关的信息，进行必要的成本收益核算，针对所要解决的问题选择比较适宜的规制工具，等等。

在"苏丹红事件"中，有关行政部门的行为无疑是仓促而毫无准备的，根本谈不上信息的收集和整理等准备工作。从当时以及目前的

---

①曹品品等：《生产苏丹红一号的公司面临起诉　被控告公司喊冤》，http：//news. red-net. com. cn/Articles/2005/11/763423. HTM。

有关报道和记载看，质检部门发布在全国查处苏丹红的紧急通知的唯一原因就是英国食品标准署的食品召回行动，而且，仅仅在英国食品标准署发布消费警示之日（2月18日）之后的第7天（2月24日），质检部门就在全国开始了彻底的大检查，其反应之迅速，行动效率之高甚至令人感到有点"突然"。但是，就是在英国，对于是否有必要召回"涉红"产品都是很有争议的，例如，甚至有人批评食品标准署的这次召回行动"根本就没有什么意义……苏丹红1号添加剂的危害性是如此微不足道，你甚至很难用它毒死一只老鼠……所有人都热衷于制造一场教科书案例式的食品危机罢了。"[①] 事实上，我国卫生部后来发布的《苏丹红危险性评估报告》也确实表明，苏丹红并非如媒体所宣传的是"严重的致癌物质"，其致癌的可能性事实上"极小"。但可惜的是，有关部门既没有来得及全面收集来自异域的有关信息，更没有首先对苏丹红的危害性进行科学验证和评估，就开始在全国范围内贸然发动了"围歼"苏丹红的战役，而且还是"耗资不菲的战役"，甚至还对有关"违法"人员采取了刑事处分。上文提到的《食品中苏丹红染料的检测方法——高效液相色谱法》（3月29日）和《苏丹红危险性评估报告》（4月6日）公布之时，"苏丹红事件"已经接近尾声。这再次说明，有关部门在发起围剿苏丹红的战役时并不掌握苏丹红的检测方法和检测标准以及苏丹红的危害性等必要信息。对于如此仓促而起的行动，其必要性和妥当性显然无法保证。

在围剿苏丹红的战役中，质检、工商和卫生部门在生产、流通和消费等环节对含有苏丹红的食品采取排查、下架、停售、整改、召回和销毁等严厉措施时，并没有进行必要的成本收益分析。从规制理论和规制实践上看，对于市场中存在的各种问题，规制机构所可以使用的规制工具形态多样、功能各异、轻重不同，例如，单是预防性规制

---

①转引自《就这样突然结束　力量对峙中膨胀的苏丹红事件》，http：//finance. sina. com. cn/review/20050410/11431503532. shtml。

工具就包括信息规制、标准、禁令、许可和登记等，而救济性规制工具则包括警告和召回、责令改正等等。这些规制工具和所要解决的问题之间显然具有比较微妙的对应和匹配关系，问题不同，所适宜采取的规制工具也会有所不同。当然，对于任何一种消费者问题而言，可供选择的规制工具都可能不止一种。因此，如何选择适宜的规制工具解决具体的问题乃是规制机构需要慎重对待的一个问题。毫无疑问，任何政府所可以动用的资源都是有限的，因此可以用在消费者保护规制上的资源当然也不是无限的，因此成本收益分析必然成为或者说理应成为规制者考虑的一个因素。进一步说就是，从经济学理论来看，若要进行有效率的法律干预，就需要仔细计算各种干预措施的成本和效益并保证成本的最小化，并要求成本要低于所实现的经济效益，所以，成本收益方面的考虑就构成政策选择的一个重要标准。成本收益分析不仅可以帮助规制机构确认从经济效果上看对某个消费者问题的规制是否有必要，而且，如果规制机构在面对具体的消费者问题时所可以选择的规制工具有两种以上，成本收益分析还有助于规制机构的取舍。"苏丹红事件"中，行政执法部门兴师动众，大动干戈，在全国范围内围追堵截苏丹红，进行了一场"耗资不菲的战役"，考虑苏丹红的可能性极小的致癌性，行政执法部门的行动显然严重违反了成本收益标准。对于苏丹红这样危害性极小或危害性尚不确定的物质，完全可以通过信息披露措施解决问题，例如，政府部门可以将苏丹红的危害性、其他国家对苏丹红所采取的措施、苏丹红在我国的使用情况以及含有苏丹红的产品的名单等加以公布，由消费者自行决定是否食用含有苏丹红的食品。通过信息披露的方式解决苏丹红问题既节省了执法成本，又尊重了消费者的自由选择权，还为经营者保留了较多的自由活动空间，显然比禁止、召回和销毁等措施更加富于弹性和科学性。

当然，由于苏丹红并不属于我国《食品添加剂使用卫生标准》所列举的可以使用的染色剂之列，因此即使通过信息披露实现了保护消费者权益的目的，仍然还存在一个对违法企业的查处问题。这里就有必要进一步检讨我国对标准和禁令这种规制工具的使用。一般认为，标准（standards）是规制行业行为的传统方法。标准的强加是对市场显而易见的干预。根据国家干预程度的强弱，可以将标准划分为三类：（A）目标标准（a target standard）。目标标准并不就供应商的生产过程或销售规定具体的标准，而只是规定供应商必须在商品造成了某种有害的后果时承担责任。（B）行为标准（a performance standard，an output standard）。行为标准要求经营者在供应产品的时候，该产品必须符合特定的质量要求。但是，经营者可以自由地选择通过何种方式实现这些要求。（C）具体标准（a specification standard，an input standard）。具体标准可以是积极的，也可以是消极的。它可以强制供应商采取特定的生产方式或使用特定的材料，也可以禁止供应商采用特定的生产方式或利用某种原材料。标准的执行通常委之于公共规制机构，这些规制机构有权进行调查（investigation）、起诉（prosecution）并没收违法物品（seizure）。违反这些质量标准将遭受罚金形式的惩罚，或甚至最终导致监禁。禁令（bans）是一种很严厉的规制工具，它一般和标准结合使用，即禁止不符合标准的产品进入市场或取消被证明为违反标准的商品的市场准入。"苏丹红事件"中，我国行政执法部门采取的主要规制工具就包括标准和禁令。由于《食品添加剂使用卫生标准》详细规定了所可以使用的各种添加剂的种类、范围和数量，显然属于干预性最强的具体标准。但值得注意的是，自20世纪80年代以来，在标准领域中发生的一种趋势是：措辞宽泛的目标性标准或行为标准越来越普及，从而使规制机构和经营者享有了更多的自由空间，这不仅避免了具体标准窒息经营者创造性的弊端，而且还能够鼓励经营者发挥其技术优势和专家优势。在"苏丹红事件"中，很多人认为，《食品添加剂使用卫生标准》实施这么多年来我国都不存在苏丹红检测的统一方法和国家标准，这反映了我国标准制度的滞后。但问题是，《食品添加剂使用卫生标准》列举的添加剂种类毕竟有限，随着新技术的采用，必然有更多的新产品投入到使用中去，要求国家对所有的添加剂或食品原料及时提供检测方法和统一标准显然比较困难，通过列举的方式给出经营者所可以使用的添加剂或食品原料也容易限制企业的创造性，因此有必要废除我国现在采用的具体标准制度，转而采用目标标准或行为标准，即不具体规定经营者所可以使用或不可以使用的添加剂，而是要求经营者生产的产品必须达到某种安全标准，或要求经营者为所造成的后果承担责任。

　　过去几十年中，关于政府规制的理论和实践在世界范围内潮涨潮落，但国家为了保护消费者权益而对市场采取种种的行政干预和控制措施，即消费者保护规制，却已经无可否认地发展成为了现代国家职能中根深蒂固的组成部分。但是，如何更好地实现规制则涉及很多复杂而细微的问题，远非粗放式的"突击战"或"运动战"所可以胜任，而对于面对转型社会、信息化和全球化以及职能转变等巨大挑战的我国行政部门来说，若要实现成功的消费者保护规制，需要解决的问题可能更多。"苏丹红事件"只不过反映了在消费者保护规制中所可能发生的的一些问题而已。"苏丹红事件"已经过去，但"苏丹红事件"中透视出的规制问题却应该具有更为久远的意义。

第十七章

消费者保护视角中的食品安全规制

——"阜阳劣质奶粉事件"及其法律启示

几乎与我国改革开放的进程及市场经济的发展同步,食品的安全卫生在过去十几年中日益成为一个引起广泛关注的社会问题。自20世纪90年代下半期的"瘦肉精"事件以来,"吊白块""二噁英""地沟油""转基因""口蹄疫""禽流感""苏丹红"……众多普通消费者莫名其详且望而生畏的新名词不断地考验着中国消费者的神经强度,同时也对国家的食品安全卫生监管体制形成了一次又一次的冲击。横跨2003和2004两个年度,影响范围遍及大半个中国,导致数百名农村婴幼儿受害及十数名婴幼儿死亡,并因国务院总理批示而最终获得解决的"阜阳劣质奶粉事件",则不啻为我国食品安全卫生领域近年来所发生的最大丑闻。

一 "阜阳劣质奶粉事件"始末

"阜阳劣质奶粉事件"时间跨度长,涉及地域广,卷入人员多,是一起错综复杂的法律案件。其大致情节如下:在安徽省阜阳市农村地区,很多年轻的母亲因外出打工无法亲自哺育新生婴儿,因此一些家庭用奶粉作为主食喂养婴幼儿。自2003年3、4月份起,基本上没有任何营养价值的劣质奶粉逐渐充斥了安徽省阜阳市农村市场。虽然阜阳市工商行政管理部门曾在2004年年初查封了30多种伪劣奶粉,但阜阳农村市场上的劣质奶粉并没有因此杜绝，而是仍然继续危害无辜的孩子。随着劣质奶粉的广泛销售和食用，那些以劣质奶粉为主食的婴幼儿患上了不同程度的营养不良症，其中部分婴幼儿死亡。

2004 年 3 月 29 日，《新华每日电讯》摘发了《半月谈内部版》第 4 期已确定登载的《劣质奶粉吞噬生命之花——阜阳婴儿"大头怪病"追踪》一文。随后，舆论界对"阜阳劣质奶粉事件"进行了集中轰炸：4 月中旬，新华网转发了《半月谈内部版》报道，《中国青年报》以整版篇幅全文转载；紧接着，包括中央广播电台和电视台以及美联社、法新社在内的众多国内外新闻机构、网络媒体都对此事赋予了不同程度的关注。事实上，2004 年 4 月、5 月份期间，国内几乎所有的大众媒体都参与了对"阜阳劣质奶粉事件"的揭露和批判，引起了社会各界的广泛关注。

4 月 19 日，温家宝总理针对"阜阳劣质奶粉事件"做出批示，要求国家食品药品监督管理局对这一事件进行调查。4 月 22 日上午，国务院召开会议，贯彻落实温家宝总理的三点重要指示：一，国务院责成食品药品监督管理局会同有关部门和地方政府组成调查组，对阜阳等地劣质婴儿奶粉事件进行全面调查。彻底查清劣质奶粉的生产源头、销售渠道和销售范围，并对受害儿童采取妥善医治措施。二，在查清事实的基础上，严肃追究有关人员责任，对触犯刑律人员要依法严厉惩处，并公开曝光。三，要从查处劣质婴儿奶粉事件入手，继续把食品药品的专项整治作为今年治理整顿市场经济秩序的重点，保证人民群众食品安全和身体健康。在此前后，国务院曾两度派调查组前往阜阳督办"阜阳劣质奶粉事件"。

5 月中旬，国务院调查组宣告基本查清阜阳劣质奶粉的致病原因、危害范围及其生产源头、销售渠道和销售范围等，并组织当地医疗机构对受害婴儿进行了救治。据调查组初步调查，阜阳市查获的 55 种不合格奶粉共涉及 10 个省、自治区、直辖市的 40 家企业，既有无厂名、厂址的黑窝点，也有的是盗用其他厂名，还有证照齐全的企业。这些劣质奶粉主要通过郑州万客来市场、合肥长江批发市场、蚌埠市太平街新市场、阜阳元丰市场等批发市场和生产厂家批量购进并批发到各县（市）、区的奶粉经销商、超市、百货商店、日杂店和行政村的小卖部，销售范围主要是阜阳市各区县的乡镇和农村市场。此外，经对当地 2003 年 3 月 1 日以后出生、以奶粉喂养为主的婴儿进行的营养状况普查和免费体检显示，因食用劣质奶粉造成营养不良的婴儿 229 人，其中轻中度营养不良的 189 人，死亡人数两人。

随着案件事实的基本查清，严厉追究有关人员的责任成为"阜阳劣质奶粉事件"的关键性环节。2004 年 5 月，国家食品药品监督管理局会同有关部门发出紧急通知，要求行政执法部门对查处的行政案件，涉嫌构成刑事犯罪的，要立即移送公安部门立案侦查。8 月 12 日，阜阳市颍泉区人民法院以徇私舞弊不移交刑事案件罪分别判处原阜阳市工商局颍泉分局周棚工商所副所长白啟祥、李亭君有期徒刑两年六个月和两年。这是"阜阳劣质奶粉事件"中行政官员被追究刑事法律责任的第一案。在"阜阳劣质奶粉事件"问责风暴中，安徽、浙江和福建等省的卫生、质监和工商部门有很多官员都在不同程度上受到了党纪、政纪或刑事处分，仅阜阳市就有十数名官员因此被处理。事实上，直到最近还有政府官员因"阜阳劣质奶粉事件"被判刑，据《法制日报》报道，2005 年 8 月 2 日，阜阳市中级人民法院以玩忽职守罪和介绍贿赂罪判处安徽省阜阳市原工商行政管理局公平交易局局长杨树新有期徒刑六年。①

因"阜阳劣质奶粉事件"受到法律制裁的违法人员除了与制假售假有关的政府官员外，还包括参与制假售假活动的违法经营者。2004 年 8 月 6 日，安徽省阜阳市公开审理了第一件劣质奶粉案，并在随后 4 个月的时间里，先后审结此类刑事案件 15 件，其中除两名被告人因情节轻微，被依法宣告免予刑事处罚外，其他 20 名被告人均被判处有期徒刑，刑期最长的为 8 年，最短的为 6 个月，5 年以上有期

---

①石中原、邢文：《整治奶粉市场不力　阜阳一局长获刑六年》，《法制日报》2005 年 8 月 4 日第 4 版。

徒刑的 8 人，4 年以下 6 个月以上有期徒刑的 12 人。此外，人民法院还先后对 18 名被告人分别处以人民币 3 万元以下，1 千元以上的罚金。

　　除了追究有关人员的相关责任外，国家还对受害人进行了救助，其中较为有力的一项举动是：阜阳市政府 2005 年 4 月 21 日做出决定，对经过确诊仍在医院治疗的患儿免费医治，对因服食伪劣奶粉死亡的每位患儿的家庭救济 1 万元，所需经费由政府和社会救助相结合，以政府为主解决。也有部分家庭提起了民事诉讼，要求违法经营者依法承担损害赔偿责任。不过，就所掌握的材料看，虽然仅安徽省阜阳地区就有 200 多名以上的受害婴幼儿，但提起民事损害赔偿诉讼的却不多。据中华全国律师协会未成年人保护专业委员会委员孔维钊介绍说，根据他所了解到的情况，总共有三户人家到法院提起了民事诉讼，其中一位名叫童雪婷的受害婴儿从经销商那里拿到了 7.4 万余元的赔偿。孔维钊说："大多数家庭没有到法院起诉施害者。除了经济因素外，当地百姓不能确信法院是否能够主持公道。""法院没人，打官司没用。"

二　各方面对"阜阳劣质奶粉事件"的反应

　　虽然危及群众生命健康和财产安全的重大责任事故近几年来已是司空见惯，但"阜阳劣质奶粉事件"仍然以其情节之恶劣、后果之严重在各方面引起了强烈震撼。一方面，负有监管、查处职责的各级政府及其主管部门采取种种措施对"劣质奶粉"进行了全国范围内的围剿；另一方面，包括法学家、行政管理学家、消费者保护专家在内的学者们也纷纷从各自的专业角度发表看法，积极参与讨论。各大新闻媒体则持续跟踪报道事态的发展并为社会大众提供讨论的平台。

　　"阜阳劣质奶粉事件"曝光后，政府很快就取得了对事态发展的主导权，一直到整个事件的基本解决。安徽省省长看到有关报道后，在 2004 年 4 月 18 日晚做出长篇批示："阜阳出现'大头娃'现象，目前已有数名婴儿死亡，原因是吃了伪劣奶粉。然而有些县市还在出售。问题严重至极，看完令人深思。那么，货从何来？又是谁人准入？阜阳发现了，其他地方怎么样？请立即召集工商、质监、卫生等有关部门，研究组织打假，彻底消除隐患，严厉打击那些图财害命、丧尽天良的不法分子。这是整顿市场秩序，更是对人民生命负责，这才是真正的实践'三个代表'。"4 月 19 日，温家宝总理做出批示并针对"阜阳劣质奶粉事件"的处理提出了"全面调查""严厉惩处"和"继续开展食品药品专项整治"等三项具体要求。随后，各级政府在国务院调查组的督促下，围绕总理的三点指示在全国范围内展开了对"劣质奶粉"的围剿。国务院还在 2004 年 5 月 13 日召开"食品安全专项整治电视电话会议"，贯彻落实温家宝总理关于阜阳劣质奶粉事件的重要指示精神，部署食品安全专项整治工作，并于 2004 年 9 月正式下发《国务院关于进一步加强食品安全工作的决定》，对加强全国食品安全工作做出了重大决策和部署，把食品安全工作提高到前所未有的高度。此外，最高人民法院 2004 年 6 月 21 日发布《最高人民法院关于依法惩处生产销售伪劣食品、药品等严重破坏市场经济秩序犯罪的通知》，将"生产销售有毒有害食品以及不符合卫生标准的食品的犯罪"列为重点打击对象；最高人民检察院也将阜阳劣质奶粉案列为 2004 年挂牌督办的案件。

随着政府对"阜阳劣质奶粉事件"查处的逐步展开以及相关事实的陆续曝光，包括有关政府官员在内的专家学者对此次事件进行了多角度、多层次的分析和讨论。专家学者讨论的核心问题之一是政府在食品安全卫生领域的监管职责与监管制度。一方面，专家学者针对"阜阳劣质奶粉事件"发生的原因讨论了政府的监管职责问题。普遍的观点认为，虽然违法经营者唯利是图的逐利本性以及农民因收入太低而贪图低价奶粉的无奈之举在一定程度上促成了事故的形成，但导致此次事件最终发生的主要原因则是政府及其主管部门没有尽到监管职责，是政府失职导致了悲剧的发生。就连有些政府官员在总结经验教训时也不得不承认："这次事件给我们的教训十分深刻，其原因是多方面的，但主要的是地方政府和有关部门工作责任心不强，有关职能部门作用发挥不够充分，以及依法行政不够到位。"① 有学者指出："这一事件暴露出地方政府的有关行政执法部门存在严重的行政不作为和虚假行政行为，不免使人们对一些政府部门管理社会经济事务的能力和承诺守信的程度又一次产生了怀疑。政府的职能到底是什么，怎样才能使政府切实履行其职能，怎样才能挽回政府在公众心中的形象，这些问题再次成为社会关注的焦点。"② 与此相关，人们还讨论了政府官员问责制度，并一致要求惩办对事件发生负有直接责任的政府官员。另一方面，专家学者也反思了我国的食品卫生监管体制。根据国家食品药品监督管理局局长郑筱萸的分析，发生"阜阳劣质奶粉事件"的制度性原因，一是执法监督体制尚未完全理顺，职责分工不明；二是各部门在食品安全制度建设，检验、检测体系建设和风险分析、风险控制体系建设中，缺乏统一协调和统筹规划。中国消费者协会法律顾问邱宝昌律师对食品监管领域问题提出的对策是：对现有的法律法规进行认真清理，补充和完善，对涉及食品监管的旧法进行废止、修改和整合，制定完整统一的"食品安全监督管理法"，从而减少和避免在立法和执法方面的冲突。③ 在讨论我国食品安全卫生监管体制的同时，学者们还针对"阜阳劣质奶粉事件"中受害人全部是农村婴幼儿的现象，并结合当下备受关注的"三农"问题，对我国农村地区的食品安全卫生监管体制给予了一定程度的关注。

除各个领域的专家学者以外，代表消费者立场和利益的消费者协会也从消费者权益保护和消费者法的角度参与了对此次事件的讨论，并积极配合政府的调查处理，在职责范围内尽量采取了一些维护受害消费者权益的措施。为了帮助受害消费者实现索赔权，中国消费者协会为消费者支招，建议已经受到人身损害的消费者最好向人民法院起

---

① 陈小俊：《由阜阳劣质奶粉事件谈加强食品安全监管的建议》，《安徽医药》2005 年第 2 期。

② 柯丽敏：《从阜阳劣质奶粉事件看政府信用建设》，《北方经济》2004 年第 11 期。

③ 胜文：《权威人士谈阜阳劣质奶粉事件》，《中国防伪》2004 年第 6 期。

诉，把《消费者权益保护法》赋予的权利充分行使，因为法院作出裁判的强制力会更强，医疗费、护理费、伤残赔偿等相关赔偿费用能得到充分赔付。滕佳材还提醒受害者在启动法律维权的程序时要注意广泛收集商品包装、发票、住院病历、医疗费用证明等相关证据，并进一步号召广大消费者借这次全国"清剿"劣质奶粉之机，积极行动起来，发现或购买到劣质奶粉时，要及时向有关部门举报，对因购买食用劣质奶粉造成人身健康损害的，要及时向消费者协会投诉，损害严重的，要依法提起诉讼，勇于运用法律手段维护自己的合法权益。① 尤其是，痛感我国消费者生命健康权遭受严重侵害的现象，中国消费者协会还有针对性地将 2005 年主题确定为"健康·维权"。

　　虽然作为消费者群体代言人的消费者协会比较活跃，但除极个别消费者以外，② 绝大多数个体的消费者即受害人（家庭）在"阜阳劣质奶粉事件"中的表现并不突出，这一点由"受害人多，索赔人少"的现象可见一斑。此外，基于不言自明的原因，违法经营者在整个事件过程中完全是"过街老鼠，人人喊打"，基本上处于失语状态。

　　在对"阜阳劣质奶粉事件"的处理和讨论过程中，新闻媒体也扮演了极为重要的角色，它们在揭露事实真相，代表受害人发出呼吁，充当群众发泄不满情绪及畅所欲言的管道，督促政府采取更为有力的措施等方面，发挥了不可替代的作用。

三　"阜阳劣质奶粉事件"的法律启示

（一）从"阜阳劣质奶粉事件"看我国的法制建设进程

　　早在 1990 年代，我国就将"依法治国、建设社会主义法治国家"

---

　　①《中消协为阜阳劣质奶粉受害者支招：向法院起诉》，新华网北京 2004 年 4 月 28 日电，http：//news. sohu. com/2004/04/28/80/news219988071. shtml。

　　②其中最为著名的要数安徽省阜阳市太和县农民高政。他因在"阜阳劣质奶粉事件"中的突出表现而在中宣部、司法部和中央电视台联合评选的 2004 年中国十大法治人物中位列第二。

确立为治国方略，强调法律在国家生活和社会生活中的至高地位。十多年后，当"阜阳劣质奶粉事件"这样重大的法律案件发生之时，法律到底在其中发挥了怎样的作用呢？

首先，从"阜阳劣质奶粉事件"的浮出水面看，虽然劣质奶粉在阜阳农村市场的销售在 2003 年曾一度达到非常猖獗的境地，虽然 2003 年下半年就有受害婴幼儿死亡事件的发生并有受害家庭开始了投诉，虽然当地有关部门在 2004 年年初也曾采取了初步的查处措施，但问题却一直没有得到根本性解决，而直到悲剧大规模发生之后，负有直接监管和处理责任的地方主管部门也没有采取主动，而是在新闻媒体和上级政府的敦促之下才开始行动。由此可见，在"阜阳劣质奶粉事件"真正发展成为一个法律案件的过程中，无论是对违法行为负直接监管和查处职责的行政机关，还是对案件具有法律审判权的司法机关都没有发挥应有的作用。其次，没有人会否认，"阜阳劣质奶粉事件"之所以获得如此迅速的解决，关键乃是得益于温家宝总理的批示以及国务院两次专门调查组的派遣。不难想象的是，如果没有国家级新闻机构的关注，如果没有诸多大众媒体的集中轰炸，如果没有最高行政首长的批示，就根本不可能在如此短的时间内集结如此强大的社会力量参与对"阜阳劣质奶粉事件"的围剿。最后，虽然"阜阳劣质奶粉事件"的受害人高达数百，死亡十数名，但真正通过司法途径获得损害赔偿的却不多，他们所得到的补偿主要是具有国家恩惠和施舍性质的免费体检、免费治疗以及数额极其菲薄的救济金。

"阜阳劣质奶粉事件"在相当程度上代表了此类事件在我国获得解决的典型模式，与西方有些国家相比，这种解决模式无疑具有很大的特色。显然，在对"阜阳劣质奶粉事件"的处理中，如何应对社会舆论，平息社会义愤，消解社会矛盾是政府最为关心的问题。反观西方有些国家的做法可以发现，虽然缓和因此类事故引发的社会矛盾也很重要，但与我们不同的是，他们更为关注的却是如何为具体的受害人获得迅速、公平、合理的赔偿，并力求通过制度的改造或创新尽量避免类似事件的重复发生。例如，在 20 世纪 70 和 80 年代尤其是在 80 年代的美国，曾发生过著名的石棉案（Asbestos）、橙剂案（A-gent Orange）、Dalkon Shield 子宫避孕环案，等等。这些案件在事实情节、社会影响等方面跟"阜阳劣质奶粉事件"具有很大的相似性，尤其是其中都涉及众多受害人的损害赔偿问题。在美国，这些案件主要是由法官根据民事诉讼法将其作为产品责任案件加以处理的，其中纽约东区法官温斯坦（Weinstein）利用集体诉讼制度解决的"橙剂案"和"石棉案"，得克萨斯东区的联邦法官罗伯特·帕克（Robert Parker）利用同样的诉讼程序解决的发生在其辖区内的"石棉案"都非常著名。案件处理的后果是消费者从违法行为人那儿获得了巨额赔偿，法官甚至还为此积极探索了新的损害赔偿方法。[1] 两相对照就不难发现，在"阜阳劣质奶粉事件"中，取代司法权和司法机关发挥主导作用的却是行政权和行政措施乃至非法律性质的手段和措施。的确，新闻媒体积极揭露并批判有关的社会事件固然体现了社会监督在现代文明法治社会中的重要性，国家领导人的批示也体现了党和国家对百姓疾苦的关怀，但是，将法律案件的解决寄希望于新闻媒体的报道显然并不正常，企望行政首长乃至国家总理对每一件或者大部分"阜阳劣质奶粉事件"之类的案件加以批示更不现实。在弘扬法治的今天，当此类事故尚未发生之时，人民权利的守望者理应是长期有效的日常监管制度而不仅仅是新闻媒体的报道，而当事故既已发生之后，常规性的司法渠道而不是人治色彩浓厚的长官命令在法律责任的追究以及对受害人的救济方面也应发挥更为重要的作用。尤其是，在像"阜阳劣质奶粉事件"之类的案件中，追究违法行为人的行政和法律责任，平息社会义愤固然重要，但这决不能代替对受害人的经济赔偿。在"阜阳劣质奶粉事件"中，国家提供免费体检和免费治疗，同时对受害家庭发放一定数额的救济金，固然在一定程度上安抚了受害人，缓解了社会矛盾，体现了党和国家的恩惠，但通过这种形式发放的救济金并没有完全弥补受害人的经济损失和精神痛苦，而且从更

---

[1] 详见钟瑞华《美国消费者集体诉讼初探》，《环球法律评论》2005 年第 3 期。

深的层次上讲，由于救济金是"以政府为主解决"的，所以这种慷慨行为实际上是利用国库为违法行为人"埋单"，是全体纳税人代替违法行为人承担损害赔偿责任。总之，在"阜阳劣质奶粉事件"中，虽然法律和司法机关在追究违法行为人的法律责任，为受害人提供损害赔偿方面发挥了一定的作用，但我们不得不承认，法律和司法机关在整个事件的处理过程中都表现出很大的滞后性和边缘性，并没有发挥其应有的核心作用。将"阜阳劣质奶粉事件"这样的社会事故视为法律和司法机关的禁脔固然不对，但在依法治国成为基本原则和全民共识的今天，我们一面期望今后不再发生类似的事件，但同时也更加盼望，若有类似案件的发生，法律和司法机关能更主动地发挥更多的作用。

（二）从"阜阳劣质奶粉事件"透视政府官员问责制

事件发生之时，中央政府正在推进"以建设责任政府"为亮点的行政改革，这次改革秉承"有权必有责、用权受监督、侵权要赔偿"的理念，强调依法行政以及权力和责任的一致性。在这种背景下，当重大责任事故发生时，对有关政府官员的问责往往成为舆论的焦点以及上级政府善后工作的重要环节，在"SARS""中石油川东油田井喷事故""北京密云县特大伤亡事故"和"吉林中百商厦特大火灾事故"等中莫不如此，而"阜阳劣质奶粉事件"也不例外。此次事件曝光以后，社会舆论一致强烈要求追究有关人员的责任，上级政府也将对失职政府官员的"严厉查处"作为工作重点之一，于是，很多负有直接责任的政府官员不可避免地被问责。但尤其引人注目的是，在"阜阳劣质奶粉事件"的问责风暴中发生了两起似乎与当时的大背景不太"和谐"的插曲：一是，2004 年 6 月 20 日，福建省福鼎市质量技术监督局局长翁华铭在 6 月 16 日被省质监局停职检查后，自杀身亡，而翁的家人和身边的工作人员普遍认为，翁的自杀和"阜阳劣质奶粉事件"有关，是外部问责风暴和内心压力太大内外交困的结果。二是，2004 年 4 月 24 日，阜阳市太和县工商局对太和县城东工商所市场管理员陈春生、宋影做出辞退决定竟然是假的。这种"阳奉阴违"的行为被媒体曝光后，阜阳市工商局迫于种种压力不得不于7月4日下发了"关于辞退公务员陈春生、宋影同志的决定"，正式辞退陈春生等二人。陈春生和宋影不服，并多次到上级部门申诉。有关部门最后变更了对二人的处理决定：由辞退改为记大过。这种不和谐的"插曲"为什么会发生？它们说明了什么问题？仔细分析不难发现，其根源乃在于我国现行的政府官员问责制尚不完善。

毫无疑问，当重大责任事故发生时追究有关政府官员的政治、行政和法律责任，乃是我国政治制度和行政管理体制的重大进步。问责制的实行有利于打破我国政府官员有权无责、权责不一致的官本位传统，对于树立良好的官场风气和正确的权力观不无裨益。但同样不容否认的是，我国对此项制度无论在理论研究上还是在实践经验的积累上都非常欠缺，因此具体到操作的时候，难免发生事实不清、责任不分、法律依据不明确、程序不完善等弊端。这些问题的存在不仅无助于问责制作用的发挥，甚至还有可能进一步激化矛盾，产生更为消极的后果，"阜阳劣质奶粉事件"中发生的上述两个插曲以及其他的一些现象对我们而言就是很好的警示和提醒。实际上，除翁华铭、陈春生和宋影分别用自己的方式表达了对有关处理决定的异议以外，在"阜阳劣质奶粉事件"中受到冲击的绝大多数政府官员都有不同程度的不满情绪，他们虽然在舆论和政府权威的高压之下选择了保持沉默，但我们仍然可以从那些偶尔发出的不和谐声音中体会到这种不满情绪的存在，该次事件中被问责的十数名政府工作人员无一人"主动"引咎辞职，以及阜阳副市长表示"不想引咎辞职"也同上述两个插曲一起见证了这一点。诚如有人所指出的："在劣质奶粉事件中，数以百计的官员受到了各种处分甚至丢掉饭碗。问责制正在给中国官员带来空前的压力，但在制度不健全、责任不清晰的背景下，为应付上级和舆论而进行的问责，难免受到争议甚至变相抵制。"① 因此，

---

① 《阜阳奶粉案假撤职的真相》，《中国新闻周刊》总第186期，2004年7月5日。

为了使政府官员问责制这样一项民主政治制度在我国的法律环境和文化环境中切实发挥应有的作用而不是适得其反，做好如下两点很重要：

一是不仅要问政府官员个人的责任，更要问制度之责，从根本上寻求问题的原因和解决办法。重大责任事故发生的背后当然非常可能存在受贿、渎职等人为的因素，有关人员为此承担责任也是责无旁贷，但必须注意的是，我国目前正处在市场经济高速发展的转轨时期，很多制度尚在摸索和建设当中，因此有些事故的发生就不仅仅是个人的责任，更是制度问题。例如，在"阜阳劣质奶粉事件"中，食品安全卫生监管体制的不健全就是事情发生的根本原因之一。在这种情况下，单纯将主要精力放在追究有关个人的责任上面，其实并不利于问题的根本解决。这正如有人所指出的，"劣质奶粉的灾难并不仅仅是几个官员的失职所酿成的，即使十个副市长引咎辞职，劣质奶粉也未必会从广大的市场上永久消失，究其原因，乃是我国现行的食品安全体系陈旧落后，无法适应市场复杂化、需求多样化、监管无缝化的需要，所以，要从根本上解决劣质奶粉的问题，就必须着手改造我们的食品安全监管制度"。[①] 其实，不仅食品安全卫生问题是这样，其他普遍存在的如环境保护问题、耕地保护问题、矿难事故等也莫不如此。因此，为了真正解决问题，我们就应该在追究个别政府官员责任的同时，更要"问制度之责"，努力从制度上寻求问题存在和发生的根源并从而寻求长期有效的解决之道，因为"现代责任政府的问责不是一种被动、反应性的行为，而必须是一种积极的、前瞻性的行为；通过"问责"不但要惩治已经发生了的恶行，更要铲除恶行得以产生的土壤，以彻底防止类似悲剧的重演。很多突发性侵权事件的根源都是那些存在着严重缺陷的制度安排。……问制度之责，这就是现代政府问责制的关键性内涵。"[②]

---

①蔡方华：《"问责风暴"彰显什么又遮蔽了什么》，《北京青年报》2004 年 5 月 2 日。
②毛飞：《问责，就要一问到底》，《新京报》2004 年 6 月 12 日。

二是要彻底杜绝存在于问责实践中的人治因素和随意性，实现问责制的法制化和规范化。问责制是宪政民主政治体制中的一项法律制度，其有效运作不仅依赖于相关的外部配套制度，还取决于其自身制度建设的科学性和合理性。当我们移植这项国外的法律制度时，就应该努力克服中国行政管理领域中沿袭已久的人治因素和随意性，实现问责制的法制化和规范化。具体一点讲就是，遇到重大责任事故需要对官员问责时，不能单靠领导批示、中央政府组派调查组、上级督办这些比较原始的吏治色彩浓厚的工作方法，更要做到事实清楚、职责明确，法律根据充分，程序和形式合法等基本要求，从而做到问责有理有据，使被问责的官员心服口服，甘愿受罚，并对其他人员起到教育和警示的作用。不难想象，如果翁华铭对自己所受的处分从心理上完全认可，没有"想不通"的地方，他很有可能不会选择轻生；如果上级政府对陈春生等二人的处理决定真正做到事实清楚，责任明确，有关政府部门也不会被迫做出改变原处理决定这样有失政府威信的行为（尽管我们也可以将知错就改解释为政府工作作风的转变和进步）；如果阜阳副市长打心底里认为自己的失职是事件发生的根本原因或主要原因，他也不会有勇气在媒体面前说出"不想引咎辞职"这样"厚颜无耻"的话……实现政府官员问责的法制化和规范化，依法建设现代化问责制度，防止问责制演变为单纯的吏治手段，不仅有利于保护行政管理相对人和行政管理者自身的利益，更是防止利用问责掩盖深层次问题并避免矛盾进一步激化的必然要求。

（三）从"阜阳劣质奶粉事件"看消费者保护法制建设

"阜阳劣质奶粉事件"是一起重大的社会责任事故，但它首先更是一起严重侵害消费者生命健康权的法律案件，因此其对我国消费者保护法制建设的启发意义也不容忽视。

一是要从基本人权的高度认识消费者权利，赋予消费者保护政策独立的地位。"阜阳劣质奶粉事件"中遭受伤害的主要是农村消费者，而且是婴幼儿。在外来伤害面前，这些"弱者中的弱者"实在是毫无自卫能力，伤害后果对部分受害人而言显然也是毁灭性的。这再次充分显明，消费者权利与消费者的身家性命休戚相关，应该从基本人权的高度认识消费者权利的性质；这也表明，消费者权利确实是必须政府主动提供保障才可以实现的权利，必须以对待人权的严肃态度对待消费者保护问题。鉴于消费者政策直接反映了国家对消费者权利的重视程度并对全局性的消费者保护工作具有方向性的指导作用，提高对消费者权利的认识，当务之急是要使消费者政策发展成为独立于经济政策存在的、反映和维护消费者利益的国家政策。其实，我国的消费者保护政策从来没有获得过独立地位，对经济政策和产业政策自始至终具有很强的依附性。例如，现行《消费者权益保护法》就明确规定不仅要"保护消费者的合法权益"，而且要"维护社会经济秩序，促进社会主义市场经济健康发展"。这意味着消费者利益从来就没有被作为独立存在的利益加以对待过，消费者福利只不过是其他政策的反射利益而已。很长时间以来，我们都是为了"刺激消费，拉动内需"而保护消费者利益的；既然可以为了"刺激消费，拉动内需"而保护消费者，当然也可以为了同样的目的或任何其他别的目的而牺牲消费者利益，消费者保护政策的从属性及其地位的不稳固性由此可见一斑。虽然人们可以在理论上强调，任何经济政策和产业政策的制定都必须考虑而不得忽视或侵害消费者利益，但实践中，在大力发展经济的时代背景下，如果消费者利益与改善投资环境、扶持产业发展等"更大更高"的经济目标发生冲突，就非常容易在"保护消费者利益，也要保护经营者利益"、维护经营自由权等冠冕堂皇的旗帜下牺牲掉消费者利益，更何况还存在地方保护主义？更何况具体执行《消费者权益保护法》的各行政职能部门与企业的联系远比与消费者的联系更加复杂而密切呢？因此，要使我国的消费者保护工作获得实质性进展，克服目前的被动局面，就有必要从观念上提高对消费者权利的认识，从消费基本权的高度看待消费者权利和消费者保护问题，赋予消费者政策独立地位。

二是要系统地看待消费者权利，注重各项具体消费者权利的合理配置与制度保障。消费者权利是一个集合性概念，由生命健康权、知情权、索赔权、结社权等若干项具体的消费者权利组成。各项具体消费者权利的功能也不相同，生命健康权重在强调消费者的实体性权利，索赔权、结社权和申诉权等则属于保障消费者实体性权利实现的工具性或技术性权利。作为权利束的消费者权利是一个需要各项具体的消费者权利合理配置，相互配合才能有效运作的权利系统。这一点在"阜阳劣质奶粉事件"中表现得就比较明显。在这次事件中，虽然直接遭到侵害的主要是消费者的生命健康权，但申诉权、救济权等其他各项权利共同切实发挥作用则是受害消费者就自己在身体、精神和经济方面所遭受的损失获得补偿的制度性保障。实际上，消费者在经济、社会等各方面的弱势地位及救济权在消费者权利体系中的关键性地位就决定了，"高效、便利、公正"的程序性规则是从制度上保证消费者权利得以实现的根本性因素，否则，保护消费者权利只能是一句空话。就我国的消费者保护立法和实践看，虽然现行《消费者权益保护法》规定了解决消费争议的"五种"途径，但由于并没有体现出救济权的上述本质性要求，因此在现实中的可操作性大打折扣。此次事件中，在论及对受害消费者的损害赔偿问题时，中国消协秘书长为消费者支招，认为"最好的解决方式是向人民法院起诉"，建议消费者"充分行使"法律所赋予的权利，但这实在是无奈之举。原因在于，考虑到"启动法律维权程序"需要收集的"商品包装、发票、住院病历、医疗费用证明等相关证据"，以及必须支付的"案件受理费、律师费、误工费、差旅费"等等，如此的诉讼程序实在是那些农村消费者的"不能承受之重"。所以，实际的情况是，"阜阳劣质奶粉事件"中的绝大多数受害人并没有接受消费者协会推荐的"最好的解决方式"。可见，忽视消费者权利自身的系统性，不重视各项消费者权利这种内在的相互配合作用，并有意识地合理配置不同功能的具体权利，且有针对性地为其提供制度性保障，而只是对具体消费者权利进行简单的列举，其宣示意义大于现实意义，对消费者而言实乃画饼充饥。

　　三是要重视国家的消费者保护义务，尤其要充分发挥政府行政机关在消费者保护实践工作中的重要作用。人权与私权的主要区别之一是义务主体的不同，强调消费者权利的基本人权性质就是强调国家的消费者保护义务。消费者权利的人权性质要求国家在立法、司法和行政等各个方面承担尊重、保护和实现的义务。为了全面地实现和保护消费者权利，国家首先应该在法律中明确规定消费者的各项基本权利以及各种消费者保护的基本制度，为消费者保护实践工作提供法律依据。更为重要的是，为了使消费者权利成为消费者真正可以实实在在享有的权利，国家还要积极提供制度保障，其中包括司法和行政方面的制度保障，不仅保证消费者在权利遭受侵害时可以获得公正、便利的司法救济，更要加强消费者保护行政机关的日常监管，积极主动查处各种侵害消费者权利的违法经营行为，尽量减少甚至杜绝侵害消费者权利事件的发生。实际上，自消费者运动在西方国家产生以来，政府行政机关以及政府规制一直就在消费者保护中处于非常关键的地位，甚至在西方国家普遍发生了放松规制的浪潮之后，以消费者保护为目的的政府规制仍然构成西方政府的重要职责。而具体到我国政府的消费者保护职责而言，强调政府在消费者保护中的义务并非是要政府对所有的消费者问题都要"事必躬亲"。消费者权利的基本人权性质要求，政府一方面要加强并更新对市场的监管手段，要管得准，管得狠，另一方面还要积极提供各种制度框架，吸纳民间力量参与消费者权利的保护。例如可以通过资金辅助、技术支持、人员培训或辅导等方式扶助个人或组织发挥在消费者保护中的作用，鼓励其在信息发布、产品检测、提出立法建议等方面分担政府责任；也可以为消费者结社权的行使创造更加宽松的条件并提供制度性框架，扶助建立各种类型的消费者组织，提高消费者据以对抗经营者并进行自我保护的能力。总之，为促进对消费者权利的保护，改变政府的被动局面，既要适当定位政府在其中的角色并调整其工作方式，做到该管的管好，不该管的放手；又要采取各种可能的方式提倡和鼓励社会力量积极参与，使消费者运动真正发展成为名副其实的社会运动。

主要参考文献

［按首字拼音字母顺序排列］

一　中文著作

1. ［英］安东尼·奥格斯：《规制：法律形式与经济学理论》，骆梅英译，苏苗罕校，中国人民大学出版社 2008 年版。

2. ［美］伯纳德·施瓦茨：《美国法律史》，王军等译，中国政法大学出版社 1990 年版。

3. ［日］北川善太郎：《日本民法体系》，李毅多、仇京春译，科学出版社 1995 年版。

4. ［美］保罗·斯洛维奇编著：《风险的感知》，赵延东等译，北京出版社 2007 年版。

5. 崔卓兰、于立深：《行政规章研究》，吉林人民出版社 2002 年版。

6. ［日］大须贺明：《生存权论》，林浩译，吴新平审校，法律出版社 2001 年版。

7. ［美］丹尼尔·F. 史普博：《管制与市场》，余晖等译，上海三联书店、上海人民出版社 1999 年版。

8. 杜景林、卢谌：《德国债法改革》，法律出版社 2003 年版。

9. ［美］厄普顿·辛克莱：《屠场》，溥景山译，四川文艺出版社 2010 年版。

10. ［日］谷口安平：《消费者纠纷与仲裁》，收于谷口安平《程序的正义与诉讼》，王亚新、刘荣军译，中国政法大学出版社 1996 年版。

11. 侯怀霞主编：《经济法学》，北京大学出版社 2003 年版。

12. 黄立：《民法总则》，中国政法大学出版社 2002 年版。

13. 黄茂荣：《买卖法》，中国政法大学出版社 2002 年版。

14. ［美］哈维·列文斯坦：《让我们害怕的食物——美国食品恐慌小史》，徐漪译，上海三联书店 2016 年版。

15. ［德］哈贝马斯：《在事实与规范之间》，童世骏译，三联书店 2003 年版。

16. ［美］汉米尔顿等：《联邦党人文集》，程逢如等译，商务印书馆 1995 年版。

17. ［美］H. W. 刘易斯：《技术与风险》，杨健、缪建兴译，中国对外翻译出版公司 1994 年版。

18. 姜志俊、黄立、范建得编著：《消费者权益保护》，"国立"空中大学 2000 年印行。

19. 焦仁和：《商品责任之比较研究》，岚虹彩色印刷公司 1986 年印行。

20. 金福海：《消费者法论》，北京大学出版社 2005 年版。

21. ［美］凯斯·R. 桑斯坦：《权利革命之后：重塑规制国》，钟瑞华译，中国人民大学出版社 2008 年版。

22. ［美］凯斯·R. 孙斯坦：《自由市场与社会正义》，金朝武等译，中国政法大学出版社 2002 年版。

23. ［德］拉德布鲁赫：《法学导论》，米健、朱林译，中国大百科全书出版社 1997 年版。

24. 李昌麒、许明月编著：《消费者保护法》，法律出版社 1997 年版。

25. ［美］蕾切尔·卡森：《寂静的春天》，吕瑞兰、李长生译，上海译文出版社 2008 年版。

26. 刘文琦：《产品责任法律制度比较研究》，法律出版社 1997 年版。

27. 刘益灯：《跨国消费者保护的法律冲突及其解决对策》，法律出版社 2008 年版。

28. 马一德：《消费者权益保护专论》，法律出版社 2017 年版。

29. ［意］莫诺·卡佩莱蒂编：《福利国家与接近正义》，刘俊祥等译，法律出版社 2000 年版。

30. ［澳］欧文·E. 休斯：《公共管理导论》，彭和平等译，中国人民大学出版社 2001 年版。

31. 吴越、李兆玉、李立宏编译：《欧盟债法条例与指令全集》，法律出版社 2004 年版。

32. 潘静成、刘文华主编：《中国经济法教程》，中国人民大学出版社 1999 年版。

33. ［英］P. S. 阿蒂亚：《法律与现代社会》，范悦等译，辽宁教育出版社、牛津大学出版社 1998 年版。

34. ［英］P. S. 阿蒂亚：《合同法导论》，赵旭东等译，法律出版社 2002 年版。

35. 钱玉文：《消费者权利变迁的实证研究》，法律出版社 2011 年版。

36. 秦鹏：《生态消费法研究》，法律出版社 2007 年版。

37. 漆多俊主编：《经济法学》，武汉大学出版社 1998 年版。

38. 全国人大常委会法制工作委员会民法室编：《消费者权益保护法立法背景与观点全集》，法律出版社 2013 年版。

39. 戎素云：《消费者权益保护运动的制度分析》，中国社会科学出版社 2008 年版。

40. ［法］让·鲍德里亚：《消费社会》，刘成富、全志钢译，南京大学出版社 2014 年版。

41. ［法］热拉尔·卡：《消费者权益保护》，姜依群译，商务印书馆 1997 年版。

42. ［美］史蒂芬·霍尔姆斯、凯斯·R. 桑斯坦：《权利的成本》，毕竞悦译，北京大学出版社 2004 年版。

43. 邵建东：《德国反不正当竞争法研究》，中国人民大学出版社 2001 年版。

44. 史际春主编：《经济法教学参考书》，中国人民大学出版社 2002 年版。

45. ［英］科林·斯科特：《规制、治理与法律：前沿问题研究》，安永康译，宋华琳校，清华大学出版社 2018 年版。

46. ［英］斯蒂芬森·W. 海维特：《产品责任法概述》，陈丽洁译，中国标准出版社 1991 年版。

47. 孙颖：《消费者保护法律体系研究》，中国政法大学出版社 2007 年版。

48. 陶建国等：《消费者公益诉讼研究》，人民出版社 2013 年版。

49. 吴宏伟主编：《经济法》，中国人民大学出版社 2003 年版。

50. 王全兴：《经济法基础理论专题研究》，中国检察出版社 2002 年版。

51. 王保树主编：《经济法原理》，社会科学文献出版社 1999 年版。

52. 肖江平：《中国经济法学史研究》，人民法院出版社 2002 年版。

53. 谢次昌主编：《消费者保护法通论》，中国法制出版社 1994 年版。

54. 徐澜波：《消费者和消费者保护法律研究》，上海远东出版社 1995 年版。

55. 许志雄：《宪法入门（Ⅰ）人权保障篇》，元照出版公司 1998 年版。

56. 许思奇：《中日消费者保护制度比较研究》，辽宁大学出版社 1992 年版。

57. 杨紫烜主编：《经济法》，北京大学出版社、高等教育出版社 1999 年版。

58. 杨紫烜、徐杰主编：《经济法学》，北京大学出版社 2001 年版。

59. 应飞虎：《信息、权利与交易安全——消费者保护研究》，北京大学出版社 2008 年版。

60. ［美］约翰·肯尼思·加尔布雷思：《富裕社会》，赵勇译，江苏人民出版社 2009 年版。

61. 张靖：《我国消费者保护中的冷却期制度研究》，法律出版社

2014 年版。

62. 张为华：《美国消费者保护法》，中国法制出版社 2000 年版。

63. 张严方：《消费者保护法研究》，法律出版社 2003 年版。

64. 赵秋雁：《电子商务中消费者权益的法律保护：国际比较研究》，人民出版社 2010 年版。

65. 赵相林、曹俊主编：《国际产品责任法》，中国政法大学出版社 2000 年版。

66. 周志忍：《当代国外行政改革比较研究》，国家行政学院出版社 1999 年版。

67. 朱淑娣、万玲：《全球化与金融消费者权益行政法保护》，时事出版社 2013 年版。

二　中文论文

1. 蔡方华：《"问责风暴"彰显什么又遮蔽了什么》，《北京青年报》2004 年 5 月 2 日。

2. 曹晶晶等：《生产苏丹红一号的公司面临起诉　被控告公司喊冤》，http：//news. rednet. com. cn/Articles/2005/11/763423. HTM。

3. 陈小俊：《由阜阳劣质奶粉事件谈加强食品安全监管的建议》，《安徽医药》2005 年第 2 期。

4. ［德］Claus-Wilhelm Canaris：《民事法的发展及立法——德国契约法的基本理念及发展》，林美惠译，《台大法学论丛》1999 年第 3 期。

5. 定军：《后"苏丹红"时代》，《中国经济周刊》2005 年第 14 期。

6. 东方愚：《"苏丹红风波"下的"非理性维权"》，http：//finance. qq. com/a/20050325/000070. htm。

7. 桂菊平：《论出卖人瑕疵担保责任、积极侵害债权及产品责任之关系》，《民商法论丛》第 2 卷，法律出版社 1994 年版。

8. 郭丽珍：《论制造人之产品召回与警告责任》，收于苏永钦等人合著《民法七十年之回顾与展望纪念论文集（一）》（总则·债编），中国政法大学出版社 2002 年版。

9. 黄金荣：《经济和社会权利的可诉性问题研究》，中国社会科学院研究生院 2004 年博士学位论文。

10. 黄金荣：《一场方兴未艾的法律运动——对当代中国公益法实践的观察与评论》，《公益诉讼》第一辑，中国检察出版社 2006 年版。

11. 季卫东：《社会变革的法律模式》，收于季卫东《法治秩序的建构》，中国政法大学出版社 1999 年版。

12. 柯丽敏：《从阜阳劣质奶粉事件看政府信用建设》，《北方经济》2004 年第 11 期。

13. 李鸿禧：《保护消费者权利之理论体系——经济的人权宪章之新谱系》，收于李鸿禧《宪法与人权》，"国立"台湾大学法学丛书编辑委员会编辑，元照出版公司 1999 年版。

14. 梁慧星：《中国的消费者政策和消费者立法》，《法学》2000 年第 5 期。

15. 梁慧星：《消费者运动与消费者权利》，《法律科学》1991 年第 5 期。

16. 梁慧星：《从近代民法到现代民法》，《民商法论丛》第 7 卷，法律出版社 1997 年版。

17. 梁慧星：《论出卖人的瑕疵担保责任》，《比较法研究》1991 年第 3 期。

18. 李猛：《除魔的世界与禁欲者的守护神：韦伯社会理论中的"英国法"问题》，收于李猛编《韦伯：法律与价值》，上海人民出版社 2001 年版。

19. 李永增、张冉燃：《食品安全重在防什么》，《瞭望新闻周刊》2005 年 3 月 28 日第 13 期。

20. 林子仪：《消费者保护之行政管制——美国法制之简介》，收于廖义男主编《消费者保护之行政监督与执行之研究》，该文集为"国立"台湾大学法律学研究所受台湾"经济部"委托所完成课题的研究成果，1991 年。

21. 林金吾：《消费者诉讼制度之研究》，台湾《司法研究年报》第十七辑第十篇，1997 年。

22. 刘继峰：《竞争法中的消费者标准》，《政法论坛》2009 年第 5 期。

23. 刘世如：《树立信心切实抓好食品安全》，http：//finance. sina. com. cn/roll/20050617/14371697077. shtml。

24. 毛飞：《问责，就要一问到底》，《新京报》2004 年 6 月 12 日。

25. 胜文：《权威人士谈阜阳劣质奶粉事件》，《中国防伪》2004 第 6 期。

26. ［马来西亚］苏蒂·拉查甘：《亚洲的消费者保护法与赔偿机制》，王晓珉译，陈黄穗校，《中外法学》1996 年第 6 期。

27. 苏永钦：《消费者保护法》，收于苏永钦《民法经济法论文集（一）》，政治大学法律学习法学丛书，1988 年版。

28. 苏永钦：《私法自治中的国家强制》，收于苏永钦等人合著《民法七十年之回顾与展望纪念论文集（一）》（总则·债编），中国政法大学出版社 2002 年版。

29. 孙宪忠：《论民商法的研究方法》，《法律科学》1999 年第 2 期。

30. 石中原、邢文：《整治奶粉市场不力　阜阳一局长获刑六年》，《法制日报》2005 年 8 月 4 日第 4 版。

31. ［德］图依布纳：《现代法中的实质要素和反思要素》，矫波译，《北大法律评论》，第二卷·第二辑，法律出版社 1999 年版。

32. 王泽鉴：《消费者的基本权利与消费者的保护》，收于王泽鉴《民法学说与判例研究》第 3 卷，中国政法大学出版社 1998 年版。

33. 吴泽勇：《德国团体诉讼的历史考察》，《中外法学》2009 年第 4 期。

34. 谢鸿飞：《民法典与特别民法关系的建构》，《中国社会科学》2013 年第 2 期。

35. 谢晓尧：《消费者：人的法律形塑与制度价值》，《中国法学》

2003 年第 3 期。

36. 许凯：《苏丹红风暴 20 天全记录　风暴眼中的众生像》，http：//china. dayoo. com/gb/content/2005 – 03/16/content_ 1974708. htm。

37. 徐孟洲、谢增毅：《论消费者及消费者保护在经济法中的地位——"以人为本"理念与经济法主体和体系的新思考》，《现代法学》2005 年第 4 期。

38. 杨凤春：《论消费者保护的政治学意义》，《北京大学学报》（哲学社会科学版）1997 第 6 期。

39. 杨立新、刘召成：《德国民法典规定一体化消费者概念的意义及借鉴》，《法学杂志》2013 年第 1 期。

40. 杨立新、王占明：《我国消费者行政的现状及改革》，《法治研究》2013 年第 9 期。

41. 杨立新、王占明：《全球消费者行政设置述评》，《河南财经政法大学学报》2013 年第 1 期。

42. 杨琴：《中国六十年：消费者保护法的立法历程》，《贵州大学学报》（社会科学版）2009 年第 6 期。

43. 雨木：《苏丹红事件波及全国　湖南辣椒食品行业遭重创》，ht-tp：//finance. sina. com. cn/chanjing/b/20050407/16071497527. shtml。

44. 赵红梅：《第三法域社会法理论之再勃兴》，《中外法学》2009 年第 3 期。

45. 张骐：《中西产品责任法探源及其比较》，《中外法学》1997 年第 6 期。

46. 朱柏松：《消费者保护法之成立、构成及若干问题之提起》，收于朱柏松《消费者保护法论》，翰芦图书出版有限公司 1999 年版。

47. 朱柏松：《消保法邮购及访问买卖法规范之分析》，收于朱柏松《消费者保护法论》，翰芦图书出版有限公司 1999 年版。

48. 郑贤君：《论宪法社会基本权的分类与构成》，收于《中国法学会宪法学研究会 2003 年年会论文集》（上册）。

49. 植万禄、刘洋：《2005 食品安全拍案惊奇　还有多少苏丹红将会重来》，http：//finance. sina. com. cn/xiaofei/puguangtai/20050318/07 341440364. shtml。

50. 钟瑞华：《美国消费者集体诉讼初探》，《环球法律评论》2005 年第 3 期。

51. 钟瑞华：《从绝对权利到风险管理——美国的德莱尼条款之争及其启示》，《中外法学》2009 年第 4 期。

三　外文著作

1. Aaker, David A. and Day, George S., *Consumerism*：*Search for the Consumer Interest*, 4ᵗʰed., The Free Press, 1982.

2. Abel, Richard, *The Politics of Informal Justice*, Academic Press, 1982.

3. Basedow, J., Hopt, K. J., Kötz, H., and Baetge, D., *Die Bündelung gleichgerichteter Interessen im Prozeß*, Tübingen：Mohr Siebeck, 1999.

4. Bourgoignie, Thierry and Trubek, David, *Consumer Law*, *Common Markets and Federalism in Europe and the United States*, Walter de Gruyter, 1987.

5. Capelletti, Mauro, *The Judicial Process in Comparative Perspective*, Clarendon Press, 1989.

6. Capelletti, Mauro and Garth, B. （ed.）, *Access to Justice*：*a World Survey*, Alphen aan den Rijn/Milan, Sijthoff and Noordhoff/Giuffre, 1978.

7. Capelletti, Mauro and Garth, B. （ed.）, *Access to Justice*：*Emerging Issues and Perspectives*, Alphen aan den Rijn/Milan, Sijthoff and Noordhoff/Giuffre, 1978.

8. Cooter, Robert and Ulen, Thomas, *Law and Economics*, Pearson, 1988.

9. Cross, G., *An All-Consuming Century*: *Why Commercialism Won in Modern America*, Columbia University Press, 2000.

10. Edelman, Murray, *The Symbolic Uses of Politics*, University of Illinois Press, 1962.

11. Forbes, J. D., *The Consumer Interest*, Croom Helm Ltd., 1987.

12. Handler, Joel F., *Social Movement and The Legal System*: *Theory of Law Reform and Social Change*, Academic Press, 1979.

13. Harvey, Brain W., *The Law of Consumer Protection and Fair Trading*, 2nded., Butterworths Law, 1982.

14. Himachalam, Dr. D. (ed.), *Consumer Protection And The Law*, Aph Publishing Corporation, 1998.

15. Hippel, Eike von, *Verbraucherschutz*, 3rd ed., J. C. B. Mohr., 1987.

16. Howells, Geraint G. and Weatherill, Stephen, *Consumer Protection Law*, Darthmouth, 1995.

17. Howells, Geraint G. and Weatherill, *EC Consumer Law*, Ashgate and Darthmouth, 1997.

18. Jaffe, David and Vaughn, Robert, *South American Consumer Protection Laws*, Kluwer Law International, 1996.

19. Marsden, Terry, Flynn, Andrew, and Harrison, Michelle, *Consuming Interests*, UCL Press, 1999.

20. Mayer, Robert N., *The Consumer Movement*: *Guardians of the Marketplace*, Twayne Publishers, 1989.

21. McGregor, O. R., *Social History and Law Reform*, Stevens, 1981.

22. Morris, David (ed.), *Economics of Consumer Protection*, Heinemann Educational Books, 1980.

23. Nadel, Mark V., *The Politics of Consumer Protection*, 3rd edition, Bobbs-Merrill, 1971.

24. Nader, L. (ed.), *No Access to Law*: *Alternatives to the American Ju-*

dicial System, Academic Press, 1980.

25. Offe, Claus, *Contradictions of the Welfare State*, Hutchinson, 1984.

26. Panta, Murali Prasad, *Business, Consumer and the Government—An Economic and Legal Perspectives*, Mittal Publications, 2001,

27. Ramsay, Iain, *Consumer Protection: Text and Materials*, Weidenfeld & Nicolson, 1989.

28. Rickett, Charles E. F. and Telfer, Thomas G. W. (ed.), *International Perspectives on Consumers' Access to Justice*, Cambridge University Press, 2003.

29. Schuck, Peter H., *Agent Orange on Trial: Mass Toxic Disasters in the Courts*, The Belknap Press, 1986.

30. Scott, Collin and Black, Julia, *Cranston's Consumers and the Law*, 3rd ed., Butterworths, 2000.

31. Smith, Martin, *Consumer Case for Socialism*, Fabian Society, 1986.

32. Wilhelmsson, Thomas and Hurri, Samuli (ed.), *From Dissonance to Sense: Welfare State Expections, Privatisation and Private Law*, Dartmouth Publishing Co Ltd, 1998.

33. Wilhelmsson, Thomas, Tuominen, Salla, and Tuomola, Heli (ed.), *Consumer Law in the Information Society*, Kluwer Law International, 2001.

34. Williams, Frances (ed.), *Why The Poor Pay More*, The Macmillan Press, 1977.

35. Ziegel, Jacob S. (ed.), *New Developments in International Commercial and Consumer Law*, Hart Publishing, 1998.

四　外文论文

1. Alboukrek, Karen, "Adapting to a New World of E-Commerce: the Need for Uniform Consumer Protection in the International Electronic

Market Place", 35 *Geo. Wash. Int'l L. Rev.* （2003）.

2. Baetge, D., "Das Recht der Verbandsklage auf neuen Wegen", *Zeitschrift für Zivilproteß*, 1999.

3. Barnett, Kerry, "Equitable Trusts: An Effective Remedy in Consumer Class Actions", 96 *Yale L. J.* （June, 1987）.

4. Bauer, Scott Douglas, "The Food Quality Protection Act of 1996: Replacing Old Impracticalities with New Uncertainties in Pesticide Regulation", 75 *N. C. L. Rev.* （April, 1997）.

5. Belobaba, Edward P., "The Development of Consumer Protection Regulation: 1945 to 1984", in Bernier, Ivan and Lajoie, Andrée （ed.）, *Consumer Protection, Environmental Law and Corporate Power*, University of Toronto Press, 1985

6. Betlem, G. and Joustra, C., "The draft consumer injunctions directive", 5 *Consumer Law Journal* （1997）.

7. Capelletti, Mauro, "Alternative Dispute Resolution Processes within the Framework of the Worldwide Access to Justice Movement", 56 *Mod. L. Rev.* （1993）.

8. Capelletti, Mauro and Garth, B., Access to Justice: The Newest Wave in the Worldwide Movement to Make Rights Effective", 27 *Buffalo Law Review* （1978）.

9. Cappalli, Richard B. and Consolo, Claudio, "Class Actions for Continental Europe? A Preliminary Inquiry", 6 *Temp. Int' l & Comp. L. J.* （Fall, 1992）.

10. Cherunilam, Dr. Francis, "Consumer Protection-Rationale and Methods", in Himachalam, Dr. D. （ed.）, *Consumer Protection and The Law*, Aph Publishing Corporation, 1998.

11. Cross, Frank B., "The Consequences of Consensus: Dangerous Compromises of the Food Quality Protection Act", 75 *Wash. U. L. Q.* （Fall, 1997）.

12. Dameron, Kenneth, "The Consumer Movement", 18 *Harvard Business Review* (*January*, 1939).

13. Degnan, Frederick H. and Flamm, W. Gary, "Living With and Reforming the Delaney Clause", 50 *Food & Drug L. J.* (1995).

14. DeJarlais, Natalie A., "The Consumer Trust Fund: A Cy Près Solution

15. to Undistributed Funds in Consumer Class Actions", 38 *Hastings L J.* (April, 1987).

16. Duggan, Anthony J., "Consumer Access to Justice in Common Law Countries: a Survey of the Issues from a Law and Economics Perspective", in Rickett, Charles E. F. and Telfer, Thomas G. W. (ed.), *International Perspectives on Consumers' Access to Justice*, Cambridge University Press, 2003.

17. Ellison, J. Chris, Minister for Customs and Consumer Affairs, *Benchmarks for Industry-Based Customer Dispute Resolution*, 1997.

18. EPA, Regulation of Pesticides in Food: Addressing the Delaney Paradox Policy Statement, 53 *Fed. Reg.* (1988).

19. Faulk, Richard O., "Armageddon through Aggregation? The Use and Abuse of Class Actions in International Dispute Resolution", in Rickett, Charles E. F. and Telfer, Thomas G. W. (ed.), *International Perspectives on Consumers' Access to Justice*, Cambridge University Press, 2003.

20. Fred., Weston J., "*Economic Aspects of Consumer Product Safety*", Presentation to the National Commission on Product Safety Hearings, Washington, D. C., March 4, 1970.

21. Gidi, Antonio, "Class Actions in Brazil—A Model for Civil Law Countries", 51 *American Journal of Comparative Law* (Spring, 2003).

22. Gilhooley, Margaret, "Plain Meaning, Absurd Results and the Legislative Purpose: The Interpretation of the Delaney Clause", 40 *Admin.*

L. Rev. （1988）.

23. Gottwald, Peter, "Class Action auf Leistung von Schadensersatz nach amerikanischem Vorbild im deutschen Zivilprozess? ", *Zeitschrift fuer Zivilprozess* （1978）.

24. Greger, R., "Verbandsklage und Prozeßrechtsdogmatik-Neue Entwicklungen in einer schwierigen Beziehung", *Zeitschrift für Zivilprozß*, 2000.

25. Hadfield, Gillian K., Howse, Robert, and Trebilcock, M. J., "Information-Based Principles for Rethinking Consumer Protection Policy", 21 *Journal of Consumer Policy* （1998）.

26. Halfmeier, A., "Der Anspruch der Verbraucherverbände auf Kostenerstattung anläßlich der Durchsetzung von Unterlassungsansprüchen nach UWG und ABG-GESETE", in Brönneke, T. （ed.）, *Kollektiver Rechtsschutz im Zivilprozß*, Nomos, 2001.

27. Harvard Law Review Association, "Developments in the Law-Class Actions", 89 *Harvard Law Review* （May, 1976）.

28. Heß, B., " Das geplante Unterlassungsklagegesetz ", in Ernst, W. und Zimmerman, R. （eds.）, *Zivilrechtswissenschaft und Schuldrechtsreform*, Mohr Siebeck, 2001.

29. Hippel, Eike von, "Präventiver Verbraucherschutz : Vorbeugen ist besser als Heilen", *Politik und Zeitgeschichte*, B24/2001.

30. Howells, Geraint and James, Rhoda, "Litigation in the Consumer Interest", 9 *Journal of International and Comparative Law* （Fall, 2002）.

31. Koch, Harald, *Die Verbandsklage in Europa*, 113 ZZP 413, 441 （2000）.

32. Koch, Harald, "Non-Class Group Litigation Under EU and German Law", 11 *Duke J. Comp. & Int'l L.* （Spring/Summer, 2001）.

33. Kotler, P., "What Consumerism Means for Marketers", 50 *Harvard Business Review* （May/June, 1972）.

34. Lewis, Ben W. , "The 'Consumer' and 'Public' Interests under Public Regulation", 46 *Journal of Political Economy* (February, 1938) .

35. Mastrostefano, Sherry Booth, "The Delaney Clause: Still No 'De Minimis' Exception", 57 *Geo. Wash. L. Rev.* (MAY, 1989) .

36. Merrill, Richard A. , "FDA's Implementation of the Delaney Clause: Repudiation of Congressional Choice or Reasoned Adaptation to Scientific Progress?", 5 *Yale J. on Reg.* (Winter 1988) .

37. Micklitz, Hans-W. , "Privatisation of Access to Justice and Soft Law — Lessons from the European Community?", in Wilhelmsson, Thomas and Hurri, Samuli (ed.), *From Dissonance to Sense: Welfare State Expections, Privatisation and Private Law*, Dartmouth Publishing Co Ltd, 1998.

38. Montemarano, Amy, Note, "The Delaney Paradox Resurfaces: Regulating Pesticides as Food Additives Under Federal Law", 25 *Rutgers L. J.* (Winter, 1994) .

39. Moran, Erin E. , "The Food Quality Protection Act of 1996: Does the Delaney Clause Effectively Protect Against Cancer or Is Is Outdated Legislation?", 30 *J. Marshall L. Rev.* (Summer, 1997) .

40. Noah, Lars and Merrill, Richard A. , "Starting from Scratch?: Reinventing the Food Additive Approval Process", 78 *B. U. L. Rev.* (April, 1998) .

41. O' Grady, Kevin J. , "Consumer Remedies", 60 *Can. Bar Rev.* (1982) .

42. Overby, Brooke, "Contract, in the Age of Sustainable Consumption", 27 *Iowa J. Corp.* (Summer, 2002) .

43. Peeler, C. and Rusk, M. , "Commercial Speech and the FTC's Consumer Protection Program", 59 *Antitrust LJ.* (1991) .

44. Pomerantz, Abraham L. , "New Developments in Class Actions—Has Their Death Knell Been Sounded?", 25 *Bus. Law.* (1970) .

45. Posner, Richard, "The Federal Trade Commission", 37 *Univ. of Chic. L. Rev.* (1969).

46. Ramsay, Iain, "Consumer Redress Mechanisms for Poor Quality and Defective Products", 31 *U. T. L. J.* (1981).

47. Rasor, Paul B., "Biblical Roots of Modern Consumer Credit Law", 10 *Journal of Law and Religion* (1993/1994).

48. Reich, Nobert, "A European Concept of Consumer Rights: Some Reflections on Rethinking Community Consumer Law", in Ziegel, Jacob S. (ed.), *New Developments in International Commercial and Consumer Law*, Hart Publishing, 1998.

49. Reich, Nobert, "Diverse Approaches to Consumer Protection Philosophy", 14 *J. Consumer Pol'y* (1992).

50. Rickett, Charles E. F. and Telfer, Thomas G. W., "Consumers' Access to Justice: an Introduction", in Rickett, Charles E. F. and Telfer, Thomas G. W. (ed.), *International Perspectives on Consumers' Access to Justice*, Cambridge University Press, 2003.

51. Rodgers, William H., Jr., "The Seven Statutory Wonders of U. S. Environmental Law: Origins and Morphology", 27 *Loy. L. A. L. Rev.* (1994).

52. Rose-Ackerman, Susan, "Defending the State: A Skeptical Look at 'Regulatory Reform' in the Eighties", 61 *U. Colo. L. Rev.* (1990).

53. Rott, Peter, "The Protection of Consumers' Interests After the Implementation of the EC Injunctions Directive Into German and English Law", 24 *Journal of Consumer Policy* (2001).

54. S., Anitha H. and Com, M., "Consumer Education", in Himachalam, Dr. D. (ed), *Consumer Protection And The Law*, Aph Publishing Corporation, 1998.

55. Sarat, Austin, "Critisizing Cappelletti", 94 *Havard Law Review* (June, 1981).

56. Schwarzer, W., "Settlement of Mass Tort Class Actions: Order Out of Chaos?", 80 *Cornell L. R.* (1995).

57. Seevers, Maurice H., "Perspective Versus Caprice in Evaluating Toxicity of Chemicals in Man", 153 *JAMA* (1953).

58. Shavell, S., "The Optimal Structure of Law Enforcement", 36 *J Law and Econ.* (1993).

59. Sheehy, Douglas T., "A De Minimis Exception to the Delaney Clause: A Reassessment of Les v. Reilly", 50 *Food and Drug L. J.* (1995).

60. Sherman, Edward F., "Consumer Class Actions: Who Are the Real Winners?", 6 *Me. L. Rev.* (2004).

61. Simon, "Class Actions—Useful Tool or Engine of Destruction", 55 *F. R. D.* (1973).

62. Smart, James, "All the Stars in the Heavens Were in the Right Places: The Passage of the Food Quality Protection Act of 1996", 17 *Stan. Envtl. L. J.* (May, 1998).

63. Starrs, J. E., "Consumer Class Actions", 49 *B. U. L. Rev.* (1969).

64. Taruffo, Michele, "Some Remarks on Group Litigation in Comparative Perspective", 11 *Duke J. Comp. & Int" l L.* (Spring/Summer, 2001).

65. Tonner, Klaus, "Consumer Protection and Environmental Protection: Contradictions and Suggested Steps towards Integration", 23 *Journal of Consumer Policy* (2000).

66. Trebilcock, M. J., "Winners and Losers in the Modern Regulatory System: Must the Consumer Always Lose?", 13 *Osgoode Hall Law Journal* (1975).

67. Trebilcock, M. J., Prichard, J. R., and Waverman, L., "The Consumer Interest and the Regulatory Process", in Duggan, A. J. and Darvall, L. W. (ed.), *Consumer Protection Law and Theory*, Law Book Co., 1980.

68. Trubek, David M., "Consumer Law, Common Markets and Federal-

ism: Introduction and Concepts", in Bourgoignie, Thierry and Trubek, David M. (ed.), *Consumer Law, Common Markets and Federalism in Europe and the United States*, Walter De Gruyter, 1987.

69. Tur, Richard H. S., "Litigation and the Consumer Interest: the Class Action and Beyond", 2*Legal Stud.* (1982).

70. Viitanen, Klaus, "The Crisis of the Welfare State, Privitisation and Consumers" Access to Justice", in Wilhelmsson, Thomas and Hurri, Samuli (ed.), *From Dissonance to Sense: Welfare State Expectations, Privitization and Private Law*, Dartmouth Publishing Co Ltd, 1998.

71. Weatherill, S., "The Role of the Informed Consumer in European Community Law and Policy", 2*Consum L. J.* (1994).

72. Weinstein, Jack B. and Hershenov, Eileen B., "The Effect of Equity on Mass Tort Law", 1991*U. ILL. L. REV.* (1991).

73. Whitford, William C., "The Functions of Disclosure Regulation in Consumer Transaction", 2*Wis. L. Rev.* (1973).

74. Wilhelmsson, T., "Consumer Law and the Environment: From Consumer to Citizen", 21*Journal of Consumer Policy* (1998).

75. Wilhelmsson, Thomas, "Consumer Law and Social Justice", in Ramsay, Iain (ed.), *Consumer Law in the Global Economy: National and International Dimensions*, Ashgate and Dartmouth, 1995.

76. Yeazall, S., "Group Litigation and Social Context: Towards a History of the Class Action", 77*Colum L. Rev.* (1977).

77. Ziegel, Jacob, "The Future of Canadian Consumerism", 51*Can. Bar. Rev.* (1973).